21 世纪法学系列教材

国际海洋法

International Law of the Sea

高健军 著

法律出版社
——北 京——
始创于 1954 年

好书,同好老师和好学生分享

图书在版编目(CIP)数据

国际海洋法 / 高健军著. -- 北京 : 法律出版社,
2022(2025.8 重印)
ISBN 978-7-5197-6834-8

Ⅰ. ①国… Ⅱ. ①高… Ⅲ. ①海洋法-教材 Ⅳ.
①D993.5

中国版本图书馆 CIP 数据核字(2022)第 107712 号

国际海洋法
GUOJI HAIYANGFA

高健军 著

责任编辑 宋丽娜
装帧设计 凌点工作室

出版发行 法律出版社
编辑统筹 法律教育出版分社
责任校对 王晓萍 王语童
责任印制 刘晓伟
经　　销 新华书店

开本 787 毫米×1092 毫米 1/16
印张 16.25 **字数** 356 千
版本 2022 年 11 月第 1 版
印次 2025 年 8 月第 2 次印刷
印刷 河北虎彩印刷有限公司

地址:北京市丰台区莲花池西里 7 号(100073)
网址:www.lawpress.com.cn
投稿邮箱:info@lawpress.com.cn
举报盗版邮箱:jbwq@lawpress.com.cn

销售电话:010-83938349
客服电话:010-83938350
咨询电话:010-63939796

书号:ISBN 978-7-5197-6834-8
定价:42.00 元

凡购买本社图书,如有印装错误,我社负责退换。电话:010-83938349

出版说明

法律出版社作为中国历史悠久、品牌积淀深厚的法律专业出版社，素来重视法学教育图书之出版。

原“21 世纪法学规划教材”系列作为本社法学教育出版的重心，延续至今已有十余年。该系列一直以打造新世纪新经典教材为己任，遍揽名家新秀，因其卓越品质而颇受瞩目并广受肯定。当前，根据法学教育发展变化的客观需要，本社将原有教材系列调整重组，形成新编“21 世纪法学系列教材”，以便更好地为法学师生服务。

中国的法学教育正面临深刻变革，未来的法学教育势必以培养高素质法律人才为目标，以知识教育与应用教育相结合、职业教育与素质教育相结合、精英教育与大众教育相结合为导向，法学教育图书的编写与出版也将由此进入变革与创新的时代。

为顺应未来法学教育的改革方向和发展趋势，本社将应时而动，为不同学科、不同层次、不同阶段、不同需求的法学师生量身打造法学教材及教学辅助用书。在教材方面，将推出课堂教学系列、实训课程系列、通识课程系列、简明本系列、双语教学系列等；在教学辅助用书方面，将推出案例教程系列、法规教程系列、练习与测验系列、法学讲座系列、专业培训系列等。或革新，或全新，以厚基础、宽口径、多元化、开放性为基调，力求从品种、内容和形式上呈现崭新风采，为法学师生提供更好教本与读本，同享教材规划之盛。

“好书，同好老师和好学生分享。”本社在法学教育图书出版上必将继往开来，以精益求精的专业态度，打造全新“21 世纪法学系列教材”，传播法学知识，传承法学理念，辅拂法律教育事业，积累法律教育财富，服务万千法学师生和明日法治英才。

法律出版社

2015 年 1 月

出版说明

作 者 简 介

高健军　男，1972 年出生，山东青岛人，中国政法大学国际法学院教授、博士研究生导师。2002 年毕业于北京大学，获法学博士学位。曾赴韩国高丽大学做访问学者。研究领域为国际法，特别是国际海洋法。曾出版专著《中国与国际海洋法》（2004 年）、《国际海洋划界论》（2005 年）、《〈联合国海洋法公约〉争端解决机制研究》（2010 年）、《〈联合国海洋法公约〉项下仲裁程序规则研究》（2020 年），并在国内外期刊发表学术论文数十篇。

前　言

海洋法是国际法的一个传统领域。1982 年《联合国海洋法公约》(以下简称《海洋法公约》)对海洋法进行了新的全面编纂。作为回应,20 世纪 80 年代我国国内出现了一批海洋法的著作和教材。其对当时的国际海洋法状态进行了很好的总结,时至今日仍有很高的参考价值。然而海洋法始终处于不断发展的过程中,《海洋法公约》之后又有许多新的发展。同时,《海洋法公约》通过后的各种国际实践也丰富了对《海洋法公约》规定的理解。将这些新的发展和实践及时呈现出来无疑是必要的。国际海洋法领域内的规则和实践十分庞杂,许多问题充满分歧和争论,而往往对某一问题的讨论就可以写成一部专著。本书的目的是在 1982 年《海洋法公约》所确立的框架的基础上,结合新近的发展和实践,对国际海洋法的基本规则和制度进行全面的介绍,以便为海洋法的初学者提供参考。

笔者虽然在国际海洋法领域内有多年研究经历,但是对许多问题的理解仍十分有限。对于书中存在的错误和不足之处,敬请各位读者批评指正。

最后,本书的出版得到了中国政法大学国际法学院的支持。在此深表谢意。

高健军

2022 年 8 月

目　　录

第一章　绪论 ……………………………………………………………… (1)
一、国际海洋法的概念和历史发展 …………………………………… (1)
二、对《海洋法公约》的评价 ………………………………………… (9)

第二章　基线 ……………………………………………………………… (14)
一、概述 ………………………………………………………………… (14)
二、正常基线 …………………………………………………………… (16)
三、直线基线 …………………………………………………………… (20)
四、河口、海湾、港口和泊船处 ……………………………………… (24)

第三章　领海、内水和毗连区 …………………………………………… (31)
一、领海 ………………………………………………………………… (31)
二、内水和毗连区 ……………………………………………………… (40)

第四章　国际海峡 ………………………………………………………… (44)
一、国际海峡的含义和历史发展 ……………………………………… (44)
二、过境通行 …………………………………………………………… (47)
三、实行其他通过制度的国际海峡 …………………………………… (51)

第五章　群岛国和岛屿制度 ……………………………………………… (54)
一、群岛国 ……………………………………………………………… (54)
二、岛屿制度 …………………………………………………………… (60)

第六章　大陆架和专属经济区 …………………………………………… (67)
一、大陆架 ……………………………………………………………… (67)
二、专属经济区 ………………………………………………………… (75)

第七章　海洋划界 ………………………………………………………… (89)
一、海洋划界的含义和法律规则 ……………………………………… (89)

二、海洋划界的国际司法和仲裁实践 …… (95)
三、划界前的义务 …… (118)

第八章 公海 …… (123)
一、公海自由 …… (123)
二、公海上的管辖 …… (128)
三、公海生物资源的养护和管理 …… (143)

第九章 国际海底区域 …… (153)
一、国际海底区域及其资源的法律地位 …… (153)
二、“区域”采矿制度 …… (157)
三、国际海底管理局 …… (164)

第十章 内陆国、地理不利国、闭海或半闭海沿岸国 …… (170)
一、内陆国和地理不利国 …… (170)
二、闭海或半闭海沿岸国 …… (181)

第十一章 海洋环境的保护和保全 …… (189)
一、概述 …… (189)
二、防止海洋环境污染的国际规则和国内立法 …… (193)
三、海洋环境污染的执行 …… (200)

第十二章 海洋科学研究、技术转让、水下文化遗产保护 …… (206)
一、海洋科学研究 …… (206)
二、海洋技术的发展和转让 …… (212)
三、水下文化遗产保护 …… (215)

第十三章 海洋争端解决 …… (220)
一、《海洋法公约》的争端解决机制 …… (220)
二、国际海洋法法庭 …… (228)
三、仲裁和调解 …… (231)

第十四章 极地水域 …… (236)
一、南极地区 …… (236)
二、北极地区 …… (243)

第一章 绪 论

一、国际海洋法的概念和历史发展

（一）国际海洋法的概念

1. 国际海洋法的含义

海洋约占地球表面总面积的71%，与人类的生产和生活息息相关。海洋是水的最终来源，在全球气候调节和氧循环方面发挥重要作用，并通过提供食物、能源、运输、娱乐等方式支撑着几十亿人的生活。[1] 有关海洋问题的处理不仅事关各国人民的福祉，而且关乎国际和平与安全。国际海洋法就是国际社会专门用来处理海洋问题的法律规范。

作为国际法的一个传统部门，国际海洋法是主要调整国家间海上关系的各种原则、规则、规章制度的总称。其主要包括两部分内容：一是海域划分，即人为地将海洋划分为具有不同法律地位的海域；二是规定海洋使用者在从事各种活动时应当遵守的行为规范。除了国家，海洋使用者还包括国际组织，以及自然人和法人等。国际海洋法也涉及国家与其他类型海洋使用者之间的关系。

2. 国际海洋法的制定

国家是国际海洋法领域的立法者，而国际海洋法是各国间协议的产物。虽然有时国家的单方行为对一些国际海洋法规则的形成起到了重要作用，[2]但是这些规则最终在国际法上得以确立仍是基于某种国际法渊源。条约和习惯是国际海洋法的主要渊源，而司法判例在国际海洋法发展中的作用举足轻重。另外，国际组织的工作也在许多方面对海洋法的发展发挥了重要作用，如国际海事组织（International Maritime Organization，IMO）在航行安全和海洋环境保护方面，联合国粮食及农业组织（Food and Agriculture Organization of the United Nations，FAO，以下简称联合国粮农组织）在海洋生物资源养护方面。[3]

国际海洋法经历了漫长的发展历程，如今仍在不断演变。国际关系和科学技术这两个因素在国际海洋法的发展中起到了关键性作用，特别是科学技术的进步推动国际海洋法不断发展。科学技术进步使得人类利用海洋的能力不断增强，不断发现海洋新的用途。但人类对海

---

〔1〕 联大第六十六届会议：《海洋和海洋法——秘书长的报告（增编）》，2011年8月29日，A /66/70/Add. 2，第345段；联大第七十三届会议：《海洋和海洋法——秘书长的报告》，2018年9月5日，A/73/368，第1段。

〔2〕 D. P. O' Connell (I. A. Shearer ed.), *The International Law of the Sea*, Vol. Ⅰ, Clarendon Press, 1982, p. 31.

〔3〕 Yoshifumi Tanaka, *The International Law of the Sea*, Cambridge University Press, 2012, p. 35 – 36.

洋利用的广度和深度不断拓展也日益导致一些负面影响，如海洋环境污染和海洋渔业资源的衰退。无论是规范海洋的新用途还是应对海上的新挑战，都需要创制出新的海洋法规则。新规则的具体内容则取决于国家之间所达成的协议。在这一点上国际海洋法与国际法的其他部门没有差异。需要指出的是，国际海洋法领域内的许多规则不仅与政治法律有关，而且还可能涉及经济、人文、科学技术问题。特别是与大多数国际法规则相比，海洋法领域内的一些规则具有较强的技术性质，如有关确定国家海域界限、保护海洋环境、养护生物资源的规则等。这些规则的制定和适用往往需要征询科学技术专家的意见。

随着1982年《联合国海洋法公约》（以下简称《海洋法公约》）的缔结和生效，国际海洋法从传统海洋法阶段过渡到现代海洋法阶段。然而，海洋法的这两个发展阶段之间并非不相关联，传统海洋法中的许多规则在现代海洋法中仍继续有效。

（二）传统海洋法律秩序和第一、二次联合国海洋法会议

1. 传统海洋法律秩序的形成

传统海洋法律秩序的基本构架是“二元”的，即领海与公海并立：沿海国对领海享有主权；而领海以外即为公海，适用海洋自由原则。[4]

1609年，荷兰法学家格劳秀斯（Hugo Grotius）应荷兰东印度公司的邀请出版了著名的《海洋自由论或荷兰参与东印度贸易的权利》一书。此前，格劳秀斯曾受聘为荷兰东印度公司1602年在马六甲海峡劫掠葡萄牙商船“凯瑟琳号”的行为进行辩护，并撰写了《捕获法》（1868年出版）一书，而《海洋自由论》（*Mare Liberum*）即基于对该书第十二章内容的修改。[5] 如作者所言，《海洋自由论》是为了说明荷兰有权航行到东印度群岛（East Indies）并与那里的人进行贸易。[6] 17世纪是荷兰的“黄金世纪”，因为它当时拥有世界上最大的商船队[7]而被称为“海上马车夫”。《海洋自由论》共十三章，作者从领土主权、海洋权利和贸易权利等方面依次批驳了葡萄牙的权利主张，最后认为荷兰可以和平条约或战争的方式维护其与东印度群岛的贸易权利。《海洋自由论》第五章与海洋法的关系最为密切。为否定葡萄牙对印度洋的权利主张，格劳秀斯提出海洋是“共有物”，而非任何人的私有财产，因为海洋如此辽阔，不可能被占有；同时海洋还可以为所有人共同使用。[8] 虽然该书的核心在于破除葡萄牙对东方的商业垄断以及论证荷兰的贸易权利，而且篇幅十分有限；但是书中倡导的“海洋自由”的思想后来对传统海洋

---

[4] 马呈元主编：《国际法》（第5版），中国人民大学出版社2018年版，第133页。

[5] 关于《海洋自由论》的写作和出版背景介绍，参见［荷］格劳秀斯：《海洋自由论》，［美］拉尔夫·冯·德曼·马戈芬英译，马呈元译，中国政法大学出版社2018年版，“中译者序”，第16~22页。《捕获法》的中文版，参见［荷］格劳秀斯：《捕获法》，［美］格拉蒂斯·L. 威廉姆斯英译，马呈元译，中国政法大学出版社2021年版。

[6] ［荷］格劳秀斯：《海洋自由论》，［美］拉尔夫·冯·德曼·马戈芬英译，马呈元译，中国政法大学出版社2018年版，第21页。

[7] ［美］斯塔夫里阿诺斯：《全球通史：从史前史到21世纪》（下）（第7版修订版），吴象婴等译，北京大学出版社2006年版，第433~434页。

[8] ［荷］格劳秀斯：《海洋自由论》，［美］拉尔夫·冯·德曼·马戈芬英译，马呈元译，中国政法大学出版社2018年版，第48~49页。

法律秩序的形成产生了深远的影响。

然而在格劳秀斯时代,《海洋自由论》的发表却遭到了来自各方的众多反对,因为当时的流行观点是"海洋主权"。除了葡萄牙和西班牙,包括英国在内的许多欧洲国家都对部分海洋区域提出了主权主张,其中或者禁止外国人捕鱼或外国船舶的航行,或者征收通行费或要求外国船舶对其旗帜致敬。英国虽然在与西班牙的争斗中比格劳秀斯更早地提出了不得占有海洋的观点,但是英国后来改变了这一立场,并由此出现了英国国王要求惩罚《海洋自由论》作者的典故。[9] 直到19世纪初,英国仍要求外国船只在其所谓的"不列颠海"(the British Seas)内向英国旗帜致敬,以此表示对英国海洋主权的承认。荷兰在1674年的一项条约中也接受了英国的这一要求。[10]《海洋自由论》的发表还引发了学者间的"书籍大战"(a battle of books),一些学者对格劳秀斯的理论进行口诛笔伐,并为海洋主张进行辩护,[11]其中最为著名的当属英国学者塞尔登(John Selden)1635年出版的《闭海论》(*Mare Clausum*)。塞尔登的理论被认为是长达一个多世纪的英国官方立场的基础。[12]

但海洋自由的思想却逐渐被广为接受。其中最令人信服的理由是将海洋自由置于国际贸易和交通的需求上。[13] 到19世纪20年代,公海自由原则在理论和实践上获得普遍承认,而英国也不再要求外国船只向其旗帜致敬。[14] 需要明确的是,传统海洋法律秩序的形成并非海洋自由论的完胜,而是海洋自由论和海洋统治论两者的妥协:一方面是公海自由,另一方面是领海主权。[15] 其实,格劳秀斯本人在其撰写的巨著《战争与和平法》中就已经讨论了国家"可以何种方式取得对部分海洋的主权"问题。[16] 而自18世纪伊始,沿海国对海岸带的主权原则就完全确立了。[17] 在传统海洋法律秩序存续期间,除领海和公海外,还先后出现了毗连区和大陆架制度。但是这些发展并未改变领海以外即为公海的传统海洋法的基本框架。

2. 第一次联合国海洋法会议和"日内瓦海洋法公约"

传统海洋法发展的顶点是1958年"日内瓦海洋法公约"的缔结。[18] 这是国际社会首次实现对海洋法的成功编纂,由此开启了国际海洋法的法典化时代,而此后条约就在海洋法领域内

---

〔9〕[英]詹宁斯、瓦茨修订:《奥本海国际法》(第一卷第二分册)(第9版),王铁崖等译,中国大百科全书出版社1998年版,第153~155页。

〔10〕Lassa Francis L. Oppenheim, *International Law*, Volume 1, 2nd edition, Longmans, Green and Co., 1912, p. 317, 319-320.

〔11〕Ruth Lapidoth, *Freedom of Navigation—Its Legal History and Its Normative Basis*, 6 Journal of Maritime Law and Commerce 265 (1975).

〔12〕[美]阿瑟·努斯鲍姆:《简明国际法史》,张小平译,法律出版社2011年版,第85页。

〔13〕Ruth Lapidoth, *Freedom of Navigation and the New Law of the Sea*, 10 Israel Law Review 459 (1975).

〔14〕[英]詹宁斯、瓦茨修订:《奥本海国际法》(第一卷第二分册)(第9版),王铁崖等译,中国大百科全书出版社1998年版,第155页。

〔15〕王铁崖:《新海洋法公约与海洋法的发展》,载邓正来编:《王铁崖文选》,中国政法大学出版社2003年版,第97页。

〔16〕[荷]格劳秀斯:《战争与和平法》(第2卷),[美]弗朗西斯·W. 凯尔西等英译,马呈元、谭睿译,中国政法大学出版社2016年版,第58~61页。

〔17〕Starke, *Introduction to International Law*, 10th edition, Aditya Books Private Limited, 1994, p. 244.

〔18〕王铁崖:《新海洋法公约与海洋法的发展》,载邓正来编:《王铁崖文选》,中国政法大学出版社2003年版,第97页。

发挥着主导作用。[19] 1930年,国际联盟主持召开的海牙国际法编纂会议上曾试图对“领水”问题进行编纂但未能成功。其中最主要的障碍是各国无法就领海的宽度达成协议,而会上多数代表团不同意缔结一个不包括领海宽度的领海公约。[20] 然而会后许多国家对未能就各国已经达成共识的问题缔结一项公约深表遗憾。[21] 虽然未能缔结领海公约,但是会议中负责海洋法问题的第二委员会在其报告附录中提出了一个含有13个条款的《领海法律地位》文件,其中的一些规定以某种方式出现在以后的公约中。不仅如此,该报告中的许多内容都为后来联合国国际法委员会的工作提供了基础和借鉴。国际法委员会从其成立伊始就把编纂国际海洋法作为它的一项议题,并于1956年向联合国大会(以下简称联大)提交了关于海洋法条款草案的最终报告。1958年2月至4月,第一次联合国海洋法会议在日内瓦举行,有80多个国家与会。会议设立了5个委员会分别讨论领海及毗连区、公海一般制度、公海渔业、大陆架、内陆国出入海洋问题。[22] 虽然国际法委员会提交的是一份有关海洋法条款的单一文本,但会议经过讨论最终制定了4个公约:《领海及毗连区公约》《公海公约》《大陆架公约》《捕鱼及养护公海生物资源公约》,并制定了《关于强制解决争端的任择签字议定书》以解决有关各公约的争端。它们被合称为“日内瓦海洋法公约”。会议还通过了一系列决议案,涉及公海核试验、放射性物质污染公海、国际渔业养护公约、合作采取养护措施、以合乎人道方法捕杀海洋生物、沿海渔业的特殊情况、历史性水域制度等,并建议召开第二次海洋法会议以试图就领海宽度等问题达成协议。[23] 关于“日内瓦海洋法公约”与习惯法的关系,《公海公约》的序言明确指出该公约是“概括宣示国际法上之确定原则”,但类似表述没有出现在其他三个公约中。

第一次联合国海洋法会议最明显的不足是仍然未能解决领海的宽度问题,此外也未能就军舰的领海无害通过问题作出明确规定。各公约将收到22份批准书或加入书作为生效条件,并陆续在1962~1966年生效。[24] 然而,目前各公约缔约方的数量较为有限。截至2021年,“日内瓦海洋法公约”的缔约方数量分别是:《公海公约》63个、《大陆架公约》58个、《领海及毗连区公约》52个、《捕鱼及养护公海生物资源公约》39个。[25] “日内瓦海洋法公约”有限的缔约方数量应与其缔结后不久国际社会即在第三次海洋法会议上开启了对国际海洋法的新一轮编纂有关。

---

〔19〕 Donald R. Rothwell & Tim Stephens, *The International Law of the Sea*, Oxford and Portland, 2010, p. 22.

〔20〕 1930年国际法编纂会议第二委员会的报告。Report of the Second Committee: Territorial Sea, 10 April 1930, in Satya N. Nandan & Shabtai Rosenne eds., *United Nations Convention on the Law of the Sea 1982: A Commentary*, Vol. Ⅲ, Martinus Nijhoff Publishers, 1995, p. 464.

〔21〕 Report of the International Law Commission Covering the Work of Its Eighth Session, in Yearbook of the International Law Commission (1956), Vol. Ⅱ, p. 256, para. 30.

〔22〕 关于第一次联合国海洋法会议的情况介绍,参见刘楠来等:《国际海洋法》,海洋出版社1986年版,第515~525页。

〔23〕 《联合国海洋法会议所通过之决议案》。United Nations Treaty Series, Vol. 450, p. 66–71.

〔24〕 其中,《公海公约》于1962年9月30日生效,《大陆架公约》于1964年6月10日生效,《领海及毗连区公约》于1964年9月10日生效,《捕鱼及养护公海生物资源公约》于1966年3月20日生效,而《关于强制解决争端的任择签字议定书》于1962年9月30日生效。

〔25〕 参见联合国网站(https://treaties.un.org/Pages/Treaties.aspx? id=21&subid=A&lang=en)的介绍。

3. 第二次联合国海洋法会议

1960 年 3 月至 4 月，第二次联合国海洋法会议在日内瓦召开。本次会议其实是第一次海洋法会议的延续，因为它主要试图解决前一次会议上未能解决的领海宽度和沿海国渔业管辖权的范围问题，但没有取得任何成果。会上，美国和加拿大的联合提案建议 6 海里的领海宽度外加从基线量起不超过 12 海里的渔区，同时有条件地保留其他国家在 6 ~ 12 海里水域内的历史性权利；但该提案在全体会议上因一票之差——不足所需的 2/3 多数票而未获通过。[26] 其实，在第一次海洋法会议结束不到两年即着手解决这一问题显然是很困难的。[27]

（三）第三次联合国海洋法会议和现代海洋法律秩序的建立

1. 第三次海洋法会议和 1982 年《海洋法公约》的制定

第三次海洋法会议的召开及 1982 年《海洋法公约》的制定充分显示了国际关系现实和科学技术进步在国际海洋法发展中的作用。基于海洋自由观念的传统海洋法律秩序并非如看上去那样对所有国家一视同仁。事实上，此种制度对海洋强国有利，但却不能充分保障海洋弱国的利益。[28] 当 1958 年第一次海洋法会议举行时，联合国会员国的数量为 82 个。两年后这一数字上升为 99 个，到 1970 年更猛增至 127 个。其中新增加的几乎全部为发展中国家，特别是新独立的非洲国家。国际政治力量对比的重大变化使得发展中国家有能力促使国际海洋法向有利于它们的方向发展，以扩大国家管辖海域范围。其实，几乎在美国 1945 年提出“大陆架”法律概念的同时，一些拉美国家提出了 200 海里海洋权的主张。其中的代表性事件是 1952 年智利、秘鲁和厄瓜多尔发表的《圣地亚哥宣言》。然而，虽然大陆架制度在第一次海洋法会议上得以确立，但领海以外即为公海的局面却并未改变。拉美国家在会后继续坚持其主张，并得到非洲国家的支持，后者更加明确地提出了“专属经济区”这一概念。[29]

然而，改变的契机来自应对科学技术进步带来的挑战。20 世纪 60 年代，锰结核这一深海矿产资源引发了国际社会的强烈关注。这一矿产资源在给拥有开采能力的发达国家带来莫大潜在商机的同时，却给那些依赖矿物出口的发展中国家带来了危机。[30] 1967 年，马耳他在第二十二届联大上建议审议“各国现有管辖范围以外公海之下的海床、洋底及底土专供和平用途，及其资源用谋人类福利之问题”，并提出了“人类共同继承财产”的概念。联大在这一议题下通过了一系列决议，并最终导致第三次海洋法会议的召开。1967 年，联大在决议中注意到，技术的发展正在使处于科学、经济、军事等目的到达和开发海床、洋底及底土成为可能，并决定成立一个特设委员会对相关问题进行研究。[31] 1968 年联大决议成立“和平利用国家管辖范围

---

〔26〕 关于第二次联合国海洋法会议的情况介绍，参见刘楠来等：《国际海洋法》，海洋出版社 1986 年版，第 525 ~ 531 页。
〔27〕 魏敏主编：《海洋法》，法律出版社 1987 年版，第 18 页。
〔28〕 [日]松井芳郎等：《国际法》，辛崇阳译，中国政法大学出版社 2004 年版，第 113 页。
〔29〕 具体情况，参见陈德恭：《现代国际海洋法》，中国社会科学出版社 1988 年版，第 120 ~ 122 页。
〔30〕 [英]马尔科姆·N. 肖：《国际法》（上）（第 6 版），白桂梅等译，北京大学出版社 2011 年版，第 492 页。
〔31〕 A/RES/2340（XXII），1967 年 12 月 18 日。

以外海床洋底委员会”(以下简称海底委员会)。[32] 1969年联大决议要求,在国际管制制度成立以前,所有国家及个人均不得对相关区域的资源进行任何开发活动。[33] 1970年联大通过题为《关于各国管辖范围以外海床洋底及其底土的原则宣言》的决议,正式宣告该区域及其资源为人类共同继承财产,并规定了15项原则。[34] 为了就国际海底区域制定一项公平的国际制度并审议相关海洋法问题,联大同日决议召开第三次海洋法会议,并要求海底委员会为会议的举行进行筹备。联大在决议中解释新海洋法会议的必要性时特别指出:“海洋空间诸问题彼此密切相关,须全盘加以审议”;“以往十年来政治及经济之现实情况,科学之发展及技术上之突飞猛进,业已强调显示有在密切国际合作之范围内及早逐渐发展海洋法之必要”;以及现有许多联合国会员国未曾参加以前的海洋法会议。[35] 1973年联大决议第三次海洋法会议的任务是通过一项公约处理一切有关海洋法的问题,并决定在当年12月召开第一期会议。[36]

第三次联合国海洋法会议于1973年12月3日开幕,到1982年结束,共举行了11期会议。先后有160多个国家,以及来自非独立领土、民族解放运动组织和国际组织等百余名观察员参加了会议。[37] 鉴于各种海洋问题彼此密切相关,以及为了制定一个可获得最广泛接受的公约,会议谈判采用了协商一致原则,即“会议应作出各种努力就实质事项用协商一致方式达成协议,且除非已尽最大努力求达协商一致,不应就这种事项进行表决”[38]。这种方法有助于各方之间达成妥协,但或许也是会议长达9年的一个原因。会议成立了三个主要委员会。在第三期会议上各委员会主席就各个委员会的工作主题分别编制了“单一协商案文”,而会议主席就争端解决问题提出了一份单一协商案文;在第六期会议上编制了《非正式综合协商案文》;在第七期会议上确定了一些尚待解决的核心问题,并为此成立了七个协商组;在第九期后期会议上产生了公约草案的非正式案文,并在之后的会议上订正成为正式的公约草案。[39] 然而,《海洋法公约》最终还是以投票表决的方式通过的。1982年4月30日,第十一期会议以130票赞成、4票反对和17票弃权的表决结果通过了《海洋法公约》。[40] 一起通过的还有四项决议,它们后来构成了会议《最后文件》的附件一,其中包括建立国际海底管理局和国际海洋法法庭的筹备委员会以及关于对多金属结核开辟活动的预备性投资。第三次海洋法会议的最后会议于1982年12月6日到10日在牙买加蒙特哥湾举行,并于12月10日开放签署《海洋法公约》。各国代表在最后会议上还签署了会议《最后文件》,它包括了六个附件。

《海洋法公约》第308条规定:“本公约应自第六十份批准书或加入书交存之日起十二个月

---

〔32〕 A/RES/2467(XXIII),1968年12月21日。

〔33〕 A/RES/2574(XXIV),1969年12月15日。

〔34〕 A/RES/2749(XXV),1970年12月17日。

〔35〕 A/RES/2750(XXV),1970年12月17日。

〔36〕 A/RES/3067(XXVIII),1973年11月16日。

〔37〕 关于参加海洋法会议的观察员名单,参见《第三次联合国海洋法会议最后文件》的附录。United Nations Treaty Series, Vol. 1835, p. 219.

〔38〕《第三次联合国海洋法会议最后文件》第21、41段。

〔39〕 关于会上协商情况的介绍,参见《第三次联合国海洋法会议最后文件》第23~41段。

〔40〕 关于投票的具体情况,参见陈德恭:《现代国际海洋法》,中国社会科学出版社1988年版,第28~29页。

后生效。”据此《海洋法公约》于 1994 年 11 月 16 日开始生效。截至 2021 年,《海洋法公约》有 168 个缔约国[41],包括 140 个沿海国家、27 个内陆国和 1 个区域经济一体化组织(欧盟)。

2.《海洋法公约》之后的发展

在 1982 年《海洋法公约》规定的总体法律框架内产生了大量全球性和区域性、有约束力和无拘束力的文件。[42] 以下几方面尤其值得一提。

(1)《1994 年执行协定》

《海洋法公约》在生效之前就已经被修改了。由于对《海洋法公约》规定的国际海底区域制度不满意,工业化国家多对《海洋法公约》采取消极态度:不签署或不批准。截至 1989 年,工业化国家中只有冰岛批准了《海洋法公约》。更有甚者,许多工业化国家采取单边行动就深海采矿制定国内法并相互间缔结条约以协调彼此立场。[43] 为了促使《海洋法公约》得到普遍参加,并鉴于在《海洋法公约》通过后发生的各种政治和经济变化,联合国秘书长于 1990 年主动就《海洋法公约》的国际海底区域制度发起非正式磋商。这最终导致 1994 年第四十八届联大以决议方式通过了《关于执行 1982 年 12 月 10 日〈联合国海洋法公约〉第十一部分的协定》(以下简称《1994 年执行协定》)[44]。

虽然称为“执行协定”,但是《1994 年执行协定》对《海洋法公约》第十一部分及相关附件作了重大的实质性修改。这些修改包括在该协定的附件中,涉及缔约国的费用和体制安排、企业部、决策、审查会议、技术转让、生产政策、经济援助、合同的财政条款、财务委员会等九个方面的问题。结果,尽管《海洋法公约》规定的“区域”及其资源的一般原则仍然有效,但如何实施这些原则却发生了相当大的变化。[45] 在《1994 年执行协定》通过后,任何国家参加《海洋法公约》即亦表示同意接受该协定的拘束(第 4 条)。《1994 年执行协定》第 6 条规定,它应在 40 个国家同意接受其拘束后 30 日生效,但其中至少应有 5 个是发达国家。为了应对《1994 年执行协定》在《海洋法公约》生效时尚未生效的情况,该协定规定它将在《海洋法公约》生效之日起对一些国家临时适用(第 7 条)。由此应当说,这一轮国际海洋立法活动是随着《1994 年执行协定》的通过才真正结束的。《1994 年执行协定》于 1996 年 7 月 28 日正式生效,截至 2021 年有 151 个缔约国。

---

[41] 根据《海洋法公约》第 1 条第 2 款,“缔约国”不仅指“同意受本公约拘束而本公约对其生效的国家”,而且也指“按照与各自有关的条件成为本公约的缔约国”的实体。根据第 305 条,这些实体可以包括:(1)“在一项经联合国按照其大会第 1514(XV)号决议监督并核准的自决行动中选择了自治地位,并对本公约所规定的事项具有权限,其中包括就该等事项缔结条约的权限的一切自治联系国”;(2)“按照其各自的联系文书的规定,对本公约所规定的事项具有权限,其中包括就该等事项缔结条约的权限的一切自治联系国”;(3)“凡享有经联合国所承认的充分内部自治,但尚未按照大会第 1514(XV)号决议取得完全独立的一切领土,这种领土须对本公约所规定的事项具有权限,其中包括就该等事项缔结条约的权限”;(4)国际组织。本书予以沿用。《关于执行 1982 年 12 月 10 日〈联合国海洋法公约〉第十一部分的协定》亦如此。参见该协定第 8 条。

[42] 第七十四届联大会议:《海洋和海洋法——秘书长的报告》,2019 年 9 月 11 日,A /74/350,第 9 段。

[43] [斐济]萨切雅·南丹主编:《1982 年〈联合国海洋法公约〉评注》,毛彬中译本主编,焦永科等译,海洋出版社 2009 年版,第 43 ~ 44 页。

[44] A/RES/48/263,1994 年 7 月 28 日。

[45] [美]路易斯·B. 宋恩等:《海洋法精要》(第 2 版),傅崐成等译,上海交通大学出版社 2014 年版,第 196 页。

(2)《联合国鱼类种群协定》

为了确保国家管辖范围以外跨界鱼类种群和高度洄游鱼类种群的长期养护和可持续利用,1995 年 8 月 4 日,国际社会缔结了《执行 1982 年 12 月 10 日〈联合国海洋法公约〉有关养护和管理跨界鱼类种群和高度洄游鱼类种群的规定的协定》(以下简称《联合国鱼类种群协定》)。该协定虽然主要适用于公海渔业,但其中一些重要规则也适用于国家管辖海域(第 3 条)。《联合国鱼类种群协定》自 2001 年 12 月 11 日开始生效,[46] 截至 2021 年,有 91 个缔约方。

(3)BBNJ 谈判

2015 年联大在决议中指出必须通过全面的全球性制度来处理"国家管辖范围以外区域海洋生物多样性"(marine biological diversity of areas beyond national jurisdiction,BBNJ)的养护和可持续利用问题,并决定"根据《联合国海洋法公约》的规定就国家管辖范围以外区域海洋生物多样性的养护和可持续利用问题拟订一份具有法律约束力的国际文书"。该协定预期"一揽子"处理四项议题:海洋遗传资源的养护和可持续利用,包括惠益分享问题;海洋保护区在内的划区管理工具等措施;环境影响评价;能力建设及海洋技术转让。联大同时决定在举行政府间会议之前设立一个筹备委员会,以便就国际文书的案文草案要点向其提出实质性建议。筹备委员会在 2016 年和 2017 年分别举行了两届会议,并于 2017 年 7 月向联大提交报告,其中列出了多数代表团意见一致的要点以及一些存在分歧的主要问题。2017 年 12 月联大决定自 2018 年开始在联合国主持下就 BBNJ 问题召开政府间会议,以尽早制定一份具有法律约束力的国际文书。联大强调会议的工作和成果应完全符合《海洋法公约》。[47] 截至 2022 年 8 月已经召开了 5 届政府间会议。

3. 现代海洋法律秩序的特征

与传统海洋法相比,现代海洋法律秩序有以下几点显著不同。

(1)海域种类复杂多样,在海域划分上彻底打破了领海和公海的二元结构。大致而言,如今的海洋被划分为国家管辖海域和国家管辖范围以外海域两大类。国家管辖海域又可细分为三种:一是国家主权海域,即国家在其中享有领土主权的海域,包括内水、领海、群岛水域和历史性水域;二是国家享有主权权利和管辖权的海域,主要包括大陆架和专属经济区;三是国家享有某些管制权的海域,如毗连区。而国家管辖范围以外海域则包括公海和国际海底区域:前者适用公海自由,而后者属于人类的共同继承财产。现今领海以外不再即是公海,而是 200 海里广阔的专属经济区。

(2)国家管辖海域的范围空前扩展。在现代海洋法律秩序下建立了专属经济区和群岛水域制度,而大陆架的新定义也大大拓展了大陆架的范围。这些都导致了国家管辖海域范围的大幅增加。

---

[46] 1995 年《联合国鱼类种群协定》第 40 条第 1 款规定:"本协定应自第三十份批准书或加入书交存之日后 30 天生效。"

[47] 2015 年 6 月 19 日联大决议,A /RES/69/292。2017 年 7 月 31 日《大会关于根据〈联合国海洋法公约〉的规定就国家管辖范围以外区域海洋生物多样性的养护和可持续利用问题拟订一份具有法律约束力的国际文书的第 69/292 号决议所设筹备委员会的报告》,A/AC. 287/2017/PC. 4/2。

(3)公海自由日益受到限制。在传统海洋法律秩序下,公海自由适用于国家管辖外海域。随着现代海洋法律秩序的建立,公海自由受到三方面的限制:其一,国家管辖海域范围的增加自然大大限制了公海自由的适用空间;其二,如今国家管辖范围以外海域的海床和底土属于国际海底区域,不再适用公海自由原则;其三,虽然海洋自由仍旧是公海制度的基础,但是各国在新海洋法律秩序中所享有的公海自由也受到较以前更多的限制,特别是在航行自由和捕鱼自由方面。而且,随着对国家管辖范围以外海域的国际治理的推进,各国在这些地区享有的各项自由势必会受到越来越多的限制。

(4)海洋环境保护和可持续利用海洋资源成为海洋法的重要组成部分。《海洋法公约》在历史上首次试图在这方面建立一个全球性框架。[48] 它在前言中指出,其所建立的海洋法律秩序除了为便利国际交通和促进海洋的和平用途外,亦是为了"海洋资源的公平而有效的利用,海洋生物资源的养护以及研究、保护和保全海洋环境"。在《变革我们的世界:2030 年可持续发展议程》中,"保护和可持续利用海洋和海洋资源以促进可持续发展"被作为目标 14。[49] 环境保护和资源养护成为现代海洋法的重要组成部分是时代发展的必然结果。如今人类对海洋的影响早已不再是微不足道。[50] 联合国秘书长曾在报告中指出:"几千年来连接和维系人类的海洋现在面临着来自人类活动的前所未有的压力,"人类活动的累积影响"导致海洋生物多样性和海洋生态系统的健康状况空前下滑";而为了有效应对这些挑战,需要国际合作与协调以"推进海洋的综合管理和可持续发展"。[51]

二、对《海洋法公约》的评价

(一)《海洋法公约》的主要特点

1982 年《海洋法公约》除前言外,包括 17 个部分,共 320 条。此外还有 9 个附件,各附件为《海洋法公约》的组成部分。[52] 《海洋法公约》有六种作准文本,包括:阿拉伯文、中文、英文、法文、俄文和西班牙文文本。《海洋法公约》是建立海洋法律新秩序 14 年努力的成果,从此有关海洋的国际法就"被不可逆转地改变了"[53]。《海洋法公约》奠定了现代国际海洋法的基础,经常被称为"海洋宪章"。它具有以下几个突出特点。

1. 内容的全面性

《海洋法公约》在前言中表示,它意图"解决与海洋法有关的一切问题"。虽然《海洋法公约》并未而且实际上也无法就一切海上问题作出规定,但它的确规定了开展各种海洋活动都必

---

〔48〕 [英]帕特莎·波尼、埃伦·波义尔:《国际法与环境》(第 2 版),那力、王彦志、王小钢译,高等教育出版社 2007 年版,第 336 页。

〔49〕 2015 年 9 月 25 日联大决议,A /RES/70/1。

〔50〕 第七十届联大文件:《第一次全球海洋综合评估的摘要》,2015 年 7 月 22 日,A /70/112,第 40 段。

〔51〕 第七十四届联大会议:《海洋和海洋法——秘书长的报告》,2019 年 9 月 11 日,A /74/350,第 1、7、109 段。

〔52〕 《海洋法公约》第 319 条。

〔53〕 Statement by Javier Pérez de Cuéllar, the Secretary - General of the UN, at the Final Part of the Eleventh Session, 10 December 1982, A/CONF. 62/SR. 193, para. 27.

须遵循的法律框架。[54] 国际海洋法的一个根本原则就是区划。不同海域伴有不同的制度。海域划分是国际海洋治理的基础,也是解决海上问题的出发点。无论是海洋的使用者、管理者还是海洋争端的解决者,都应首先明确相关海域的性质。一旦确定了海域的性质,那么就能够确定相关各方在该海域内的权利义务,由此就可进一步知晓相关活动的法律性质。海域区划原则和"陆地统治海洋原则"直接相关,因为海域划分的起点通常是沿海国的陆地海岸线。随着向海的逐渐伸展,沿海国的权利逐渐变弱。《海洋法公约》对海域划分问题作了细致规定,其第二至十一部分主要与此相关:领海和毗连区(第二部分)、用于国际航行的海峡(第三部分)、群岛水域(第四部分)、专属经济区(第五部分)、大陆架(第六部分)、公海(第七部分)、岛屿制度(第八部分)、闭海和半闭海(第九部分)、国际海底区域(第十一部分)。而第十部分规定了内陆国出入海洋的权利和过境自由。需要特别指出的是,《海洋法公约》解决了传统海洋法阶段始终未能解决的领海宽度问题。除海域划分外,《海洋法公约》还专章规定了海洋环境的保护和保全(第十二部分)、海洋科学研究(第十三部分)、海洋技术的发展和转让(第十四部分)等涉及国际社会共同关心的问题。

2. 规定的整体性

《海洋法公约》在前言中强调"各海洋区域的种种问题都是彼此密切相关的,有必要作为一个整体来加以考虑"。《海洋法公约》是各国在第三次海洋法会议上达成的"一揽子协议"(package deal),即《海洋法公约》"代表了一套复杂和不可分割的、对海洋法的所有重大问题的彼此密切相关的折中解决方案"[55]。它是各国之间利益的妥协。《海洋法公约》的某一部分可能对这些国家更有利,而另一部分则可能对那些国家更有利。相反,每个国家都可能发现《海洋法公约》的某些规定对自己不利。《海洋法公约》没有满足任何单个国家的全部利益要求,但却成功容纳了所有国家相互竞争的利益。[56] "一揽子协议"的性质不允许缔约国选择性适用《海洋法公约》,否则将导致《海洋法公约》最终四分五裂。为此《海洋法公约》原则上禁止缔约国进行保留。[57] 这意味着一国或者接受《海洋法公约》的所有权利和义务而成为其缔约国,或者拒绝成为其缔约国。但《海洋法公约》并不排除缔约国在签署、批准或加入时作出"声明或说明,目的在于除其他外使该国国内法律和规章同本公约规定取得协调,但须这种声明或说明无意排除或修改本公约规定适用于该缔约国的法律效力"[58]。换言之,一国不能以声明或说明的名义对《海洋法公约》进行保留。目前许多缔约国都作出了声明或说明。但有时其他缔约国会对一国的声明是否符合《海洋法公约》提出疑问。

3. 规定性质的混合性

《海洋法公约》在前言中表示,它代表了"海洋法的编纂和逐渐发展"。《海洋法公约》的一

---

〔54〕"前言",2019年12月10日联大决议,A/RES/74/19。

〔55〕苏联代表的发言。The 191st Plenary Meeting, 9 December 1982, A/CONF. 62/SR. 191, para. 79.

〔56〕Closing Statement by the President, at the Final Part of the Eleventh Session, 10 December 1982, A/CONF. 62/SR. 193, para. 46.

〔57〕《海洋法公约》第309条。

〔58〕《海洋法公约》第310条。

些规定反映了习惯法规则,而另一些则纯属条约法规则。由此《海洋法公约》并非一个纯粹的编纂性公约,其有关国际海底区域、用于国际航行的海峡的过境通行制、群岛国制度以及大陆架定义的规定在《海洋法公约》通过时并不属于习惯法。[59] 经由之后的国家实践,《海洋法公约》的一些条约法规则取得了习惯法的地位。但这一结论并不适用于公约的所有规定。目前《海洋法公约》的规定仍旧保有条约法规则和习惯法规则并存的混合性质。至于《海洋法公约》的某项规定是否具有习惯法地位,判断的标准是该规则是否具备了国际习惯的构成要素。[60] 证明《海洋法公约》某一规定具有习惯法地位的责任属于试图作为习惯援引《海洋法公约》规定的一方。[61] 考虑到可能存在那种把《海洋法公约》中对己有利的部分看作习惯国际法,而把对己不利的部分看作完全没有拘束力的规定的做法,[62] 非缔约国表示承认某一《海洋法公约》规定的习惯法地位并不足以履行证明责任。[63] 国际法院曾明确指出,即使当事双方宣称它们承认某些规则,该事实本身也不足以使法院认为这些规则是习惯国际法的组成部分。[64]

4. 争端解决程序的强制性

《海洋法公约》第十五部分规定了一个完备的争端解决机制,其最大特点在于强制性,即对于大部分有关《海洋法公约》的解释或适用的争端而言,在满足一定条件下,都可由当事一方单方提交《海洋法公约》规定的导致有拘束力裁判的程序。鉴于《海洋法公约》的"一揽子"性质,这样的强制程序有效地保障了《海洋法公约》的整体性。同时鉴于《海洋法公约》内容的广泛性,这样的强制程序大大拓展了国际争端法律解决的范围。《海洋法公约》生效后的争端解决实践显示,《海洋法公约》项下法庭的裁判在有助于澄清《海洋法公约》规定的同时,也表现出扩张法庭管辖权的明显倾向。

(二)《海洋法公约》和其他国际条约的关系

1. 渊源

1982 年《海洋法公约》虽然是现代国际海洋法的基础和核心,但绝非海洋法领域内唯一的法律渊源。国际习惯在海洋法领域内一直发挥重要作用。对于《海洋法公约》中的纯条约性质的规定,它们当然不能用来调整《海洋法公约》的缔约国和非缔约国之间,以及非缔约国之间的关系。习惯法在这种情况下仍可能发挥主导作用。即使在缔约国之间,《海洋法公约》在其前

---

〔59〕 Closing Statement by the President, at the Final Part of the Eleventh Session, 10 December 1982, A/CONF. 62/SR. 193, para. 48.

〔60〕 国际法委员会《习惯国际法的识别》结论 2 规定:"要确定一项习惯国际法规则的存在及内容,必须查明是否存在一项被接受为法律(法律确信)的一般惯例。"2018 年 12 月 20 日联大决议,A/RES/73/203。

〔61〕 Hugo Caminos, Michael R. Molitor, *Progressive Development of International Law and the Package Deal*, 79 American Journal of International Law 881 (1985).

〔62〕 王铁崖:《新海洋法公约与海洋法的发展》,载邓正来编:《王铁崖文选》,中国政法大学出版社 2003 年版,第 95 ~ 96 页。

〔63〕 高健军:《"一贯反对者"规则在中美有关军舰领海通过分歧中的作用初探》,载《边界与海洋研究》2019 年第 5 期。

〔64〕 Military and Paramilitary Activities in and against Nicaragua (Nicaragua v. United States of America), Merits, Judgment, I. C. J. Reports 1986, p. 14, para. 184.

言中也明确指出:“本公约未予规定的事项,应继续以一般国际法的规则和原则为准据。”例如,《海洋法公约》中没有关于历史性水域制度的详细规定,该问题仍然受一般国际法调整。[65] 就条约而言,海洋法领域内存在大量全球性、区域性、多边、双边条约。这些条约有的是在《海洋法公约》通过之前缔结的,有的是在《海洋法公约》通过之后缔结的。不应忘记的是,海洋法是国际法的一个组成部分,而处理国家间的海洋问题往往离不开海洋法领域以外的国际法规则。综上,各国间在海洋领域可能面临着复杂的法律关系。[66]

2.《海洋法公约》与其他条约的一般关系

虽然《海洋法公约》被誉为“海洋宪章”,但是它并不能就此获得优于其他条约的地位。《海洋法公约》与其他条约的关系应按照有关条约冲突的条约法规则处理,而 1969 年《维也纳条约法公约》第 30 条的规定被认为“编纂了习惯法”。[67] 该条首先重申了“《联合国宪章》义务优先”原则,而这当然适用于处理《海洋法公约》与《联合国宪章》的关系。《联合国宪章》所体现的国际法基本原则也是海洋法的基本原则。《海洋法公约》的一些规定明确提及或反映了《联合国宪章》原则,如前言规定海洋秩序的建立应“妥为顾及所有国家主权”,第 279 条要求和平解决海洋争端,第 300 条要求善意履行义务和不滥用权利,第 301 条要求不得使用武力或威胁。当一国在《海洋法公约》中的义务与该国在《联合国宪章》下的义务发生冲突时,其在《联合国宪章》下的义务应居优先。[68]

关于《海洋法公约》与《联合国宪章》以外的其他国际条约和协定的关系,《条约法公约》第 30 条第 2 款规定的原则是:“遇条约订明须不违反先订或后订条约或不得视为与先订或后订条约不合时,该先订或后订条约之规定应居优先。”由此需要考虑有关条约的具体规定。在这方面,《海洋法公约》第 311 条专门就它“同其他公约和国际协定的关系”作出规定。第一,在各缔约国间,1982 年《海洋法公约》优于 1958 年“日内瓦海洋法公约”。需要指出的是,“日内瓦海洋法公约”目前仍然有效,而并未由于《海洋法公约》的缔结而失效。第二,《海洋法公约》不改变各缔约国根据“与本公约相符合的其他条约”而产生的权利和义务,但以不影响其他缔约国根据《海洋法公约》享有其权利或履行其义务为限。这是《海洋法公约》规定的调整它与其他条约之间关系的一般原则。该规定实际上给予了《海洋法公约》在与其他条约关系方面的优先性。[69] 如果一个条约的规定与《海洋法公约》相符,则会被《海洋法公约》所许可;反之,如果一个条约的规定与《海洋法公约》不相符,则《海洋法公约》将对其缔约国依据该条约产生的权利和义务发生影响。第三,《海洋法公约》不影响其条款中明示许可或保持的其他国际协定。该规定是上述一般原则的例外。例如,《海洋法公约》第 51 条要求群岛国尊重与其他国家间的现有协定;第 74 条和第 83 条承认现行有效的专属经济区和大陆架划界协定;第 303 条规定不妨

---

〔65〕 Continental Shelf (Tunisia/Libya), Judgment, I. C. J. Reports 1982, p. 18, para. 100.

〔66〕 [英]马尔科姆·N. 肖:《国际法》(上)(第 6 版),白桂梅等译,北京大学出版社 2011 年版,第 438 页。

〔67〕 [英]安托尼·奥斯特:《现代条约法与实践》,江国青译,中国人民大学出版社 2005 年版,第 197 页。

〔68〕 《联合国宪章》第 103 条。

〔69〕 Shabtai Rosenne & Louis B. Sohn eds., *United Nations Convention on the Law of the Sea 1982: A Commentary*, Vol. Ⅴ, Martinus Nijhoff Publishers, 1989, p. 243.

害关于保护考古和历史性文物的其他国际协定。

以上是从《海洋法公约》的角度处理该公约与其他条约的关系。但同样需要考虑其他条约的相关规定。就1958年“日内瓦海洋法公约”而言,《领海及毗连区公约》(第25条)和《公海公约》(第30条)规定它们不影响缔约方之间业已生效的国际协定,而其他两个公约则没有规定与其他国际协定的关系的问题。由此《海洋法公约》关于其与“日内瓦海洋法公约”关系的规定不会引发困难。

3.《海洋法公约》与两个“执行协定”的关系

《联合国鱼类种群协定》规定它不妨害《海洋法公约》所规定的国家权利、管辖权和义务,并应参照《海洋法公约》的内容和以符合《海洋法公约》的方式予以解释和适用。然而,《1994年执行协定》规定该协定和《海洋法公约》第十一部分应作为单一文书解释和适用;“如有任何不一致的情况,应以本协定的规定为准”。这样的规定之所以被接受,是因为《1994年执行协定》就是用来修正《海洋法公约》的,尽管它没有使用《海洋法公约》的修正程序。与《联合国鱼类种群协定》不同,《1994年执行协定》本质上是一个《海洋法公约》的修正文书,没有独立完整的权利义务规定。由此虽然一国可以选择参加《联合国鱼类种群协定》而同时不参加《海洋法公约》,[70]但一国除非已经参加或者同时参加《海洋法公约》,否则它无法参加《1994年执行协定》。然而,由于《1994年执行协定》不是对《海洋法公约》的正式修正,因此它并不能在生效后对所有《海洋法公约》缔约国生效。[71] 按照《1994年执行协定》的规定,在协定通过后参加《海洋法公约》的国家“应亦即表示同意接受本协定的拘束”[72],由此,《1994年执行协定》对其通过(而非生效)后参加《海洋法公约》的缔约国有效。而至于那些在该协定通过前已经成为《海洋法公约》缔约国的国家,它们可以选择是否参加《1994年执行协定》。如果选择不参加,则这些缔约国理论上将继续适用未经修改的《海洋法公约》。截至2021年,有17个《海洋法公约》缔约国尚未参加《1994年执行协定》。[73]

---

〔70〕 目前这样的国家有伊朗和美国。

〔71〕 参见《海洋法公约》第316条的规定。

〔72〕《1994年执行协定》第4条。

〔73〕 包括巴林、科摩罗、刚果(金)、吉布提、多美尼克、埃及、冈比亚、几内亚比绍、伊拉克、马里、马绍尔群岛、圣基茨和尼维斯、圣卢西亚、圣文森特和格林纳丁斯、圣多美和普林西比、索马里、苏丹。

第二章 基 线

一、概述

(一)基线的含义和历史

1. 基线的含义

基线(baseline)是测算国家管辖海域宽度的起算线。作为国家管辖海域的领海、毗连区、专属经济区的最大范围都是由一定宽度决定的。宽度也是界定世界上大多数国家的大陆架范围的标准,但200海里外大陆架的外部界限通常是由自然延伸的范围决定的。基线起初是用来测算领海宽度的,因此有时也称为"领海基线",但如今基线同样用来测算其他种类国家管辖海域的宽度。虽然毗连区、专属经济区和大陆架这些国家管辖海域法律上的内部界限是领海的外部界限而非基线,但为确定其外部界限而测算其宽度时,起算线同样是基线。由此,在《海洋法公约》规定的这些海域的最大宽度中减去领海的宽度才是这些海域的实际范围。沿海国内水的范围是由基线界定的,由此基线也是内水和领海的分界线。基线对于确定国家管辖海域的界限至关重要。

2. 基线的历史

基线的现代观念在19世纪早期开始形成。[1] 1930年海牙国际法编纂会议虽然未能成功编纂领海制度,但其第二委员会报告的附录中含有一些有关基线的条文,涉及低潮线、低潮高地、海湾、港口、驳船处、岛屿、河口等。特别是其中规定:"在有关海湾和岛屿规定的限制下,领海的宽度从沿着整个海岸的低潮标线(the line of low - water mark)开始测算。"[2]在基线制度发展过程中的一个重要事件是1951年"英挪渔业案"。该案虽因渔业争端而起,但实质是挪威直线基线的合法性问题。1935年,挪威政府使用直线基线划定其领海基线,并宣布基线向海一侧4海里为挪威的专属渔区。渔船屡遭扣押的英国认为挪威的直线基线违反国际法,因为在英国看来,领海基线必须是低潮线,而直线基线只能用于海湾的封口线。谈判无果后,英国将争端提交国际法院。在1951年的判决中,国际法院认定挪威采用的划定基线的方法没有违反

---

[1] UN Office for Ocean Affairs and the Law of the Sea, *Baselines: An Examination of the Relevant Provisions of the United Nations Convention on the Law of the Sea*, United Nations, 1989, p. viii.

[2] Report of the Second Committee: Territorial Sea, 10 April 1930, Appendix 2, in Satya N. Nandan, Shabtai Rosenne eds., *United Nations Convention on the Law of the Sea* 1982: *A Commentary*, Vol. Ⅲ, Martinus Nijhoff Publishers, 1995, p. 475 - 481.

国际法,并就直线基线的划定提出了一些标准。该案是国际判例促进国际法发展的一个典范。国际法院在本案中的许多观点和表述都被纳入国际法委员会为第一次海洋法会议准备的条款草案中。1958 年《领海及毗连区公约》对基线制度进行了编纂,总共 7 个条款。1982 年《海洋法公约》有关领海基线的规定基本照搬了 1958 年公约的有关规定,但同时引入了一些重要的补充。[3]《海洋法公约》在基线方面最大的发展是在领海基线外增加了群岛国群岛基线的规定。关于此种基线将在群岛国部分讨论。

(二)基线的划定和公布交存

1. 基线的划定

"陆地统治海洋"是国际海洋法的一项重要原则。一个国家对其管辖海域的权利通常源于该国对相关海域附近陆地领土的主权。而划定基线的权利属于主权者。由此基线的划定"必然是单方行为,因为只有沿海国才能这样做"。但同时海洋界限的划分"始终具有国际性的一面,它不能只依据沿海国在其国内法中表达的意志……划界对于其他国家的效力取决于国际法"[4]。实践中一国划定的基线可能由于各种原因而受到其他国家,特别是邻国的质疑。可以设想,在管辖海域宽度不变的情况下,不同的基线将带来不同的海域外部界限。需要说明的是,一国为测算其管辖海域宽度而划定基线的问题,不同于在划分海岸相邻或相向国家间的海洋边界过程中为适用特定划界方法而确定基点的问题。在后一种情况下,海洋划界涉及两个或更多国家,需要各相关国家协议解决,因此不应仅仅依赖当事国自己对基点的选择。[5] 在一些海洋划界案件中,国际法庭没有选择当事国自己确定的领海基点。法庭这样做并不意味着当事国划定的基线不符合国际法,而只是表明相关基点不适合用于同邻国的海洋划界。

确定领海基线主要有两种方法:正常基线法和直线基线法。此外还有一些涉及划定河口、海湾、港口和泊船处附近领海的特殊规则。《海洋法公约》第 14 条规定:"沿海国为适应不同情况,可交替使用以上各条规定的任何方法以确定基线。"由此各国可以使用适用于海岸的任何部分的任何一种基线规则。[6]

2. 直线基线的公布和交存

《海洋法公约》第 16 条为沿海国规定了公布和交存直线基线海图和基点地理坐标表的义务。《海洋法公约》没有要求沿海国公布和交存正常基线,但沿海国需要在其官方承认的大比例尺海图上标明正常基线。

按照《海洋法公约》,沿海国应将其划定的直线基线标注在足以确定这些线的位置的海图上,或者用列出各基点的地理坐标并注明大地基准点的表来代替海图。沿海国应将这种海图

---

[3] UN Office for Ocean Affairs and the Law of the Sea, *Baselines: An Examination of the Relevant Provisions of the United Nations Convention on the Law of the Sea*, United Nations, 1989, p. ix.

[4] Fisheries (United Kingdom v. Norway), Judgment, I. C. J. Reports 1951, p. 116, at 132.

[5] Maritime Delimitation in the Black Sea (Romania v. Ukraine), Judgment, I. C. J. Reports 2009, p. 61, para. 137.

[6] UN Office for Ocean Affairs and the Law of the Sea, *Baselines: An Examination of the Relevant Provisions of the United Nations Convention on the Law of the Sea*, United Nations, 1989, para. 79.

或地理坐标表妥为公布,并应将一份副本交存于联合国秘书长。虽然沿海国可以选择上述任何一种方式,但较为便利的方法是同时公布海图和基点地理坐标表,因为海图可用于说明的目的,而坐标表能够提供基点的确切位置。[7] 然而,沿海国可以用公布和交存根据基线所划定的领海外部界限的方式来替代公布基线信息。出于使其他国家和海洋使用者知晓沿海国管辖海域范围的目的,公布国家管辖海域的外部界限是适宜的。《海洋法公约》还要求沿海国公布和交存大陆架和专属经济区的外部界限信息。沿海国在履行了交存义务后可以在需要时修改基线。实践中,尼加拉瓜 2013 年交存了加勒比海地区直线基线的基点坐标,后于 2018 年再次交存,修改了其中一个基点的地理坐标。[8] 而巴西用 2015 年的交存取代了之前 2004 年的交存。[9]

沿海国交存海图和基点地理坐标表没有时限要求,通过单次行为还是多次行为完成交存义务也没有要求。[10] 截至 2020 年 3 月,有 63 个国家根据《海洋法公约》第 16 条进行了 82 次交存行为。[11] 需要指出的是,秘书长接受和公布沿海国交存的海图和地理坐标表的行为并不意味着联合国承认所交存的材料符合《海洋法公约》规定,也不意味着联合国承认沿海国的相关行动和决定的有效性。[12]

二、正常基线

(一)正常基线的含义

1982 年《海洋法公约》第 5 条规定:"测算领海宽度的正常基线是沿海国官方承认的大比例尺海图所标明的沿岸低潮线。"此为正常基线的概念,其中包括三个要素:(1)低潮线;(2)沿海国官方承认;(3)大比例尺海图。

1. 低潮线

1951 年,国际法院在"英挪渔业案"中指出:"毫无疑问的是,就测算领海宽度的目的而言,国家实践中一般接受的是低潮线,而不是高潮线或是两者的平均线。该标准对沿海国最为有利,而且清楚地表明了领水附属于陆地领土这一特征。"[13] 低潮线是低潮面与海岸的交线,是海水在低潮时退至的沿着海岸的线。[14] 低潮线(或低潮标)有不同的含义,包括最低天文潮位

---

[7] UN Office for Ocean Affairs and the Law of the Sea, *Baselines: An Examination of the Relevant Provisions of the United Nations Convention on the Law of the Sea*, United Nations, 1989, para. 98.

[8] 参见联合国网站[https://www.un.org/Depts/los/LEGISLATIONANDTREATIES/STATEFILES/NIC.htm(2020/3/13)]。

[9] 参见联合国网站[https://www.un.org/Depts/los/LEGISLATIONANDTREATIES/STATEFILES/BRA.htm(2020/3/13)]。

[10] 《根据〈联合国海洋法公约〉向秘书长交存海图和各点地理坐标表的准则》,联合国 2021 年,第 33~34 段。

[11] 《秘书长有关根据〈联合国海洋法公约〉交存海图和各点地理坐标表的做法》,2020 年 4 月 13 日,SPLOS/30/12,第 12 段。

[12] 《秘书长有关根据〈联合国海洋法公约〉交存海图和各点地理坐标表的做法》,2020 年 4 月 13 日,第 8 段。

[13] Fisheries (United Kingdom v. Norway), Judgment, I. C. J. Reports 1951, p. 116, at 128.

[14] UN Office for Ocean Affairs and the Law of the Sea, *Baselines: An Examination of the Relevant Provisions of the United Nations Convention on the Law of the Sea*, United Nations, 1989, p. 58.

(lowest astronomical tide)、平均大潮低潮面(mean low – water springs)、平均小潮低潮面(mean low – water neap)、平均低低潮面(mean lower low – water)、平均高低潮面(mean higher low – water)等。其中最低天文潮位是在一般气象条件和任何天文条件的组合下可以预测发生的最低潮位,而并非每一年都会降到该水位。[15] 平均大潮低潮面高于最低天文潮位,而平均小潮低潮面又高于平均大潮低潮面。[16] 国家在实践中确定低潮线时没有统一的标准,[17] 由此各国可以作出对其有利的选择。在海岸坡度十分平缓和潮差高的地方,不同低潮线的位置存在明显差异;而在其他地方不同线的位置则几乎没有什么差别。[18] 此外,低潮线的位置还可能直接决定了一个海上地形(maritime feature)能否成为低潮高地。需要说明的是,低潮线的作用不仅仅是作为正常基线。被用作低潮线的实际水位还是制作海图的基准面,而国际水文组织认为海图基准面应足够低以至潮汐很少能够低于它。[19]

2. 沿海国官方承认

与直线基线相比,国家间关于正常基线的争议少得多,因为沿岸低潮线是一个自然事实,[20] 而沿海国只是在不同的低潮线之间加以选择。沿海国选择的方式是其官方承认的标明相关低潮线的大比例尺海图。"海图"即航海图,是为了满足海上航行的需要而专门设计的。[21] 有关海图不需要由沿海国自己制作,它可以采用国外机构制作的海图。[22] 对于那些已经公布了自己海岸海图的国家,可以假定这是它们官方承认的海图;对于没有公布自己海图的国家,则需要指明哪些海图是它官方承认的。[23]

3. 大比例尺海图

"大比例海图"的规定是为了获得正常基线的详细情况。联合国海洋事务和海洋法办公室认为,在条件允许的情况下,比例尺的范围应介于 1:50000 和 1:200000 之间。[24]

---

[15] 关于它们的含义,参见 D. P. O' Connell (I. A. Shearer ed.), *The International Law of the Sea*, Vol. Ⅰ, Clarendon Press, 1982, p. 173 – 174。

[16] [澳]维克托·普雷斯科特、克莱夫·斯科菲尔德:《世界海洋政治边界》(第 2 版),吴继陆、张海文译,海洋出版社 2014 年版,第 66 页。

[17] International Law Commission, *Commentary to the Articles Concerning the Law of the Sea*, in Yearbook of the International Law Commission (1956), Vol. Ⅱ, p. 267.

[18] UN Office for Ocean Affairs and the Law of the Sea, *Baselines*: *An Examination of the Relevant Provisions of the United Nations Convention on the Law of the Sea*, United Nations, 1989, para. 10.

[19] UN Office for Ocean Affairs and the Law of the Sea, *Baselines*: *An Examination of the Relevant Provisions of the United Nations Convention on the Law of the Sea*, United Nations, 1989, p. 58, 65.

[20] UN Office for Ocean Affairs and the Law of the Sea, *Baselines*: *An Examination of the Relevant Provisions of the United Nations Convention on the Law of the Sea*, United Nations, 1989, para. 12.

[21] UN Office for Ocean Affairs and the Law of the Sea, *Baselines*: *An Examination of the Relevant Provisions of the United Nations Convention on the Law of the Sea*, United Nations, 1989, p. 51.

[22] [斐济]萨切雅·南丹、[以色列]沙卜泰·罗森主编:《1982 年〈联合国海洋法公约〉评注》(第 2 卷),吕文正、毛彬中译本主编,海洋出版社 2014 年版,第 62 页。

[23] UN Office for Ocean Affairs and the Law of the Sea, *Baselines*: *An Examination of the Relevant Provisions of the United Nations Convention on the Law of the Sea*, United Nations, 1989, para. 3.

[24] UN Office for Ocean Affairs and the Law of the Sea, *Baselines*: *An Examination of the Relevant Provisions of the United Nations Convention on the Law of the Sea*, United Nations, 1989, para. 15.

（二）礁石和低潮高地的低潮线

1. 礁石

《海洋法公约》第6条规定："在位于环礁上的岛屿或有岸礁环列的岛屿的情形下，测算领海宽度的基线是沿海国官方承认的海图上以适当标记显示的礁石的向海低潮线。"这是一条新规定，1958年"日内瓦海洋法公约"中并无相应条款。按照联合国海洋事务和海洋法办公室的定义，环礁（atoll）是指被开阔的海域所包围的环状礁石，有或没有岛屿坐落其上，并且封闭或几乎封闭出一个潟湖。"岸礁"（fringing reef）是指直接附于海岸或陆块或紧邻着它们的礁石。环礁和岸礁都属于"礁石"（reef），即靠近海面或低潮时露出海面的岩石块或珊瑚礁块。[25] 由于礁石不能在高潮时高于水面，因此不是岛屿，原则上应无自己的领海。那些低潮时露出水面的礁石，属于低潮高地。低潮高地在一些情况下会影响到领海基线的位置，而第6条规定的就是其中一种情形。为适用第6条的目的，礁石需要同时满足两个条件。第一，该条有关"礁石的向海低潮线"的表述清楚地表明这些礁石在低潮时必须是露出水面的。[26] 换言之，那些低潮线被用作领海基线的礁石应属于低潮高地。第二，相关环礁上应有岛屿或相关岸礁应环列在岛屿附近。这是这些礁石的向海低潮线能被用作领海基线的原因。对于那些不满足上述条件的环礁或岸礁，第6条并不适用。

按照《海洋法公约》第6条，在有岛屿的环礁或岸礁，领海基线不是岛屿的低潮线，而是沿海国官方承认的海图上以适当标记显示的礁石的向海低潮线。与正常基线不同，《海洋法公约》在这里没有要求"大比例尺海图"，而只是要求"以适当标记显示"。"适当标记"是指在海图上用于表示礁石的标准符号。[27] 需要注意的是，第6条没有规定环礁的潟湖以及岸礁和岛屿之间的水域的法律地位。有权威观点认为应将这些水域视为内水。[28] 一个与此相关的问题是如何封闭这些内水。就环礁的潟湖而言，可以跨越水道入口划封口线；而在沿着岛屿的一侧有岸礁的情况下，可以选择尽可能短的路线把岛屿和礁石联结起来以便封闭内水。[29]

2. 低潮高地

低潮高地（low－tide elevation）是在低潮时四面环水并高于水面但在高潮时没入水中的自

---

〔25〕 UN Office for Ocean Affairs and the Law of the Sea, *Baselines: An Examination of the Relevant Provisions of the United Nations Convention on the Law of the Sea*, United Nations, 1989, p. 50, 60.

〔26〕 ［斐济］萨切雅·南丹、［以色列］沙卜泰·罗森主编：《1982年〈联合国海洋法公约〉评注》（第2卷），吕文正、毛彬中译本主编，海洋出版社2014年版，第66页。

〔27〕 UN Office for Ocean Affairs and the Law of the Sea, *Baselines: An Examination of the Relevant Provisions of the United Nations Convention on the Law of the Sea*, United Nations, 1989, para. 29.

〔28〕 UN Office for Ocean Affairs and the Law of the Sea, *Baselines: An Examination of the Relevant Provisions of the United Nations Convention on the Law of the Sea*, United Nations, 1989, para. 25；［斐济］萨切雅·南丹、［以色列］沙卜泰·罗森主编：《1982年〈联合国海洋法公约〉评注》（第2卷），吕文正、毛彬中译本主编，海洋出版社2014年版，第66页。

〔29〕 UN Office for Ocean Affairs and the Law of the Sea, *Baselines: An Examination of the Relevant Provisions of the United Nations Convention on the Law of the Sea*, United Nations, 1989, para. 28.

然形成的陆地。低潮高地是一个法律术语,用来描述潮间带地形。[30] 一个海上地形需要满足以下条件方属于低潮高地:(1)它是一片陆地区域,而无论其面积大小;[31](2)该陆地是自然形成的;(3)低潮时露出但高潮时没入水中。低潮高地与岛屿的区别在于其不能在高潮时露出水面。

《海洋法公约》第 13 条规定:"如果低潮高地全部或一部分与大陆或岛屿的距离不超过领海的宽度,该高地的低潮线可作为测算领海宽度的基线。如果低潮高地全部与大陆或岛屿的距离超过领海的宽度,则该高地没有其自己的领海。"由此,低潮高地的低潮线可否作为领海基线的标准是低潮高地与大陆或岛屿的距离同领海宽度之间的关系。此时与低潮高地上是否"筑有永久高于海平面的灯塔或类似设施,或以这种高地作为划定基线的起讫点已获得国际一般承认"并无关系。这些条件与直线基线的划定相关。然而并非所有全部或部分位于领海范围内的低潮高地的低潮线都可以用作领海基线。例如,如果一个低潮高地位于从海湾封口线量起的领海范围之内,但却位于从大陆或岛屿量起的领海宽度之外,则其低潮线不能被用作领海基线。[32] 再如,低潮高地不能产生"蛙跳"的效果。如果一个低潮高地仅因另一个低潮高地的原因而位于领海内,那么不能基于该高地进一步主张额外的领海。[33]

需要明确的是,低潮高地的存在虽然可能影响基线位置的确定,但是由此说低潮高地有它自己的领海则是不正确的。不幸的是,《海洋法公约》第 13 条关于"该高地没有其自己的领海"的表述很容易造成上述误解。然而,如果认为将低潮高地的低潮线作为测算领海宽度的基线就意味着该低潮高地有自己的领海的话,那么从该基线测算大陆架和专属经济区的宽度就将意味着低潮高地有自己的大陆架和专属经济区。显然,这一结论不仅是难以接受的,而且还将导致一个无法解释的问题,即为何低潮高地拥有比在高潮时高出海面的岩礁更大的海域权利——《海洋法公约》明确否定了岩礁产生大陆架和专属经济区的能力。对《海洋法公约》第 13 条的正确理解是,该条仅与基线的划定有关,而无关低潮高地的海域权利。这是两个不同的问题。低潮高地被用作领海基点时,其所测算的海域是由附近的大陆和岛屿产生的。相反,对于一个位于领海以外的孤立的低潮高地而言,虽然它有低潮线,但却无法用来产生领海。同样,当一个岩礁被用作某个大陆海岸的基点时,也可以从它开始测算专属经济区和大陆架的宽度。然而,对于一个孤立的岩礁而言,却不能从它开始测算专属经济区和大陆架。

---

[30] UN Office for Ocean Affairs and the Law of the Sea, *Baselines: An Examination of the Relevant Provisions of the United Nations Convention on the Law of the Sea*, United Nations, 1989, para. 30; p. 58.

[31] [斐济]萨切雅·南丹、[以色列]沙卜泰·罗森主编:《1982 年〈联合国海洋法公约〉评注》(第 2 卷),吕文正、毛彬中译本主编,海洋出版社 2014 年版,第 101 页。

[32] UN Office for Ocean Affairs and the Law of the Sea, *Baselines: An Examination of the Relevant Provisions of the United Nations Convention on the Law of the Sea*, United Nations, 1989, para. 32.

[33] [英]詹宁斯、瓦茨修订:《奥本海国际法》(第一卷第二分册)(第 9 版),王铁崖等译,中国大百科全书出版社 1998 年版,第 26 页。

三、直线基线

(一)直线基线的含义

直线基线是沿海国用直线段连接低潮线上适当的点所形成的直线体系。而这些点就是基点(base point)。基点必须位于划该基线的国家自己的领土内并应位于海图上所标明的低潮线上。[34] 直线基线和正常基线的区别在于,它不是沿着海岸划的。[35] 因此,同正常基线相比,直线基线可使有关国家获得更大的海域面积。但直线基线的目的并不是过分地增加领海。[36] 直线基线是为了避免在海岸地理状况复杂的情况下,正常基线规则的适用可能产生的复杂局面,如十分曲折的基线以及潜在的非领海飞地;这种局面又会产生同样不规则的国家管辖海域的外部界限,从而给沿海国的监管以及海洋使用者遵守有关制度都带来相当大的困难。[37] 换言之,直线基线的目的在于简化海岸地理导致的复杂的正常基线,而海域面积的扩大只不过是其附带的产物。

国际法院1951年"英挪渔业案"的判决奠定了直线基线规则的基础。1982年《海洋法公约》第7条大部分重复了1958年《领海及毗连区公约》第4条的规定,同时内容又有所增加。国际法院在2001年"卡塔尔诉巴林案"中认为:"直线基线方法是决定基线的正常规则的例外,只有当符合一些条件时才能适用。该方法必须限制性地适用。"[38] 然而国家实践与此看法并不相符。根据2011年联合国的统计,在153个沿海国和群岛国中,有90多个国家的立法中规定了直线基线,其中包括了越过河口和湾口划封口线的情况。[39] 而另一项统计显示,有80个国家提出直线基线主张。[40] 有学者由此认为,难以说直线基线是不正常的或是例外的。[41] 直线基线的使用经常导致国家间的争议,但专门就此问题提交国际法庭的事例却并不多见。虽然不能排除沿海国滥用直线基线方法的情况,但是《海洋法公约》有关直线基线规定本身的不

---

〔34〕 UN Office for Ocean Affairs and the Law of the Sea, *Baselines: An Examination of the Relevant Provisions of the United Nations Convention on the Law of the Sea*, United Nations, 1989, para. 51.

〔35〕 Gerald Fitzmaurice, *Some Results of the Geneva Conference on the Law of the Sea: Part I—The Territorial Sea and Contiguous Zone and Related Topics*, 8 International and Comparative Law Quarterly 76 (1959).

〔36〕 UN Office for Ocean Affairs and the Law of the Sea, *Baselines: An Examination of the Relevant Provisions of the United Nations Convention on the Law of the Sea*, United Nations, 1989, para. 39.

〔37〕 UN Office for Ocean Affairs and the Law of the Sea, *Baselines: An Examination of the Relevant Provisions of the United Nations Convention on the Law of the Sea*, United Nations, 1989, para. 35.

〔38〕 Maritime Delimitation and Territorial Questions between Qatar and Bahrain (Qatar v. Bahrain), Merits, Judgment, I. C. J. Reports 2001, p. 40, para. 212.

〔39〕 Table of Claims to Maritime Jurisdiction (as at 15 July 2011), http://www.un.org/Depts/los/LEGISLATIONANDTREATIES/PDFFILES/table_summary_of_claims.pdf.

〔40〕 International Law Association, *Baselines under the International Law of the Sea*, Johannesburg Conference (2016), para. 65.

〔41〕 [澳]维克托·普雷斯科特、克莱夫·斯科菲尔德:《世界海洋政治边界》(第2版),吴继陆、张海文译,海洋出版社2014年版,第65页。有观点认为,《海洋法公约》第14条的规定表明了要消除低潮线这一标准规则和直线基线这一非标准规则之间区别的趋势,因为它只能被解释为使用直线基线体系是可以选择的。D. P. O'Connell (I. A. Shearer ed.), *The International Law of the Sea*, Vol. I, Clarendon Press, 1982, p. 211.

确定性就为各国留下了相当大的解释空间。特别是有关规则均非以数字刻画,而且也不存在满足它们的普遍接受的标准。[42]

（二）适用直线基线的海岸特征

并非任何海岸都具备划定直线基线的条件。《海洋法公约》第7条第1款规定:“在海岸线极为曲折的地方,或者如果紧接海岸有一系列岛屿,测算领海宽度的基线的划定可采用连接各适当点的直线基线法。”由此,沿海国在两种情况下可以使用直线基线:(1)“海岸线极为曲折”;或(2)“紧接海岸有一系列岛屿”。第7条第2款规定:“在因有三角洲和其他自然条件以致海岸线非常不稳定之处,可沿低潮线向海最远处选择各适当点,而且,尽管以后低潮线发生后退现象,该直线基线在沿海国按照本公约加以改变以前仍然有效。”关于该款规定是否在上述两种情况之外规定了使用直线基线的第三种情况,并不十分清楚。[43] 有观点认为第7条第2款从属于第1款,由此要适用第2款,三角洲处的海岸线必须满足第1款规定的地理条件,[44]但也有学者将三角洲与前两种情况相提并论。[45]

1.“海岸线极为曲折”

河口、湾口及其他水曲的存在会导致海岸线曲折。虽然“极为曲折”(deeply indented and cut into)并无普遍接受的客观标准,但联合国海洋事务和海洋法办公室认为这样的海岸必须有几个凹陷,而且每个凹陷都满足法律上的海湾的条件。[46] 由此,“海岸线极为曲折”不仅要求考虑海岸凹陷的数量,而且要求考虑凹陷的深度。

2.“紧接海岸有一系列岛屿”

关于“紧接海岸有一系列岛屿”(a fringe of islands along the coast in its immediate vicinity)的情况,同样没有统一的客观检验标准来识别。[47] 然而就字面意思而言,它包含两个要件:“一系列岛屿”和“紧接海岸”。“一系列岛屿”必定意味着一个以上的岛屿,但很难具体界定岛屿的数量要求。[48] 联合国海洋事务和海洋法办公室指出了可能属于“一系列岛屿”的两种情况。第一,与大陆构成一体的岛屿。这些岛屿在小比例尺海图上似乎是大陆的延伸。第二,虽

---

〔42〕 [斐济]萨切雅·南丹、[以色列]沙卜泰·罗森主编:《1982年〈联合国海洋法公约〉评注》(第2卷),吕文正、毛彬中译本主编,海洋出版社2014年版,第73页。

〔43〕 R. R. Churchill & A. V. Lowe, *The Law of the Sea*, 3rd edition, Manchester University Press, 1999, p. 37–38.

〔44〕 UN Office for Ocean Affairs and the Law of the Sea, *Baselines: An Examination of the Relevant Provisions of the United Nations Convention on the Law of the Sea*, United Nations, 1989, para. 48.

〔45〕 [澳]维克托·普雷斯科特、克莱夫·斯科菲尔德:《世界海洋政治边界》(第2版),吴继陆、张海文译,海洋出版社2014年版,第100,104~105页。

〔46〕 UN Office for Ocean Affairs and the Law of the Sea, *Baselines: An Examination of the Relevant Provisions of the United Nations Convention on the Law of the Sea*, United Nations, 1989, para. 36.

〔47〕 UN Office for Ocean Affairs and the Law of the Sea, *Baselines: An Examination of the Relevant Provisions of the United Nations Convention on the Law of the Sea*, United Nations, 1989, para. 42.

〔48〕 UN Office for Ocean Affairs and the Law of the Sea, *Baselines: An Examination of the Relevant Provisions of the United Nations Convention on the Law of the Sea*, United Nations, 1989, para. 43.

然与海岸有一段距离，但是这些岛屿形成一个屏障，遮蔽了很大一部分的海岸。[49] 关于“紧接海岸”的要求，它首先排除了一串垂直于海岸的岛屿的情况。[50] 至于一系列岛屿在何种情况下可以被认为“紧邻”海岸，并无绝对的检验标准。联合国海洋事务和海洋法办公室认为，如果是 12 海里的领海，那么有关岛屿的内缘距离海岸 24 海里就可以满足这一条件。[51]

3. 三角洲

三角洲是由河流的各分岔河口封闭和横贯的一片冲积陆地。[52] 1982 年《海洋法公约》规定，在因有三角洲和其他自然条件以致海岸线非常不稳定之处，有关国家可沿低潮线向海最远处选择各适当点划定直线基线。该规定并不存在于 1958 年公约中。《海洋法公约》增加该规定主要是考虑到恒河/布拉马普特拉河三角洲的特殊情况。恒河三角洲是世界上最大的三角洲，面积约 6 万平方千米，其中一半以上被潮水所淹没。[53] 按照《海洋法公约》的规定，适用该款的海岸线需要满足以下条件：第一，存在一个三角洲。第二，海岸线“非常不稳定”。[54] 关于“非常不稳定”的含义，《海洋法公约》并未予以说明，有学者认为可以解释为低潮线位置在水平方向上极为多变。[55] 第三，划定直线基线的基点应位于低潮线上，而不能从水下区域选取。[56] 如果低潮线在直线基线划定后发生后退，所划直线基线在沿海国按照《海洋法公约》加以改变以前仍然有效。换言之，沿海国没有义务在每次发生变化时都修改基点。[57] 实践中，埃及曾在尼罗河三角洲海岸划定直线基线。[58]

（三）划定直线基线的具体规则

按照《海洋法公约》的规定，沿海国在使用直线基线法时需要遵守以下规则：

1. 除在低潮高地上筑有永久高于海平面的灯塔或类似设施，或以这种高地作为划定基线的起讫点已获得国际一般承认者外，直线基线的划定不应以低潮高地为起讫点。该规定是有

---

〔49〕 UN Office for Ocean Affairs and the Law of the Sea, *Baselines: An Examination of the Relevant Provisions of the United Nations Convention on the Law of the Sea*, United Nations, 1989, paras. 44 – 45.

〔50〕 UN Office for Ocean Affairs and the Law of the Sea, *Baselines: An Examination of the Relevant Provisions of the United Nations Convention on the Law of the Sea*, United Nations, 1989, para. 43.

〔51〕 UN Office for Ocean Affairs and the Law of the Sea, *Baselines: An Examination of the Relevant Provisions of the United Nations Convention on the Law of the Sea*, United Nations, 1989, para. 46.

〔52〕 UN Office for Ocean Affairs and the Law of the Sea, *Baselines: An Examination of the Relevant Provisions of the United Nations Convention on the Law of the Sea*, United Nations, 1989, p. 53.

〔53〕 UN Office for Ocean Affairs and the Law of the Sea, *Baselines: An Examination of the Relevant Provisions of the United Nations Convention on the Law of the Sea*, United Nations, 1989, para. 50.

〔54〕 UN Office for Ocean Affairs and the Law of the Sea, *Baselines: An Examination of the Relevant Provisions of the United Nations Convention on the Law of the Sea*, United Nations, 1989, para. 48.

〔55〕 [澳]维克托·普雷斯科特、克莱夫·斯科菲尔德：《世界海洋政治边界》（第 2 版），吴继陆、张海文译，海洋出版社 2014 年版，第 107 页。

〔56〕 [斐济]萨切雅·南丹、[以色列]沙卜泰·罗森主编：《1982 年〈联合国海洋法公约〉评注》（第 2 卷），吕文正、毛彬中译本主编，海洋出版社 2014 年版，第 72 页。

〔57〕 UN Office for Ocean Affairs and the Law of the Sea, *Baselines: An Examination of the Relevant Provisions of the United Nations Convention on the Law of the Sea*, United Nations, 1989, para. 49.

〔58〕 R. R. Churchill & A. V. Lowe, *The Law of the Sea*, 3rd edition, Manchester University Press, 1999, p. 38.

关基点的选择。直线基线的基点可以位于大陆或岛屿的沿岸低潮线上。而只有在两种情况下低潮高地才可用作直线基线的基点。(1)在低潮高地上筑有灯塔或类似设施。“类似设施”是指类似灯塔的设施,包括两种情况:第一,这些设施的形状看起来像灯塔,尽管它们或许并不服务于导航等目的;第二,这种设施的功能与灯塔的作用类似,提醒航海者注意危险以及协助他们定位,如雾号、灯标和雷达反射仪等。然而,任何此类设施都应该在所有潮汐状况下被清楚地看到。[59] (2)以某一低潮高地作为划定基线的基点已获得国际社会一般承认。该情况没有规定在1958年《领海及毗连区公约》中。1982年《海洋法公约》增加这一规定是为了迁就挪威的直线基线,因为挪威的基线以没有任何设施的低潮高地为基点。挪威基线虽然得到了国际法院的认可,但是其违反了1958年的公约。[60] 正是由于这独一无二的背景,同样的规定没有出现在《海洋法公约》关于群岛基线的规定中。[61]

2. 直线基线的划定不应在任何明显的程度上偏离海岸的一般方向。该规定是有关基线的方向。它的适用需要确定两个问题:(1)“海岸的一般方向”的含义。其中又包括:“海岸”的范围,是指沿海国整个海岸还是某一段海岸?如果是某一段海岸,该海岸的长度如何确定?再者,海岸是指大陆本身的海岸线,还是包括附近的岛屿?以及在何种比例尺上来确定“一般方向”?(2)“明显的程度上偏离”的含义。联合国海洋事务和海洋法办公室明确指出,难以就海岸的一般方向达成一致意见,而且没有任何精确的偏离标准可用于检验直线基线的正确性。[62] 需要指出的是,直线基线的长度并无特定限制。国际法委员会曾试图将每一条直线基线的长度限定为10海里,并把岛屿与海岸之间的距离限定为5海里,但这些限制被一些国家批评为专断,后来委员会删除了这些限制以避免相关规定过于数字化。[63]

国际法院在“英挪渔业案”中指出:“为了正确适用该[海岸一般方向]规则,必须注意所指控的偏离和按照该规则的表述必须被视为该海岸的*一般*方向之间的关系。由此除明显滥用(manifest abuse)的情况外,不能仅限于检视单独一段海岸;也不能仅仅依靠单从该段海岸的大比例海图上所获得的印象。”[64]《奥康奈尔国际海洋法》认为,“海岸一般方向”的概念是一个评判问题而非科学发现,这就必然需要给予沿海国以相当大的评判空间。[65] 而“明显”偏离的表述意味着特定基线可以在一定程度上合法地偏离海岸一般方向。

3. 直线基线内的海域必须充分接近陆地领土,以使其受内水制度的支配。该规定是有关

---

〔59〕 UN Office for Ocean Affairs and the Law of the Sea, *Baselines: An Examination of the Relevant Provisions of the United Nations Convention on the Law of the Sea*, United Nations, 1989, para. 52.

〔60〕 [澳]维克托·普雷斯科特、克莱夫·斯科菲尔德:《世界海洋政治边界》(第2版),吴继陆、张海文译,海洋出版社2014年版,第111页。

〔61〕 [斐济]萨切雅·南丹、[以色列]沙卜泰·罗森主编:《1982年〈联合国海洋法公约〉评注》(第2卷),吕文正、毛彬中译本主编,海洋出版社2014年版,第74页。

〔62〕 UN Office for Ocean Affairs and the Law of the Sea, *Baselines: An Examination of the Relevant Provisions of the United Nations Convention on the Law of the Sea*, United Nations, 1989, para. 55.

〔63〕 International Law Commission, *Commentary to the Articles Concerning the Law of the Sea*, in Yearbook of the International Law Commission (1956), Vol. Ⅱ, p. 267 - 268.

〔64〕 Fisheries (United Kingdom v. Norway), Judgment, I. C. J. Reports 1951, p. 116, at 142.

〔65〕 D. P. O' Connell (I. A. Shearer ed.), *The International Law of the Sea*, Vol. Ⅰ, Clarendon Press, 1982, p. 214 - 215.

直线基线与陆地的距离。领海基线朝向陆地一侧的水域为内水。联合国海洋事务和海洋法办公室认为该规定的含义是,内水必须相当接近岛屿或海岬所代表的陆地。[66]

4. 确定特定基线时可考虑有关地区特有的并经长期惯例清楚地证明其为实在而重要的经济利益。首先,对经济利益的考虑并不能成为使用直线基线的独立理由。只有在满足采用直线基线法的海岸地理的前提下,才可以在划定基线时考虑经济因素。[67] 其次,该因素的作用是在使用直线基线的条件得到满足的情况下用来证明以特定方式调整部分基线的正当性,[68] 其效果很可能是放宽对"海岸的一般方向"和"充分接近陆地领土"的要求。最后,可予以考虑的经济利益必须是"有关地区所特有的并经长期惯例清楚地证明其为实在而重要的经济利益"。可以考虑的经济利益对于有关地区而言需要是真实存在且重要的利益,对此主张国需要用长期惯例来加以证明。经济因素在"英挪渔业案"中表现为挪威居民对渔业资源的长期依赖。但"长期惯例"不一定需要一个长达几个世纪的漫长的时间跨度。[69]

5. 一国采用的直线基线制度不得使另一国的领海与公海或专属经济区隔断。该规定的目的是保护沿海国能够到达其享有航行自由的开放海域。[70] 实践中,1967 年法国在划定基线时为摩纳哥留出了出海通道。[71]

四、河口、海湾、港口和泊船处

(一)河口

河口是河流注入海洋的地方。[72] 河流入海的情况多种多样,可能涉及适用不同的法律规则来确定基线。《海洋法公约》第 9 条规定:"如果河流直接流入海洋,基线应是一条在两岸低潮线上两点之间横越河口的直线。"所谓"河流直接流入海洋"(flows directly into the sea),指的是河流入海而没有形成河口湾(estuary)的情况。[73] 河口湾是潮汐与河流淡水交汇处的潮汐

---

〔66〕 UN Office for Ocean Affairs and the Law of the Sea, *Baselines: An Examination of the Relevant Provisions of the United Nations Convention on the Law of the Sea*, United Nations, 1989, para. 57.

〔67〕 [斐济]萨切雅·南丹、[以色列]沙卜泰·罗森主编:《1982 年〈联合国海洋法公约〉评注》(第 2 卷),吕文正、毛彬中译本主编,海洋出版社 2014 年版,第 74 页。

〔68〕 UN Office for Ocean Affairs and the Law of the Sea, *Baselines: An Examination of the Relevant Provisions of the United Nations Convention on the Law of the Sea*, United Nations, 1989, para. 58.

〔69〕 UN Office for Ocean Affairs and the Law of the Sea, *Baselines: An Examination of the Relevant Provisions of the United Nations Convention on the Law of the Sea*, United Nations, 1989, para. 59.

〔70〕 [斐济]萨切雅·南丹、[以色列]沙卜泰·罗森主编:《1982 年〈联合国海洋法公约〉评注》(第 2 卷),吕文正、毛彬中译本主编,海洋出版社 2014 年版,第 74 页。

〔71〕 UN Office for Ocean Affairs and the Law of the Sea, *Baselines: An Examination of the Relevant Provisions of the United Nations Convention on the Law of the Sea*, United Nations, 1989, para. 60.

〔72〕 UN Office for Ocean Affairs and the Law of the Sea, *Baselines: An Examination of the Relevant Provisions of the United Nations Convention on the Law of the Sea*, United Nations, 1989, p. 59.

〔73〕 UN Office for Ocean Affairs and the Law of the Sea, *Baselines: An Examination of the Relevant Provisions of the United Nations Convention on the Law of the Sea*, United Nations, 1989, para. 62.

河口(tidal mouth)。[74] 在此种情况下,领海基线应是一条在两岸低潮线上两点之间所划的河口封口线。1930 年海牙国际法编纂会议曾建议该封口线应沿着海岸的一般方向。[75] 与有关海湾的规定相比,《海洋法公约》对河流封口线的规定既没有包含长度限制,也没有限于河口位于一国领土的情况。实践中,乌拉圭和阿根廷所划两国间的拉普拉塔河(River Plate)的封口线长达 120 海里,[76]并于 1973 年从封口线中心点开始划分了两国的海洋边界。[77]

关于河流形成河口湾的问题,《海洋法公约》没有明确规定。1930 年海牙国际法编纂会议曾建议:"如果河流流入河口湾,则适用于海湾的规则应适用于该河口湾。"[78] 1956 年国际法委员会在其草案第 13 条中也规定:"如果河流流入河口湾而该湾沿岸属于单一国家,则第 7 条[海湾]应适用。"但该规定在 1958 年海洋法会议上未被接受。由此,能否使用海湾的规则来处理河口湾问题是不确定的。[79] 有观点认为除直接流入海洋的情况外,河口的问题不受《海洋法公约》的规范,因此需要从习惯法的角度加以评判,而这要求在每一案件中考虑所有相关因素,如地理、历史、政治、经济以及社会因素等。[80]

此外,如果河流形成了三角洲并导致海岸线非常不稳定,那么沿海国就可以沿低潮线向海最远处选划直线基线,而河口封口线的规定就不适用了。[81]

(二)海湾

1. 法律上的海湾

如今可以基于不同理由合法地用一条直线来封闭沿岸的水曲,如该线为法律上的海湾或历史性海湾的封口线或是沿海国直线基线体系的一部分。《海洋法公约》第 10 条为封闭沿岸属于同一个国家的海湾设定了一些规则,而它们"被认为表达了一般习惯法"。[82] 第 10 条不

---

[74] UN Office for Ocean Affairs and the Law of the Sea, *Baselines: An Examination of the Relevant Provisions of the United Nations Convention on the Law of the Sea*, United Nations, 1989, p. 54.

[75] Report of the Second Committee: Territorial Sea, 10 April 1930, in Satya N. Nandan & Shabtai Rosenne eds., *United Nations Convention on the Law of the Sea* 1982: *A Commentary*, Vol. Ⅲ, Martinus Nijhoff Publishers, 1995, p. 480 – 481.

[76] [澳]维克托·普雷斯科特、克莱夫·斯科菲尔德:《世界海洋政治边界》(第 2 版),吴继陆、张海文译,海洋出版社 2014 年版,第 91 页。

[77] 《阿根廷政府和乌拉圭政府间关于划分拉普拉塔河及两国间海洋边界的协定》,1973 年 11 月 19 日缔结,1974 年 2 月 12 日生效。Jonathan I. Charney & Lewis M. Alexander eds., *International Maritime Boundaries*, Vol. Ⅰ, Martinus Nijhoff Publishers, 1993, p. 757 – 776.

[78] Report of the Second Committee: Territorial Sea, 10 April 1930, in Satya N. Nandan & Shabtai Rosenne eds., *United Nations Convention on the Law of the Sea* 1982: *A Commentary*, Vol. Ⅲ, Martinus Nijhoff Publishers, 1995, p. 481.

[79] [英]詹宁斯、瓦茨修订:《奥本海国际法》(第一卷第二分册)(第 9 版),王铁崖等译,中国大百科全书出版社 1998 年版,第 25 页。

[80] D. P. O'Connell (I. A. Shearer ed.), *The International Law of the Sea*, Vol. Ⅰ, Clarendon Press, 1982, p. 225.

[81] [斐济]萨切雅·南丹、[以色列]沙卜泰·罗森主编:《1982 年〈联合国海洋法公约〉评注》(第 2 卷),吕文正、毛彬中译本主编,海洋出版社 2014 年版,第 82 页。

[82] Land, Island and Maritime Frontier Dispute (El Salvador/Honduras: Nicaragua intervening), Judgment, I. C. J. Reports 1992, p. 351, para. 383.

适用于海岸属于一国以上的多国海湾、“历史性”海湾,以及采用“直线基线法的任何情形”。[83] 由此不能同时使用海湾规则和直线基线法。该规定是为了防止沿海国借口适用海湾规则而将直线基线用于不符合要求的海岸。[84]

如果要基于海湾规则来封闭沿岸水曲,则需要满足两个条件:(1)相关水曲属于法律上的海湾;(2)所划封口线的长度不超过24 海里。

关于第一个条件,虽然海湾是水曲,但并非所有水曲都是海湾,只有符合《海洋法公约》规定条件的才是“法律上的海湾”。其第 10 条第 2 款规定:“为本公约的目的,海湾是明显的水曲,其凹入程度和曲口宽度的比例,使其有被陆地环抱的水域,而不仅为海岸的弯曲。但水曲除其面积等于或大于以横越曲口所划的直线作为直径的半圆形的面积外,不应视为海湾。”前一句话是对海湾轮廓的主观描述,即除了一个方向外,海湾其余各个方向都应为陆地所包围;而后一句话则提供了一个客观检验标准,即湾内水域的面积应等于或大于以横越曲口所划的直线作为直径的半圆形的面积。[85] 第 3 款同样与半圆检验标准有关,其规定:“为测算的目的,水曲的面积是位于水曲陆岸周围的低潮标和一条连接水曲天然入口两端低潮标的线之间的面积。如果因有岛屿而水曲有一个以上的曲口,该半圆形应划在与横越各曲口的各线总长度相等的一条线上。水曲内的岛屿应视为水曲水域的一部分而包括在内。”这些颇为细致的规定背后的考量是,只有当海洋和陆地之间存在密切关系时,将湾内水域作为内水才有正当性。[86] 这一考虑在湾口处存在岛屿的情况下表现得更为明显。岛屿的存在可以使得一个原本并不满足半圆标准的水曲如今被承认为海湾。这样规定是因为岛屿的存在使得水曲与陆地更密切地相连,所以有理由对检验标准加以调整。[87] 需要明确的是,《海洋法公约》第 10 条关于“因有岛屿而水曲有一个以上的曲口”的规定并没有要求这些岛屿必须位于湾口,它只是说这些岛屿的存在产生了多个曲口;因此位于湾口封口线向海一侧的岛屿仍然有资格适用第 10 条的规定,只要这些岛屿的位置没有向海一侧太远以致不能被视为形成曲口即可。[88] 适用半圆检测可能遇到的一个问题是识别水曲的天然入口。这需要在构成湾口两端的海岸上有一些可以识别的点。[89] 然而有些海湾可能拥有多个可以使用的入口点,同时还有一些海湾的入口平

---

〔83〕《海洋法公约》第 10 条第 1、6 款。

〔84〕International Law Commission, *Commentary to the Articles Concerning the Law of the Sea*, in Yearbook of the International Law Commission (1956), Vol. Ⅱ, p. 269.

〔85〕UN Office for Ocean Affairs and the Law of the Sea, *Baselines: An Examination of the Relevant Provisions of the United Nations Convention on the Law of the Sea*, United Nations, 1989, para. 67.

〔86〕[英]詹宁斯、瓦茨修订:《奥本海国际法》(第一卷第二分册)(第 9 版),王铁崖等译,中国大百科全书出版社 1998 年版,第 41 页。

〔87〕International Law Commission, *Commentary to the Articles Concerning the Law of the Sea*, in Yearbook of the International Law Commission (1956), Vol. Ⅱ, p. 269.

〔88〕UN Office for Ocean Affairs and the Law of the Sea, *Baselines: An Examination of the Relevant Provisions of the United Nations Convention on the Law of the Sea*, United Nations, 1989, para. 72.

〔89〕[英]詹宁斯、瓦茨修订:《奥本海国际法》(第一卷第二分册)(第 9 版),王铁崖等译,中国大百科全书出版社 1998 年版,第 42 页。

缓弯曲而难以找到入口点;但目前确定海湾天然入口的国际标准尚未确立。[90]

关于第二个条件,一旦确定水曲为法律上的海湾,就可以划海湾封口线。封口线的最大长度为24 海里。如果海湾天然入口两端的低潮标之间的距离不超过24 海里,则可在这两个低潮标之间划出一条封口线,该线所包围的水域应视为内水。如果海湾天然入口两端的低潮标之间的距离超过24 海里,则24 海里的直线基线应划在海湾内,以划入该长度的线所可能划入的最大水域。显然,此时将封口线划在湾内最靠近湾口处是有利的。[91]

2. 历史性海湾

历史性海湾(historic bay)是为历史性所有权所覆盖的海湾,是历史性水域(historic waters)的一种。目前国际社会尚未对有关历史性水域的规则进行编纂。1930 年海牙国际法编纂会议的筹备委员会曾提及历史性海湾,认为如果一个海湾籍由惯例受制于沿海国专属权威的话,领水带应从跨越海湾入口的直线开始测算,而无论其宽度如何,并建议各国政府在会上说明什么是它们主张的历史性海湾。[92] 1958 年第一次海洋法会议通过了一项"历史性水域制度"的决议,要求联大安排研究这一问题。次年联大通过决议,要求国际法委员会着手研究历史性水域(包括历史性海湾)的法律制度。为此联合国秘书处1962 年提出了《历史性水域,包括历史性海湾的法律制度》的文件。第三次海洋法会议曾就历史性海湾和历史性水域的实质问题进行讨论,但最终未能达成协议。[93]《海洋法公约》只是以一种对其中所规定的规则进行保留的方式提到了"历史性海湾"和"历史性所有权",但既没有给这些概念下定义,也没有阐释历史性海湾的法律制度,由此这些问题仍然受习惯国际法调整。[94]

《海洋法公约》有关法律上海湾的规定不适用于历史性海湾,由此历史性海湾不需要满足《海洋法公约》第10 条第2 款规定的海湾定义的要求。[95] 历史性海湾的存在依赖于相关历史性所有权的有效性,是以取得和占有为根据的。[96] 联合国秘书处在1962 年的文件中提出应考虑三个要素:(1)主张历史性水域的国家在该水域内有效地行使了权力;(2)该权力的行使在相当长的时间内是连续的,以致发展成为惯例;(3)外国对该主张国的权力行使采取了普遍容忍的态度。[97] 联合国海洋事务和海洋法办公室将历史性海湾界定为,其是指那些沿海国对其公

---

〔90〕 UN Office for Ocean Affairs and the Law of the Sea, *Baselines: An Examination of the Relevant Provisions of the United Nations Convention on the Law of the Sea*, United Nations, 1989, para. 69; p. 58.

〔91〕 International Law Commission, *Commentary to the Articles Concerning the Law of the Sea*, in Yearbook of the International Law Commission (1956), Vol. Ⅱ, p. 269.

〔92〕 *Conference for the Codification of International Law: The Hague, March 13*, 1930, 24 American Journal of International Law, Supplement: Official Documents 31, 38 (1930).

〔93〕 [斐济]萨切雅·南丹、[以色列]沙卜泰·罗森主编:《1982 年〈联合国海洋法公约〉评注》(第2 卷),吕文正、毛彬中译本主编,海洋出版社2014 年版,第87 ~88 页。

〔94〕 Continental Shelf (Tunisia/Libya), Judgment, I. C. J. Reports 1982, p. 18, para. 100.

〔95〕 UN Office for Ocean Affairs and the Law of the Sea, *Baselines: An Examination of the Relevant Provisions of the United Nations Convention on the Law of the Sea*, United Nations, 1989, p. 56.

〔96〕 Continental Shelf (Tunisia/Libya), Judgment, I. C. J. Reports 1982, p. 18, para. 100.

〔97〕 UN Secretariat, *Juridical Regime of Historic Waters, including Historic Bays*, in Yearbook of the International Law Commission (1962), Vol. Ⅱ, paras. 103, 185 - 186.

开主张并行使管辖权，且该管辖权为其他国家所接受的海湾。[98] 有鉴于此，很容易理解为何被主张为历史性海湾的沿岸通常都属一个国家。关于这方面国家实践的一些例子，如加拿大主张的哈德逊湾，俄罗斯主张的大彼得湾，澳大利亚主张的安克舍斯湾（Anxious Bay）、因康特湾（Encounter Bay）、拉塞丕特湾（Lacepede Bay）、里沃利湾（Rivoli Bay）。[99] 厄瓜多尔和巴拿马在它们有关《海洋法公约》的声明中专门提及瓜亚基尔湾（Gulf of Guayaquil）和巴拿马湾（Gulf of Panama）为历史性海湾。

对于历史性海湾，沿岸国可以划封口线，而这"就是领海基线，对此不可能有任何强烈的怀疑"[100]。当然，历史性海湾封口线的长度也不受 24 海里规则的限制。至于历史性海湾水域的法律地位，国际法院于 1982 年在"突尼斯/利比亚案"中指出，一般国际法没有为历史性水域或历史性海湾规定单一的制度，而只是为每一个具体的、获得承认的历史性水域或历史性海湾规定了特定制度。[101] 历史性海湾的水域当然可能与法律上海湾的水域一样是内水。国际法院在"英挪渔业案"中认为，历史性水域经常是指"被视为内水的水域"[102]。但历史性海湾的地位也可能更为复杂，特别是当海湾沿岸属于一个以上国家时。丰塞卡湾（Gulf of Fonseca）就是这方面的一个典型。该湾位于中美洲太平洋沿岸，由萨尔瓦多、洪都拉斯和尼加拉瓜的陆地领土所环绕，湾口宽约 19.75 海里，深度约 30 ~ 32 海里。[103] 国际法院分庭于 1992 年在"陆地、岛屿和海上边界争端案"（萨尔瓦多/洪都拉斯：尼加拉瓜参加）中根据该湾特殊的历史背景认定，位于各沿岸国 3 海里内的水域属于各国的排他主权；而距离各沿岸国 3 海里以外的丰塞卡湾构成历史性水域，受制于三个沿海国的共同主权，直到对有关海域进行划界，而其他国家的船舶在该水域中享有前往任何一个沿岸国港口的无害通过权。[104] 由于历史性所有权必须受到尊重，并保留其长期使用的原貌，[105] 因此特定的历史性海湾水域可能具有自成一类的主权性法律地位。

3. 多国海湾

关于海岸属于一国以上的多国海湾（pluri – State bay），不存在像单国海湾那样业已牢固确立的一致同意的并经过编纂的一般规则。[106] 虽然 1958 年和 1982 年公约有关海湾的规定不适用于多国海湾，但这并不意味着多国海湾不能划封口线。认为多国海湾沿岸国所联合享有的

[98] UN Office for Ocean Affairs and the Law of the Sea, *Baselines: An Examination of the Relevant Provisions of the United Nations Convention on the Law of the Sea*, United Nations, 1989, p. 56.

[99] Australia's Sea and Submerged Lands (Historic Bays) Proclamation, 10 March 2016, *Law of the Sea Bulletin*, No. 99 (2019), p. 16.

[100] Land, Island and Maritime Frontier Dispute (El Salvador/Honduras: Nicaragua intervening), Judgment, I. C. J. Reports 1992, p. 351, para. 417.

[101] Continental Shelf (Tunisia/Libya), Judgment, I. C. J. Reports 1982, p. 18, para. 100.

[102] Fisheries (United Kingdom v. Norway), Judgment, I. C. J. Reports 1951, p. 116, at 130.

[103] Land, Island and Maritime Frontier Dispute (El Salvador/Honduras: Nicaragua intervening), Judgment, I. C. J. Reports 1992, p. 351, para. 382.

[104] Land, Island and Maritime Frontier Dispute (El Salvador/Honduras: Nicaragua intervening), Judgment, I. C. J. Reports 1992, p. 351, paras. 404, 412.

[105] Continental Shelf (Tunisia/Libya), Judgment, I. C. J. Reports 1982, p. 18, para. 100.

[106] Land, Island and Maritime Frontier Dispute (El Salvador/Honduras: Nicaragua intervening), Judgment, I. C. J. Reports 1992, p. 351, para. 384.

对海湾水域的管控权利低于单一国家所可能享有的权利是反常的。[107] 实践中，国际法院在"陆地、岛屿和海上边界争端案"中认可在多国历史性海湾划封口线，而"克罗地亚/斯洛文尼亚仲裁案"法庭沿多国法律上的海湾湾口划了封口线。该案所涉皮兰湾（Bay of Piran）位于亚得里亚海，面积约18.2平方公里，湾口宽约2.7海里，两端分别位于克罗地亚和斯洛文尼亚海岸上。[108] 该湾符合法律上的海湾的条件，属于前南斯拉夫（"前南"）的内水，并在"前南"解体后保持了内水地位。仲裁法庭指出，虽然1982年《海洋法公约》第10条"仅涉及海岸属于一国的海湾"，但是"这些条款的适用范围的有限性并不意味着它们排除存在沿岸属于一国以上，而具有内水性质的海湾"。[109] 在认定皮兰湾属于当事双方的内水后，法庭基于保持占有原则划分了双方在湾内的边界，因为《海洋法公约》中"没有任何内水划界的规定"[110]。

虽然不应排除多国海湾的沿岸国家使用封口线，但是这一操作需要有关各国事前达成一致，包括是否划，以及如何划封口线的问题。就法律上的海湾而言，多国海湾的封口线也理应遵守《海洋法公约》关于单一海湾的规则。实践中，许多多国海湾的沿岸国没有选择划封口线，而是按照海洋划界规则划分了它们在湾内的边界。例如，法国和西班牙于1974年划分了两国在比斯开湾的大陆架边界。

（三）港口

港口（port）是指具备各种设施、码头、设备来装运、卸载货物或旅客的场所。[111]《海洋法公约》第11条规定："为了划定领海的目的，构成海港体系组成部分的最外部永久海港工程视为海岸的一部分。近岸设施和人工岛屿不应视为永久海港工程。"该条的目的不在于规定港口制度，而是为了规定如何在港口处划领海基线。虽然没有提及港口的封口线，但是国际法委员会当年在其对草案的评注中指出，直到最外缘设施间连线的港口水域构成沿海国内水的一部分。[112] 而且，《海洋法公约》第50条允许群岛国按照第11条在其群岛水域内用封闭线划定内水的界限。由此可以推断，可以横越港口的入口处划封闭线，[113]而其所封闭的水域属于内水。

适用《海洋法公约》第11条的关键是对相关概念的解释。海港工程（harbour works）可以被用于基线的划定，但1958年和1982年公约都没有界定其含义。联合国海洋事务和海洋法办公室认为，海港工程是沿海岸修建的、构成海港体系重要组成部分的永久性人造构筑物，如栈

---

〔107〕［英］詹宁斯、瓦茨修订：《奥本海国际法》（第一卷第二分册）（第9版），王铁崖等译，中国大百科全书出版社1998年版，第43～44页。

〔108〕Arbitration between the Republic of Croatia and the Republic of Slovenia, Final Award of 29 June 2017, paras. 772, 872.

〔109〕Arbitration between the Republic of Croatia and the Republic of Slovenia, Final Award of 29 June 2017, paras. 869－872, 883－885.

〔110〕Arbitration between the Republic of Croatia and the Republic of Slovenia, Final Award of 29 June 2017, para. 886.

〔111〕UN Office for Ocean Affairs and the Law of the Sea, *Baselines: An Examination of the Relevant Provisions of the United Nations Convention on the Law of the Sea*, United Nations, 1989, p. 60.

〔112〕International Law Commission, *Commentary to the Articles Concerning the Law of the Sea*, in Yearbook of the International Law Commission (1956), Vol. Ⅱ, p. 270.

〔113〕UN Office for Ocean Affairs and the Law of the Sea, *Baselines: An Examination of the Relevant Provisions of the United Nations Convention on the Law of the Sea*, United Nations, 1989, para. 77.

桥等港口设施以及防浪堤、海堤等海岸保护工程。[114] 然而,国际法院在2009年"黑海划界案"中却对这一概念进行了严格解释,排除了防波堤等海岸保护工程。该案中,为了决定应将罗马尼亚海岸上的长约7.5公里的苏里纳堤(Sulina Dyke)的向海还是向陆一端作为划临时等距离线的基点,国际法院考虑了该设施是否构成海港工程。法院认为,海港工程一般是那些允许船只在其中停泊、保养或修理,以及允许或便利上下乘客和装卸货物的设施。法院强调堤坝的作用与港口不同:苏里纳堤虽然可以用来保护前往港口的航运,但却没有直接服务于任何港口活动。由此,虽然罗马尼亚选择了苏里纳堤的向海一端作为划定其领海基线的基点,但是国际法院决定使用该堤向陆地一端作为划临时等距离线的基点。[115] 无论采取何种解释,一个相关的问题是,构成海港体系组成部分的海港工程是否存在长度界限?国际法委员会曾提出一个它没有表达意见的问题:如果某个海港工程过长,如栈桥向海延伸了几公里,是否仍可作为基点使用?[116] 对此尚无确切答案。另外,离岸装卸站等近岸设施,[117] 以及人工岛屿不能用作确定领海基线的基点。

(四)泊船处

泊船处(roadstead)是靠近海岸以便船只在安全位置下锚的区域,一般位于海岸的浅水曲。[118] 《海洋法公约》第12条规定:"通常用于船舶装卸和下锚的泊船处,即使全部或一部位于领海的外部界限以外,都包括在领海范围之内。"该规定表明,位于港口之外的泊船处属于沿海国领海,但不构成内水。最初国际法委员会的特别报告员曾建议将泊船处视为内水,[119] 但委员会未予采纳,因为担心这样可能导致无害通过该区域被禁止,并认为承认泊船处为领海就足以保护沿海国的权利。[120] 泊船处不涉及基线,但是涉及领海的外部界限。如果泊船处的"一部位于领海的外部界限以外",即泊船处部分地与领海重叠,那么就需要移动领海外部界限以便将泊船处全部包括进去;如果泊船处"全部……位于领海的外部界限以外",即泊船处没有任何部分与领海重叠,那么泊船处本身仍将属于沿海国的领海,但此时它是一个与沿海国的其他领海相分离的区域。[121] 那些位于领海外部界限和一个分离的泊船处之间的水域并非领海,而可能是专属经济区或公海。

---

[114] UN Office for Ocean Affairs and the Law of the Sea, *Baselines: An Examination of the Relevant Provisions of the United Nations Convention on the Law of the Sea*, United Nations, 1989, p. 56.

[115] Maritime Delimitation in the Black Sea (Romania v. Ukraine), Judgment, I. C. J. Reports 2009, p. 61, paras. 130 - 140.

[116] International Law Commission, *Commentary to the Articles Concerning the Law of the Sea*, in Yearbook of the International Law Commission (1956), Vol. Ⅱ, p. 270.

[117] [斐济]萨切雅·南丹、[以色列]沙卜泰·罗森主编:《1982年〈联合国海洋法公约〉评注》(第2卷),吕文正、毛彬中译本主编,海洋出版社2014年版,第94页。

[118] UN Office for Ocean Affairs and the Law of the Sea, *Baselines: An Examination of the Relevant Provisions of the United Nations Convention on the Law of the Sea*, United Nations, 1989, p. 60.

[119] D. P. O'Connell (I. A. Shearer ed.), *The International Law of the Sea*, Vol. Ⅰ, Clarendon Press, 1982, p. 219 - 220.

[120] International Law Commission, *Commentary to the Articles Concerning the Law of the Sea*, in Yearbook of the International Law Commission (1956), Vol. Ⅱ, p. 270.

[121] UN Office for Ocean Affairs and the Law of the Sea, *Baselines: An Examination of the Relevant Provisions of the United Nations Convention on the Law of the Sea*, United Nations, 1989, para. 78.

第三章　领海、内水和毗连区

一、领海

(一)领海的范围

1. 领海的外部界限

领海(territorial sea),是指从基线向海量起的不超过12海里的一定宽度的海水带。[1] 领海在历史上曾被称为"领水"(territorial waters)。然而,用"领水"来指代这片海域可能会引发混乱,因为这一概念也用来指构成一国领土组成部分的全部水域,包括内陆水、内水和领海。有鉴于此,1930年海牙国际法编纂会议决定采用领海的概念。[2] 领海的内部界限是基线,而领海的外部界限(outer limit of the territorial sea)是一条其上每一点同基线最近点的距离等于领海宽度的线。出于便利航行的目的,国际法委员会建议使用圆弧法(arcs of circles method)来确定这条线。由此,当海岸平直或使用直线基线时,外部界限将是一条基线的平行线;当海岸曲折时,由于该线是由最外缘的弧构成的,因此尽管外部界限同样也会起伏不平,但却不会沿着海岸的所有弯曲。[3] 领海的外部界限至关重要,因为它不仅是领海和其他海域的分界线,而且是沿海国领土主权的外部界限。后一点在海上管辖权方面意义重大,因为它标志着沿海国属地管辖权的终点、属事和属人管辖权的起点。然而,在整个传统海洋法律秩序存续期间,领海的外部界限的位置在法律上始终未能得以确定。个中缘由就是各国无法就领海的宽度问题达成一致。

2. 领海的宽度

领海宽度的问题曾是国际海洋法上最为著名的争论之一。它直接阻碍了1930年海牙会议对领海问题的编纂,而1960年专门为此召开的第二次海洋法会议也以失败告终。这一问题的实质是各个国家根据自身情况采取了不同的领海宽度,即从海洋大国主张的3海里到一些发展中国家主张的200海里。关于3海里领海宽度的起源,许多作者会提及荷兰法学家宾刻舒克(Bynkershoek)1702年在《海洋领有论》中的"大炮射程规则"(cannon shot rule),即以岸上武

---

[1] UN Office for Ocean Affairs and the Law of the Sea, *Baselines: An Examination of the Relevant Provisions of the United Nations Convention on the Law of the Sea*, United Nations, 1989, p. 64.

[2] Report of the Second Committee: Territorial Sea, 10 April 1930, in Satya N. Nandan, Shabtai Rosenne eds., *United Nations Convention on the Law of the Sea 1982: A Commentary*, Vol. Ⅲ, Martinus Nijhoff Publishers, 1995, p. 467.

[3] International Law Commission, *Commentary to the Articles Concerning the Law of the Sea*, in Yearbook of the International Law Commission (1956), Vol. Ⅱ, p. 268.

器的射程来确定领海的范围,而3海里是18世纪末大炮的最大射程。[4] 但也有学者认为此种起源学说很可能是一种"虚构",因为在大炮射程尚未达到3海里时,3海里就已经被主张为领海宽度了。[5] 还有学者认为3海里领海宽度可能有着与大炮射程规则无关的独立的历史起源。[6] 无论如何,并不存在有关3海里领海宽度的习惯国际法规则。国际法委员会在1956年明确指出,关于3海里领海宽度的国家实践并不一致,同时认为国际法不允许将领海扩展到12海里以外。[7] 在第三次海洋法会议召开前,各国有12种不同的领海宽度主张,其中以主张12海里宽度的国家数量为最多。[8] 领海的宽度问题终于在第三次海洋法会议上得到解决。《海洋法公约》第3条规定:"每一国家有权确定其领海的宽度,直至从按照本公约确定的基线量起不超过十二海里的界限为止。"

《海洋法公约》没有将12海里规定为统一的领海宽度,而是允许各国在这一最大限度内自主确定自己的领海宽度。根据联合国2011年的统计,[9]绝大多数国家都已采取12海里的领海宽度,其中包括之前一些3海里领海宽度的顽固支持者。但仍有少数国家主张超过12海里的领海宽度。其中,5个国家主张200海里的宽度,包括贝宁、厄瓜多尔、萨尔瓦多、秘鲁、索马里;1个国家主张30海里的宽度(多哥)。菲律宾的领海宽度主张与众不同。它没有主张统一的领海宽度,而是将其历史上三个有关领土割让的条约所定的条约边界线主张为其领海外部界限,由此其实际领海宽度在一些地方远远超过12海里。[10] 对于《海洋法公约》的缔约国来说,主张超过12海里的领海宽度显然是违反公约义务的。另外,也有少量国家主张小于12海里的领海宽度,如希腊主张6海里,约旦主张3海里,土耳其在黑海主张12海里而在爱琴海主张6海里。一些国家在主要采用12海里宽度的同时,在个别海域采取不同的宽度。例如,伯利兹在部分海域,英国在根西岛、直布罗陀等采用3海里宽度。日本主张12海里领海,但在宗谷、津轻、对马东水道、对马西水道、大隅等5个海峡内将领海宽度限制在3海里,而这据说是日本考虑到"非核三原则"的结果。[11] 鉴于不超过12海里领海宽度的压倒性国家实践,可以说《海洋法公约》第3条的规定也具有习惯法性质。秘鲁不是《海洋法公约》的缔约国,其主张一个200海里的"海洋版图",然而在2014年"海洋争端案"(秘鲁诉智利)中,该国代理人向国际法院表示"海洋版图"这一用语应按照符合《海洋法公约》所规定的各海域的方式加以解释。法院认为该声明是秘鲁的正式保证,[12]并由此确定了当事两国的专属经济区和大陆架边界。

---

〔4〕［英］詹宁斯、瓦茨修订:《奥本海国际法》(第一卷第二分册)(第9版),王铁崖等译,中国大百科全书出版社1998年版,第30页。

〔5〕［英］安德鲁·克拉彭:《布赖尔利万国公法》(第7版),朱利江译,中国政法大学出版社2018年版,第116页。

〔6〕Starke, *Introduction to International Law*, 10th edition, Aditya Books Private Limited, 1994, p. 244.

〔7〕International Law Commission, *Commentary to the Articles Concerning the Law of the Sea*, in Yearbook of the International Law Commission (1956), Vol. Ⅱ, p. 265.

〔8〕陈德恭:《现代国际海洋法》,中国社会科学出版社1988年版,第42页。

〔9〕*Table of Claims to Maritime Jurisdiction* (as at 15 July 2011), http://www.un.org/Depts/los/LEGISLATIONANDTREATIES/PDFFILES/table_summary_of_claims.pdf.

〔10〕沈文周主编:《海域划界技术方法》,海洋出版社2003年版,第421~423页。

〔11〕［日］松井芳郎等:《国际法》,辛崇阳译,中国政法大学出版社2004年版,第131~132页。

〔12〕Maritime Dispute (Peru v. Chile), Judgment, I. C. J. Reports 2014, p. 3, para. 178.

（二）沿海国的领海主权

1. 领土主权

领海是沿海国领土的组成部分，沿海国对领海享有主权。《海洋法公约》第 2 条规定："1. 沿海国的主权及于其陆地领土及其内水以外邻接的一带海域，在群岛国的情形下则及于群岛水域以外邻接的一带海域，称为领海。2. 此项主权及于领海的上空及其海床和底土。3. 对于领海的主权的行使受本公约和其他国际法规则的限制。"该条基本照搬了 1958 年《领海及毗连区公约》的规定，同时增加了群岛国的情况。

首先，领海附属于沿海国的陆地领土。在《海洋法公约》的英文版中，"及于"一词使用的是"extends to"，即沿海国的主权从陆地扩展到领海。沿海国不需要专门对领海提出主张，因为领海自动属于沿海国。[13] 沿海国需要主张的是其领海的宽度。

其次，由于沿海国在这片区域享有领土主权，因此其范围不仅包括领海的水体，而且包括领海的上空及其海床和底土。领海的上空属于沿海国的领空，沿海国享有完全和排他的主权。[14] 海床是指位于海底且在底土之上的沙、岩石、淤泥或其他物质的表层顶部，而底土是指位于海床下面或深洋洋底的所有自然存在的物质，包括残留的沉积物、矿物以及下层基岩。[15]

最后，沿海国对领海的权利在性质上与对其领土其他部分的主权没有差别。[16] 沿海国对领海内的生物资源和矿产资源等自然资源享有主权，对领海内的外国船舶和人员享有属地管辖权。沿海国可以禁止外国船舶在其沿岸港口之间从事商业活动。

沿海国对于领海主权的行使受到国际法规则的限制，而在这方面领海主权比陆地主权受到更大的限制。[17] 对领海主权的首要限制是外国船舶在领海内的无害通过权。而且通过条约或习惯，其他国家可以在领海内享有更多权利。[18] 在 2015 年"查戈斯群岛海洋保护区仲裁案"（毛里求斯诉英国）中，仲裁法庭认为毛里求斯根据"兰卡斯特宫承诺"在查戈斯群岛领海内享有捕鱼权，并裁定英国在查戈斯群岛周围建立海洋保护区不符合《海洋法公约》第 2 条第 3 款的规定。[19] 然而，法庭这一决定的作出不是因为英国的行为损害了毛里求斯在领海内的捕鱼权，而是因为英国在决定建立保护区的过程中没有在与毛里求斯的关系中善意行事。法庭

---

〔13〕［英］马尔科姆·N. 肖：《国际法》（上）（第 6 版），白桂梅等译，北京大学出版社 2011 年版，第 448 页。

〔14〕《国际民用航空公约》第 1、2 条。

〔15〕UN Office for Ocean Affairs and the Law of the Sea, *Baselines: An Examination of the Relevant Provisions of the United Nations Convention on the Law of the Sea*, United Nations, 1989, p. 61, 64.

〔16〕International Law Commission, *Commentary to the Articles Concerning the Law of the Sea*, in Yearbook of the International Law Commission (1956), Vol. Ⅱ, p. 265.

〔17〕Report of the Second Committee: Territorial Sea, 10 April 1930, in Satya N. Nandan & Shabtai Rosenne eds., *United Nations Convention on the Law of the Sea* 1982: *A Commentary*, Vol. Ⅲ, Martinus Nijhoff Publishers, 1995, p. 467.

〔18〕International Law Commission, *Commentary to the Articles Concerning the Law of the Sea*, in Yearbook of the International Law Commission (1956), Vol. Ⅱ, p. 265.

〔19〕The Chagos Marine Protected Area Arbitration before an Arbitral Tribunal Constituted under Annex Ⅶ of the United Nations Convention on the Law of the Sea between the Republic of Mauritius and the United Kingdom of Great Britain and Northern Ireland, Award of 18 March 2015, paras. 456, 543.

对《海洋法公约》第 2 条第 3 款中“其他国际法规则”的解释是，该规定设置的义务限于各国行使领海主权时受制于“一般国际法规则”，而并不包括遵守双边承诺的义务，如“兰卡斯特宫承诺”。[20] 法庭的解释是有问题的。[21] 事实上，对领海主权的限制也可来自司法判决。在“克罗地亚/斯洛文尼亚仲裁案”中，为了解决斯洛文尼亚与公海的连接问题，仲裁法庭在克罗地亚领海内划出一个宽约 2.5 海里的“连接区”(Junction Area)，规定为进出斯洛文尼亚之目的，所有国家的船舶和飞机(不限于斯洛文尼亚的船舶和飞机)，包括民用和军用的，在连接区内享有交通自由(freedoms of communication)，并就其他相关问题作出规定。[22] 仲裁法庭所确立的连接区内的特殊制度极大限制了克罗地亚的领海主权，几乎重建了双方在相关问题上的权利义务关系。[23]

2. 对领海内外国船舶管辖权的行使

沿海国对领海内的外国船舶享有属地管辖权，但不得对军舰和其他用于非商业目的的政府船舶行使管辖，因为这些船舶根据国家主权豁免原则享有豁免权。对此《海洋法公约》专门进行了强调。对于军舰或其他用于非商业目的的政府船舶不遵守沿海国有关通过领海的法律和规章，或者不遵守《海洋法公约》的规定或其他国际法规则，而使沿海国遭受的任何损失或损害，船旗国应负国际责任。[24]

沿海国对领海内的外国商船和用于商业目的的政府船舶行使管辖不会遇到豁免权的障碍，但却受到外国船舶无害通过权的限制，由此其并非在任何情况下都可以行使管辖。《海洋法公约》分别就沿海国刑事管辖权和民事管辖权的行使作出规定。就在通过领海的外国船舶上行使刑事管辖权而言，有关罪行的发生地点十分关键。这大致可分为三种情况：(1)船舶正在通过沿海国领海期间发生；(2)在沿海国的内水或陆地上发生；(3)在船舶从外海进入沿海国领海前发生。在(1)的情况下，沿海国只有在下列情况中才可在通过领海的外国船舶上行使刑事管辖权，以逮捕与该罪行有关的人员或进行与该罪行有关的调查：①罪行的后果及于沿海国；②罪行具有扰乱当地安宁或领海的良好秩序的性质；③经船长或船旗国外交代表或领事官员请求地方当局予以协助；④这些措施是取缔违法贩运麻醉药品或精神调理物质所必要的。除此之外，沿海国当局不应登船行使管辖，但这并不意味着沿海国以后不能对该犯罪行使管

---

[20] The Chagos Marine Protected Area Arbitration before an Arbitral Tribunal Constituted under Annex Ⅶ of the United Nations Convention on the Law of the Sea between the Republic of Mauritius and the United Kingdom of Great Britain and Northern Ireland, Award of 18 March 2015, paras. 516 – 517.

[21] 例如，沃尔夫鲁姆和凯特卡仲裁员持反对意见，认为“其他国际法规则”也包括源于沿海国的双边或单边承诺的义务。See the Chagos Marine Protected Area Arbitration before an Arbitral Tribunal Constituted under Annex Ⅶ of the United Nations Convention on the Law of the Sea between the Republic of Mauritius and the United Kingdom of Great Britain and Northern Ireland, Award of 18 March 2015, Dissenting and Concurring Opinion of Judge James Kateka and Judge Rüdiger Wolfrum, para. 94.

[22] Arbitration between the Republic of Croatia and the Republic of Slovenia, Final Award of 29 June 2017, Dispositif, Ⅳ.

[23] 关于该案的分析，参见高健军：《“克罗地亚/斯洛文尼亚仲裁案”中的海洋划界问题》，载《边界与海洋研究》2018 年第 3 期。

[24] 《海洋法公约》第 31、32 条。

辖。[25] 在(2)的情况下,沿海国的权利大得多。《海洋法公约》规定它不影响沿海国为在驶离内水后通过领海的外国船舶上进行逮捕或调查而采取其法律所授权的任何步骤的权利。在(3)的情况下,1958年《领海及毗连区公约》规定:"如果来自外国港口的外国船舶仅通过领海而不驶入内水,沿海国不得在通过领海的该船舶上采取任何步骤,以逮捕与该船舶驶进领海前所犯任何罪行有关的任何人或进行与该罪行有关的调查。"由此沿海国无权停止一艘通过其领海而不进入内水的外国船舶,即使该国司法机关因船上某人在其他地方所犯罪行而想要逮捕他也是如此;同理,其他国家基于国外所犯罪行而向沿海国提出的引渡要求也不是一个停船的有效理由。[26] 该条没有处理来自外国港口的外国船舶为驶入沿海国内水而通过领海的情况。这似乎对沿海国有利,因为它可以等到该船进入内水后再采取逮捕行动。[27] 1982年《海洋法公约》第27条照搬了1958年《领海及毗连区公约》的上述规定,但增加了"除(有关保护海洋环境的)第十二部分有所规定外或有违反按照第五部分制定的(专属经济区)法律和规章的情形"这一限制。例如,当外国渔船违反沿海国有关专属经济区内渔业法规后进入其领海时,沿海国当然可以对该船采取措施。需要指出的是,即使在沿海国可以对领海内的外国船舶行使管辖权的情况下,管辖权的行使也需要满足其他条件方为合法。在(1)和(2)的情形下,《海洋法公约》规定了两个条件。第一,如经船长请求,沿海国在采取任何步骤前应通知船旗国的外交代表或领事官员,并应便利外交代表或领事官员和船上乘务人员之间的接触。遇有紧急情况,发出此项通知可与采取措施同时进行。第二,沿海国当局在考虑是否逮捕或如何逮捕时,应适当顾及航行的利益。国际法委员会认为,为了逮捕一个在岸上犯有轻微罪行的人而停止一艘向外海航行的大型邮轮所造成的不便不能说比沿海国确保逮捕罪犯的利益为轻。类似地,沿海国应尽量不逮捕那些一旦该人缺位船舶就无法继续航行的船员。[28]

关于对外国船舶的民事管辖权,《海洋法公约》规定沿海国不应为了对通过领海的外国船舶上某人行使民事管辖权而停止该船的航行或改变其航向。除该船本身在通过沿海国水域的航行中或因该航行的目的而承担的义务或因而负担的责任之外,沿海国不得因任何民事诉讼目的而对该船从事执行或加以逮捕;但这不妨害沿海国按照其法律因任何民事诉讼的目的而对在领海内停泊或驶离内水后通过领海的外国船舶行使执行或加以逮捕的权利。由此,一艘通过其领海而不进入内水的外国船舶,无论如何不能因为对船上的某一人员行使民事管辖权而被停止;而且除了因在沿海国水域内航行所发生的事件的结果,如船舶碰撞、救助作业,船舶本身也不能被逮捕。但对于来自内水的外国船舶,沿海国的权利则大得多。[29]

---

〔25〕 D. P. O'Connell (I. A. Shearer ed.), *The International Law of the Sea*, Vol. Ⅱ, Clarendon Press, 1984, p.919.

〔26〕 International Law Commission, *Commentary to the Articles Concerning the Law of the Sea*, in Yearbook of the International Law Commission(1956), Vol. Ⅱ, p.275.

〔27〕 D. P. O'Connell (I. A. Shearer ed.), *The International Law of the Sea*, Vol. Ⅱ, Clarendon Press, 1984, p.958.

〔28〕 International Law Commission, *Commentary to the Articles Concerning the Law of the Sea*, in Yearbook of the International Law Commission(1956), Vol. Ⅱ, p.275.

〔29〕 International Law Commission, *Commentary to the Articles Concerning the Law of the Sea*, in Yearbook of the International Law Commission(1956), Vol. Ⅱ, p.275.

对沿海国行使管辖权的上述限制是出于保护外国船舶航行利益的考虑。由此，当领海内的外国商船并非处于“通过”状态时——如在领海内停泊，沿海国可以对其行使管辖权。

（三）领海的无害通过制度

1. 无害通过的含义

《海洋法公约》第17条规定：“在本公约的限制下，所有国家，不论为沿海国或内陆国，其船舶均享有无害通过领海的权利。”这就是所谓的“无害通过权”（right of innocent passage）。这是一项牢固确立的习惯法上的权利。无害通过限于船舶，而不包括飞机。外国航空器没有无害通过领海之上的领空的权利。

“通过”的含义如下：（1）通过是指为了下列目的通过领海的航行：其一，穿过领海但不进入内水或停靠内水以外的泊船处或港口设施；其二，驶往或驶出内水或停靠这种泊船处或港口设施。由此，无害通过领海可以涉及或不涉及沿海国内水，但进入内水需获得沿海国的同意。（2）通过应继续不停和迅速进行。虽然通过包括停船和下锚，但以通常航行所附带发生的或由于不可抗力或遇难所必要的或者为救助遇险或遭难的人员、船舶或飞机的目的为限。“迅速进行”要求船舶根据情况以适当速度前进。[30] 在领海内进行游弋的船舶不是在行使无害通过权。

所谓“无害”，是指通过不损害沿海国的和平、良好秩序或安全。《海洋法公约》第19条要求，通过的进行应符合《海洋法公约》和其他国际法规则。如果外国船舶在领海内进行下列任何一种活动，其通过即应视为损害了沿海国的和平、良好秩序或安全，即为非无害的：（1）对沿海国的主权、领土完整或政治独立进行任何武力威胁或使用武力，或以任何其他违反《联合国宪章》所体现的国际法原则的方式进行武力威胁或使用武力；（2）以任何种类的武器进行任何操练或演习；（3）任何目的在于搜集情报使沿海国的防务或安全受损害的行为；（4）任何目的在于影响沿海国防务或安全的宣传行为；（5）在船上起落或接载任何飞机；（6）在船上发射、降落或接载任何军事装置；（7）违反沿海国海关、财政、移民或卫生的法律和规章，上下任何商品、货币或人员；（8）违反《海洋法公约》规定的任何故意和严重的污染行为；（9）任何捕鱼活动；（10）进行研究或测量活动；（11）任何目的在于干扰沿海国任何通信系统或者任何其他设施或设备的行为；（12）与通过没有直接关系的任何其他活动。最后一项规定使得沿海国对于某些通过活动是否为非无害享有一定的裁量权。[31]

此外，潜水艇和其他潜水器通过领海时必须在海面上航行并展示其旗帜。该要求适用于军事和商业等各类潜水器。[32]

---

〔30〕［斐济］萨切雅·南丹、［以色列］沙卜泰·罗森主编：《1982年〈联合国海洋法公约〉评注》（第2卷），吕文正、毛彬中译本主编，海洋出版社2014年版，第135页。

〔31〕［斐济］萨切雅·南丹、［以色列］沙卜泰·罗森主编：《1982年〈联合国海洋法公约〉评注》（第2卷），吕文正、毛彬中译本主编，海洋出版社2014年版，第148页。

〔32〕International Law Commission, *Commentary to the Articles Concerning the Law of the Sea*, in Yearbook of the International Law Commission（1956），Vol. Ⅱ, p. 273.

2. 沿海国关于无害通过的权利

（1）制定法律和规章的权利。国际法早已承认沿海国有权对外国船舶无害通过其领海制定符合一般航行利益的特别规章。[33] 就《海洋法公约》而言，沿海国可就下列事项制定关于无害通过的法律和规章：①航行安全及海上交通管理；②保护助航设备和设施以及其他设施或设备；③保护电缆和管道；④养护海洋生物资源；⑤防止违反沿海国的渔业法律和规章；⑥保全沿海国的环境，并防止、减少和控制环境污染；⑦海洋科学研究和水文测量；⑧防止违反沿海国的海关、财政、移民或卫生的法律和规章。沿海国的规章应符合《海洋法公约》和其他国际法规则。而且除为使一般接受的国际规则或标准有效外，不应适用于外国船舶的设计、构造、人员配备或装备。这样规定不仅因为就船舶设计等事项制定一般接受的国际标准更为可取，而且因为要求船舶在不同国家需要符合不同的国内法规是不可能的。[34] 沿海国应将其法律和规章妥为公布。行使无害通过权的外国船舶应遵守这些法律规章以及关于防止海上碰撞的一般接受的国际规章。

（2）指定海道和实施分道通航制的权利。《海洋法公约》第 22 条规定，沿海国出于航行安全的考虑可要求行使无害通过权的外国船舶使用其为管制船舶通过而指定或规定的海道和分道通航制。"分道通航制"是指通过建立航道等适当方法，意图分隔正反方向交通流的定线措施。[35] 沿海国在指定海道和规定分道通航制时应考虑：①主管国际组织的建议；②习惯上用于国际航行的水道；③特定船舶和水道的特殊性质；④船舶来往的频繁程度。沿海国应在海图上清楚地标出这种海道和分道通航制，并应将该海图妥为公布。沿海国可要求外国油轮、核动力船舶和载运核物质或材料或者其他本质上危险或有毒物质或材料的船舶只在上述海道通过。这些船舶享有无害通过权，但应持有国际协定为这种船舶所规定的证书并遵守国际协定所规定的特别预防措施。

（3）沿海国的保护权。第一，沿海国可在其领海内采取必要的步骤以防止非无害的通过。国际法委员会认为沿海国有权核实通过的无害性质，并在必要时对损害其安全的行为采取保护措施。[36] 第二，在船舶驶往内水或停靠内水外的港口设备的情形下，沿海国有权采取必要的步骤以防止对准许这种船舶驶往内水或停靠港口的条件的任何破坏。例如，沿海国可以制定关于防止、减少和控制海洋环境污染的特别规定作为外国船只进入其港口或内水或在其岸外设施停靠的条件。[37] 而 2002 年"经修订的《1974 年国际海上人命安全公约》修正案"规定，缔约方政府可以要求意欲进入其港口的船舶在进入港口前向其提供一些必要信息，如果船长拒

---

〔33〕 International Law Commission, *Commentary to the Articles Concerning the Law of the Sea*, in Yearbook of the International Law Commission (1956), Vol. Ⅱ, p. 274.

〔34〕 ［英］詹宁斯、瓦茨修订：《奥本海国际法》（第一卷第二分册）（第 9 版），王铁崖等译，中国大百科全书出版社 1998 年版，第 34 页。

〔35〕 UN Office for Ocean Affairs and the Law of the Sea, *Baselines: An Examination of the Relevant Provisions of the United Nations Convention on the Law of the Sea*, United Nations, 1989, p. 65.

〔36〕 International Law Commission, *Commentary to the Articles Concerning the Law of the Sea*, in Yearbook of the International Law Commission (1956), Vol. Ⅱ, p. 273.

〔37〕 《海洋法公约》第 211 条第 3 款。

绝提供或者港口国有明确理由相信船舶不符合国际船舶和港口设施保安(ISPS)规则的要求,可以拒绝其进港。[38] 第三,如为保护国家安全包括武器演习在内而有必要,沿海国可在其领海的特定区域内暂时停止外国船舶无害通过。这种暂停无害通过应对外国船舶一视同仁,不存在形式上或事实上的歧视,而且仅应在正式公布后发生效力。

3. 沿海国关于无害通过的义务

(1)沿海国不得仅以外国船舶通过其领海为由而对其征收任何费用,但沿海国可以作为对船舶提供特定服务报酬的名义而征收费用。例如,沿海国不能就给予航运的一般服务(如灯光、浮标等)而收取费用,但可以就给予船只的特定服务(如引航、拖航等)而收费。[39]

(2)除按照《海洋法公约》规定外,沿海国不应妨碍外国船舶无害通过领海。这一要求的范围很广。在适用《海洋法公约》或其国内法律规章时,沿海国不应对外国船舶强加要求,其实际后果等于否定或损害其无害通过的权利;或对任何国家的船舶,或对载运货物来往任何国家的船舶,或对替任何国家载运货物的船舶,有形式上或事实上的歧视。此外,沿海国在开发领海资源时,相关设施不应位于狭窄的水道或对于国际航行至关重要的海道。[40]

(3)沿海国应将所知的其领海内对航行有危险的任何情况妥为公布。该规定为沿海国设置了一项积极义务。国际法院于 1949 年在"科孚海峡案"(英国诉阿尔巴尼亚)中指出,该义务源于若干获得普遍承认的原则,如人道主义原则以及任何国家不得蓄意允许其领土被用作损害他国权利的行为原则等。该案中,英国舰队在通过位于阿尔巴尼亚领海内的科孚海峡水域时遭遇水雷并受到严重损害。国际法院通过审查证据后认定,肇事水雷不可能在阿尔巴尼亚政府不知悉的情况下铺设完成,而且阿方有时间告知英国其领海内有水雷危险一事,并由此判定阿尔巴尼亚由于没有履行告知义务,应对爆炸事件承担责任。

4. 外国军舰的无害通过问题

《海洋法公约》规定,"军舰"是指属于一国武装部队、具备辨别军舰国籍的外部标志、由该国政府正式委任并名列相应的现役名册或类似名册的军官指挥和配备有服从正规武装部队纪律的船员的船舶。与 1958 年《公海公约》中的定义相比,《海洋法公约》中军舰的范围更宽,因为它没有将军舰限于"属于一国海军",[41] 由此可以包括符合实质要件的海岸警卫队及类似部队,如果它们在有关国家内属于武装部队的话。[42]

军舰是否享有无害通过他国领海的权利是一个长期争论不休的问题。军舰在这个问题上与其他船舶不同并由此需要加以专门处理的问题早就被意识到了。例如,美国于 1910 年在

[38] "经修订的《1974 年国际海上人命安全公约》修正案",2004 年 7 月 1 日生效,第Ⅺ-2 章,第 9 条(2)。

[39] International Law Commission, *Commentary to the Articles Concerning the Law of the Sea*, in Yearbook of the International Law Commission (1956), Vol. Ⅱ, p. 274.

[40] International Law Commission, *Commentary to the Articles Concerning the Law of the Sea*, in Yearbook of the International Law Commission (1956), Vol. Ⅱ, p. 273.

[41] 1958 年《公海公约》第 8 条规定,本条款所称"军舰"谓属于一国海军,具备该国军舰外部识别标志之船舶,由政府正式任命之军官指挥,指挥官姓名见于海军名册,其船员服从正规海军纪律者。

[42] [斐济]萨切雅·南丹、[以色列]沙卜泰·罗森主编:《1982 年〈联合国海洋法公约〉评注》(第 2 卷),吕文正、毛彬中译本主编,海洋出版社 2014 年版,第 222 页。

"北大西洋沿岸渔业仲裁案"(英国/美国)中直截了当地表示:军舰未经沿海国同意不得进入领海,因为它们具有威胁性;商船可以通过,因为它们不构成威胁。[43] 直到冷战爆发美国才改变上述立场。[44] 在1930年海牙国际法编纂会议上,第二委员会在报告中指出,作为一般规则,沿海国将不会禁止外国军舰通过领海,但承认沿海国有权在例外情况下这样做。[45] 在1949年"科孚海峡案"中,虽然当事双方就军舰通过领海问题进行了大量争论,但国际法院对此采取了回避态度,认为在裁定军舰有权无害通过用于国际航行的海峡后,就没有必要继续讨论军舰在一般领海内的通过问题。[46] 1956年,国际法委员会经过反复讨论后,在其最终草案第24条中规定,"沿海国可以要求军舰通过领海以事先批准或通知为条件"。然而,1958年《领海及毗连区公约》和1982年《海洋法公约》都未就该问题作出明确规定。虽然有学者认为可以从这些公约的其他规定中得出军舰享有无害通过权的结论,[47]但也有学者认为上述公约没有对军舰的领海通过问题作出规定。[48] 许多《海洋法公约》缔约国在声明中专门提及外国军舰通过领海的问题。其中,克罗地亚、埃及、马耳他、黑山、塞尔维亚、孟加拉国要求事先通知;阿尔及利亚、阿曼、也门、伊朗、厄瓜多尔要求事先批准;罗马尼亚、圣多美和普林西比、佛得角保留就外国军舰通过其领海制定法律和规章的权利;阿根廷、芬兰、瑞典表示将继续适用它们各自现行关于外国军舰通过领海的国内法规;德国、荷兰、英国则主张一切船舶享有无害通过权。[49] 还有的缔约国虽然未就该问题专门发表声明,但在其国内法中对军舰通过领海问题进行了规制,如缅甸在2017年《领海和海域法》中要求外国军舰通过其领海需获得事先许可。[50] 2019年,国际海洋法法庭在"扣留三艘乌克兰海军船只案"(乌克兰诉俄罗斯)的临时措施命令的附带意见中表示,《海洋法公约》项下的无害通过制度"适用于所有船舶"。[51] 由此法庭似乎认为军舰享有无害通过权,但是法庭没有为如此重要的意见给出任何理由。

至于有关军舰通过领海的习惯国际法问题,由于存在不同的国家实践,因此难以说已经形

---

[43] R. R. Churchill & A. V. Lowe, *The Law of the Sea*, 3rd edition, Manchester University Press, 1999, p.88.

[44] D. P. O'Connell (I. A. Shearer ed.), *The International Law of the Sea*, Vol. Ⅰ, Clarendon Press, 1982, p.292.

[45] Report of the Second Committee: Territorial Sea, 10 April 1930, Appendix 2, in Satya N. Nandan & Shabtai Rosenne eds., *United Nations Convention on the Law of the Sea 1982: A Commentary*, Vol. Ⅲ, Martinus Nijhoff Publishers, 1995, p.474.

[46] Corfu Channel Case (United Kingdom v. Albania), Merits, Judgment, I.C.J. Reports 1949, p.4, at 30.

[47] 例如,参见[美]路易斯·B. 宋恩等:《海洋法精要》(第2版),傅崐成等译,上海交通大学出版社2014年版,第122页。Yoshifumi Tanaka, *The International Law of the Sea*, Cambridge University Press, 2012, p.90.

[48] 例如,D. P. O'Connell (I. A. Shearer ed.), *The International Law of the Sea*, Vol. Ⅰ, Clarendon Press, 1982, p. 290~291;[英]詹宁斯、瓦茨修订:《奥本海国际法》(第一卷第二分册)(第9版),王铁崖等译,中国大百科全书出版社1998年版,第35页;[英]伊恩·布朗利:《国际公法原理》,曾令良、余敏友等译,法律出版社2003年版,第211页。还有观点认为《海洋法公约》没有解决军舰无害通过的争议。See R. R. Churchill & A. V. Lowe, *The Law of the Sea*, 3rd edition, Manchester University Press, 1999, p.90.

[49] 关于《海洋法公约》的声明,见 https://treaties.un.org/Pages/ViewDetailsⅢ.aspx?src=TREATY&mtdsg_no=XXI-6&chapter=21&Temp=mtdsg3&clang=_en。

[50] Myanmar's Territorial Sea and Maritime Zones Law, 17 July 2017, art. 6(b). Law of the Sea Bulletin, No. 99 (2019), para.28.

[51] Detention of three Ukrainian Naval Vessels (Ukraine v. Russian Federation), ITLOS, Provisional Measures, Order of 25 May 2019, para.68.

成了允许军舰享有无害通过权的习惯规则。有学者试图区分沿海国要求军舰事先通知和要求批准的做法，认为事先通知可以被视为属于《海洋法公约》中允许沿海国就航行安全及海上交通管理制定法律和规章的范围。[52] 但这种区分的前提是不成立的，因为这意味着存在一种受制于事先通知的"有限无害通过权"。但如果认为事先通知的要求可以适用于军舰的话，那么该要求是否可以同样适用于非军用船舶的无害通过呢？以及是否可以适用于过境通行和群岛海道通过呢？这两种航行制度中同样允许海峡沿岸国和群岛国制定有关航行安全及海上交通管理的法律和规章。[53] 答案显然是否定的。可否要求军舰通过领海以事先通知或批准为条件的实质并非军舰行使无害通过权的方式问题，而是军舰是否享有该权利这一更为根本的问题。实践中，需要由军舰的船旗国证明存在一个支持其军舰在他国领海内享有无害通过权的清楚的依据，而不是由沿海国承担证明其领海主权不受军舰无害通过权限制或其有权要求事先通知或批准的依据。如果军舰的船旗国不能完成其证明责任，那么就不应推定沿海国的领海主权受到该国军舰无害通过权的限制，而应得出一个对沿海国的主权更为有利的结论。[54]

如果军舰不遵守沿海国关于通过领海的法律和规章，而且不顾沿海国向其提出遵守法律和规章的要求，沿海国可要求该军舰立即离开领海。实践中，1988 年美苏两国军舰曾因无害通过问题在黑海发生碰撞，次年两国发表了《关于无害通过的国际法规则的统一解释》。[55]

二、内水和毗连区

（一）内水

1. 基本制度

国际法上一国的内水（internal waters），是指沿海国领海基线向陆地一面的水域，其中既包括海域，又包括江河湖泊等内陆水域。国际海洋法上讨论的是狭义的内水，限于基线和陆地之间的海域。该定义不适用于群岛国的情况，因为群岛基线朝向陆地一面的水域为群岛水域。群岛国的内水是在群岛水域内使用河口、湾口和港口的封闭线划定的。

内水是国家领土的组成部分，沿海国在内水中享有和在陆地上相同的主权。[56] 内水与领海最大的差别在于，外国船舶在内水中不享有无害通过权。然而，如果使用直线基线的效果使原来并未被认为是内水的区域被包围在基线之内而成为内水，则在此种海域内应当允许外国船舶无害通过。而在用于国际航行的海峡中，此种内水还须受制于外国船舶和飞机的过境通行权。对内水主权的这一限制只存在于当沿海国依据《海洋法公约》第 7 条使用直线基线的情

〔52〕 Yoshifumi Tanaka, *Navigational Rights and Freedoms*, in Donald R. Rothwell et al. eds., The Oxford Handbook of the Law of the Sea, Oxford University Press, 2015, p. 547.

〔53〕 《海洋法公约》第 42、54 条。

〔54〕 高健军：《"一贯反对者"规则在中美有关军舰领海通过分歧中的作用初探》，载《边界与海洋研究》2019 年第 5 期。

〔55〕 Uniform Interpretation of Norms of International Law Governing Innocent Passage. 该文件是 1989 年 9 月 23 日美国和苏联一项联合声明的附件，in *Law of the Sea Bulletin*, No. 14 (1989), p. 12 – 13。

〔56〕 International Law Commission, *Commentary to the Articles Concerning the Law of the Sea*, in Yearbook of the International Law Commission (1956), Vol. Ⅱ, p. 277.

况,而不包括划河口、湾口、港口封闭线的情况,也不适用于群岛国的内水。

2. 沿海国的内水主权

(1)沿海国在内水中享有属地管辖权。除遇难外,外国船舶非经沿海国许可不得进入其内水。特别是,习惯法上并不存在外国船舶进入港口的权利。而沿海国凭借主权可以对外国船舶进入其港口加以管理。[57] 沿海国的权利受到其条约义务的限制。例如,1923 年《国际海港制度规约》规定,各缔约方保证在自由进入港口、使用港口等方面给予其他缔约方的船舶以与己方平等的待遇。该规定不适用于军舰、行使公共权力的船舶或渔船,而且缔约方在遇有影响国家安全或其重大利益的紧急情况时可以背离上述原则。[58] 另外,近年来联合国安理会在通过的一些制裁决议中要求会员国禁止某些外国船只进入本国港口。[59] 基于人道主义考虑,习惯国际法承认遇难船舶可以不经沿海国许可进入港口,并且在港口内享有一定程度的管辖豁免。[60] 然而船只在危难情况下进入港口并不免除其遵守其他要求的义务,如到达时通知有关当局,或提供有关航行、乘客或货物的信息等。[61]

(2)自愿进入他国港口的外国商船处于沿海国的属地权威之下。[62] 然而该船同时受到船旗国的管辖。对于没有影响其和平安全和良好秩序的船舶内部事务,许多港口国会基于国际礼让不加干预,而交由船旗国管辖,此谓"港口和平主义"。[63] 有时这一做法甚至扩大到船上发生的刑事案件。但关于发生在港口船舶上的刑事行为,各国的实践并不一致:有的主张由港口国当局专属管辖,有的主张由船旗国管辖;而且具体国家的实践也不一致,如英美对于发生在本国港口内外国船舶上的刑事案件主张管辖,但对于发生在外国港口内自己船舶上的犯罪却又借口国际礼让主张由船旗国管辖。[64] 无论如何,倘无相关国际法规定,港口国放弃对外国船舶行使管辖权就并非基于法律义务。[65] 船旗国和港口国之间的条约可以对该问题进行调整。需要指出的是,近来国际社会越来越重视港口国在监督实施关于污染、海事安全、劳工等方面的国际标准以及打击非法捕捞活动方面的作用,并鼓励港口国在这些方面对进入其港口

---

〔57〕 Military and Paramilitary Activities in and against Nicaragua (Nicaragua v. United States of America), Merits, Judgment, I. C. J. Reports 1986, p. 14, para. 213.

〔58〕 第 2、13、14、16 条,该规约是《国际海港制度公约》的组成部分,1923 年 12 月 9 日通过,1926 年 7 月 26 日生效。Convention and Statute on the International Régime of Maritime Ports, League of Nations Treaty Series, Vol. 58, p. 285.

〔59〕 例如,2017 年 8 月 5 日安理会第 2371(2017)号决议,第 6 段。

〔60〕 [美]路易斯·B. 宋恩等:《海洋法精要》(第 2 版),傅崐成等译,上海交通大学出版社 2014 年版,第 108 页。

〔61〕 国际法委员会对"国家对国际不法行为的责任条款草案"第 24 条的评注,见《2001 年国际法委员会年鉴》第 2 卷(第二部分),第 91 页。

〔62〕 [英]詹宁斯、瓦茨修订:《奥本海国际法》(第一卷第二分册)(第 9 版),王铁崖等译,中国大百科全书出版社 1998 年版,第 37 ~ 38 页。

〔63〕 [美]路易斯·B. 宋恩等:《海洋法精要》(第 2 版),傅崐成等译,上海交通大学出版社 2014 年版,第 104 ~ 105 页。

〔64〕 倪征燠:《国际法中的司法管辖问题》,载施觉怀、倪乃先、高积顺编:《倪征燠法学文集》,法律出版社 2006 年版,第 234 ~ 236 页。

〔65〕 Peter Malanczuk ed., *Akehurst's Modern Introduction to International Law*, 7th revised edition, Routledge, 1997, p. 176.

的外国船舶行使管辖。[66]

(3)和平进入港口的外国军舰享有管辖豁免。在"自由号案"(阿根廷诉加纳)中,加纳法院扣押了停泊在其港口的来访阿根廷护卫舰"自由号"。国际海洋法法庭在临时措施命令中指出,军舰是其船旗国主权的表现,按照一般国际法享有豁免权,包括在内水中。法庭认为加纳当局的行动影响了军舰的豁免权,由此命令加纳应立即无条件地释放"自由号",并确保该船离开加纳管辖海域。[67] 不久两国达成协议解决了该争端。

(二)毗连区

1. 基本制度

毗连区(contiguous zone)是领海以外毗连领海的一个区域。该海域的内部界限是领海的外部界限,而外部界限为从领海基线量起不超过 24 海里。由此,如果一个沿海国主张 12 海里领海,则其可以主张 12 海里毗连区。而对于一个主张更小领海范围的国家而言,该国可以主张更大范围的毗连区。

沿海国可在毗连区内行使为下列事项所必要的管制:"(a)防止在其领土或领海内违犯其海关、财政、移民或卫生的法律和规章;(b)惩治在其领土或领海内违犯上述法律和规章的行为。"《海洋法公约》第 303 条还规定,为了控制在海洋发现的考古和历史性文物的贩运,沿海国可以推定,未经其许可将这些文物移出毗连区的海床将造成在其领土或领海内对前述法律和规章的违反。由此,沿海国在毗连区内享有对特定事项的管制权。沿海国有关海关、财政、移民和卫生的法律和规章适用于毗连区,并可在毗连区内对违反其有关法律规章的外国船舶采取必要的执法措施,包括对试图逃逸的外国船舶行使紧追权。国际海洋法法庭在 1999 年"赛加号案(第 2 号)"中裁定几内亚将其海关法的适用范围扩展到毗连区以外的专属经济区其他部分的做法违反《海洋法公约》,但是法庭并未质疑海关法在毗连区内的适用。

沿海国在毗连区内行使的权利既不改变水域本身的法律地位,也不影响水域上空的法律地位。[68] 在 1958 年《领海及毗连区公约》中,毗连区被规定属于公海的一部分。由于专属经济区制度的产生,1982 年《海洋法公约》中取消了毗连区属于公海的规定。如今在沿海国建立专属经济区的情况下,毗连区便包括在专属经济区内。倘若沿海国没有建立专属经济区,则毗连区仍属于公海范围。

---

〔66〕 [美]路易斯·B. 宋恩等:《海洋法精要》(第 2 版),傅崐成等译,上海交通大学出版社 2014 年版,第 111 ~ 113 页;2004 年 11 月 17 日联大决议,A /RES/59/24,第 44 ~ 46 段。

〔67〕 The M/V "Ara Libertad" Case (Argentina v. Ghana), ITLOS, Provisional Measures, Order of 15 December 2012, paras. 94 – 98, 108(1).

〔68〕 International Law Commission, *Commentary to the Articles Concerning the Law of the Sea*, in Yearbook of the International Law Commission (1956), Vol. Ⅱ, p. 294, 295.

2. 国家实践

根据联合国2011年的统计,[69]有89个国家主张毗连区。其中82个主张24海里宽的毗连区,4个主张18海里宽的毗连区(孟加拉国、冈比亚、沙特阿拉伯、苏丹),芬兰主张14海里宽的毗连区,朝鲜主张50海里宽的军事区,而立陶宛毗连区的范围由坐标确定。

[69] *Table of Claims to Maritime Jurisdiction* (as at 15 July 2011), http://www.un.org/Depts/los/LEGISLATIONANDTREATIES/PDFFILES/table_summary_of_claims.pdf.

第四章　国际海峡

一、国际海峡的含义和历史发展

(一)海峡通过制度的历史发展

海峡,是指地理上位于两个陆块、岛屿或岛群之间,连接两个较大海区的狭窄水道。[1] 海峡对于国际交通至关重要,其往往是海上航运的交通要道,有的甚至是唯一通道,如连接黑海和地中海的土耳其海峡、连接地中海和大西洋的直布罗陀海峡、连接红海与亚丁湾的曼德海峡、连接波斯湾和阿拉伯海的霍尔木兹海峡,以及北冰洋和太平洋之间的白令海峡等。

由于其重要地位,海峡的通行问题早就受到国际社会的特别关注。1930 年海牙国际法编纂会议第二委员会在其报告中提出,不能以任何借口干涉通过位于公海两部分之间的"用于国际航行的海峡"(straits used for international navigation)的通行,即使是军舰的通行。而海峡内的水域或者是公海或者是领海的组成部分。[2] 1949 年,国际法院在"科孚海峡案"中的判决对于国际海峡制度的发展产生了重要影响。法院确认:各国军舰有权在和平时期无害通过位于公海两部分之间的用于国际航行的海峡,而不用事先取得沿海国的许可;除非国际条约另有规定,否则沿海国在和平时期无权禁止这种通行。[3] 国际法委员会在其 1956 年草案中采纳了国际法院的立场,规定绝对不能停止外国船舶无害通过位于公海两部分之间的通常用于国际航行的海峡。[4] 1958 年《领海及毗连区公约》将国际海峡的范围扩大到连接公海和一国领海的海峡。其第 16 条第 4 款规定,在连接公海一部分和公海另一部分或外国领海之间的用于国际航行的海峡,不得停止外国船舶的无害通过。

与 1958 年公约将国际海峡作为领海无害通过制度中的一个特殊问题加以规定不同,1982 年《海洋法公约》将该问题单独作为一个部分(第三部分)专门进行了规定。这主要是因为《海洋法公约》为国际海峡规定了一种新的通过制度——"过境通行"(transit passage)。该制度的创设与《海洋法公约》允许沿海国主张 12 海里宽的领海直接相关。据统计,世界上宽度位于

---

[1] UN Office for Ocean Affairs and the Law of the Sea, *Baselines: An Examination of the Relevant Provisions of the United Nations Convention on the Law of the Sea*, United Nations, 1989, p. 63.

[2] Report of the Second Committee: Territorial Sea, 10 April 1930, in Satya N. Nandan & Shabtai Rosenne eds., United Nations Convention on the Law of the Sea 1982: A Commentary, Vol. Ⅲ, Martinus Nijhoff Publishers, 1995, p. 480.

[3] Corfu Channel Case (United Kingdom v. Albania), Merits, Judgment, I. C. J. Reports 1949, p. 4, at 28.

[4] ILC, Articles Concerning the Law of the Sea, art. 17(4).

6～24海里间的海峡有153条。[5] 当海峡沿岸国主张3海里领海宽度时，一些海峡中存在公海区域，其中所有国家享有航行和飞越自由。而当海峡沿岸国主张12海里领海宽度时，这些公海区域将消失。按照1958年公约的规定，外国船舶在其中享有不得停止的无害通过权。鉴于国际海峡对世界交通的重要意义，无害通过被认为并不能充分满足国际航行的需求。但航行自由显然又无法充分保障海峡沿岸国的利益。《海洋法公约》最终建立了以过境通行制为核心的海峡通过制度，以调和领海无害通过和公海航行自由这两种相冲突的主张。

需要说明的是，虽然被《海洋法公约》作为单独一部分加以规定，但“用于国际航行的海峡”并非一类独立的海域。《海洋法公约》规定的海峡法律制度的核心是海峡的通过制度，并由此对海峡沿岸国主权或管辖权的行使设置了较无害通过更大的限制。但《海洋法公约》规定的海峡通过制度不在其他方面影响构成这种海峡的水域的法律地位或影响海峡沿岸国对此种海峡的水域及其上空、海床和底土行使主权或管辖权。由此海峡内水域的法律地位应按照《海洋法公约》的其他部分确定，而且与海峡通过无关的活动仍受《海洋法公约》其他相关部分规定的调整。就海峡内水域的法律地位而言，无外乎内水、领海、专属经济区或公海。就内水而言，《海洋法公约》规定的海峡制度不影响海峡内的任何内水区域，但由于海峡沿岸国使用直线基线而使原来并未被认为是内水的区域被包围在内而成为内水的情况除外。此种扩大的内水区域可能受到海峡制度的影响。就专属经济区和公海而言，该部分水域也不受《海洋法公约》规定的海峡制度的影响。《海洋法公约》规定的海峡通过制度主要影响的是海峡内作为领海的水域。具体而言，是指那些海峡的宽度小于海峡沿岸国领海宽度之和的国际海峡。

（二）用于国际航行的海峡的含义

1. 地理和功能标准

《海洋法公约》为国际海峡规定了通过制度，但却没有界定它的适用对象，即何为“用于国际航行的海峡”。其实，这一名词本身已经就其适用对象规定了两个条件：“海峡”和“用于国际航行”。前一个为地理条件，而后一个为功能条件。1949年国际法院在“科孚海峡案”中在认定北科孚海峡（North Corfu Channel）为用于国际航行的海峡时就考虑了这些方面。该案中，被告阿尔巴尼亚虽然没有质疑北科孚海峡是地理意义上的海峡，但是却否认该海峡用于国际航行。[6]

关于地理标准，《海洋法公约》中同样没有关于海峡的法律定义。在1951年的“英挪渔业案”中，国际法院不认同英国关于安德尔雷亚（Indreleia）是海峡的观点，认为它仅仅是一条可航水道。[7] 这里有两点需要强调。第一，虽然一般的观念认为海峡是狭长的水道，但是一些被认为属于海峡的水域相当宽阔，如冰岛和格陵兰岛之间的丹麦海峡的最窄处也超过150海里。

---

[5] Donald R. Rothwell, *International Straits*, in Donald R. Rothwell et al. eds., The Oxford Handbook of the Law of the Sea, Oxford University Press, 2015, p.119. 此外，52条国际海峡的宽度小于6海里，而60条超过24海里。

[6] Corfu Channel Case (United Kingdom v. Albania), Merits, Judgment, I.C.J. Reports 1949, p.4, at 28.

[7] Fisheries (United Kingdom v. Norway), Judgment, I.C.J. Reports 1951, p.116, at 132.

第二，虽然许多海峡的两端连接公海或专属经济区，但是并非所有的海峡都是如此，而且这也并非一条海峡成为用于国际航行海峡的要件。《海洋法公约》中明确提到了一种位于公海或专属经济区的一部分和外国领海之间的用于国际航行的海峡。其实，两端连接公海或专属经济区的一部分和公海或专属经济区的另一部分只是在一条用于国际航行的海峡中适用过境通行制的前提条件。

相比地理条件，确定"用于国际航行"的含义更加困难。阿尔巴尼亚在"科孚海峡案"中否认科孚海峡属于国际通道的理由包括该海峡并非爱琴海和亚得里亚海之间的必经之路，而且几乎仅用于来往希腊科孚港和阿尔巴尼亚萨兰达港之间的当地交通。国际法院拒绝了阿尔巴尼亚的主张。在法院看来，决定性的标准是科孚海峡连接公海两个部分的地理位置以及它正被用于国际航行的事实。至于该海峡不是公海两部分之间的必经之路，而只是一条替代航线的问题，法院认为不是决定性的。这方面英国给了法院一些信息，以说明该海峡的航行相当繁忙，且不限于当地国家。[8] 从国际法院的做法中可以看出，在衡量一条海峡是否用于国际航行时，需要考虑各种因素。首先是海峡的地理位置。虽然国际法院强调科孚海峡两端连接公海，但就《海洋法公约》意义上的国际海峡而言，海峡一端连接公海或专属经济区就足够了。其次，海峡对国际海上交通的作用是由该海峡"正被用于国际航行的事实"证明的。至于该海峡是否为国际交通的必经之路在这方面无关紧要。[9] 在衡量特定海峡对国际交通的作用时，鉴于《海洋法公约》并未区分水面航行和水下航行，因此原则上也应考虑水下航行。[10]

2. 国家实践

由于《海洋法公约》并未明确界定用于国际航行的海峡，因此国家间就特定海峡是否为国际海峡发生争议也就不足为奇了。目前这方面的一个突出例子就是穿越北冰洋的西北航道的法律地位。而且，《海洋法公约》并未为国际海峡规定统一的通行制度，因此在适用《海洋法公约》规定前还需要确定有关海峡属于何种用于国际航行的海峡。许多国家在关于《海洋法公约》的声明中都提及国际海峡问题。这似乎预示着有关该问题的争论并未随着《海洋法公约》的缔结而结束。至于过境通行制度是否已经成为习惯法规则尚不清楚。[11] 以伊朗和美国为例，两国均尚未参加《海洋法公约》。伊朗在签署《海洋法公约》时声明，过境通行权只适用于《海洋法公约》的缔约国，并坚持在霍尔木兹海峡适用无害通过制。[12] 而美国则在 1988 年关

---

〔8〕 Corfu Channel Case (United Kingdom v. Albania), Merits, Judgment, I. C. J. Reports 1949, p. 4, at 28 - 29.

〔9〕 [英]詹宁斯、瓦茨修订：《奥本海国际法》（第一卷第二分册）（第 9 版），王铁崖等译，中国大百科全书出版社 1998 年版，第 44 页。

〔10〕 Donald R. Rothwell, *International Straits*, in Donald R. Rothwell et al. eds., The Oxford Handbook of the Law of the Sea, Oxford University Press, 2015, p. 120.

〔11〕 贾兵兵：《国际公法：和平时期的解释与适用》，清华大学出版社 2015 年版，第 299 页。

〔12〕 Letter dated 23 July 2019 from the Chargé d' affaires a. i. of the Permanent Mission of the Islamic Republic of Iran to the United Nations addressed to the Secretary - General and the President of the Security Council, S/2019/593; Act on the Marine Areas of the Islamic Republic of Iran in the Persian Gulf and the Oman Sea, 1993, art. 5.

于领海的总统公告中规定了通过国际海峡的过境通行权。[13] 一些海峡沿岸国曾通过协议或声明等方式承认过境通行制在相关海峡内的适用。[14] 例如，1988 年英国和法国发表联合宣言，承认各国船舶和飞机在多佛尔海峡内的过境通行权。[15] 另一例子是马六甲海峡（Strait of Malacca）。在 1971 年海峡沿岸三国《关于马六甲海峡和新加坡海峡问题的联合公报》中，印度尼西亚和马来西亚主张马六甲海峡和新加坡海峡（Singapore Strait）不是国际海峡，而新加坡对此没有表示反对。这一立场后来发生了改变。如今三国承认两海峡为《海洋法公约》中用于国际航行的海峡，适用过境通行。

二、过境通行

（一）过境通行的含义和适用范围

1. 过境通行的含义

过境通行，是指按照《海洋法公约》的规定，专为在公海或专属经济区的一个部分和公海或专属经济区的另一部分之间的海峡继续不停和迅速过境的目的而行使的航行和飞越自由。但是，对继续不停和迅速过境的要求并不排除在一个海峡沿岸国入境条件的限制下，因驶入、驶离该国或自该国返回的目的而通过海峡。由此过境通行有两种形式：一是通过海峡而不访问海峡沿岸国；二是因驶入或驶离海峡沿岸国的目的而通过海峡。这与领海内的无害通过是否涉及沿海国内水类似。当海峡是前往某一海峡沿岸国港口的唯一路径时——如马六甲海峡提供了前往新加坡的唯一海上通路，第二种形式的过境通行十分必要。[16]

《海洋法公约》为行使过境通行权的船舶和飞机规定了一些义务，它们可大致被划分为命令性和禁止性两类。就第一类义务而言，包括：（1）毫不迟延地通过或飞越海峡。（2）过境通行的船舶应遵守海峡沿岸国按照《海洋法公约》制定的关于过境通行的法律和规章，并尊重海峡沿岸国按照《海洋法公约》制定的可适用的海道和分道通航制。（3）过境通行的船舶应遵守一般接受的关于海上安全的国际规章、程序和惯例，包括《国际海上避碰规则》，并遵守一般接受的关于防止、减少和控制来自船舶的污染的国际规章、程序和惯例。（4）过境通行的飞机应遵守国际民用航空组织制定的适用于民用飞机的《航空规则》，并随时监听国际上指定的空中交通管制主管机构所分配的无线电频率或有关的国际呼救无线电频率。根据国际民航组织秘书处的意见，“《航空规则》”指的是作为 1944 年《国际民用航空公约》（《芝加哥公约》）附件二的

---

〔13〕 Territorial Sea of the United States of America by the President of the United States of America a Proclamation of 27 December 1988.

〔14〕 Donald R. Rothwell, *International Straits*, in Donald R. Rothwell et al. eds., The Oxford Handbook of the Law of the Sea, Oxford University Press, 2015, p. 126.

〔15〕 Joint Declaration by the Government of the United Kingdom and the Government of the French Republic, 2 November 1988, in Jonathan I. Charney, Lewis M. Alexander eds., *International Maritime Boundaries*, Vol. Ⅱ, Martinus Nijhoff Publishers, 1993, p. 1754.

〔16〕 ［斐济］萨切雅·南丹、［以色列］沙卜泰·罗森主编：《1982 年〈联合国海洋法公约〉评注》（第 2 卷），吕文正、毛彬中译本主编，海洋出版社 2014 年版，第 297 页。

《航空规则》,而“有关的国际呼救无线电频率”指的是《芝加哥公约》附件十的《航空电信》中所载的甚高频紧急频率121.5兆赫。虽然《海洋法公约》将监听这两个无线电频率规定为过境通行的飞机的两项可选择性义务,但是按照惯例和国际民航组织理事会制定的标准,这两个频率都必须随时监听。[17]

关于行使过境通行权的船舶和飞机应遵守的禁止性义务,包括:(1)不对海峡沿岸国的主权、领土完整或政治独立进行任何武力威胁或使用武力,或者以任何其他违反《联合国宪章》所体现的国际法原则的方式进行武力威胁或使用武力。(2)未经海峡沿岸国事前准许,不得进行任何研究或测量活动。(3)除因不可抗力或遇难而有必要外,不从事其继续不停和迅速过境的通常方式所附带发生的活动以外的任何活动。“通常方式”是指特定类型的船舶或飞机在特定情形下进行通过时的正常方式。[18] 关于通常方式所附带发生的活动的范围,《海洋法公约》中并无明确界定。

过境通行和无害通过都属于一国在他国主权管辖海域内享有的通行权。与无害通过相比,过境通行给予了其他国家更多的权利,同时给海峡沿岸国的主权施加了更大的限制。与无害通过限于外国船舶不同,过境通行权的主体包括所有船舶和飞机,无论军用的还是非军用的。而且潜水艇和其他潜水器也没有被要求在过境通行时须在海面上航行并展示旗帜,因为在水下航行本就是这类船舶的通常过境方式。《海洋法公约》关于船舶在过境通行过程中不得从事的活动的规定,也没有无害通过那样详细。

2. 过境通行的适用范围

过境通行并不适用于所有的国际海峡,而只适用于位于公海或专属经济区的一部分和公海或专属经济区的另一部分之间的、海峡宽度小于海峡沿岸国领海宽度之和的国际海峡。但仍有两个例外:(1)如果某个海峡的通过制度已全部或部分规定在长期存在、现行有效的专门关于这种海峡的国际公约中,则此种海峡的法律制度不受《海洋法公约》规定的过境通行制度的影响。(2)如果海峡是由海峡沿岸国的一个岛屿和该国大陆形成的,而且该岛向海一面有在航行和水文特征方面同样方便的一条穿过公海或穿过专属经济区的航道,那么过境通行就不适用。有观点认为,是否“在航行和水文特征方面同样方便”需要根据时间、距离、安全性、海况、能见度、水深和船只自身的机动性和导航能力强弱等因素决定,由此存在某一航道对一类船舶而言是同样方便,但对其他类型的船舶却并非如此的可能性。[19]

---

〔17〕[斐济]萨切雅·南丹、[以色列]沙卜泰·罗森主编:《1982年〈联合国海洋法公约〉评注》(第2卷),吕文正、毛彬中译本主编,海洋出版社2014年版,第310~312页。

〔18〕[斐济]萨切雅·南丹、[以色列]沙卜泰·罗森主编:《1982年〈联合国海洋法公约〉评注》(第2卷),吕文正、毛彬中译本主编,海洋出版社2014年版,第309页。

〔19〕[斐济]萨切雅·南丹、[以色列]沙卜泰·罗森主编:《1982年〈联合国海洋法公约〉评注》(第2卷),吕文正、毛彬中译本主编,海洋出版社2014年版,第282页。

(二)海峡沿岸国的权利和义务

1.海峡沿岸国关于过境通行的权利

按照《海洋法公约》的规定,海峡沿岸国关于过境通行享有立法权、指定海道和规定分道通航制权,以及执法权。

(1)《海洋法公约》第42条规定,海峡沿岸国可就下列事项制定关于过境通行的法律和规章:①关于航行安全和海上交通管理。②使有关在海峡内排放油类、油污废物和其他有毒物质的国际规章有效,以防止、减少和控制污染。③防止渔船捕鱼,包括渔具的装载。④防止违犯沿岸国有关海关、财政、移民或卫生的法律和规章,上下任何商品、货币或人员。这些法律和规章应妥为公布,且不应在形式上或事实上在外国船舶间有所歧视,或在其适用上有否定、妨碍或损害过境通行权的实际后果。行使过境通行权的外国船舶应遵守这种法律和规章。

(2)海峡沿岸国有权为海峡航行指定海道和规定分道通航制,但需要满足以下条件:①此种措施是为促进船舶的安全通过所必要的。②这种海道和分道通航制应符合一般接受的国际规章。③应由海峡沿岸国拟订提议。如所提议的海道或分道通航制穿过海峡中的两个或两个以上沿岸国的水域,则有关各国应合作拟订提议。④海峡沿岸国应将提议提交主管国际组织,以期得到采纳。在该组织采纳了海峡沿岸国提议的海道和分道通航制后,海峡沿岸国可对这些海道和分道通航制予以指定或规定。⑤海峡沿岸国应在海图上清楚地标出其所指定或规定的一切海道和分道通航制,并应将该海图妥为公布。⑥海峡沿岸国可于情况需要时,经妥为公布后,以其他海道或分道通航制替换其原先指定或规定的海道或分道通航制,但替换前同样需要获得国际海事组织的采纳。过境通行的船舶应尊重海峡沿岸国按照《海洋法公约》确立的海道和分道通航制。

(3)海峡沿岸国有一定的执法权。《海洋法公约》第233条规定,如"外国船舶违反了第四十二条第1款(a)和(b)项所指的法律和规章,对海峡的海洋环境造成重大损害或有造成重大损害的威胁,海峡沿岸国可采取适当执行措施"。1982年,马来西亚在第三次海洋法会议第十一期会议上代表马六甲海峡沿岸三国向主席致信,就第233条对马六甲和新加坡海峡的适用作出声明,其中表示根据该条所采取的措施可以包括阻止违法船只继续航行,并认为第42条和第233条不影响海峡沿岸国对非过境通行中的船只采取适当执行措施的权利。[20] 该声明得到一些国家的认可。至于海峡沿岸国针对外国船舶在行使过境通行权过程中违反其制定的其他关于过境通行的法律规章的执行问题,《海洋法公约》没有清楚的规定。然而第42条第5款规定,享有主权豁免的船舶的船旗国或飞机的登记国,在该船舶或飞机不遵守海峡沿岸国的法律和规章时,应对海峡沿岸国遭受的任何损失和损害负国际责任。该规定强调享有主权豁免的船舶和飞机不受海峡沿岸国的管辖,但同时也说明外国船舶违反海峡沿岸国的法律和规章

---

〔20〕 Letter Dated 28 April 1982 from the Representative of Malaysia to the President of the Conference, A/CONF. 62/L. 145, paras. 2, 5.

需要承担后果。而欲直接追究不享有主权豁免的船舶的违法责任,海峡沿岸国自然需要对其采取执行行动。[21] 2008 年,联合国秘书长在针对非法捕捞活动时指出,国际海峡沿岸国可以采取执法措施,确保其法律和规章得到遵守。[22]

2. 海峡沿岸国关于过境通行的义务

海峡沿岸国的义务包括不应妨碍或停止过境通行,并应将其所知的海峡内或海峡上空对航行或飞越有危险的任何情况妥为公布。与无害通过相比,国际海峡沿岸国被明确排除了暂时停止过境通行的权利。

关于在国际海峡内的强制引航问题,存在不同看法。2005 年,国际海事组织海洋环境保护委员会(Maritime Environment Protection Committee,MEPC)将托雷斯海峡(Torres Strait)指定为特别敏感海域,并规定了以下保护措施:①设立通过海峡的双向航道(a two - way route);②建议各国政府通知悬挂本国旗帜的船舶遵守澳大利亚对长度超过 70 米的商船,以及不论油轮、化学品船和液气船大小所规定的引航制度。[23] 2006 年,澳大利亚和巴布亚新几内亚开始在托雷斯海峡实行强制引航,并收取费用。但一些国家和从业者对此举是否符合《海洋法公约》提出疑义,[24]认为国际海事组织的决议不能作为对通过托雷斯海峡或其他国际海峡的船舶实行强制引航的国际法依据。[25]

另外,虽然没有明确禁止,但鉴于领海无害通过的规定,海峡沿岸国应无权仅以外国船舶通过海峡为由而单方面收取通行费用。然而考虑到海峡沿岸国认为自己承受了建设、维持助航和安全设备以及忍受污染的负担却没有获得相应利益的抱怨,[26]《海洋法公约》第 43 条规定,海峡使用国和海峡沿岸国应对下列事项通过协议进行合作:(1)在海峡内建立并维持必要的助航和安全设备或帮助国际航行的其他改进办法;和(2)防止、减少和控制来自船舶的污染。关于马六甲海峡和新加坡海峡的航行安全与环境保护的合作机制被认为"首次落实了《海洋法公约》第 43 条的精神和意图"。该机制包括三个组成部分:合作论坛、项目协调委员会和航运援助基金,由 2007 年《关于加强马六甲海峡和新加坡海峡的安全、安保和环境保护的新加坡声明》正式设立。[27] 许多海峡使用国和其他利益攸关方为航运援助基金贡献了大量捐款。[28] 而

---

〔21〕 有观点认为,如果外国船舶违反第 39 条,沿岸国可以停止其前进。See Donald R. Rothwell, *International Straits*, in Donald R. Rothwell et al. eds., The Oxford Handbook of the Law of the Sea, Oxford University Press, 2015, p. 123.

〔22〕 联大第六十三届会议:《海洋和海洋法——秘书长的报告》,2008 年 3 月 10 日,A /63/63,第 102 段。

〔23〕 Designation of the Torres Strait as an Extension of the Great Barrier Reef Particularly Sensitive Sea Area, Resolution MEPC. 133(53), 22 July 2005.

〔24〕 联大第六十二届会议:《海洋和海洋法——秘书长的报告》,2007 年 3 月 12 日,A /62/66,第 282 段;联大第六十三届会议:《海洋和海洋法——秘书长的报告》,2008 年 3 月 10 日,A /63/63,第 190 段。

〔25〕 联大第六十一届会议:《海洋和海洋法——秘书长的报告(增编)》,2006 年 10 月 17 日,A /61/63/Add. 1,第 95 ~ 96 段。

〔26〕 [斐济]萨切雅・南丹、[以色列]沙卜泰・罗森主编:《1982 年〈联合国海洋法公约〉评注》(第 2 卷),吕文正、毛彬中译本主编,海洋出版社 2014 年版,第 347 页。

〔27〕 该声明 2007 年 9 月 6 日发表,后作为 2007 年 10 月 22 日印度尼西亚、马来西亚和新加坡常驻联合国代表给秘书长的信的附件,A/62/518。

〔28〕 联大第六十四届会议:《海洋和海洋法——秘书长的报告》,2009 年 11 月 25 日,A /64/66/Add. 1,第 89 段。

国际海事组织也建立了"马六甲和新加坡海峡信托基金",作为合作机制的补充。[29]

三、实行其他通过制度的国际海峡

按照《海洋法公约》的规定,下列几种用于国际航行的海峡不适用过境通行制,包括:公海或专属经济区海峡、大陆/岛屿海峡、"死胡同"(dead end)海峡和条约海峡。

(一)公海或专属经济区海峡、大陆/岛屿海峡、"死胡同"海峡

1. 公海或专属经济区海峡

如果穿过某一用于国际航行的海峡有在航行和水文特征方面同样方便的一条穿过公海或专属经济区的航道,则该海峡不适用过境通行。这里指的是海峡的宽度大于海峡沿岸国领海宽度之和的国际海峡。其他国家在此种海峡中的航行权利应按照海峡中不同水域的地位确定。具体而言,在海峡的领海部分享有无害通过权,而且此种无害通过是可以暂停的。在穿过公海或专属经济区的航道中应适用《海洋法公约》关于航行和飞越自由的规定。然而,如果在海峡沿岸国领海以外的作为专属经济区或公海的水域中并不存在一条和穿过海峡沿岸国领海的同样方便的航道,那么各国在领海部分仍享有过境通行权。

2. 大陆/岛屿海峡

如果海峡是由海峡沿岸国的一个岛屿和该国大陆形成,而且该岛向海一面有在航行和水文特征方面同样方便的一条穿过公海或专属经济区的航道,则该海峡不适用过境通行。这方面的一个例子是位于意大利和其西西里岛之间的墨西拿海峡(Strait of Messina)。[30] 此种海峡需要满足两个条件:一是海峡是由海峡沿岸国的一个岛屿和该国大陆形成的;二是该岛向海一面有同样方便的一条航道。在大陆/岛屿海峡中应适用无害通过制度。但是与一般领海中的无害通过不同的是,此种海峡中的无害通过不应予以停止。

3. "死胡同"海峡

如果某一国际海峡位于公海或专属经济区的一部分和外国领海之间,则也应适用不可停止的无害通过制度。这里的"外国"指的是海峡沿岸国以外的国家。[31] 此类海峡的例子如蒂朗海峡(Strait of Tiran)。[32] 该海峡位于埃及西奈半岛和沙特阿拉伯之间,是从红海进入亚喀巴湾(Gulf of Aqaba)的唯一海上通道,而亚喀巴湾的尽头为以色列和约旦。1979 年以色列/埃及和约和 1994 年以色列/约旦和约都规定,各方认为蒂朗海峡和亚喀巴湾对所有国家开放,各

---

〔29〕 联大第六十五届会议:《海洋和海洋法——秘书长的报告》, 2010 年 3 月 29 日, A /65/69, 第 232 段。

〔30〕 [美]路易斯·B. 宋恩等:《海洋法精要》(第 2 版), 傅崐成等译, 上海交通大学出版社 2014 年版, 第 126 ~ 127 页。

〔31〕 [斐济]萨切雅·南丹、[以色列]沙卜泰·罗森主编:《1982 年〈联合国海洋法公约〉评注》(第 2 卷), 吕文正、毛彬中译本主编, 海洋出版社 2014 年版, 第 361 页。

〔32〕 Donald R. Rothwell, *International Straits*, in Donald R. Rothwell et al. eds., The Oxford Handbook of the Law of the Sea, Oxford University Press, 2015, p. 120.

国享有不受妨害和不可停止的航行和飞越自由。[33] 埃及在批准《海洋法公约》的声明中认为1979年以色列/埃及和约中有关蒂朗海峡和亚喀巴湾的内容属于《海洋法公约》所规定的海峡框架范围,而以色列认为这些规定与《海洋法公约》完全相符。

（二）条约海峡

1. 含义

如果某一海峡的通过制度已全部或部分规定在长期存在、现行有效的专门关于这种海峡的国际公约中,则此种海峡的法律制度不受《海洋法公约》规定的影响,由此将继续适用原来的通过制度。"条约海峡"需要满足的条件包括:存在一个专门关于该海峡通过制度的国际公约,该公约已经长期存在且现在仍有效。虽然没有确切标准,但是"长期存在"的要求意味着有关条约仅仅在《海洋法公约》缔结时已经存在并不能满足该要求。由此此类海峡的具体范围并不确定。另外,它显然不包括在《海洋法公约》缔结后就某一海峡的通过制度所达成的协议。如果海峡沿岸国在1982年后缔结的有关海峡通行制度的协议中规定的通行权不及过境通行制度,则可能引发《海洋法公约》第311条中的有关该协议与《海洋法公约》的关系问题。以刻赤海峡(Kerch Strait)为例。该海峡是连接黑海和亚速海的唯一通道。根据2003年俄罗斯和乌克兰签署的《合作使用亚速海和刻赤海峡条约》和《关于亚速海和刻赤海峡的联合声明》,双方军用船舶和商船在刻赤海峡享有航行自由,而其他国家的军用船舶只有经乌克兰或俄罗斯邀请,并由另一国同意后方可进入亚速海和穿越刻赤海峡。[34] 目前双方关于刻赤海峡的法律地位存在争议:俄罗斯认为是其内水,而乌克兰认为属于国际海峡。

2. 一些条约海峡

各国在关于《海洋法公约》的声明中提到了一些条约海峡。其中,阿根廷和智利在各自声明中均提到两国间的麦哲伦海峡(Strait of Magellan)。根据1881年的边界条约,该海峡永久中立,而各国船舶享有航行自由。1984年两国的《和平友好条约》确认了这一制度。

丹麦在声明中提到大贝尔特海峡(the Great Belt)、小贝尔特海峡(the Little Belt)以及松德海峡(the Sound)的丹麦部分,认为它们的通过制度是在1857年《哥本哈根条约》基础上形成的,因此属于适用过境通行制度的例外。国际海事组织曾就丹麦和瑞典间松德海峡的航行通过了强制船舶报告制度,适用于300总吨及以上的船舶,但不包括军舰和只供政府非商业性服务的船舶。[35] 大贝尔特海峡位于丹麦境内,连通卡特加特(Kattegat)海峡和波罗的海。20世

---

〔33〕 Treaty of Peace between the State of Israel and the Arab Republic of Egypt, art. 5(2). 该条约1979年3月26日缔结,1979年4月25日生效。United Nations Treaty Series, Vol. 1138, p. 59. Treaty of Peace between the State of Israel and the Hashemite Kingdom of Jordan, art. 14(3). 该条约于1994年10月26日缔结,1994年11月10日生效。United Nations Treaty Series, Vol. 2042, p. 351.

〔34〕 The Joint Statement by the President of Ukraine and the President of the Russian Federation on the Sea of Azov and the Strait of Kerch, 24 December 2003, in Law of the Sea Bulletin, No. 54 (2004), p. 131. Treaty on Cooperation in the Use of the Sea of Azov and the Kerch Strait, art. 2.

〔35〕 New Mandatory Ship Reporting System "In the Sound between Denmark and Sweden" (SOUNDREP), Resolution MSC. 314(88), 29 November 2010.

纪 90 年代初,丹麦意图跨越海峡修建一座铁路、公路两用悬索桥,芬兰认为该桥建成后将影响其进出波罗的海的航行权,因此诉至国际法院,是为“大贝尔特海峡通行案”(芬兰诉丹麦)。由于丹麦保证在 1994 年年底之前不会实际封闭海峡,而有关实体问题的审理在正常情况下将在该时间之前完成,因此法院没有应芬兰的请求规定临时措施。[36] 后双方就争端解决达成协议,丹麦向芬兰支付 1500 万美元,并建成了大贝尔特桥。[37]

土耳其尚未参加《海洋法公约》,但其境内的土耳其海峡(Turkish Straits)是典型的条约海峡。土耳其海峡又称黑海海峡,是连接黑海与地中海的唯一通道,包括博斯普鲁斯海峡、马尔马拉海峡和达达尼尔海峡三部分。历史上曾有多个条约规定了海峡的通行制度。现行的土耳其海峡通行制度是由 1936 年《关于海峡制度的公约》(《蒙特勒公约》)规定的。[38] 该公约为商船和军舰的通行规定了不同的制度。平时,除卫生检疫外,所有国家的商船享有完全的通行自由。战时,如果土耳其不是交战国,所有国家的商船仍享有完全的通行自由;如果土耳其是交战国,不属于同土耳其作战国家的商船仍可通行海峡,但不得以任何方式援助敌人。至于军舰通过土耳其海峡的问题,该公约作了相当复杂的规定。军舰在和平时期通过海峡需要遵守有关军舰的类型、吨位、数量等规定,并预先通知土耳其,而且非黑海沿岸国军舰还需遵守特殊的限制。战时,如果土耳其不是交战国,则交战国的军舰原则上将被禁止通过海峡;如果土耳其为交战国或自认为受到战争的威胁,则军舰的通过完全由土耳其斟酌决定。与《海洋法公约》规定的过境通行制度相比,《蒙特勒公约》所确立的土耳其海峡通行制度显然对通行权的限制更多。值得注意的是,虽然土耳其海峡的通行制度不受过境通行制度的影响,但 1994 年土耳其在海峡内建立分道通航制,并被国际海事组织采纳。[39]

---

〔36〕 Passage through the Great Belt (Finland v. Denmark), Provisional Measures, Order of 29 July 1991, I. C. J. Reports 1991, p. 12.

〔37〕 [美]路易斯·B. 宋恩等:《海洋法精要》(第 2 版),傅崐成等译,上海交通大学出版社 2014 年版,第 126 页。

〔38〕 《关于海峡制度的公约》,1936 年 7 月 20 日订于蒙特勒,同年 11 月 9 日生效,载王绳祖等编选:《国际关系史资料选编(17 世纪中叶—1945)》(修订本),法律出版社 1988 年版,第 710 ~ 718 页。

〔39〕 Donald R. Rothwell, *International Straits*, in Donald R. Rothwell et al. eds., The Oxford Handbook of the Law of the Sea, Oxford University Press, 2015, p. 128.

第五章　群岛国和岛屿制度

一、群岛国

（一）群岛、群岛国和群岛水域的概念

1. 群岛

《海洋法公约》第46条规定，为本公约的目的，“群岛”是指一群岛屿，包括若干岛屿的若干部分、相连的水域和其他自然地形，彼此密切相关，以致这种岛屿、水域和其他自然地形在本质上构成一个地理、经济和政治的实体，或在历史上已被视为这种实体。

首先，群岛的组成部分不限于一群岛屿，此外还包括相连的水域以及其他自然地形。虽然《海洋法公约》没有界定“其他自然地形”的含义，但根据上下文，这一术语指的应是高潮时不高出水面的自然地形，如第47条中提到的“干礁”“环礁”“低潮高地”“岸礁”“海台”等。

其次，这种岛屿、水域和其他自然地形可以基于两种原因被视为构成一个地理、经济和政治的实体：它们彼此密切相关或在历史上已被视为这种实体。“密切相关”并非客观标准。特别是《海洋法公约》规定的那些划定群岛基线的标准并非用来判断群岛的标准，因此一个无法按照这些标准划出群岛基线的群岛并不意味着它就不是《海洋法公约》意义上的“群岛”。

最后，虽然“群岛”的定义规定在《海洋法公约》第四部分“群岛国”中，但是该定义并不限于“群岛国”的情况，其同样也适用于群岛国以外的国家，因为第46条规定该定义是“为本公约的目的”。

2. 群岛国

群岛国（archipelagic state），是指全部由一个或多个群岛构成的国家。群岛国可以包括群岛以外的其他岛屿，但是不能在大陆上有领土。[1] 需要指出的是，事实上的群岛国并不当然属于法律上（《海洋法公约》第四部分中）的群岛国。巴林在“卡塔尔诉巴林案”中主张它构成一个“事实上的群岛国”，从而可以利用《海洋法公约》第47条中的群岛直线基线规则。对此国际法院指出，该主张并未包括在巴林的正式诉求中，因此它不需要在此问题上发表意见。但法院强调，一个国家自认为它是一个事实上的群岛国这一事实并不能允许该国偏离划定领海基线的正常规则，除非有关条件得到满足。法院的这一表态说明，至少就利用《海洋法公约》所规定的群岛基线规则而言，一个国家必须首先宣布其为群岛国。截至2011年，共有22个国家主张

---

〔1〕［美］路易斯·B.宋恩等：《海洋法精要》（第2版），傅崐成等译，上海交通大学出版社2014年版，第70页。

群岛国的地位，包括安提瓜和巴布达、巴哈马、佛得角、科摩罗、多米尼加共和国、斐济、格林纳达、印度尼西亚、牙买加、基里巴斯、马尔代夫、马绍尔群岛、毛里求斯、巴布亚新几内亚、菲律宾、圣文森特和格林纳丁斯、圣多美和普林西比、塞舌尔、所罗门群岛、特立尼达和多巴哥、图瓦卢、瓦努阿图。[2]

群岛国制度最初缘起于群岛能否作为一个整体划定海域的问题。1930 年的海牙国际法编纂会议和国际法委员会在为第一次海洋法会议起草案文时都注意到该问题，但最终均未提出具体案文。在第一次和第二次海洋法会议上，大洋群岛问题都曾被提出，但都没有结果。[3] 第三次海洋法会议建立的群岛国制度使得群岛国可以在确定其管辖海域时将群岛作为一个整体对待。《海洋法公约》规定，群岛国可划定连接群岛最外缘各岛和各干礁的最外缘各点的直线群岛基线，并从该群岛基线起测算领海、毗连区、专属经济区和大陆架的宽度。该规定显然不适用于大陆国家的远洋群岛。有学者认为这是一种不必要和不合理的限制。[4] 也有观点认为《海洋法公约》未对大陆国家的远洋群岛的基线问题作出规定。实践中，一些大陆国家将其远洋群岛作为整体来划定基线。

3. 群岛水域

群岛国的群岛基线（archipelagic baselines）所包围的水域是“群岛水域”（archipelagic waters）。它是《海洋法公约》新创设的一种海域。群岛水域是自成一类的水域，既非领海，也非内水。[5] 需要说明的是，划群岛基线是群岛国的权利。除此之外，群岛国还可以划其他基线。例如，瓦努阿图就确定了正常基线和群岛基线。群岛国可以在河口、湾口和港口处用封闭线划定其内水。然而群岛国不能适用直线基线在一个群岛基线系统内划定内水。[6]

（二）群岛基线

1. 划定规则

群岛国有资格划群岛基线，但其划定的群岛基线应满足《海洋法公约》规定的各项要求。

（1）群岛基线的划定可以群岛最外缘各岛和各干礁的最外缘各点为基点。干礁在低潮时露出水面但高潮时没入水中。[7] 由此干礁是低潮高地。而除在低潮高地上筑有永久高于海平面的灯塔或类似设施，或低潮高地的全部或部分与最近岛屿的距离不超过领海的宽度外，基线的划定不应以低潮高地为起讫点。该规定结合了关于沿海国划定正常基线和直线基线的一些

---

[2] Table of Claims to Maritime Jurisdiction (as at 15 July 2011), http://www.un.org/Depts/los/LEGISLATIONANDTREATIES/PDFFILES/table_summary_of_claims.pdf.

[3] UN Office for Ocean Affairs and the Law of the Sea, *The Law of the Sea: Practice of Archipelagic States*, United Nations, 1992, p. iv, paras. 7－8.

[4] R. R. Churchill & A. V. Lowe, *The Law of the Sea*, 3rd edition, Manchester University Press, 1999, p. 120.

[5] [英]詹宁斯、瓦茨修订：《奥本海国际法》（第一卷第二分册）（第 9 版），王铁崖等译，中国大百科全书出版社 1998 年版，第 52 页。

[6] UN Office for Ocean Affairs and the Law of the Sea, *Baselines: An Examination of the Relevant Provisions of the United Nations Convention on the Law of the Sea*, United Nations, 1989, para. 93.

[7] 沈文周主编：《海域划界技术方法》，海洋出版社 2003 年版，第 68 页。

要求。但是,虽然沿海国在划直线基线时可以将"以这种高地作为划定基线的起讫点已获得国际一般承认"的低潮高地作为基点,但群岛国在划群岛基线时却不能以此种低潮高地为基点。

(2)群岛基线应包括主要的岛屿。"主要的岛屿"指的是群岛基线所包围的特定群岛中的主要岛屿,而并不一定是该群岛国的主要岛屿。[8] 主要的岛屿可能是面积最大的岛屿、人口最多的岛屿、经济最发达的岛屿,或者是在历史或文化方面意义重大的岛屿。[9]

(3)在群岛基线所包围的区域内,水域面积和包括环礁在内的陆地面积的比例应在 1:1 和 9:1 之间。由此,基线所包围的海域面积一方面不能小于所包围的陆地面积,另一方面又不得超过陆地面积的 9 倍。9:1 的水陆比的目的是将群岛基线的适用范围限制在相对紧凑的大洋岛群,以排除那些由散落在广袤水域中的小岛所组成的群岛,或是群岛中的一些遥远的小岛;而 1:1 的水陆比据说是为了确保只有那些包围了大于其陆地领土面积的水域的大洋岛群才能成为群岛国。[10] 例如,古巴被认为由于陆地面积过大而不能划群岛基线。[11] 需要注意的是,为计算水陆比的目的,陆地面积可包括位于岛屿和环礁的岸礁以内的水域,其中包括位于陡侧海台周围的一系列灰岩岛和干礁所包围或几乎包围的海台的那一部分。换言之,为计算比例,陆地面积可包括一部分的水域。

(4)基线的长度不应超过 100 海里。在围绕任何群岛的基线总数中,可以有 3% 超过这个长度,但最长者不得超过 125 海里。由此,过于松散的岛屿可能无法被包括在群岛基线中。然而,由于对一个国家可以划出的基线段的数量没有限制,而且使用的基线段越多就可能越接近群岛的一般轮廓,因此可以通过调整基线段的数量来确保必要数量的超长基线。[12]

(5)基线的划定不应在任何明显的程度上偏离群岛的一般轮廓。该要求类似于沿海国的直线基线不应在任何明显的程度上偏离海岸的一般方向的要求。该要求同样可以防止将远离群岛的小岛包括在群岛基线中。

(6)群岛国采用的基线制度不得使另一国的领海与公海或专属经济区隔断。该要求类似于沿海国不得采用直线基线制度致使另一国的领海同公海或专属经济区隔断。2012 年,东帝汶曾就印度尼西亚的一段群岛基线提出疑问,认为其不符合上述要求。[13]

群岛国在划群岛基线时需要同时满足上述各项条件。出于该原因,有时一个群岛国可能

---

〔8〕 [斐济]萨切雅·南丹、[以色列]沙卜泰·罗森主编:《1982 年〈联合国海洋法公约〉评注》(第 2 卷),吕文正、毛彬中译本主编,海洋出版社 2014 年版,第 392 页。

〔9〕 UN Office for Ocean Affairs and the Law of the Sea, *Baselines: An Examination of the Relevant Provisions of the United Nations Convention on the Law of the Sea*, United Nations, 1989, para. 82.

〔10〕 [斐济]萨切雅·南丹、[以色列]沙卜泰·罗森主编:《1982 年〈联合国海洋法公约〉评注》(第 2 卷),吕文正、毛彬中译本主编,海洋出版社 2014 年版,第 392 页。

〔11〕 International Law Association, *Baselines under the International Law of the Sea*, Washington Conference 2014, para. 74.

〔12〕 UN Office for Ocean Affairs and the Law of the Sea, *Baselines: An Examination of the Relevant Provisions of the United Nations Convention on the Law of the Sea*, United Nations, 1989, para. 83.

〔13〕 Communication from the Government of the Democratic Republic of Timor – Leste dated 5 March 2012 (https://www.un.org/Depts/los/LEGISLATIONANDTREATIES/STATEFILES/IDN.htm).

需要划一套以上的群岛基线,而不将所有的群岛和岛屿纳入单一的群岛基线体系中。[14] 当一个群岛国划一套以上群岛基线时,每一套基线都必须单独满足上述各项标准。[15] 实践中,所罗门群岛宣布了五套群岛基线。[16] 马绍尔群岛划了两套群岛基线,同时还有一些岛屿未被包括在内。[17]

2. 群岛基线的公布和交存

群岛国应将划定的群岛基线在足以确定这些线的位置的一种或几种比例尺的海图上标出,或者用列出各点的地理坐标并注明大地基准点的表来代替。群岛国应将这种海图或地理坐标表妥为公布,并应将各该海图或坐标表的一份副本交存于联合国秘书长。此外,群岛国也应公布其所划定的内水界限。[18] 截至 2020 年 3 月,共有 17 个国家作出了 18 项群岛基线的交存行为。[19]

(三)群岛水域的法律制度

群岛国对群岛水域享有主权,无论其深度或距离海岸的远近如何,而且此项主权及于群岛水域的上空、海床和底土,以及其中所包含的资源。由此,群岛水域是群岛国的领土组成部分。另外,群岛国对群岛水域的主权受到《海洋法公约》规定的限制,它们主要包括两个方面。

1. 现有协定、传统捕鱼权和现有海底电缆

群岛国应尊重与其他国家间的现有协定,并应承认直接相邻国家在群岛水域某些区域内的传统捕鱼权和其他合法活动。特别是,如果群岛国的群岛水域的一部分位于一个直接相邻国家的两个部分之间,该邻国传统上在该水域内行使的现有权利和一切其他合法利益以及两国间协定所规定的一切权利,均应继续,并予以尊重。行使这种权利和进行这种活动的条款和条件,包括这种权利和活动的性质、范围和适用的区域应由有关国家间的双边协定予以规定。这种权利不应转让给第三国或其国民,或者与第三国或其国民分享。群岛国的群岛水域位于其邻国两个部分之间的典型例子是印度尼西亚和马来西亚:前者的群岛水域位于后者的两部

---

〔14〕 基里巴斯在 2003 年加入《海洋法公约》时专门指出,《海洋法公约》有关群岛基线的规定使得它无法将构成该国的三个岛群纳入一套基线中,并提议将来重新审议相关规定。

〔15〕 UN Office for Ocean Affairs and the Law of the Sea, *Baselines: An Examination of the Relevant Provisions of the United Nations Convention on the Law of the Sea*, United Nations, 1989, para. 92.

〔16〕 Legal Notice No. 41 of 1979: Declaration of Archipelagic Baselines (https://www.un.org/Depts/los/LEGISLATIONANDTREATIES/STATEFILES/SLB.htm).

〔17〕 Declaration of Baselines & Maritime Zones Outer Limits and its Schedule, dated 18 April 2016 (https://www.un.org/Depts/los/LEGISLATIONANDTREATIES/STATEFILES/MHL.htm).

〔18〕 UN Office for Ocean Affairs and the Law of the Sea, *Baselines: An Examination of the Relevant Provisions of the United Nations Convention on the Law of the Sea*, United Nations, 1989, para. 96.

〔19〕 《秘书长有关根据〈联合国海洋法公约〉交存海图和各点地理坐标表的做法》,2020 年 4 月 13 日,SPLOS /30/12,第 12 段。

分领土之间。1982年,两国就马来西亚在印度尼西亚的领海、群岛水域及其上空的权利达成协议。[20]

此外,群岛国还应尊重其他国家所铺设的通过其水域但不靠岸的现有海底电缆。群岛国在接到关于这种电缆的位置和修理或更换这种电缆的意图的适当通知后,应准许对其进行维修和更换。

2. 其他国家的通过权

考虑到大面积群岛水域的建立可能对国际航运产生的不利影响,《海洋法公约》为其他国家在群岛水域内规定了"双重"通过权,[21]以维护国际航行利益。

首先是船舶的无害通过权。所有国家的船舶均享有无害通过群岛水域的权利。该权利按照有关领海无害通过的规定行使。群岛国可以在群岛水域内采取必要措施以防止非无害的通过,而且出于保护国家安全的需要可以暂时停止外国船舶在其群岛水域特定区域内的无害通过。无害通过不存在于群岛国在群岛水域内用封闭线划定的内水中。

其次是所有国家的船舶和飞机都享有的群岛海道通过权(right of archipelagic sea lanes passage)。该通行权十分类似于用于国际航行的海峡的过境通行权。"群岛海道通过"是指按照《海洋法公约》的规定,专为在公海或专属经济区的一部分和公海或专属经济区的另一部分之间继续不停、迅速和无障碍过境,行使正常方式的航行和飞越的权利。与无害通过权相比,两者的范围和功能不同。就范围而言,无害通过权存在于领海和除内水外的整个群岛水域中,而群岛海道通过权只能在群岛海道和其上的空中航道中行使。需要说明的是,群岛海道通过权不仅存在于群岛水域内,而且也存在于邻接群岛水域的领海通道中。由此外国船舶和飞机不仅可以继续不停和迅速通过或飞越群岛水域,而且可以通过或飞越邻接的领海。将群岛海道通过权延伸至领海是必要的,否则外国飞机将无法行使该权利。就两者的功能而言,外国船舶和飞机只可利用群岛海道通过权通行群岛水域,而不可利用该权利进出群岛国的港口。而无害通过权则既可以用来通行群岛水域,也可以用来进出群岛国港口。由此,如果外国船舶意图进入群岛国港口,那么它就应遵守有关无害通过的规定,即使它是利用群岛海道来进行无害通过的。[22]

《海洋法公约》规定,群岛国可以指定适当的海道和其上的空中航道以便利外国船舶和飞机行使群岛海道通过权。群岛国在指定群岛海道时应遵守一定的要求。第一,这种海道和空

---

〔20〕 Treaty between Malaysia and the Republic of Indonesia Relating to the Legal Regime of Archipelagic State and the Rights of Malaysia in the Territorial Sea and Archipelagic Waters as well as in the Airspace above the Territorial Sea, Archipelagic Waters and the Territory of the Republic of Indonesia lying between East and West Malaysia, 1982年2月25日缔结,1984年5月25日生效。UN Office for Ocean Affairs and the Law of the Sea, *The Law of the Sea: Practice of Archipelagic States*, United Nations, 1992, p.144 - 155.

〔21〕 [英]詹宁斯、瓦茨修订:《奥本海国际法》(第一卷第二分册)(第9版),王铁崖等译,中国大百科全书出版社1998年版,第52页。

〔22〕 Elucidation of Indonesian Government Regulation No. 37, 2002, on the Rights and Obligations of Foreign Ships and Aircraft Excising the Right of Archipelagic Sea Lane Passage through Designated Archipelagic Sea Lanes, 28 June 2002, Law of the Sea Bulletin, No. 52 (2003), p.27.

中航道应穿过群岛水域和邻接的领海,并应包括用作通过群岛水域或其上空的国际航行或飞越的航道的所有正常通道,并且在这种航道内,就船舶而言,包括所有正常航行水道。鉴于进出群岛国的群岛水域都需要经过群岛国的领海,因此要求群岛海道应穿过群岛水域邻接的领海是必要的。第二,这种海道和空中航道应以通道进出点之间的一系列连续不断的中心线划定。通过群岛海道和空中航道的船舶和飞机在通过时不应偏离这种中心线 25 海里以外,同时船舶和飞机与海岸的距离不应小于海道边缘各岛最近各点之间的距离的 10%。第三,群岛国在指定海道前应向主管国际组织提出建议,以期得到采纳。就海道而言,主管国际组织为国际海事组织,而就空中航道而言,应为国际民航组织。在获得采纳后,群岛国可对这些海道予以指定。第四,群岛国应在海图上清楚地标出其指定的海道中心线,并应将该海图妥为公布。第五,群岛国可于情况需要时,经妥为公布后,以其他的海道替换其原先指定的海道,但同样需要获得主管国际组织的采纳。第六,群岛国在指定海道时,为了使船舶安全通过这种海道内的狭窄水道,可规定分道通航制。其程序与在国际海峡内规定分道通航制基本相同。通过群岛海道的船舶应尊重群岛国按照《海洋法公约》制定的分道通航制。

需要说明的是,规定群岛海道是群岛国的权利而非其义务。另外,群岛海道通过权的行使也并不依赖于群岛国规定群岛海道。在群岛国没有指定群岛海道的情况下,外国船舶和飞机可通过正常用于国际航行的航道行使群岛海道通过权。现有群岛国指定海道的典型例子是印度尼西亚。该国是根据《海洋法公约》指定群岛海道的第一个群岛国。印度尼西亚建议了三条海道。[23] 1998 年,国际海事组织采纳了印度尼西亚的建议。[24] 印度尼西亚于 2002 年通过政府规章,指定了上述海道。[25] 印度尼西亚的此次实践受到一些批评:一是因为所指定的海道均为南北向,而未指定东西向的海道;二是指定没有按照《海洋法公约》的要求包括所有正常通道,因此被认为是一次"部分指定"。[26]

1998 年,国际海事组织海事安全委员会(Maritime Safety Committee,MSC)制定了《群岛海道的采纳、指定和替换总规定》,以便对于准备、审议和通过有关采纳、指定和替换群岛海道的建议提供指导。其中为了顾及类似印度尼西亚的情况,提出了"部分群岛海道建议"(partial archipelagic sea lanes proposal)的概念,即群岛国提出的群岛海道建议没有按照《海洋法公约》的要求包括所有正常通道和正常航行水道。总规定要求群岛国在其建议中表明其是否为部分群岛海道建议。国际海事组织在采纳了部分群岛海道建议后,将继续保有对采纳群岛海道过程的管辖权,直到按照《海洋法公约》的要求采纳了所有正常通道为止。有关的群岛国应定期通知国际海事组织其提出其他建议的计划。被采纳的群岛海道将在建议该海道的群岛国政府

---

〔23〕 联大第五十一届会议:《海洋法——秘书长的报告》,1996 年 11 月 1 日,A /51/645,第 129 段和注释 123。

〔24〕 Adoption, Designation and Substitution of Archipelagic Sea Lanes, Resolution MSC. 72(69), 19 May 1998.

〔25〕 Indonesian Government Regulation No. 37 on the Rights and Obligations of Foreign Ships and Aircraft Excising the Right of Archipelagic Sea Lane Passage through Designated Archipelagic Sea Lanes, 28 June 2002, Law of the Sea Bulletin, No. 52 (2003), p. 20.

〔26〕 Tara Davenport, *The Archipelagic Regime*, in Donald R. Rothwell et al. eds., The Oxford Handbook of the Law of the Sea, Oxford University Press, 2015, p. 150 – 152.

公布的日期生效，但该日期不应早于该群岛国指定海道后 6 个月。在部分群岛海道指定生效后，其他国家在群岛水域的其他部分，可以通过正常用于国际航行或飞越的航道来行使群岛海道通过权。[27]

至于船舶和飞机在通过群岛水域时的义务、群岛国的义务以及群岛国有关的法律和规章，应比照适用《海洋法公约》有关用于国际航行的海峡的过境通行制的规定。群岛国对外国船只在其群岛水域内的违法活动有权采取执法措施，但受到合理性要求的限制。需要指出的是，《海洋法公约》没有明文要求群岛国将所采取的措施告知违法船只的船旗国。[28]

二、岛屿制度

(一)岛屿制度的编纂

岛屿(island)是国际海洋法中的一个重要问题，因为岛屿的存在会影响国家管辖海域的范围。具体而言，被用作基点的沿岸岛屿将影响基线的位置；位于国家管辖海域内的岛屿可能影响该国管辖海域的外部界限；位于国家管辖海域外的岛屿将产生单独的国家管辖海域；位于海上邻国划界区域内的岛屿可能影响这些国家间海洋边界的位置。

关于岛屿的问题自海洋法编纂伊始就受到重视。海牙国际法编纂会议第二委员会在其报告中将岛屿单独规定一条，包含岛屿的定义和岛屿的海洋权利两部分内容。国际法委员会在其 1956 年报告中基本接受了 1930 年海牙国际法编纂会议的成果。1958 年《领海及毗邻区公约》第 10 条规定的岛屿制度包括两款，分别规定了岛屿的定义和岛屿的领海问题。[29] 1982 年《海洋法公约》第 121 条规定的岛屿制度包括三款："1. 岛屿是四面环水并在高潮时高于水面的自然形成的陆地区域。2. 除第 3 款另有规定外，岛屿的领海、毗连区、专属经济区和大陆架应按照本公约适用于其他陆地领土的规定加以确定。3. 不能维持人类居住或其本身的经济生活的岩礁，不应有专属经济区或大陆架。"其中，第 1 款重复了 1958 年《领海及毗邻区公约》中的岛屿定义，第 2 款重申了按照适用于其他陆地领土的同样方式决定岛屿的海域的原则，[30] 而第 3 款则是新增加的规定，是为了避免小的孤立的岛屿产生大面积海域而可能导致的不公平。[31]

《海洋法公约》第 121 条前两款的规定早就被认为反映了该领域内的习惯国际法。[32] 关于第 3 款，国际法院 2012 年在"尼加拉瓜诉哥伦比亚案"中也明确承认了它的习惯法性质。法

[27] General Provisions for the Adoption, Designation and Substitution of Archipelagic Sea Lanes, Resolution MSC. 71(69), 19 May 1998, Annex 2.

[28] Duzgit Integrity Arbitration (Malta v. São Tomé and Príncipe), Award on Jurisdiction and the Merits, 5 September 2016, paras. 254, 268.

[29] 《领海及毗连区公约》第 10 条规定："1. 称岛屿者指四面围水、潮涨时仍露出水面之天然形成之陆地。2. 岛屿之领海依本条款规定测定之。"

[30] [斐济]萨切雅 · 南丹、[以色列]沙卜泰 · 罗森主编：《1982 年〈联合国海洋法公约〉评注》(第 3 卷)，吕文正、毛彬中译本主编，焦永科等译，海洋出版社 2016 年版，第 309 页。

[31] R. R. Churchill & A. V. Lowe, *The Law of the Sea*, 3rd edition, Manchester University Press, 1999, p. 150.

[32] Maritime Delimitation and Territorial Questions between Qatar and Bahrain (Qatar v. Bahrain), Merits, Judgment, I. C. J. Reports 2001, p. 40, para. 185.

院指出,第 121 条第 2 款所赋予的岛屿的海洋权利明确受到第 3 款规定的限制,而"通过拒绝不能维持人类居住或其自身经济生活的岩礁获得专属经济区和大陆架,第 3 款在'岛屿无论其面积,和其他陆地领土享有相同的地位,并因此产生相同的海洋权利'这一长期确立的原则和《海洋法公约》承认的拥有更为广阔的海洋的权利……之间规定了一个基本联系"。法院由此认为,《海洋法公约》第 121 条规定的岛屿制度构成一个不可分割的制度,其中的所有规定都具有习惯国际法的地位。[33]

(二)岛屿的定义

1. 历史发展

1930 年,海牙国际法编纂会议第二委员会在其报告中规定:"每个岛屿拥有它自己的领海。岛屿是四面环水并永远高于高潮标的陆地区域。"该委员会在评注中表示上述定义没有排除人工岛屿,只要它们是领土的真正组成部分而非仅仅是漂浮工程。[34] 1956 年,国际法委员会在其报告中基本采用了上述岛屿定义,只是对"永远高于高潮标"的要求加了一点限制,即"在正常情况下永远高于高潮标"。1958 年《领海及毗邻区公约》删除了"永远"高于高潮标的要求,并对陆地区域增加了"自然形成的"要求,由此形成了目前的岛屿定义,即"岛屿是四面环水并在高潮时高于水面的自然形成的陆地区域"。

2. 岛屿的要件

岛屿的定义包含四个要件:"陆地区域""自然形成""四面环水""高潮时高于水面"。其中,"四面环水"的要件没有争议。关于"陆地区域"的要件,有两点需要说明。其一,国际法没有为一个地形被视为岛屿规定必须具有的最小面积,[35] 因此一个海上地形很小的事实对于其是否构成岛屿无关紧要。其二,构成陆地区域的材质也无要求。国际法院在"尼加拉瓜诉哥伦比亚案"中认为地形 QS 32 由珊瑚构成的事实是不相关的,强调该地形系由附着于基底的固体材料构成,并非松散的残骸。[36] 实践中关于岛屿的构成要件经常出现争议的是对"高潮时高于水面"和"自然形成"的理解。这两方面恰恰最为关键,因为国际法是通过参照一个海上地形是否为自然形成的以及是否在高潮时高出水面来界定岛屿的。[37] 岛屿必须是自然形成的,由此与人工岛屿相区别。在判断一个海上地形是否"在高潮时高于水面"时会遇到两个问题:高潮的标准和测量的方法。和低潮一样,高潮也有不同的种类,包括最高天文潮、大潮平均高潮、小潮平均高潮、平均海平面、平均较高高潮、平均较低高潮等。[38]《海洋法公约》和习惯法中并未界定岛屿定义中"高潮"一词的含义。

---

〔33〕 Territorial and Maritime Dispute (Nicaragua v. Colombia), Judgment, I. C. J. Reports 2012, p. 624, para. 139.

〔34〕 Report of the Second Committee: Territorial Sea, 10 April 1930, in Satya N. Nandan, Shabtai Rosenne eds., United Nations Convention on the Law of the Sea 1982: A Commentary, Vol. Ⅲ, Martinus Nijhoff Publishers, 1995, p. 479.

〔35〕 Territorial and Maritime Dispute (Nicaragua v. Colombia), Judgment, I. C. J. Reports 2012, p. 624, para. 37.

〔36〕 Territorial and Maritime Dispute (Nicaragua v. Colombia), Judgment, I. C. J. Reports 2012, p. 624, para. 37.

〔37〕 Territorial and Maritime Dispute (Nicaragua v. Colombia), Judgment, I. C. J. Reports 2012, p. 624, para. 37.

〔38〕 D. P. O'Connell (I. A. Shearer ed.), *The International Law of the Sea*, Vol. Ⅰ, Clarendon Press, 1982, p. 173.

3. 国际司法和仲裁实践

目前一些国际司法和仲裁实践中涉及对岛屿定义中"高潮"标准的界定问题。在1977年"英法大陆架案"中,双方关于英国的迭石礁是否应当被用作划界的基点意见相反,并为此就该地形的法律地位,特别是"高潮"一词的含义进行了大量辩论。英国主张的是"大潮平均高潮线",并由此主张迭石礁符合岛屿的要求(它在大潮平均高潮线以上0.6米)。但法国认为迭石礁属于低潮高地,理由是习惯法并没有对潮水类型加以区别,因此一旦一块礁石不能在一年中保持露出水面的状态,它就必须被列为一个低潮高地而不是一个岛屿。仲裁法庭最终判定在划界时应把迭石礁当作一个基点,但是法庭依据的不是认定迭石礁在高潮时高于水面,而是法国政府之前曾承认迭石礁与两国间的划界相关。[39] 这样法庭就回避了认定高潮标准的问题。

在2001年"卡塔尔诉巴林案"中,当事方关于基塔特·贾拉达赫(Qit' at Jaradah)是岛屿还是低潮高地的争论同样事关高潮的标准问题。国际法院最终认定该海上地形是岛屿。法院判断的一个重要依据是,巴林主张基塔特·贾拉达赫是岛屿,而"卡塔尔任命的专家们自己都不坚持认为科学上已经证明基塔特·贾拉达赫是个低潮高地的事实"[40]。这样国际法院也选择了回避认定高潮标准的问题。

在2007年"尼加拉瓜诉洪都拉斯案"中,国际法院认为在高潮时不能永远高出水面的地形应当与岛屿区分开来。[41] 法院在这里虽然并未指明高潮的种类,但是其对高潮时"永远高出水面"的强调似乎表明,无论在何种类型的高潮情况下,一个有资格被视为岛屿的海上地形必须高出水面。本案中,双方关于洛格伍德(Logwood)礁的状况意见相左:洪都拉斯说它在高潮时仍然露出水面(虽然只露出一点点),而尼加拉瓜则说该礁在高潮时完全没于水下。由于不能确定洛格伍德礁的实际状况,因此无法确定它的法律地位,法院决定不就该海上地形作出裁决。[42]

在2012年"尼加拉瓜诉哥伦比亚案"中,当事双方对于基塔苏埃尼奥上是否有任何地形具备岛屿的资格意见不一致。哥伦比亚主张基塔苏埃尼奥上有34个地形在高潮时高于水面。为了回应尼加拉瓜对其测量方法的质疑,哥伦比亚强调它所使用的是保守方法,因为该方法是基于最高天文潮而非大潮平均高潮。[43] 然而,虽然注意到哥伦比亚的这一抗辩,但法院的结论是,除了一个地形(QS 32)外,哥伦比亚提出的证据不足以确立基塔苏埃尼奥上的其他地形在

---

[39] Case Concerning the Delimitation of the Continental Shelf between the United Kingdom of Great Britain and Northern Ireland, and the French Republic, Decision of 30 June 1977, 18 International Legal Materials 397 (1979), paras. 139 - 144.

[40] Maritime Delimitation and Territorial Questions between Qatar and Bahrain (Qatar v. Bahrain), Merits, Judgment, I. C. J. Reports 2001, p. 40, paras. 191 - 195. 卡塔尔强调,尽管有些时日基塔特·贾拉达赫没有在高潮时被完全淹没,但它的自然状态一直是不断变化的。Maritime Delimitation and Territorial Questions between Qatar and Bahrain (Qatar v. Bahrain), Merits, Judgment, I. C. J. Reports 2001, p. 40, para. 193.

[41] Territorial and Maritime Dispute between Nicaragua and Honduras in the Caribbean Sea (Nicaragua v. Honduras), Judgment, I. C. J. Reports 2007, p. 659, para. 141.

[42] Territorial and Maritime Dispute between Nicaragua and Honduras in the Caribbean Sea (Nicaragua v. Honduras), Judgment, I. C. J. Reports 2007, p. 659, paras. 143 - 144.

[43] Territorial and Maritime Dispute (Nicaragua v. Colombia), Judgment, I. C. J. Reports 2012, p. 624, paras. 29 - 30.

高潮时高出水面。法院的主要理由是,哥伦比亚"所依赖的潮汐模型被质疑当适用于浅水区时——如同基塔苏埃尼奥周围的水域那样,不精确",因此不足以证明小的海上地形在高潮时高出水面几厘米。[44] 在这方面,哥伦比亚曾主张国际法没有规定使用任何特定的潮汐测量模型,但显然法院没有接受该主张。而法院之所以承认 QS 32 在高潮时高出水面,一个很重要的原因是,即使使用尼加拉瓜所中意的潮汐模型,QS 32 在高潮时也高出水面 0.7 米。[45]

虽然目前关于高潮的标准尚无明确的权威界定,但是不应将其理解为由于风暴或其他不可预测的现象的原因而可能发生的最高潮。[46] 而且,鉴于国际法将确定海岸低潮线的权利交给沿海国,确定海岸高潮线的权利也应同样属于沿海国。由此,在为确定海上地形的法律地位而需查明沿岸高潮线时,需要考虑该地形所属国家的立场和实践。

(三)岛屿的海域权利

1. 一般规则

"岛屿无论其面积,和其他陆地领土享有相同的地位,并因此产生相同的海洋权利"是一项长期确立的原则。[47] 1958 年"日内瓦海洋法公约"在享有海域权利方面将大陆和岛屿一视同仁。岛屿不仅可以有领海,而且可以有大陆架。《大陆架公约》第 1 条(b)规定:大陆架也包括"邻接岛屿海岸之类似海底区域之海床及底土"。同样,1982 年《海洋法公约》第 121 条第 2 款规定岛屿的海域"应按照本公约适用于其他陆地领土的规定加以确定"。

然而,考虑到《海洋法公约》对国家管辖海域范围的大大扩展,第 121 条第 3 款否定了一些岛屿享有大陆架和专属经济区的权利,规定不能维持人类居住或其本身的经济生活的岩礁,不应有专属经济区或大陆架。如果不存在与邻国的划界问题,一个海上地形能产生的 12 海里宽的领海面积约为 452 平方海里,200 海里宽的专属经济区面积约为 125,664 平方海里。[48] 限制弹丸之地产生广大海域的权利有其合理性,但上述规定无疑偏离了之前有关岛屿制度的既定国际法。[49] 而且,第 121 条第 2 款中"除第 3 款另有规定外"的表述显示岛屿有权获得所有海域是原则,而岛屿无权获得专属经济区或大陆架的情况则属于例外。

2. 岩礁问题

第 121 条第 3 款"起草得很拙劣",[50] 对于一些关键术语,如"岩礁""不能维持人类居住""不能维持其本身的经济生活"没有规定任何定义或标准。学者们为此进行了大量讨论,但目

---

〔44〕 Territorial and Maritime Dispute (Nicaragua v. Colombia), Judgment, I. C. J. Reports 2012, p. 624, para. 38.

〔45〕 Territorial and Maritime Dispute (Nicaragua v. Colombia), Judgment, I. C. J. Reports 2012, p. 624, paras. 31, 36 – 37.

〔46〕 [英]詹宁斯、瓦茨修订:《奥本海国际法》(第一卷第二分册)(第 9 版),王铁崖等译,中国大百科全书出版社 1998 年版,第 111 页。

〔47〕 Territorial and Maritime Dispute (Nicaragua v. Colombia), Judgment, I. C. J. Reports 2012, p. 624, para. 139.

〔48〕 Robert Beckman et al. eds., *Beyond Territorial Disputes in the South China Sea: Legal Frameworks for the Joint Development of Hydrocarbon Resources*, Edward Elgar, 2013, p. 21.

〔49〕 Jonathan I. Charney, *Rocks that Cannot Sustain Human Habitation*, 93 American Journal of International Law 864 (1999).

〔50〕 R. R. Churchill & A. V. Lowe, *The Law of the Sea*, 3rd edition, Manchester University Press, 1999, p. 50.

前尚未形成统一认识。至于国家实践,许多国家在很小的海上地形周围主张专属经济区,如法国在太平洋和印度洋中的许多小岛、斐济在切瓦伊拉岛(Ceva - i - Ra)、委内瑞拉在阿维斯岛(Aves)、墨西哥在克拉里翁岛(Clarion)和罗卡帕蒂达岛(Roca Partida)等。[51] 而除了英国的罗科尔岛(Rockall)外,沿海国由于有关海上地形被质疑为岩礁而放弃在其周围建立专属经济区或大陆架的例子十分罕见。[52]

关于这方面的国际司法和仲裁实践,2009 年的"黑海划界案"(罗马尼亚诉乌克兰)是争端各方第一次在国际司法程序中围绕《海洋法公约》第 121 条第 3 款的解释进行详细辩论的案件。本案双方关于乌克兰的蛇岛应属于岛屿还是岩礁的论争的目的在于该地形应否被用作海洋划界的基点。蛇岛面积约 0.17 平方公里,周长约 2000 米。[53] 国际法院裁定蛇岛不应被用作划界基点,同时也不能要求调整临时等距离线,蛇岛在划界中的效力仅限于 12 海里领海。[54] 然而国际法院并没有考虑蛇岛是否为岩礁的问题。法院的上述决定是从海洋划界的角度作出的。在 2012 年"尼加拉瓜诉哥伦比亚案"中,当事双方一致认为圣安德烈斯岛(San Andrés)、普罗维登西亚岛(Providencia)和圣卡塔利娜岛(Santa Catalina)三个大岛有权获得专属经济区和大陆架,但对于阿尔伯克基(Alburquerque)等六个沙礁是否属于岩礁的立场则完全相反。国际法院再次选择回避正面解释第 121 条第 3 款。法院指出,由于整个划界相关区域都位于圣安德烈斯等三个大岛中的一个或几个的 200 海里范围内,因此那些法律地位有争议的小岛在相关区域内可能产生任何专属经济区和大陆架的权利,都将与这三个大岛产生的拥有大陆架和专属经济区的权利完全重叠。有鉴于此,法院认为它不需要决定这六个沙礁的确切法律地位。[55] 另外,法院裁定基塔苏埃尼奥是《海洋法公约》项下的岩礁,由此不拥有大陆架或专属经济区。然而,法院的这一判断并非依据对第 121 条第 3 款的解释,而是依据各方的一致看法,即当事双方均未表示该地形不属于岩礁。[56] 在 2018 年"加勒比海和太平洋海洋划界案"(哥斯达黎加诉尼加拉瓜)中,国际法院认为珍珠群礁(Cayos de Perlas)的海岸不应纳入尼加拉瓜的相关海岸中,因为该国没有提供任何证据证明珍珠群礁具有《海洋法公约》第 121 条规定的"维持人类居住或其本身的经济生活"的能力。同时法院认为应在科恩群岛(Corn Islands)上设置基点,因为这些岛屿上有大量居民并维持经济生活,因此它们充分符合《海洋法公约》第 121 条关于岛屿有资格享有专属经济区和大陆架的要求。[57] 国际法院的实践显示它对岩礁问题保持了一种

---

〔51〕 R. R. Churchill & A. V. Lowe, *The Law of the Sea*, 3rd edition, Manchester University Press, 1999, p. 163 - 164.

〔52〕 Yoshifumi Tanaka, *The International Law of the Sea*, Cambridge University Press, 2012, p. 67. 罗科尔岛高出水面 21 米,面积约 0.000241 平方英里(约 624 平方米),距离苏格兰西北 162 海里。20 世纪 70 年代英国主张罗科尔是一个岛屿,并于 1976 年在其周围建立 200 海里渔区。该行为遭到爱尔兰、丹麦和冰岛的质疑。最终,英国 1997 年在批准《海洋法公约》之前修改了苏格兰西海岸的渔区外界,承认罗科尔属于岩礁,而非岛屿。Yoshifumi Tanaka, *The International Law of the Sea*, Cambridge University Press, 2012, p. 65.

〔53〕 Maritime Delimitation in the Black Sea(Romania v. Ukraine), Judgment, I. C. J. Reports 2009, p. 61, para. 16.

〔54〕 Maritime Delimitation in the Black Sea(Romania v. Ukraine), Judgment, I. C. J. Reports 2009, p. 61, paras. 187 - 188.

〔55〕 Territorial and Maritime Dispute(Nicaragua v. Colombia), Judgment, I. C. J. Reports 2012, p. 624, para. 180.

〔56〕 Territorial and Maritime Dispute(Nicaragua v. Colombia), Judgment, I. C. J. Reports 2012, p. 624, para. 183.

〔57〕 Maritime Delimitation in the Caribbean Sea and the Pacific Ocean(Costa Rica v. Nicaragua) and Land Boundary in the Northern Part of Isla Portillos(Costa Rica v. Nicaragua), Judgment, I. C. J. Reports 2018, p. 139, paras. 113, 140.

谨慎态度。首先,除非必要,法院尽量避免对有关的海上地形进行定性。其次,虽然国际法院在一些案件中否定了某些海上地形产生专属经济区和大陆架的资格,但是所依据的或者是当事各方的一致意见,或者是当事方未提供相关证据。迄今为止国际法院从未直接处理过1982年《海洋法公约》第121条第3款的解释问题。相反,虽然有国际法庭试图对第121条第3款进行解释,但所作解释受到了强烈批评。综上可以说,关于第121条第3款的认识仍处于发展过程中。

按照条约解释的一般规则,可以就岩礁问题得出一些初步看法。

第一,关于岛屿和岩礁的关系。从符合第121条第1款规定的岛屿产生海洋权利的角度而言,第121条第2款规定了两类岛屿:能够产生"领海、毗连区、专属经济区和大陆架"的岛屿和作为"第3款另有规定"的"不应有专属经济区或大陆架"的岛屿。第二类岛屿一般在这种情况下被称为"第121条第3款意义上的岩礁"。这样,岩礁是岛屿中的一类,因此应当满足第121条第1款规定的构成岛屿的所有要件。

第二,关于岩礁的海域权利。由于第121条第3款只是规定某些岛屿"不应有专属经济区或大陆架",而第2款规定岛屿在一般情况下可以产生"领海、毗连区、专属经济区和大陆架",因此岩礁能够获得领海和毗连区,而非仅仅是领海。[58] 需要说明的是,关于某个海上地形属于岛屿还是岩礁的法律地位之争,不同于某个海上地形是否应被用作领海基点的争端,因为它们不是关于一个海上地形是否可以作为测算一个更大的领土单位的海域的基点问题,而是关于一个海上地形本身是否有资格产生某种海域的权利问题。因此,岩礁的例外适用于单个岛屿的情况,而不适用于属于《海洋法公约》第46条范围的成群的岛屿,[59] 也不适用于岩礁构成沿海国领海基线一部分的情况。[60]

第三,关于"岩礁"一词的含义,它指的是面积有限的弹丸小岛,至于是否由岩石构成并非海上地形属于岩礁的必要条件。在"尼加拉瓜诉哥伦比亚案"中被国际法院明确认定为岩礁的基塔苏埃尼奥就是由珊瑚构成的。[61] 实践中,对于一些较大的岛屿,即使它们由于地理偏远或气候恶劣等原因无法维持人类居住或其自身经济生活,也不会被主张为岩礁。[62] 例如,阿根廷和英国虽然关于南乔治亚和南桑威奇群岛[63]的主权存在争端,但都以它们为基础主张大陆架,并分别于2009年向大陆架界限委员会提交了这些岛屿周围200海里外大陆架外部界限的

---

〔58〕［斐济］萨切雅·南丹、［以色列］沙卜泰·罗森主编:《1982年〈联合国海洋法公约〉评注》(第3卷),吕文正、毛彬中译本主编,焦永科等译,海洋出版社2016年版,第312页。

〔59〕［斐济］萨切雅·南丹、［以色列］沙卜泰·罗森主编:《1982年〈联合国海洋法公约〉评注》(第3卷),吕文正、毛彬中译本主编,焦永科等译,海洋出版社2016年版,第301页。

〔60〕Yoshifumi Tanaka, *The International Law of the Sea*, Cambridge University Press, 2012, p.64.

〔61〕Territorial and Maritime Dispute (Nicaragua v. Colombia), Judgment, I. C. J. Reports 2012, p.624, para. 37.

〔62〕Donald R. Rothwell, Tim Stephens, *The International Law of the Sea*, Oxford and Portland, 2010, p.86.

〔63〕南乔治亚岛长约185公里,宽约1.85～45公里。南桑威奇群岛长约740公里,宽约400公里,由一个包括11个火山岛的岛链组成。两个政府官员生活在南乔治亚岛。See Submission to the Commission on the Limits of the Continental Shelf pursuant to Article 76, paragraph 8 of the United Nations Convention on the Law of the Sea in respect of the Falkland Islands, and of South Georgia and the South Sandwich Islands by the UK, 执行摘要载于www. un. org/Depts/los/clcs_new/submissions_files/submission_gbr_45_2009. htm, p.2。

定界案。[64] 而并没有国家质疑这些岛屿享有大陆架的权利。相反,日本于2008年试图在冲之鸟周围划200海里外大陆架外部界限的定界案却遭到一些国家的强烈反对。[65] 当然,关于岩礁的面积却并不存在确切的标准。

第四,关于“不能维持人类居住”和“不能维持其本身的经济生活”的要件。它们强调的是特定地形维持人类居住或其本身的经济生活的“能力”,而非基于此种能力所形成的现实。换言之,“不能维持人类居住”强调的是由于岛上缺乏必要条件致使人类无法在上居住,而非目前无人类在岛上居住。“不能维持其本身的经济生活”关注的是岛上缺乏有价值的自然资源可供开发利用。虽然无法将两者完全割裂开来,[66]但“不能维持人类居住”和“不能维持其本身的经济生活”是两项不同的条件。一个海上地形必须同时不能维持人类居住和其本身的经济生活才是岩礁。也就是说,一个海上地形不需要同时有能力维持人类居住和其本身的经济生活;它只要具备其中一项能力就不属于岩礁。[67] 与人类居住相比,经济生活的标准更容易满足,[68]而且也更容易受到人类活动以及科学技术进步的改变。例如,国际法院于2002年在“利吉坦和西巴丹岛案”中暗示,1980年后被开发为潜水胜地的事实使得西巴丹岛(Sipadan)的经济重要性发生了变化。该岛是一个火山岛,面积仅0.13平方公里。[69]

综上,将一个符合《海洋法公约》第121条第1款规定的岛屿条件的海上地形界定为该条第3款意义上的“不应有专属经济区或大陆架”的“岩礁”,需要同时满足三个条件:(1)该地形本身面积狭小;(2)该地形不能维持人类居住;(3)该地形不能维持其本身的经济生活。由此,只有那些自身条件十分恶劣从而不适宜人类生存,而且缺乏有价值的资源可供开发的弹丸小岛才只能拥有领海和毗连区,而无权产生专属经济区和大陆架。

---

〔64〕 阿根廷定界案的执行摘要载于联合国官网(https://www.un.org/Depts/los/clcs_new/submissions_files/submission_arg_25_2009.htm)。

〔65〕 日本的定界案及其他国家的反应见联合国官网(https://www.un.org/Depts/los/clcs_new/submissions_files/submission_jpn.htm)。

〔66〕 Yoshifumi Tanaka, *The International Law of the Sea*, Cambridge University Press, 2012, p. 66.

〔67〕 Jonathan I. Charney, *Rocks that Cannot Sustain Human Habitation*, 93 American Journal of International Law 868 (1999).

〔68〕 [澳]维克托·普雷斯科特、克莱夫·斯科菲尔德:《世界海洋政治边界》(第2版),吴继陆、张海文译,海洋出版社2014年版,第62页。

〔69〕 Sovereignty over Pulau Ligitan and Pulau Sipadan (Indonesia/Malaysia), Judgment, I. C. J. Reports 2002, p. 625, paras. 14, 134.

第六章　大陆架和专属经济区

一、大陆架

（一）大陆架的概念

1. 大陆架的科学含义

大陆架（continental shelf）最初是一个科学概念。从地貌学角度来说，大陆架指的是邻接大陆的那部分海床，是一大块向海平缓下降的水下台地。大陆架的宽度取决于相邻大陆的地质演变。大陆架朝海扩展到大陆坡，后者的特点是坡度显著增加，通常大于1.5度。大陆坡延伸至大陆基，它一般是坡度等于或小于0.5度的楔形沉积体，由源自大陆的沉积物发育而成。但世界上有些地方没有大陆基，此时大陆坡就延伸至深洋洋底。[1] 大陆架、大陆坡和大陆基合称为大陆边（continental margin）。大陆边以外为深洋洋底。从地质学的角度看，陆架和陆坡具有大陆地壳的特征，往往包括厚厚的沉积层，而大陆坡坡底通常接近大陆地壳外缘，即地壳从陆壳变成洋壳之处。[2]

2. 大陆架的法律含义

大陆架的法律概念不同于该术语的科学意义，两者之间存在明显差异。大陆架法律制度实证法的起点是1945年美国总统杜鲁门发表的《美国关于大陆架的底土和海床的自然资源的政策的第2667号总统公告》（以下简称《杜鲁门公告》）。[3] 其中美国基于多种理由提出："处于公海下但毗连美国海岸的大陆架的底土和海床的自然资源属于美国，受美国的管辖和控制"，但"大陆架上的水域作为公海的性质以及公海自由和无碍航行的权利不受任何影响"。受此影响，其他一些国家也就海床及其底土、大陆架以及它们的自然资源提出主张，包括墨西哥、阿根廷、沙特阿拉伯、菲律宾、巴基斯坦、巴西、以色列、澳大利亚、印度、葡萄牙，以及9个当时处于英国保护下的阿拉伯国家等。[4] 1958年《大陆架公约》正式确立了大陆架的法律制度。

关于大陆架的定义，《大陆架公约》第1条规定：大陆架是指邻接海岸但在领海以外的海底区域的海床和底土，其上海水深度不逾200米或虽逾此限度而其上海水深度仍使该区域自然

---

〔1〕《大陆架界限委员会科学和技术准则》，CLCS/11，第6.2.1～6.2.2段。该准则于1999年5月13日通过，2000年2月24日和2000年5月17日进行了修正（原文为英文，中文版载于 http://daccessdds.un.org/doc/UNDOC/GEN/N99/171/08/IMG/N9917108.pdf? OpenElement.）。

〔2〕《大陆架界限委员会科学和技术准则》，第6.2.3段。

〔3〕北京大学法律系国际法教研室编：《海洋法资料汇编》，人民出版社1974年版，第386～387页。

〔4〕Maritime Dispute (Peru v. Chile), Judgment, I.C.J. Reports 2014, p.3, para.113.

资源有开发之可能性者。如此,《大陆架公约》为大陆架的外部界限规定了两个标准:一是200米的深度标准;二是可开发标准。其中,200米的深度标准不仅与地貌学上的大陆架的终点大致重合,而且还能够满足当时的实际需求。但该标准具有不稳定性的缺点,因为技术的发展会使开发深度超过200米的海底资源成为可能。[5] 另外,将深度超过200米的可开发区域包括在大陆架范围内的规定偏离了科学意义上的大陆架概念。国际法委员会曾明确指出,虽然它在一定程度上采用了大陆架的地理标准作为该术语的法律定义的基础,但是委员会绝不认为存在地理学意义上的大陆架是沿海国行使大陆架权利的必要前提。考虑到大陆架这一术语的法律意义偏离了其科学意义,国际法委员会甚至曾考虑过用其他术语,如以"海底区域"(submarine areas)替代"大陆架"表述的可能性。[6] 虽然可开发标准能够弥补固定深度标准的缺点,但是该标准缺乏必要的精确性,易于引发争端,特别是当邻国间的大陆架划界时。[7] 联大1969年在决议中明确指出1958年公约关于大陆架界限的规定有欠精确。[8]

1982年《海洋法公约》第76条给大陆架规定了一个全新的定义。该条第1款规定:"沿海国的大陆架包括其领海以外依其陆地领土的全部自然延伸,扩展到大陆边外缘的海底区域的海床和底土,如果从测算领海宽度的基线量起到大陆边的外缘的距离不到二百海里,则扩展到二百海里的距离。"其中,大陆架被明确承认为沿海国陆地领土在水下的自然延伸。该规定是受国际法院1969年"北海大陆架案"判决的影响。法院在该案中认为,比邻近(proximity)概念更为基本的是"陆地领土或领域,或沿海国陆地主权经由处于该国完全主权之下的领海海床而向公海或在公海之下的自然延伸或继续的原则",并明确指出,"国际法之所以在法律上赋予沿海国对大陆架的权利是基于这样一种事实,即有关的海底区域实际上可以被视为该沿海国已经拥有统治权的领土的一部分,也就是说,这些区域虽被海水覆盖,但却是该国领土的延伸或继续,即其在海下的扩展"。[9] 受到新出现的200海里专属经济区制度的影响,《海洋法公约》在大陆架的定义中还规定了200海里的距离标准。由于沿海国对专属经济区的权利不仅涉及上覆水域,而且包括其下的海床和底土,因此即使第76条不规定200海里宽的大陆架,沿海国也可以通过专属经济区而主张200海里的海床和底土。但是"这并不表示自然延伸的概念现在已经为距离的概念所代替,它只是意味着在大陆边没有扩展到从海岸量起200海里的地方,自然延伸……部分是由从海岸量起的距离所决定的,而与插入的海床和底土的自然性质无

---

〔5〕 International Law Commission, *Commentary to the Articles Concerning the Law of the Sea*, in Yearbook of the International Law Commission(1956), Vol. Ⅱ, p. 296.

〔6〕 International Law Commission, *Commentary to the Articles Concerning the Law of the Sea*, in Yearbook of the International Law Commission(1956), Vol. Ⅱ, p. 297. 然而,考虑到如果做进一步说明的话,"海底区域"的术语不能充分说明相关区域的性质,以及大陆架这一术语目前正被使用的现实,国际法委员会最终仍采用大陆架的表述。International Law Commission, *Commentary to the Articles Concerning the Law of the Sea*, in Yearbook of the International Law Commission (1956), Vol. Ⅱ, p. 297.

〔7〕 International Law Commission, *Commentary to the Articles Concerning the Law of the Sea*, in Yearbook of the International Law Commission(1956), Vol. Ⅱ, p. 296.

〔8〕 1969年12月15日联大决议, A/RES/2574(XXIV)。

〔9〕 North Sea Continental Shelf (FRG/Den.; FRG/Neth.), Judgment, I. C. J. Reports 1969, p. 3, para. 43.

关"[10]。那种认为距离标准在200海里范围内是大陆架唯一权利依据的观点是错误的，因为它不仅与第76条的条文明显不符，而且还面临其他法理上的障碍。例如，如果距离标准同为200海里内大陆架和专属经济区的权利依据，那么为何如下所述，沿海国对大陆架的权利不需要宣告，但其对专属经济区的权利却需要宣告呢？

关于大陆架的外部界限，《海洋法公约》同样规定了两个标准：大陆边外缘和200海里的距离。第76条第3款规定，大陆边包括沿海国陆块没入水中的延伸部分，由陆架、陆坡和陆基的海床和底土构成，它不包括深洋洋底及其洋脊，也不包括其底土。当一个沿海国的陆地领土在水下的自然延伸从基线量起超过200海里时，该国不仅有200海里以内的大陆架，而且还有200海里以外的大陆架。从领海基线量起200海里以外的大陆架有时被称为"扩展大陆架"（extended continental shelf）或"外大陆架"（outer continental shelf）。此时该国大陆架的外部界限应为大陆边的外缘，但受到《海洋法公约》其他规定的限制。200海里外大陆架的存在可以从实际的角度解释大陆架制度缘何能够在专属经济区制度产生后继续被保留。当一个沿海国的陆地领土在水下的自然延伸从基线量起不到200海里时，该国仅有200海里以内的大陆架，其大陆架的外部界限为其200海里界限。

尽管大陆架这一概念最初起源于地貌学，但如今法律上的大陆架和科学上的大陆架之间存在巨大差异。就内部界限而言，科学上的大陆架从海岸线开始，而法律上的大陆架从领海的外部界限开始。领海的海床和底土属于科学上的大陆架，但不属于法律上的大陆架范围。就外部界限而言，科学上的大陆架扩展到大陆坡的顶端，而法律上的大陆架扩展到大陆边外缘或者200海里的界限。鉴于一个沿海国即使没有科学上的大陆边，在法律上同样可以主张200海里的大陆架，由此法律上的大陆架不仅包括大陆坡和大陆基，有时甚至包括部分深洋洋底。

（二）大陆架外部界限的划定

大陆架的外部界限是国家管辖下的海床底土和作为人类共同继承财产的国际海底区域之间的界限。对于窄大陆边国家，其大陆架的外部界限即为从领海基线量起200海里的线；但对于宽大陆边国家，就将涉及200海里以外大陆架外部界限的划定问题。该操作并非依据从海岸量起的距离，而是涉及复杂的法律、科学和技术问题。《海洋法公约》为200海里外大陆架外部界限的划定规定了详细的实体和程序规则。

1. 实体规则

划定200海里外大陆架外部界限的实体规则主要包括两条"公式线"和两条"制约线"。《海洋法公约》第76条第4款（a）项规定，在大陆边超过200海里的情形下，沿海国应以下列两种方式之一划定大陆边的外缘：（1）以最外各定点为准划定界线，每一定点上沉积岩厚度至少为从该点至大陆坡脚最短距离的1%；或（2）以离大陆坡脚的距离不超过60海里的各定点为准划定界线。这被称为两个公式："沉积厚度公式"和"大陆坡脚外60海里公式"。第76条第4

[10] Continental Shelf (Libya/Malta), Judgment, I. C. J. Reports 1985, p. 13, para. 34.

款(a)项中的"或"字显示这两项公式是以相容析取关系联系在一起的。也就是说,只要其中至少一个构成部分为"是",其组合结果即为"是"。因此大陆架的外部界限可以扩展到参照各定点划在1%沉积厚度之处的线,或者扩展到参照各定点在距离坡脚60海里之处划的线,或者两线兼用。[11] 实践中如何使用公式线取决于沿海国的决定,以便将大陆架外部界限扩展到对其最有利的位置。在没有相反证明的情形下,大陆坡脚应定为大陆坡坡底坡度变动最大之点。

第76条第5款规定了两条制约线:"350海里制约线"和"2500公尺等深线外100海里制约线"。沿海国按照上述两种公式划定的大陆架外部界限不应超过从领海基线量起350海里或不应超过2500米等深线外100海里。制约线的适用经常涉及判断海底高地性质的复杂问题,因为对海底高地的定性将直接影响外部界限的位置。在"海底洋脊"上的大陆架外部界限不应超过从基线量起350海里,但这一限制不适用于作为大陆边自然构成部分的海台、海隆、海峰、暗滩和坡尖等"海底高地"。《海洋法公约》并未给这些海底特征下定义。一般认为,海底洋脊是海底上的狭长高地,具有不规则或较为平整的地形以及陡峭的侧面;海台是具有相对平坦顶面的海底高地,侧面坡度很陡,然顶面颇为宽阔;海峰是一种圆帽形顶部的地形;而坡尖是从一个更大的地形向外伸出的附属高地。[12] 需要强调的是,对海底高地的定性应根据科学证据,而非地图、海图或其他文献中使用的地理名称作出。[13]

实践中划定扩展大陆架外部界限包括一个分三步的过程。[14] 第一步,使用公式来划定200海里外大陆边的外缘。公式线代表了沿海国对200海里外大陆架权利的最大潜在范围。第二步,划定制约线。沿海国可以选择使用距离制约或深度制约,或者两者兼用。如果同时使用两种制约,则需要划定两种制约线的外部包络。第三步,将公式线或公式线的外部包络与制约线或制约线的外部包络进行比对,以界定扩展大陆架的外部界限。该操作的目的是确定公式线没有超过制约线。而用来决定大陆架外部界限的是公式线的外部包络和制约线的外部包络这两种线的内部包络。[15]

最后,沿海国应连接以经纬度坐标标出的各定点划出长度各不超过60海里的若干直线,划定其大陆架的外部界限。

2. 程序规则

划定200海里外大陆架外部界限的程序规则涉及沿海国提交定界案和大陆架界限委员会审议定界案并提出建议。

《海洋法公约》第76条第8款规定:"从测算领海宽度的基线量起二百海里以外大陆架界限的情报应由沿海国提交根据附件二在公平地区代表制基础上成立的大陆架界限委员会。"《海洋法公约》附件二第4条更进一步明确要求,拟划定200海里外大陆架外部界限的沿海国

---

〔11〕《大陆架界限委员会科学和技术准则》第2.1.4~2.1.6段。

〔12〕UN Office for Ocean Affairs and the Law of the Sea, *Baselines: An Examination of the Relevant Provisions of the United Nations Convention on the Law of the Sea*, United Nations, 1989, p.51, 59, 62, 64.

〔13〕《大陆架界限委员会科学和技术准则》第7.1.8段。

〔14〕《大陆架界限委员会科学和技术准则》第2.3.3段。

〔15〕《大陆架界限委员会科学和技术准则》第2.1.16段。

应至迟于《海洋法公约》对该国生效后10年内提出定界案。然而考虑到缔约国,特别是发展中国家在遵守10年期限方面所面临的问题,2001年《海洋法公约》缔约国会议决定:对于《海洋法公约》1999年5月13日对其生效的缔约国,该10年期限从1999年5月13日起算。[16] 选择这一起算日期的原因是大陆架界限委员会于1999年5月13日通过了《科学和技术准则》,由此缔约国才有了提交定界案所需的基本文件。2008年《海洋法公约》缔约国会议再次对10年期限的履行方式进行了修改。鉴于许多国家,特别是发展中国家可能无法履行在10年期限内提出定界案的义务,会议决定缔约国可以向委员会提交"初步信息"的方式满足10年期限的要求。[17] 但委员会不需要审议这些初步信息。一些提交了初步信息的国家后来向委员会正式提交了定界案,如西班牙在加那利群岛的西部地区、密克罗尼西亚在欧里皮克海隆地区等。

第一份200海里外大陆架外部界限的定界案是俄罗斯于2001年提交的。截至2021年,共有74个沿海国和群岛国向大陆架界限委员会提交了88份定界案,此外还有9份订正定界案。数字上的差异源于所提定界案的多样性。一些国家就其全部外大陆架提出了定界案,如俄罗斯、巴西、澳大利亚、日本的定界案;也有一些国家选择先就其部分外大陆架提交定界案。一些国家提交了数份部分定界案。例如,墨西哥分别就墨西哥湾内的西部多边形和东部多边形先后提出了两份定界案。英国先后就阿森松岛、哈顿－罗科尔岛地区,以及福克兰群岛(阿根廷称"马尔维纳斯群岛")、南乔治亚岛和南桑威奇群岛提出了3份定界案。法国单独提出了5份定界案,包括法属圭亚那和新喀里多尼亚地区,法属安的列斯群岛和凯尔盖朗群岛地区,留尼汪岛、圣保罗和阿姆斯特丹群岛,圣皮埃尔和密克隆,法属波利尼西亚。丹麦也提出了5份定界案,包括法罗群岛以北地区、法罗—罗科尔海台地区、格陵兰的南部大陆架、格陵兰的东北大陆架、格陵兰的北部大陆架。另外,虽然多数定界案都是一个国家单独提交的,但也存在几个国家提交联合定界案的情况,如法国、爱尔兰、西班牙、英国的联合定界案(凯尔特海和比斯开湾地区);毛里求斯和塞舌尔的联合定界案(马斯克林海台地区);密克罗尼西亚联邦、巴布亚新几内亚和所罗门群岛的联合定界案(翁通爪哇海台);法国和南非的联合定界案(克罗泽群岛和爱德华王子群岛地区);图瓦卢、法国、新西兰(托克劳)的联合定界案(罗比海脊地区);佛得角、冈比亚、几内亚、几内亚比绍、毛里塔尼亚、塞内加尔和塞拉利昂的联合定界案(靠近西非海岸的大西洋地区);贝宁和多哥共和国的联合定界案等。

大陆架界限委员会是《海洋法公约》为了防止沿海国肆意将大陆架扩展到200海里以外侵占国际海底区域而设立的。委员会由21名委员组成,他们应是地质学、地球物理学或水文学方面的专家。委员会成员中并不包括法律专家。委员会的主要职责是审议沿海国提出的关于200海里以外的大陆架外部界限的定界案,并就有关事宜向沿海国提出建议。此外经有关沿海国请求,委员会也可为沿海国编制定界案提供科学和技术咨询意见。收到沿海国提交的定界

---

〔16〕《关于联合国海洋法公约附件二第四条所订向大陆架界限委员会提交资料的十年期间的起算日期的决定》,2001年5月29日,SPLOS/72。

〔17〕《关于大陆架界限委员会工作量以及各国,特别是发展中国家履行〈联合国海洋法公约〉附件二第四条和SPLOS/72号文件(a)段所载决定的能力的决定》,2008年6月20日,SPLOS/183。

案后，委员会通常会设立一个小组委员会来具体审议定界案。委员会在建议中有时认可沿海国在定界案中提出的大陆架外部界限，有时不认可。如果沿海国的定界案没有获得委员会的认可，那么沿海国可于合理期间内提出订正的或新的定界案。目前委员会已经收到来自俄罗斯(2 份)、巴西(3 份)、巴巴多斯、阿根廷、库克群岛、冰岛等国家的订正定界案。《海洋法公约》要求委员会的行动不应妨害海岸相向或相邻国家间的海洋划界事项。由此当定界案涉及陆地或海洋争端时，委员会的基本立场是不审议和认定任一争端当事国提出的定界案，除非争端所有当事国事前表示同意。[18]

目前大陆架界限委员会已经审议完毕 35 份定界案，尚有 60 余份定界案正在或有待审议。出于各种原因，委员会并不能迅速对定界案进行审议。从沿海国提出定界案到委员会设立小组委员会之间的等待时间约为 11 年，而且这一时间预计还会延长。[19]

如果定界案得到委员会的认可，那么沿海国就可以在委员会建议的基础上划定大陆架外部界限，而如此划定的界限具有确定性和拘束力。沿海国应将永久标明其大陆架外部界限的海图和有关情报，包括大地基准点交存联合国秘书长。秘书长应将这些情报妥为公布。目前履行该交存义务的国家包括：俄罗斯、澳大利亚、爱尔兰、新西兰、墨西哥、苏里南、菲律宾、巴基斯坦等。[20] 此外，沿海国也应将标明大陆架外部界限的海图或坐标交存国际海底管理局秘书长。

(三)沿海国在大陆架上的权利和义务

1. 沿海国在大陆架上的权利

(1)沿海国为勘探大陆架和开发其自然资源，对大陆架行使主权权利。大陆架不是沿海国的领土，沿海国对大陆架不享有领土主权。之所以将沿海国对大陆架的权利称为“主权权利”，是因为：一方面，这些权利是领土主权所固有的，所以具有主权的性质；另一方面，这些权利只限于勘探和开发大陆架资源的目的，所以不能包括在领土主权内。[21] 需要指出的是，虽然后来的专属经济区制度也沿用这一表述将沿海国在专属经济区内的权利称为“主权权利”，但这两种主权权利之间存在一些明显差异。首先，沿海国对大陆架的权利是“专属性”的，即如果沿海国不勘探大陆架或开发其自然资源，任何人未经沿海国明示同意均不得从事这种活动。用国际法院的话说，是否勘探和开发大陆架区域是沿海国自己的事情。[22] 即使沿海国自己不开发大陆架上的自然资源，它也没有义务允许其他国家进行开发。而《海洋法公约》关于沿海国在专属经济区内的权利条款中并无类似“专属性”的规定。相反，《海洋法公约》为沿海国规定了促进专属经济区内生物资源最适度利用的义务。需要注意的是，虽然内陆国和地理不利国被

---

[18] 《大陆架界限委员会议事规则》附件一第 5 段。

[19] 《2020 年 4 月 13 日大陆架界限委员会主席给第三十次缔约国会议主席的信》，SPLOS/30/10，第 11 段。

[20] 参见大陆架界限委员会网站(https://www.un.org/Depts/los/clcs_new/commission_submissions.htm)。

[21] [英]詹宁斯、瓦茨修订：《奥本海国际法》(第一卷第二分册)(第 9 版)，王铁崖等译，中国大百科全书出版社 1998 年版，第 195 页。

[22] North Sea Continental Shelf (FRG/Den.; FRG/Neth.), Judgment, I.C.J. Reports 1969, p.3, para.19.

允许参与专属经济区生物资源的开发,但却未被允许参与大陆架资源的开发。其次,沿海国对大陆架的权利并不取决于有效或象征性的占领或任何明文公告。而这一特性无疑是因为大陆架被视为沿海国陆地领土的自然延伸的后果。国际法院对此指出:“沿海国对构成其陆地领土向海中和在海下的自然延伸的大陆架区域的权利,根据其对陆地的主权以及作为其为了勘探海床和开发其自然资源而行使的主权权利的延伸,是根据事实自始就存在的。简言之,这是一种固有权利。行使这一权利既不必经过任何特殊的法律程序,也不需要履行任何特殊的法律行为。它的存在可以被宣告(并且有许多国家确实是这样做的)但不需要被构成。而且,该权利不依赖被行使。”[23]《海洋法公约》关于专属经济区的条款中不含有类似规定。由此,沿海国无须专门就大陆架的权利作出宣告,但它的确需要对专属经济区作出宣告。

关于沿海国对大陆架的主权权利的范围,它们限于勘探大陆架和开发其自然资源。由此大陆架的权利不包括位于海床上或被底土的沙子所覆盖的船舶残骸及其货物。[24] 关于自然资源的范围,大陆架上的自然资源包括海床和底土的矿物和其他非生物资源,如油气资源,以及定居种生物。所谓“定居种生物”,是指在可捕捞阶段在海床上或海床下不能移动或者其躯体须与海床或底土保持接触才能移动的生物,如扇贝。将此类生物资源归为大陆架的自然资源的理由似乎是因为它们与大陆架海床之间存在的上述永久联系。定居种生物不包括所谓的“底层鱼类”(bottom - fish)以及其他生活在海洋中但偶尔在海底有栖息地或进行繁殖的鱼类。[25] 但定居种生物的范围并不完全清楚。法国在加入《大陆架公约》时声明,定居种生物不包括甲壳动物(藤壶除外)。1995 年《联合国鱼类种群协定》同样将甲壳动物和定居种生物加以区别:将前者纳入“鱼类”的范围,同时明确将后者排除。[26] 需要说明的是,虽然定居种属于生物资源,但是《海洋法公约》并没有为沿海国规定养护大陆架上生物资源的义务。[27]

关于大陆架上自然资源的开发,《海洋法公约》第 82 条规定沿海国应对 200 海里外大陆架上的非生物资源的开发缴付费用或实物。这是第三次海洋法会议上承认沿海国可以拥有 200 海里外大陆架的妥协产物。该义务仅与开发外大陆架上的非生物资源有关,而无关定居种生物资源。并且如果某一发展中国家是其大陆架上所生产的某种矿物资源的纯输入者,那么它对该种矿物资源就免缴这种费用或实物。缴付义务的履行主要包括以下方面:①沿海国可以选择缴付费用或缴付实物。②该义务在某一矿址进行第一个 5 年生产以后开始履行。换言之,应在该矿址进行第六年生产时开始履行缴付义务。5 年宽限期的规定是为了让生产者收回成本。[28] ③关于缴付的数额确定,沿海国应对矿址的全部生产,按照预定的比率每年缴付费用

---

〔23〕 North Sea Continental Shelf (FRG/Den.; FRG/Neth.), Judgment, I. C. J. Reports 1969, p. 3, para. 19.

〔24〕 International Law Commission, *Commentary to the Articles Concerning the Law of the Sea*, in Yearbook of the International Law Commission (1956), Vol. Ⅱ, p. 298.

〔25〕 International Law Commission, *Commentary to the Articles Concerning the Law of the Sea*, in Yearbook of the International Law Commission (1956), Vol. Ⅱ, p. 297.

〔26〕《联合国鱼类种群协定》第 1 条第 1 款。

〔27〕《海洋法公约》第 68 条规定,专属经济区的规定不适用于定居种生物。

〔28〕 International Seabed Authority, *Issues Associated with the Implementation of Article 82 of the United Nations Convention on the Law of the Sea* (ISA Technical Study: No. 4), 2009, p. 34.

或实物。具体而言,第六年的缴付比率应为矿址产值或产量的1%。此后该比率每年增加1%,至第十二年为止,其后比率应保持为7%。但产品中不包括供开发用途的资源。例如,就油气开发而言,为了提高产出而回注到储层的气体应从计算中排除。[29] ④费用或实物应通过国际海底管理局缴纳。管理局应根据公平分享的标准将其分配给《海洋法公约》各缔约国,同时考虑到发展中国家,特别是其中最不发达的国家和内陆国的利益和需要。然而,该义务的具体履行方面还存在许多不确定性。例如,《海洋法公约》没有规定如何确定"全部生产"的具体数额,没有说明沿海国用以支付费用的货币种类、缴付实物的方式以及缴付的时间等,而这多要依赖沿海国的善意,当然管理局也可以和沿海国就这些问题达成临时安排。[30]

虽然《海洋法公约》没有明文规定沿海国可以采取执行措施维护其在大陆架上的主权权利,但它显然有这样的权利。国际法委员会认为:"赋予沿海国的权利涵盖了勘探和开发大陆架上的自然资源所需的或与之相关的一切权利。这些权利包括有关防止和惩治违反法律的管辖权。"[31] 2015年"北极日出号仲裁案"法庭表示,虽然它"不需要就沿海国执行其有关专属经济区内非生物资源的法律的权利的范围发表意见,但是显然这一权利是存在的。"[32] 而且该法庭还认为沿海国有权采取措施防止干扰其勘探和开发非生物资源的主权权利,并认为沿海国可以合理地采取行动以防止:①违反其按照《海洋法公约》制定的法律;②可能造成人员伤害和设备及设施损害的危险局势;③负面的环境影响;以及④重要作业的延迟或中断,但同时强调沿海国为此采取的措施应当满足合理性、必要性和成比例的要求。[33]

(2)沿海国在大陆架上对一些事项享有管辖权,包括人工岛屿、设施和结构的建造和使用,海洋科学研究,以及海洋环境的保护和保全。沿海国有建造并授权和管理建造、操作和使用人工岛屿、设施和结构的专属权利。在大陆架上进行海洋科学研究,应经沿海国同意。[34] 非经沿海国事前明示核准,不应在大陆架上进行倾倒。而沿海国应采取措施以防止、减少和控制来自受其管辖的海底活动或与此种活动有关的对海洋环境的污染以及来自在其管辖下的人工岛屿、设施和结构对海洋环境的污染。[35]

(3)沿海国在大陆架上享有的其他权利。例如,沿海国有授权和管理因一切目的在大陆架上进行钻探的专属权利。"一切目的"显然不限于经济目的。另外,沿海国有开凿隧道以开发底土的权利,而不论底土上覆水域的深度如何。

---

〔29〕 International Seabed Authority, *Issues Associated with the Implementation of Article 82 of the United Nations Convention on the Law of the Sea* (ISA Technical Study: No. 4), 2009, p. 34.

〔30〕 International Seabed Authority, *Issues Associated with the Implementation of Article 82 of the United Nations Convention on the Law of the Sea* (ISA Technical Study: No. 4), 2009, p. 37.

〔31〕 International Law Commission, *Commentary to the Articles Concerning the Law of the Sea*, in Yearbook of the International Law Commission (1956), Vol. Ⅱ, p. 297.

〔32〕 Arctic Sunrise Arbitration (the Netherlands v. the Russian Federation), Award on the Merits, 14 August 2015, para. 284.

〔33〕 Arctic Sunrise Arbitration (the Netherlands v. the Russian Federation), Award on the Merits, 14 August 2015, paras. 324 – 327.

〔34〕《海洋法公约》第246条。

〔35〕《海洋法公约》第210、208条。

2. 沿海国在大陆架上的义务

（1）沿海国对大陆架权利的行使绝不得对航行和其他国家的其他权利及自由有所侵害，或造成不当的干扰。沿海国对大陆架的权利不影响大陆架上覆水域或水域上空的法律地位。这被认为是大陆架法律制度中的一项基本原则。[36] 在传统海洋法律秩序中，大陆架的上覆水域为公海。如今在沿海国建立专属经济区的情况下，200 海里以内的大陆架的上覆水域应适用专属经济区制度，而 200 海里以外的大陆架的上覆水域应适用公海制度。如果沿海国未建立专属经济区，则大陆架的上覆水域和水域上空仍应适用公海制度。无论是专属经济区还是公海，其他国家在这些海域中都享有一定的权利和自由。1958 年《大陆架公约》规定，勘探大陆架和开发其自然资源“不得使航行、捕鱼或海中生物资源之养护受任何不当之妨害，亦不得对于以公开发表为目的而进行之基本海洋学研究或其他科学研究有任何妨害”。虽然目前其中一些权利已经属于沿海国在专属经济区的权利了，但其他国家在大陆架的上覆水域和水域上空仍享有航行和飞越的自由。

（2）所有国家都有在大陆架上铺设海底电缆和管道的权利，而沿海国除为了勘探大陆架，开发其自然资源和防止、减少及控制管道造成的污染有权采取合理措施外，对于铺设或维持这种海底电缆或管道不得加以阻碍。海底电缆是铺设在水下的用于输电和通信的电缆，而海底管道是指铺设在水下的用于输送水、天然气和石油等的管道。[37] 然而，不阻碍的要求并不影响沿海国对进入其领土或领海的电缆或管道订立条件的权利，也不影响沿海国对因勘探其大陆架或开发其资源或经营在其管辖下的人工岛屿、设施和结构而建造或使用的电缆和管道的管辖权。另外，在大陆架上铺设管道的路线的划定须经沿海国同意。该要求或许是为了避免铺设的管道对开发大陆架资源造成不合理的妨碍。[38]

二、专属经济区

（一）专属经济区的概念和形成

1. 专属经济区的概念

专属经济区（exclusive economic zone）是领海以外并邻接领海的一个区域，其范围从领海基线量起不超过 200 海里。如果一个国家主张 12 海里的领海和 200 海里的专属经济区，则其专属经济区的实际宽度为 188 海里。专属经济区是《海洋法公约》新创设的一个海域，受《海洋法公约》第五部分规定的“特定法律制度”的调整，其中沿海国的权利和管辖权以及其他国家的

---

〔36〕［英］詹宁斯、瓦茨修订：《奥本海国际法》（第一卷第二分册）（第 9 版），王铁崖等译，中国大百科全书出版社 1998 年版，第 196 页。

〔37〕UN Office for Ocean Affairs and the Law of the Sea, *Baselines: An Examination of the Relevant Provisions of the United Nations Convention on the Law of the Sea*, United Nations, 1989, p. 63.

〔38〕参见国际法委员会关于海底电缆路线的评注。International Law Commission, *Commentary to the Articles Concerning the Law of the Sea*, in Yearbook of the International Law Commission (1956), Vol. Ⅱ, p. 299. 在委员会看来，由于铺设管道经常需要在一些地点建立泵站，因此比铺设电缆更可能妨害开发底土。

权利和自由均受《海洋法公约》有关规定的支配。[39] “特定法律制度”的意思是：专属经济区既非领海，也非公海；该海区具有领海和公海制度的某些特点，但又不属于其中任何一个。[40] 由此专属经济区是一个“自成一类”的海域。专属经济区制度的建立彻底改变了领海以外即为公海的传统海洋秩序，是现代海洋法律秩序确立的重要标志。

关于专属经济区和大陆架的关系，如国际法院所言，一方面这两种制度在现代海洋法中是联系在一起的；另一方面，它们是两种不同的制度，大陆架的概念并没有被后产生的专属经济区的概念所吞并。[41] 首先，就权利的性质而言，沿海国在这两个区域内都享有与资源有关的主权权利，以及对一些事项的管辖权。但沿海国对大陆架的权利被认为是一种根据事实本身产生的固有权利，因此沿海国对大陆架的权利不需要宣告；而沿海国对专属经济区的权利却需要经过宣告，否则这部分水域仍属于公海。同时，沿海国对专属经济区的权利也受到较大陆架更多的限制。其次，就权利的范围而言，专属经济区包含了200海里以内的大陆架。不存在没有相应大陆架的专属经济区。[42] 沿海国对大陆架的主权权利限于海床和底土的非生物资源以及定居种生物；而沿海国对专属经济区内自然资源的主权权利包括海床和底土及上覆水域的生物资源和非生物资源。然而，《海洋法公约》关于专属经济区部分的规定主要调整的是沿海国在该区域上覆水域的权利，同时规定沿海国关于专属经济区海床和底土的权利应按照大陆架部分的规定行使（第56条）。此外，从领海基线量起200海里是专属经济区的最大宽度，但却是大陆架的最小宽度。

2. 专属经济区制度的形成

专属经济区制度的形成是以拉美国家为代表的广大发展中国家争取200海里海洋权斗争的结果。1945年，美国在发表《大陆架公告》的同时还发表了一份沿海渔业公告。其中美国主张其有权在毗连美国海岸的一些公海区域建立渔业养护区：如果区内只有美国国民从事渔业活动，则这些渔业活动应受美国的管理和控制；如果区内还有其他国家的国民从事渔业活动，则由美国和相关国家通过协议对这些活动进行管理和控制，但同时强调养护区所在海域的公海性质以及自由航行权利不受任何影响。[43] 受此种做法的影响，其他一些国家也同时对大陆架和上覆水域或这些水域中的资源提出主张。[44]

1947年6月，智利宣布其国家主权扩展到大陆架以及距离其海岸200海里的海域，同时声明不影响公海航行自由的权利。[45] 与美国做法明显不同的是：智利主张200海里的海域，而且

---

〔39〕《海洋法公约》第55条。

〔40〕 UN Division for Ocean Affairs and the Law of the Sea, *The Law of the Sea: National Legislation on the Exclusive Economic Zone*, United Nations, 1993, p. iv.

〔41〕 Continental Shelf (Libya /Malta), Judgment, I. C. J. Reports 1985, p. 13, paras. 33 – 34.

〔42〕 Continental Shelf (Libya /Malta), Judgment, I. C. J. Reports 1985, p. 13, para. 34.

〔43〕 Proclamation by the President with respect to Coastal Fisheries in certain Areas of the High Seas, 28 September 1945, 40 American Journal of International Law 46 – 47 (1946).

〔44〕 Maritime Dispute (Peru v. Chile), Judgment, I. C. J. Reports 2014, p. 3, para. 113.

〔45〕 1947年6月23日智利总统声明，载北京大学法律系国际法教研室编：《海洋法资料汇编》，人民出版社1974年版，第296～298页。

主张在这些海域中享有主权。智利此举的一个重要目的是试图将外国渔船赶出沿海水域。[46] 智利在声明中强调其海域主张的目的是防止对海洋资源的开发损害智利居民的利益,防止海洋资源遭到掠夺从而损害本国和美洲的利益。不久后秘鲁提出了内容大致相同的主张。[47] 1952 年,智利、秘鲁和厄瓜多尔在圣地亚哥发表了《海域宣言》,即著名的《圣地亚哥宣言》(Santiago Declaration)。[48] 这是一个国际条约。[49] 三国在宣言中表示"为了各自人民而维护和利用邻接其海岸的水域的自然资源",声明对从海岸量起不小于 200 海里的海域(包括其下的海床和底土)享有"专属主权和管辖权",同时表示允许外国船舶在上述区域内无害通过。与之前智利和秘鲁的单方声明相比,《圣地亚哥宣言》将海床、底土和上覆水域作为一个整体而非分别作为大陆架和海域提出主张,而且对海床和底土的主张范围也扩展到 200 海里。防止海洋大国掠夺沿海渔业资源被认为是专属经济区主张出现的一个重要原因。[50] 而一些南美国家的太平洋沿岸外没有科学上的大陆架、海床很快倾斜至海洋深处的情况或许可以解释它们将海底和水域一体主张的做法。[51] 然而,200 海里的海域主张并不符合当时的国际法。1958 年第一次海洋法会议制定的《捕鱼及养护公海生物资源公约》只是承认沿海国对于邻接其领海的公海区域内的生物资源生产力的保持有特别利害关系,并允许沿海国在未能与有关国家就养护此种区域内的海洋资源达成协议的情况下单方采取适当养护措施。[52] 但关于沿海国渔业管辖权的界限则始终未能达成协议。甚至在第三次海洋法会议已经开幕后,国际法院在 1974 年"渔业管辖权案"中仍认为习惯法上渔区的宽度不应超过 12 海里,并裁定冰岛单方面将其专属渔区的界限扩展至 50 海里的做法不能对抗德国和英国。对于第三次海洋法会议上提出的各种扩大沿海国渔业管辖权的建议,法院认为它们必须被看作显示了单个国家的观点和意见,而非表达了现行法的原则。国际法院强调它作为法院,不能根据应有法作出判决或者在立法者立法之前预测法律。[53] 从国际法渊源的角度讲,国际法院的这些意见并无不妥。

但与此同时,专属经济区制度正在稳步形成。1972 年,非洲国家正式提出了专属经济区的概念。1974 年,孟加拉国宣布第一个专属经济区。1975 年,第三次海洋法会议《非正式单一协商案文》(第二部分)就专属经济区制度作出规定。会议期间许多国家纷纷提出专属经济区主张。由此在《海洋法公约》尚未被通过之前,专属经济区的概念就已被看作现代国际法的组成部分了。[54] 1985 年,国际法院明确表示专属经济区制度经国家实践显示已成为习惯法的一部

---

〔46〕 Maritime Dispute (Peru v. Chile), Judgment, I. C. J. Reports 2014, p. 3, para. 110.

〔47〕 1947 年 8 月 1 日秘鲁第 781 号总统法令,载北京大学法律系国际法教研室编:《海洋法资料汇编》,人民出版社 1974 年版,第 301～303 页。

〔48〕 Declaration on the Maritime Zone, United Nations Treaty Series, Vol. 1006, p. 323. 1952 年 8 月 18 日签署,同日生效。

〔49〕 Maritime Dispute (Peru v. Chile), Judgment, I. C. J. Reports 2014, p. 3, para. 48.

〔50〕 [日]松井芳郎等:《国际法》,辛崇阳译,中国政法大学出版社 2004 年版,第 122 页。

〔51〕 [英]詹宁斯、瓦茨修订:《奥本海国际法》(第一卷第二分册)(第 9 版),王铁崖等译,中国大百科全书出版社 1998 年版,第 193 页。

〔52〕 《捕鱼及养护公海生物资源公约》第 6 条(1)和第 7 条(1)。

〔53〕 Fisheries Jurisdiction (Germany v. Iceland), Merits, Judgment, I. C. J. Reports 1974, p. 175, para. 45.

〔54〕 Continental Shelf (Tunisia/Libya), Judgment, I. C. J. Reports 1982, p. 18, para. 100.

分。[55]

3. 专属经济区和渔区的主张

根据联合国2011年的统计，[56]大多数沿海国都已经提出专属经济区主张。在没有主张专属经济区的国家中，许多属于地中海沿岸国家，如阿尔巴尼亚、波黑、摩纳哥、黑山、马耳他。另外，该地区的斯洛文尼亚建立了仅有部分专属经济区要素的“生态保护区”（ecological protection zone）。5个主张200海里领海的国家也没有主张专属经济区。[57]

一些没有主张专属经济区的国家主张了各种宽度的渔区（fishery zone）。例如，阿尔及利亚主张32或52海里的渔区，马耳他主张25海里的渔区，而巴布亚新几内亚和冈比亚主张200海里的渔区。另外，一些提出专属经济区主张的国家也主张渔区。其中，丹麦（格陵兰和法罗群岛）、爱尔兰、挪威（扬马延和斯瓦尔巴群岛）、英国（本土及一些海外领地）主张200海里的渔区。而比利时、芬兰、利比亚、西班牙（地中海）、突尼斯（加贝斯湾外）、坦桑尼亚也有渔区主张。虽然《海洋法公约》没有规定渔区或专属渔区，但这一概念在习惯法上是存在的。国际法院在一些案件中就曾划分了当事国之间的200海里渔区界线。随着专属经济区制度的确立，越来越多的国家倾向于主张专属经济区，其中包括之前曾主张过渔区的国家。例如，国际法院于1984年在“缅因湾案”中划分了美国和加拿大间的大陆架和渔区单一界线。两国在1977年建立了200海里专属渔区，但目前均已转而主张专属经济区。显然，由于专属经济区的概念包括了上覆渔区，[58]因此主张专属经济区就不再需要主张渔区了。[59] 目前200海里的渔区主张在国际法上是可以被接受的，但是关于渔区的法律制度并不完全确定。例如，有观点认为渔区并不像专属经济区那样负担养护或最适度利用资源的义务。[60] 然而此种观点应该是不正确的，否则将使得有关国家借口渔区来规避养护和利用生物资源的义务，而这些义务是国际社会在第三次海洋法会议上就200海里范围内的渔业资源达成协议的重要组成部分。

（二）沿海国和其他国家在专属经济区内的权利和义务

1. 沿海国在专属经济区内的权利、管辖权和义务

（1）沿海国的权利和管辖权

和大陆架一样，专属经济区不属于沿海国的主权海域。沿海国在该区域内享有某些“功能性”（functional）权利。根据《海洋法公约》第56条的规定，沿海国在专属经济区内享有三类权利。

---

[55] Continental Shelf (Libya /Malta), Judgment, I. C. J. Reports 1985, p. 13, para. 34.

[56] *Table of Claims to Maritime Jurisdiction* (as at 15 July 2011), http://www.un.org/Depts/los/LEGISLATIONANDTREATIES/PDFFILES/table_summary_of_claims.pdf。

[57] 包括贝宁、厄瓜多尔、萨尔瓦多、秘鲁、索马里。

[58] Delimitation of the Maritime Boundary in the Gulf of Maine Area, Judgment, I. C. J. Reports 1984, p. 246, para. 96.

[59] UN Division for Ocean Affairs and the Law of the Sea, *The Law of the Sea: National Legislation on the Exclusive Economic Zone*, United Nations, 1993, p. iv.

[60] [英]詹宁斯、瓦茨修订：《奥本海国际法》（第一卷第二分册）（第9版），王铁崖等译，中国大百科全书出版社1998年版，第217~218页。

第一类是主权权利。沿海国有以勘探、开发、养护、管理专属经济区海床和底土及其上覆水域的自然资源(无论生物或非生物资源)为目的的主权权利,以及关于在该区内从事经济性开发和勘探,如利用海水、海流和风力生产能等其他活动的主权权利。由此沿海国在专属经济区内享有两种主权权利:有关自然资源的主权权利和有关经济活动的主权权利。其中,沿海国有关海洋生物资源的主权权利受到养护和管理义务的限制。

第二类是对特定事项的管辖权。沿海国在专属经济区内享有对下列事项的管辖权:①人工岛屿、设施和结构的建造和使用;②海洋科学研究;③海洋环境的保护和保全。《海洋法公约》第五部分规定了人工岛屿、设施和结构的问题,而关于海洋环境保护和海洋科学研究则规定在第十二和十三部分。沿海国有权制定和执行法律规章以防止、减少和控制在专属经济区内来自倾倒、船只或海底活动的污染,而在专属经济区内进行海洋科学研究须经沿海国同意。

第三类是《海洋法公约》规定的其他权利。除了以上专门属于沿海国在专属经济区的权利外,沿海国在该海域内还有一些其他权利。例如,《海洋法公约》第221条规定沿海国为避免海难引起的污染对其利益的损害而在领海以外采取适当措施的权利。此外,沿海国在该海域享有《海洋法公约》为所有国家规定的权利。

(2)适当顾及的义务

《海洋法公约》要求沿海国在专属经济区内行使权利和履行义务时应适当顾及其他国家的权利和义务,并以符合《海洋法公约》规定的方式行事。《海洋法公约》同样要求其他国家在专属经济区内行使权利和履行义务时应适当顾及沿海国的权利和义务。由此《海洋法公约》为沿海国和其他国家规定了相互适当顾及的义务。然而《海洋法公约》并未为此义务的履行规定任何统一的行为规范:既没有设置一律避免妨害对方权利的义务,也没有允许一方完全按照自己的意愿行事,而对他方的权利仅仅予以注意即可。[61] 在"查戈斯群岛海洋保护区仲裁案"(毛里求斯诉英国)法庭看来,该义务要求一国考虑各种具体情况,用一种平衡的方式来行使它自己的权利,其中需要考虑的因素包括他方权利的性质、它们的重要性、预期妨害的程度、己方计划活动的性质和重要性,以及替代方法的可获性。而这一评估很可能要求一方在采取行动前与有关国家进行磋商。[62] 适当顾及义务不仅存在于立法阶段,也存在于执法过程中。该义务要求沿海国当局在对外国船舶行使权利,如登临和检查外国渔船时应审慎进行。[63]

---

〔61〕 The Chagos Marine Protected Area Arbitration before an Arbitral Tribunal Constituted under Annex Ⅶ of the United Nations Convention on the Law of the Sea between the Republic of Mauritius and the United Kingdom of Great Britain and Northern Ireland, Award of 18 March 2015, para. 519.

〔62〕 The Chagos Marine Protected Area Arbitration before an Arbitral Tribunal Constituted under Annex Ⅶ of the United Nations Convention on the Law of the Sea between the Republic of Mauritius and the United Kingdom of Great Britain and Northern Ireland, Award of 18 March 2015, para. 519.

〔63〕 M/V "Virginia G" (Panama/Guinea-Bissau), ITLOS, Judgment of 14 April 2014, para. 347.

(3)人工岛屿、设施和结构

《海洋法公约》第60条就人工岛屿、设施和结构问题作了颇为详细的规定。这些规定不仅适用于专属经济区,也适用于大陆架。人工岛屿、设施和结构不属于国家领土,不具有岛屿地位。它们没有自己的领海,其存在也不影响领海、专属经济区或大陆架界限的划定。然而,沿海国可于必要时在人工岛屿、设施和结构的周围设置一定宽度的安全地带。安全地带的宽度应由沿海国参照可适用的国际标准加以确定,原则上从人工岛屿、设施或结构的外缘各点量起不应超过500米的距离,但为一般接受的国际标准所许可或主管国际组织所建议者除外。

《海洋法公约》第60条第1款规定:"沿海国在专属经济区内应有专属权利建造并授权和管理建造、操作和使用:(a)人工岛屿;(b)为第五十六条所规定的目的和其他经济目的的设施和结构;(c)可能干扰沿海国在区内行使权利的设施和结构。"关于该款规定的含义存在不同理解。一些发展中国家强调沿海国对所有类型的设施和结构都有专属权利,由此其他国家未经沿海国同意无权在后者的专属经济区内建造和使用任何设施和结构。[64] 而一些发达国家则强调沿海国并非对所有设施和结构都有管辖权。[65] 就字面而言,《海洋法公约》似乎对人工岛屿和设施结构进行了一定的区分:将专属经济区内建造和使用人工岛屿的权利完全赋予沿海国,而有关设施和结构的规定却并非如此。设施和结构通常用于勘探、开发海洋资源,但同样可以用于进行海洋科学研究、潮汐观测等其他目的。[66] 然而,考虑到"可能干扰沿海国在区内行使权利的设施和结构"的范围之广,上述区分是否能够导致实质性后果是值得怀疑的。

人工岛屿、设施或结构的建造必须妥为通知,而且其存在必须维持永久性的警告方法。设施应配备警告装置,如灯光、声音信号、浮标等。[67] 人工岛屿、设施和结构及其周围的安全地带不得设在对国际航行必经的公认海道可能有干扰的地方,其中包括海峡。该规定是为了明确排除在某些海域对航行的干涉,因为这些海域对于国际航行如此重要以至于必须排除在其中修建人工设施和设置安全区域,即使这些设施是开发海洋资源所必需的。[68] 已被放弃或不再使用的设施或结构应予以撤除,以确保航行安全。然而与1958年《大陆架公约》要求全部拆除废弃设施不同,1982年《海洋法公约》没有做这样的绝对规定,而是要求在撤除时应考虑到主管国际组织制定的一般接受的国际标准、捕鱼、海洋环境的保护,以及其他国家的权利和义务。1989年国际海事组织制定了《大陆架和专属经济区内海上设施和结构撤除指南和标准》,其中规定不撤除的决定应由沿海国在个案基础上考虑各种因素后作出,特别是对航行安全和海洋

---

〔64〕 参见巴西、佛得角、乌拉圭、厄瓜多尔有关《海洋法公约》的声明。

〔65〕 参见德国、意大利、荷兰、英国有关《海洋法公约》的声明。

〔66〕 UN Office for Ocean Affairs and the Law of the Sea, *Baselines: An Examination of the Relevant Provisions of the United Nations Convention on the Law of the Sea*, United Nations, 1989, p. 56.

〔67〕 International Law Commission, *Commentary to the Articles Concerning the Law of the Sea*, in Yearbook of the International Law Commission (1956), Vol. Ⅱ, p. 299.

〔68〕 International Law Commission, *Commentary to the Articles Concerning the Law of the Sea*, in Yearbook of the International Law Commission (1956), Vol. Ⅱ, p. 300.

环境的影响、材料以后从其位置上移动的危险，以及撤除的费用、技术可行性和风险等。[69] 未全部撤除的设施或结构的深度、位置和大小应妥善公布。

除了专属经济区内的一般权利外，沿海国在人工岛屿、设施和结构及其周围的安全地带中享有一些其他权利。首先，沿海国对人工岛屿、设施和结构有专属管辖权，包括有关海关、财政、卫生、安全和移民的法律和规章方面的管辖权。关于"安全"的管辖权包含了对在此类设施上所犯罪行以及针对此类设施所犯罪行的刑事管辖权。[70] 1988年《制止危及大陆架固定平台安全非法行为议定书》将夺取平台、毁坏平台、对平台上的人员施以暴力、将危险装置放在平台上等行为界定为犯罪，并规定了沿海国、罪犯国籍国、受害国等的管辖权。[71] 2005年对该文件的修正扩大了犯罪清单。[72] 但是议定书的规定不影响有关大陆架固定平台的国际法规则（第4条）。其次，沿海国可以在其设置的人工岛屿、设施和结构周围的安全地带内采取适当措施以确保航行以及人工岛屿、设施和结构的安全。一切船舶都必须尊重这些安全地带。沿海国在必要时可以在安全地带中采取禁航措施。在"北极日出号仲裁案"中，法庭曾假定俄罗斯在有关平台周围有效地建立了一个安全地带，而且该区内禁止航行。[73] 除有权制定和执行有关航行的法律和规章，沿海国还有权对在安全地带内的潜在恐怖主义犯罪采取执法措施，就如同在该区域内执行沿海国的其他可适用的法律那样。[74] 对于在安全地带内违反沿海国有关安全地带的法律和规章的行为，沿海国可以进行紧追。

2. 其他国家在专属经济区内的权利和义务

（1）基本权利和义务

《海洋法公约》第58条第1款规定："在专属经济区内，所有国家，不论为沿海国或内陆国，在本公约有关规定的限制下，享有第八十七条所指的航行和飞越的自由，铺设海底电缆和管道的自由，以及与这些自由有关的海洋其他国际合法用途，诸如同船舶和飞机的操作及海底电缆和管道的使用有关的并符合本公约其他规定的那些用途。"这是《海洋法公约》中的一项十分关键的条款，规定了其他国家在专属经济区内的基本权利，包括：①航行自由；②飞越自由；③铺设海底电缆和管道的自由；④与这些自由有关的海洋其他国际合法用途。然而关于这些权利和自由的范围存在不同看法，实践中经常引发国家间的纷争。首先是航行自由的含义。虽然第58条中"第八十七条所指的"表述将各国在专属经济区内享有的自由与各国在公海上所享

---

〔69〕 Guidelines and Standards for the Removal of Offshore Installations and Structures on the Continental Shelf and in the Exclusive Economic Zone, Resolution A. 672(16), 19 October 1989.

〔70〕 ［斐济］萨切雅·南丹、［以色列］沙卜泰·罗森主编：《1982年〈联合国海洋法公约〉评注》（第2卷），吕文正、毛彬中译本主编，海洋出版社2014年版，第534~535页。

〔71〕 该议定书1988年3月19日制定，1992年3月1日生效。United Nations Treaty Series, Vol. 1678, p. 299.

〔72〕 2005 Protocol for the Suppression of Unlawful Acts against the Safety of Fixed Platforms Located on the Continental Shelf, 2005年10月14日通过。

〔73〕 Arctic Sunrise Arbitration (the Netherlands v. the Russian Federation), Award on the Merits, 14 August 2015, para. 249.

〔74〕 Arctic Sunrise Arbitration (the Netherlands v. the Russian Federation), Award on the Merits, 14 August 2015, para. 278.

有的自由联系起来,但是这并不意味着它们是相同的。其实,由于专属经济区制度不同于公海,因此各国在专属经济区内享有的自由与各国在公海上享有的自由理应有所不同,而且也不可能完全相同。例如,国际海洋法法庭将为专属经济区内的渔船加油的活动归为沿海国的渔业管辖权,但认为公海上的加油活动属于航行自由。虽然法庭的做法中存在一定的矛盾,但的确在一定程度上反映出专属经济区和公海之间存在差异。那种将专属经济区内的水域和公海统称为"国际水域"的做法是不恰当的,因为它混淆了这两种水域之间的根本差异。其次,与航行、飞越、铺设海底电缆和管道的自由"有关的海洋其他国际合法用途"的范围也并不清楚。

另外,《海洋法公约》第 58 条第 3 款为其他国家在专属经济区内规定了两项义务:①适当顾及沿海国的权利和义务;②遵守沿海国按照《海洋法公约》规定和其他国际法规则所制定的法律和规章。只要沿海国的法律规章不与《海洋法公约》或其他国际法规则相抵触,其他国家在专属经济区内活动时就应遵守。

(2)其他权利和义务

《海洋法公约》第 58 条第 2 款规定,"第八十八至第一一五条以及其他国际法有关规则,只要与本部分不相抵触,均适用于专属经济区"。其中,《海洋法公约》第 88 ~ 115 条是有关公海的一般规定。它们适用于包括沿海国在内的所有国家,而且在为这些国家规定权利的同时,也为它们设置了义务。《海洋法公约》通过该款将绝大部分有关公海基本制度的规定和其他国际法规则引入专属经济区制度,但条件是它们须与专属经济区制度不相抵触。其中有的规定显然不适用于专属经济区,如第 112 条关于在大陆架以外的公海海底上铺设海底电缆和管道权利的规定。有的规定虽然可以适用于专属经济区,但需要加以变通,如第 92 条关于船舶在公海上应受船旗国专属管辖的规定。如果据此认为船旗国对在他国专属经济区内悬挂其旗帜的船舶同样享有专属管辖,则是错误的,因为这等于否定了《海洋法公约》规定的沿海国在专属经济区内的主权权利和管辖权。虽然沿海国对专属经济区内的外国船只没有一般性管辖权,但是就沿海国享有主权权利和管辖权的事项而言,沿海国无疑享有对外国船只的属事管辖权。由此,按照"与本部分不相抵触"的要求将第 92 条适用于专属经济区的后果是,沿海国和船旗国在这些事项上对船舶享有"并行管辖权"(concurrent jurisdiction)。[75] 需要指出的是,在第 58 条第 2 款规定的适用于专属经济区的公海规定中并不包括有关公海自由的第 87 条。

除了为所有国家在专属经济区内规定的权利外,有的《海洋法公约》条款还为特定国家规定了权利,如内陆国和地理不利国参与开发他国专属经济区内生物资源的权利。

3. 专属经济区内的剩余权利问题

(1)剩余权利的含义

专属经济区内的剩余权利(residual rights),是指《海洋法公约》未将其归属于沿海国或其他国家的专属经济区内的权利或管辖权。剩余权利不同于《海洋法公约》规定得不清晰,相反,

---

〔75〕 Satya N. Nandan, Shabtai Rosenne eds., *United Nations Convention on the Law of the Sea 1982: A Commentary*, Vol. Ⅲ, Martinus Nijhoff Publishers, 1995, p. 126.

这些权利属于《海洋法公约》没有作出规定的问题。

领海和公海中不存在剩余权利问题,因为《海洋法公约》就这些海域中的权利归属规定了一般原则。就领海而言,其权利归属的一般原则是沿海国的主权。由此,除了《海洋法公约》和其他国际法规则明确为其他国家规定的权利,领海内的其他权利统统属于沿海国。就公海而言,其权利归属的一般原则是公海自由。由此,除了国际法明确为特定国家规定的权利,公海向所有国家开放。然而专属经济区的情况不同,因为《海洋法公约》没有为该区域内的权利归属规定一般原则。作为一个通过谈判和妥协建立的自成一类的海域,《海洋法公约》将专属经济区内的一部分权利赋予了沿海国,同时将一部分权利赋予了其他国家。此种权利分配方式注定无法将专属经济区内的各种权利进行完全划分。而且随着科学技术的发展,势必产生出新的海洋合法用途。在相关权利归属不明的情况下,沿海国和其他国家之间发生的不是权利的冲突,而是利益的冲突。

(2)剩余权利的归属原则

关于剩余权利的归属问题,《海洋法公约》第59条规定,沿海国和其他一国或数国之间由此产生的利益冲突应在公平的基础上参照一切有关情况,考虑到所涉利益分别对有关各方和整个国际社会的重要性加以解决。首先,《海洋法公约》没有就专属经济区内剩余权利的归属作出有利于任何一方的推定:沿海国和其他国家处于平等地位。[76] 其次,应当在个案基础上考虑各种有关情况公平解决归属问题。

(3)军事活动问题

专属经济区内的军事活动问题是这方面的一个例子。鉴于军事活动的敏感和复杂性,军事活动整体在第三次海洋法会议上是一个被忽略的问题。[77] 由此认为《海洋法公约》就专属经济区内的军事活动问题作出了规定是不合逻辑的。军事活动并不能被包括在航行自由或与之有关的海洋其他合法用途的范围内。但是,《海洋法公约》也没有一般性地禁止军事活动。虽然《海洋法公约》第88条规定"公海应只用于和平目的",而根据第58条,该规定也适用于专属经济区;但是《海洋法公约》既未界定"和平目的"的含义,也未像1959年《南极条约》、1967年《外层空间条约》和1979年《月球协定》那样就和平目的的实现规定进一步的要求。其实,《海洋法公约》第301条关于"海洋的和平使用"的规定可以用来解释"和平目的"。该条规定:"缔约国在根据本公约行使其权利和履行其义务时,应不对任何国家的领土完整或政治独立进行任何武力威胁或使用武力,或以任何其他与《联合国宪章》所载国际法原则不符的方式进行武力威胁或使用武力。"由此,《海洋法公约》只是禁止与《联合国宪章》所载国际法原则不符的军事活动。在就《海洋法公约》所作的声明中,一些发展中国家强调《海洋法公约》没有授权其他国家在专属经济区内进行军事活动,而一些发达国家则强调沿海国对该区域内的军事活动

---

〔76〕 [英]詹宁斯、瓦茨修订:《奥本海国际法》(第一卷第二分册)(第9版),王铁崖等译,中国大百科全书出版社1998年版,第210页。还参见瑞典、比利时、荷兰关于《海洋法公约》的声明。

〔77〕 Boleslaw Adam Boczek, *Peacetime Military Activities in the Exclusive Economic Zone of Third Countries*, 19 Ocean Development & International Law 448 (1988).

没有管辖权。就军事活动属于剩余权利而言,[78]指责对方没有权利并不能自动得出己方对此享有权利的结论。

军事活动首先会涉及有关各方的安全利益,因此应权衡所涉安全利益分别对有关各方和整个国际社会的重要性。虽然专属经济区是与“经济”有关的海域,但这并不意味着沿海国在该海域内没有正当的安全利益需要保护。实践中,许多沿海国在领海以外设置了“防空识别区”(Air Defence Identification Zone)。

(三)专属经济区生物资源的养护和管理

1. 一般规则

沿海国对专属经济区内的资源享有主权权利的同时,也承担着养护和管理区内生物资源的义务。《海洋法公约》第61条和第62条规定了这方面的基本框架,并为沿海国设置了两项根本义务。

(1)沿海国应参照可得到的最可靠的科学证据,采取正当的养护和管理措施以确保专属经济区内生物资源不受过度开发的危害。沿海国在采取养护和管理措施时需考虑各种因素,特别是:第一,在沿海渔民社区的经济需要和发展中国家的特殊要求在内的各种有关的环境和经济因素的限制下,使捕捞鱼种的数量维持在或恢复到能够生产最高持续产量的水平;第二,与所捕捞鱼种有关联或依赖该鱼种而生存的鱼种所受的影响,以便使这些关联或依赖的鱼种的数量维持在或恢复到其繁殖不会受严重威胁的水平以上。沿海国为此应在适当情形下和各主管国际组织,无论是分区域、区域或全球性的,进行合作,并通过这些国际组织经常提供和交换可获得的科学情报、渔获量和渔捞努力量统计,以及其他有关资料。

(2)在不妨害前一条义务的情形下,沿海国应促进专属经济区内生物资源最适度利用的目的。这两项义务是相辅相成的,因为养护是为了可持续利用。为了履行该义务,沿海国应作出三项决定:一是沿海国应决定其专属经济区内生物资源的可捕量。这一决定应与目标鱼种的最高持续产量有关。二是应决定其捕捞专属经济区内生物资源的能力。三是沿海国在没有能力捕捞全部可捕量的情形下,应准许其他国家捕捞可捕量的剩余部分。入渔专属经济区应通过沿海国和有关国家间的协定或其他安排实现。虽然沿海国在剩余可捕量的分配方面享有很大的控制权,但是也应遵守《海洋法公约》的规定,特别是考虑内陆国和地理不利国的权利。在专属经济区内捕鱼的其他国家的国民应遵守沿海国制订的养护和管理措施。《海洋法公约》第62条第4款详细规定了沿海国可以采取的一些措施,但该清单并非完全列举。其实此类措施的范围很广,只要某个措施的目的是养护和管理生物资源而且满足了相关的技术要求,即可被认为是养护和管理措施。[79]

国际海洋法法庭在“分区域渔业委员会咨询意见案”中认为,船旗国有义务确保悬挂其旗

---

[78] 参见德国和意大利关于《海洋法公约》的声明。其中明确将剩余权利和军事活动联系在一起。

[79] Fisheries Jurisdiction (Spain v. Canada), Jurisdiction of the Court, Judgment, I. C. J. Reports 1998, p. 432, para. 70.

帜的船只遵守沿海国的规章,并由此认为船旗国有义务采取必要措施来确保其船只不在他国专属经济区内从事“非法、不报告、不管制”(Illegal, Unreported and Unregulated, IUU)的捕鱼活动。[80] 鉴于一些沿海国的海上执法能力有限,要求远洋渔船的船旗国在打击他国专属经济区内的IUU捕捞方面承担义务的做法在实践中可能会产生积极效果。但问题是《海洋法公约》并未对此义务提供直接依据。国际海洋法法庭在分析中将有关国际海底区域活动的担保国与承包者之间的关系套用到船旗国和在他国专属经济区内从事活动的本国船只之间的关系,但这两种关系并不完全匹配。[81] 国际海底区域为人类共同继承财产,而沿海国对专属经济区内的资源有主权权利。更为重要的是,《海洋法公约》明确为担保国设置了确保其所担保的承包者遵守《海洋法公约》规定的义务,而《海洋法公约》却并未为船旗国规定这样的义务。当然,沿海国和船旗国之间的双边入渔协定或其他安排可以为船旗国规定此种义务。1995年《联合国鱼类种群协定》也要求船旗国确保悬挂本国旗帜的船只不在其他国家管辖海域内未经许可擅自捕鱼。[82] 承担此类条约义务的船旗国自应为此采取必要措施。

除了上述一般规则,《海洋法公约》还就专属经济区内的跨界鱼类种群、高度洄游鱼种、海洋哺乳动物、溯河产卵种群和降河产卵鱼种作了专门规定。

2. 特殊种群的养护和管理

(1)跨界鱼类种群和高度洄游鱼类种群

跨界鱼类种群,是指“出现在两个或两个以上沿海国专属经济区的种群或出现在专属经济区内而又出现在专属经济区外的邻接区域内的种群”。它们有时又被称为“共享种群”(shared stocks),因为这些鱼种不再是专有资源,而是共享资源。[83] 跨界鱼类种群大致包括两种情况:一是同一种群或有关联的鱼种的几个种群出现在两个或两个以上沿海国的专属经济区内;二是出现在专属经济区内而又出现在专属经济区外的公海邻接区域内。由于对此种鱼类种群的养护和管理涉及不同国家,因此相关国家之间进行合作势在必行。国际海洋法法庭认为,有关各国就养护和管理共享渔业资源,以及促进这些资源的最适度利用问题进行合作,是《海洋法公约》中一项牢固确立的原则。[84]《海洋法公约》第63条针对这两种情况分别予以规定。对于出现在不同国家专属经济区内的种群,第63条第1款要求有关沿海国应直接或通过适当的分区域或区域组织,设法就必要的养护和发展措施达成协议。其中“发展”意味着这些种群应

---

〔80〕 Request for An Advisory Opinion Submitted by the Sub - Regional Fisheries Commission (SRFC), ITLOS, Advisory Opinion of 2 April 2015, paras. 134, 219.

〔81〕 Request for An Advisory Opinion Submitted by the Sub - Regional Fisheries Commission (SRFC), ITLOS, Advisory Opinion of 2 April 2015, para. 125.

〔82〕《联合国鱼类种群协定》第18条。

〔83〕[英]帕特莎·波尼、埃伦·波义尔:《国际法与环境》(第2版),那力、王彦志、王小钢译,高等教育出版社2007年版,第630页。

〔84〕 Request for An Advisory Opinion Submitted by the Sub - Regional Fisheries Commission (SRFC), ITLOS, Advisory Opinion of 2 April 2015, para. 213.

当被作为渔业资源在一个可持续的渔业管理机制框架内加以利用。[85] 对于出现在专属经济区和其邻接公海区域内的种群,第63条第2款要求沿海国和在邻接区域内捕捞这种种群的国家应直接或通过适当的分区域或区域组织,设法就必要的措施达成协议以养护在邻接区域内的这种种群。"设法……达成协议"的义务要求有关国家就此问题善意进行协商,其中应考虑第61条和第62条规定的一般规则。[86]

《海洋法公约》附件一列出了17种高度洄游鱼类,其中包括麦氏金枪鱼等多种金枪鱼、枪鱼类、旗鱼类、大洋性鲨鱼类、竹刀鱼科、乌鲂科、鲸类等。《海洋法公约》第64条要求沿海国和其国民在该地区捕捞高度洄游鱼种的国家应直接或通过适当国际组织进行合作,以期确保在专属经济区以内和以外的整个区域内的这种鱼种的养护和促进最适度利用这种鱼种。为此有关国家也应进行协商。《海洋法公约》特别强调国际组织在养护高度洄游鱼类中的作用,要求在没有适当的国际组织存在的区域内,沿海国和捕捞国应合作设立这种组织并参加其工作。然而,这些规定是作为对《海洋法公约》第五部分其他规定的补充而适用的,因此并不影响沿海国对在其专属经济区内的高度洄游鱼类的主权权利。

1995年《联合国鱼类种群协定》为确保跨界鱼类种群和高度洄游鱼类种群的长期养护和可持续利用作了更加具体的规定。该协定虽然原则上适用于国家管辖范围以外海域,但一些规定也适用或比照适用于国家管辖海域。协定特别强调沿海国和在公海捕鱼的国家在有效养护和管理跨界鱼类种群和高度洄游鱼类种群方面承担合作义务。第一,合作设立国际机制的义务。如果就某一跨界鱼类种群或高度洄游鱼类种群尚不存在区域或分区域渔业管理组织或安排,在公海捕捞这些种群的国家和有关沿海国即应合作设立这种组织或达成其他适当安排,并应为此进行善意协商。在达成协议前,各国应本着善意行事。第二,参加国际机制的义务。如果就某一跨界鱼类种群或高度洄游鱼类种群存在区域或分区域渔业管理组织或安排,在公海捕捞这些种群的国家和有关沿海国应成为这种组织的成员或安排的参与方,或应同意适用这种组织或安排所订立的养护和管理措施。而只有属于这种组织的成员或安排的参与方的国家,或者同意适用这种组织或安排所订立的养护和管理措施的国家,才可以捕捞相关渔种。第三,养护和管理措施互不抵触的义务。为公海订立的和为国家管辖海域制订的养护和管理措施应互不抵触,以确保整体养护和管理跨界鱼类种群和高度洄游鱼类种群。为此目的,各国在议定养护和管理措施时应考虑以下因素,除其他外包括:①沿海国在国家管辖海域内为同一种群所制订和适用的养护和管理措施,并确保为这些种群订立的公海措施不削弱这些措施的效力;②有关沿海国和在公海捕鱼的国家以前为同一种群订立和适用的议定公海措施;③分区域或区域渔业管理组织或安排以前为同一种群订立和适用的议定措施;④沿海国和在公海捕鱼

---

[85] Request for An Advisory Opinion Submitted by the Sub - Regional Fisheries Commission (SRFC), ITLOS, Advisory Opinion of 2 April 2015, para. 198.

[86] Request for An Advisory Opinion Submitted by the Sub - Regional Fisheries Commission (SRFC), ITLOS, Advisory Opinion of 2 April 2015, para. 210.

的国家各自对有关种群的依赖程度。[87]

（2）溯河产卵种群和降河产卵鱼种

溯河产卵种群，是指在内陆淡水流域产卵，但却在海中度过其大部分生命周期的鱼种，如大马哈鱼。[88]《海洋法公约》第66条规定的溯河产卵种群制度包括三个方面。第一，鱼源国（溯河产卵种群源自其河流的国家）对这种种群享有主要利益和责任。此种优先地位是溯河产卵种群制度的核心。[89] 鱼源国在与下述两类捕捞国协商后，可以确定溯河产卵种群的总可捕量。第二，捕捞溯河产卵种群的渔业活动原则上应只在专属经济区外部界限向陆一面的水域中进行，其中包含内水和领海。[90] 由此一般不得在公海上捕捞溯河产卵种群，除非这将引发有关国家的经济失调。在此例外情况下，其他国家可以在公海上进行捕捞，但需要与鱼源国保持协商，以期就这种捕捞的条款和条件达成协议，并适当顾及鱼源国的需求。1992年，加拿大、日本、俄罗斯和美国缔结的《北太平洋溯河性种群养护公约》规定禁止在公海上直捕溯河性鱼类，并鼓励非缔约方予以合作。[91] 第三，除了鱼源国，溯河产卵种群也可能洄游进入或通过其他国家的专属经济区。该国当然有权进行捕捞，但应在养护方面同鱼源国进行合作。

降河产卵种群，是指在海里产卵，但却在内陆淡水流域中度过其大部分生命周期的鱼种，如鳗鱼。[92]《海洋法公约》关于降河产卵种群的规定也包括三个方面。第一，管理降河产卵鱼种的责任属于在其水域内度过大部分生命周期的沿海国。第二，捕捞降河产卵鱼种应只在专属经济区外部界限向陆一面的水域中进行。由此在公海上禁止捕捞此鱼种。第三，在降河产卵鱼种洄游通过另外一国的专属经济区的情形下，该国应就这种鱼的管理，包括捕捞，与在其水域内度过大部分生命周期的沿海国达成协议，这种协议应考虑后一类国家在维持这些鱼种方面所负的责任。

3. 渔业执法

沿海国行使其勘探、开发、养护和管理在专属经济区内的生物资源的主权权利时，可采取为确保其法律和规章得到遵守所必要的措施，包括登临、检查、逮捕和进行司法程序。沿海国在渔业执法中应遵循正当程序，并应保障执法相对方的基本人权。此外，《海洋法公约》第73条还为沿海国的执法活动规定了三项具体要求。第一，被逮捕的船只及其船员，在提出适当的保证书或其他担保后，应迅速获得释放。如果沿海国没有遵守该义务，则船旗国可以启动《海洋法公约》第292条规定的迅速释放程序。第二，沿海国对于在专属经济区内违犯渔业法律和

---

〔87〕《联合国鱼类种群协定》第7、8条。

〔88〕［英］帕特莎·波尼、埃伦·波义尔：《国际法与环境》（第2版），那力、王彦志、王小钢译，高等教育出版社2007年版，第637页。

〔89〕UN Division for Ocean Affairs and the Law of the Sea, *The Law of the Sea: National Legislation on the Exclusive Economic Zone*, United Nations, 1993, p. vi.

〔90〕［斐济］萨切雅·南丹、［以色列］沙卜泰·罗森主编：《1982年〈联合国海洋法公约〉评注》（第2卷），吕文正、毛彬中译本主编，海洋出版社2014年版，第616页。

〔91〕1992年2月11日缔结，1993年2月21日生效，第3～4条。

〔92〕［英］帕特莎·波尼、埃伦·波义尔：《国际法与环境》（第2版），那力、王彦志、王小钢译，高等教育出版社2007年版，第638页。

规章的处罚,如有关国家间无相反的协议,不得包括监禁或任何其他方式的体罚。沿海国在执法过程中对执法对象人身自由的临时限制不构成监禁。至于其他种类处罚,应当属于沿海国的裁量权。实践中许多国家的法律和规章中都规定将没收渔船作为一种对渔业违法行为的惩罚措施,但国际海洋法法庭认为沿海国在处罚违法的外国渔船时应遵循合理性原则,由此所判处的处罚必须适当顾及案件的具体情况以及违法的严重性。[93] 第三,在逮捕或扣留外国船只的情形下,沿海国应通过适当途径将其所采取的行动及随后所施加的处罚迅速通知船旗国。该要求的目的是使被扣船只的船旗国能够及时地为被扣船只和人员提供帮助以及针对沿海国的措施采取行动,包括在必要时提起法律程序。1963 年《维也纳领事关系公约》规定,一国在逮捕、监禁、羁押外国人的情况下,经其本人请求,领土国主管当局应迅即将该事通知外国人国籍国的领馆。领事官员有权探访受监禁、羁押的国民,与之交谈或通信,并代聘其法律代表。

---

〔93〕 M/V “Virginia G” (Panama/Guinea - Bissau), ITLOS, Judgment of 14 April 2014, para. 270.

第七章 海洋划界

一、海洋划界的含义和法律规则

(一)海洋划界的含义

1. 海洋划界的概念和特征

海洋划界(maritime delimitation),是指海岸相邻或相向的国家在它们的海域权利发生重叠的情况下,通过划分海洋边界来解决彼此重叠的海域主张。海洋划界有以下特征:

(1)海洋划界的前提是两个或更多国家的海域权利发生重叠。如果存在权利重叠,就产生划界问题;如果不存在这样的重叠,则没有划界问题。由此确定存在海域权利及其范围是海洋划界中需要首先处理的问题之一。[1]

(2)划界的对象为各方的"权利重叠区域"(area of overlapping entitlements)。所谓"权利重叠区域",指的是各方依照国际法所可以主张的海域之间的重叠部分。

(3)海洋划界需要由有关国家间协议实现。海洋划界不同于一个国家单方面划定自己管辖海域的外部界限,而是对有关各国的海洋权利进行限制。一旦实现划界,通常有关各方就无权再主张那些它们在划界前依照国际法原本可以主张的但作为划界结果归属于他方的海域。由于涉及对海岸相邻或相向的其他国家的海域权利的限制,因此海洋划界不应由一国单方决定。在各方无法就划界达成协议的情况下,它们可以协议将划界争端提交第三方程序解决。如下所述,在海洋划界领域内存在大量的国际司法和仲裁判例。

(4)划界操作是一个复杂的过程,需要考虑各种因素,其结果通常体现为划分一条或数条海洋边界。但有时还会伴随其他安排。例如,1981年挪威和冰岛关于冰岛和扬马延(Jan Mayen)之间的大陆架划界协定中除了确定大陆架边界,还建立了一个跨越边界的油气联合开发区。[2] 再如,2018年东帝汶和澳大利亚的边界条约除了划分它们的大陆架和专属经济区边界,还为大日出(Greater Sunrise)气田建立了特别制度区(special regime area),双方在该区域内将共同行使沿海国的权利。[3]

---

[1] Dispute Concerning Coastal State Rights in the Black Sea, Sea of Azov, and Kerch Strait (Ukraine v. The Russian Federation), Award Concerning the Preliminary Objections of the Russian Federation, 21 February 2020, para. 379.

[2] Agreement on the Continental Shelf between Iceland and Jan Mayen, 22 October 1981.

[3] Treaty between the Democratic Republic of Timor – Leste and Australia Establishing their Maritime Boundaries in the Timor Sea, 6 March 2018.

国家管辖海域的种类增加和范围扩大的一个后果是带来了更多的邻国间的海洋划界问题。领海宽度扩大到12海里使得一些狭窄海域的沿海国之间产生了领海划界问题。大陆架和专属经济区制度的产生更是导致了大量海洋划界问题。海洋划界直到目前也是海洋法领域内的一个热点问题。各国之间已经缔结了大量双边或多边条约划分彼此间的海洋边界,还有许多划界争端被提交给国际法庭解决。但仍有许多国家受到与邻国的海洋划界问题的困扰。

2. 海洋划界的类型

目前海洋划界的类型主要包括领海划界、专属经济区划界和大陆架划界。1982年《海洋法公约》对它们作了明确规定。海岸相邻国家需要划分它们之间的领海、专属经济区和大陆架边界。海岸相向的国家之间需要划分何种海洋边界主要取决于它们海岸之间的距离。例如,倘若相向海岸间距离不超过24海里而相关各国主张12海里的领海宽度,则它们之间需要进行领海划界。倘若相向海岸间距离不超过400海里,则它们之间需要进行专属经济区和大陆架划界。即使海岸间距离超过400海里,倘若200海里外大陆架的存在导致权利重叠,有关国家间也需要划分大陆架边界。判断海岸的相邻或相向关系并不总是轻而易举。有关国家间是否存在共同陆地边界并非判断它们在海洋划界背景中的海岸关系的决定性因素。随着海岸走向的变化,最初两国的海岸相邻关系可能转化为相向关系。判断海岸关系与待划界海域的位置密不可分。原则上,如果待划界海域位于有关国家的海岸之间,则就该部分划界而言,它们的海岸大致为相向关系。相反,如果待划界海域位于有关国家的海岸之外,则就该部分划界而言,它们的海岸大致应为相邻关系,即使它们的海岸没有共同的触海点。在海洋划界规则发展的初期,海岸关系对于海洋划界方法的选择曾产生过重要的影响。但目前此种影响已经大大降低了。

除了领海划界、专属经济区划界和大陆架划界,还有内水、毗连区和渔区划界。《海洋法公约》规定了内水和毗连区,但没有规定它们的划界问题。实践中,1997年巴基斯坦和伊朗就协议划分了它们的内水、领海、毗连区和专属经济区边界。[4] 1958年《领海及毗连区公约》明确规定了毗连区划界。第24条第3款规定:"两国海岸相向或相邻者,除彼此另有协议外,均无权将本国之邻接区扩展至每一点均与测算两国领海宽度之基线上最近各点距离相等之中央线以外。"在1982年《海洋法公约》规定的海洋法律体系中,毗连区在大多数情况下都包括在专属经济区内,因此毗连区的划界问题将随着专属经济区划界而得到解决。然而在沿海国没有宣布专属经济区的情况下,当邻国间的毗连区发生重叠时,就需要单独划分毗连区边界。在《海洋法公约》缔约国之间,适用专属经济区的划界规则来划分重叠的毗连区应是适当的。关于内水的划界问题,"克罗地亚/斯洛文尼亚仲裁案"法庭划分了属于当事双方内水的皮兰湾。仲裁法庭指出:"关于海洋法的公约中没有任何内水划界的规定,这些划界应基于陆地领土划界同样的原则进行。本案中,该划界由此必须基于保持占有。"[5] 该案中,斯洛文尼亚主张它对整

---

〔4〕 Submission by Pakistan to the CLCS, 30 April 2009, Executive Summary, p. 5.

〔5〕 Arbitration between the Republic of Croatia and the Republic of Slovenia, Final Award of 29 June 2017, para. 886.

个海湾行使了专属管辖,由此该湾应被视为其领土;而克罗地亚主张它对海湾的西南半部行使了管辖,由此应沿着中间线划分该湾。在考察了双方独立之前在湾内进行的各种活动后,仲裁法庭将大部分皮兰湾划给了斯洛文尼亚。[6]

关于渔区划界,虽然《海洋法公约》没有规定渔区,但是200海里的渔区主张在习惯国际法上被认为是可以接受的。当邻国间的渔区主张发生重叠时,就需要划分它们之间的渔区边界。1988年,丹麦和德意志民主共和国划分了它们之间的大陆架和渔区边界。[7] 国际法院曾先后在"缅因湾案"和"扬马延案"中划分了当事方之间的渔区边界。关于渔区的划界规则,属于习惯法的范畴。实践中,国际法院在1993年"扬马延案"中指出当事双方不反对使用调整专属经济区边界的法律来决定渔区的边界。[8] 可以说,渔区的划界规则与专属经济区的划界规则没有本质差异。

此外,可能还有更为复杂的划界类型。例如,在2009年"黑海划界案"(罗马尼亚诉乌克兰)中,国际法院所划的第一部分界线其实是罗马尼亚的专属经济区及大陆架和乌克兰领海之间的界线。[9]

3. 单一划界

近来海洋划界实践中的一个明显趋势是,国家和国际法庭越来越倾向于为海床、底土和上覆水域建立单一的海洋边界线。[10] 显然,如果为海床底土和上覆水域划两条不同的界线,则会产生一个所谓的"灰区"(grey area):其中一国对海床底土享有权利,而另一国对上覆水域享有权利。此种情况无疑会为双方在划界后行使各自权利带来挑战,甚至成为新的争端之源。"灰区"问题不会出现在主权水域,如领海划界中,因为沿海国对领海的主权包括领海的水体、海床底土和领海上空。[11] 领海划界意味着划分邻国间从领海上空到底土的全方位边界。然而,"灰区"问题会出现在功能性水域,如大陆架、渔区和专属经济区的划界中。当对海床底土和上覆水域适用不同的划界规则时,就可能产生两条不同的边界。为海床、底土和上覆水域建立单一的边界线可以通过单一划界实现。

所谓"单一划界",是指通过一次划界过程,划分海岸相邻或相向国家间的海床底土和上覆水域的界线。单一的划界过程自然会产生单一界线。有几点需要说明。第一,单一划界是一种划界方式,而并非一种划界类型,目的在于避免多次分别划界的内在缺点。[12] 第二,单一划界与大陆架、渔区和专属经济区划界相关,即为大陆架和渔区或大陆架和专属经济区进行单一

---

[6] Arbitration between the Republic of Croatia and the Republic of Slovenia, Final Award of 29 June 2017, paras. 888 – 913.

[7] Treaty between the German Democratic Republic and the Kingdom of Denmark on the Delimitation of the Continental Shelf and the Fishery Zones, 14 September 1988.

[8] Maritime Delimitation in the Area between Greenland and Jan Mayen (Den. v. Nor.), Judgment, I. C. J. Reports 1993, p. 38, para. 47.

[9] Maritime Delimitation in the Black Sea (Romania v. Ukraine), Judgment, I. C. J. Reports 2009, p. 61, para. 30.

[10] Barbados v. Trinidad and Tobago, Arbitral Award of 11 April 2006, para. 235.

[11] Maritime Delimitation and Territorial Questions between Qatar and Bahrain (Qatar v. Bahrain), Merits, Judgment, I. C. J. Reports 2001, p. 40, para. 174.

[12] Delimitation of the Maritime Boundary in the Gulf of Maine Area, Judgment, I. C. J. Reports 1984, p. 246, para. 194.

划界。单一划界与领海划界无关,因为领海划界中并不存在多次分别划界问题。第三,单一划界依据的是有关国家之间的协议。《海洋法公约》分别规定了大陆架和专属经济区划界,而没有单一划界的规定。如果有关各国达成协议,当然可以为它们的大陆架和专属经济区进行单一划界。相反,如果不能就单一划界达成协议,则应分别为大陆架和专属经济区划界。对国际法庭而言,其进行单一划界操作的权力来自当事各方的同意。当然,缺乏各方进行单一划界的协议并不能排除国际法庭为海床底土和上覆水域划两条彼此重合的边界。第四,虽然单一边界是明显的趋势,但并非一项法律义务。有关各国在认为必要时有权协议为海床底土和上覆水域划不同的界线。例如,1997 年澳大利亚和印度尼西亚所划定的双方专属经济区和大陆架的边界就不完全相同。

(二)海洋划界规则

1. 领海划界

1958 年《领海及毗连区公约》第 12 条第 1 款规定:"两国海岸相向或相邻者,除彼此另有协议外,均无权将本国领海扩展至每一点均与测算各该国领海宽度之基线上最近各点距离相等之中央线以外。但如因历史上权利或其他特殊情况而须以异于本项规定之方法划定两国领海之界限,本项规定不适用之。"

1982 年《海洋法公约》有关领海划界的条款几乎照搬了上述规定。第 15 条规定:"如果两国海岸彼此相向或相邻,两国中任何一国在彼此没有相反协议的情形下,均无权将其领海伸延至一条其每一点都同测算两国中每一国领海宽度的基线上最近各点距离相等的中间线以外。但如因历史性所有权或其他特殊情况而有必要按照与上述规定不同的方法划定两国领海的界限,则不适用上述规定。"该规定被称为"等距离/特殊情况规则"。该规则不仅是条约法规则,而且具有习惯法的地位。由此无论领海划界双方是否为《海洋法公约》缔约国,该规则均适用。

领海划界规则包含以下内容。第一,划界应以协议实现。如何适用"等距离/特殊情况规则"划界,应由有关国家间通过协议实现。基于某些考量,邻国可以达成协议根据其他规则来划分它们的领海边界。第二,"等距离/特殊情况规则"包括两个要素:等距离划界方法和对特殊情况的考察。使用等距离方法将产生一条"等距离线",即一条其每一点都同两国中每一国的最近基点距离相等的线。在相向海岸的情况下,等距离线也被称为"中间线"。领海划界中的特别情况指的是那些要求不按照严格等距离线划定领海边界的情况。其范围十分广泛。除了历史性所有权,还可能包括岛屿、海岸形状、地貌情况、航行等。第三,关于等距离方法和特殊情况之间的关系,等距离方法是领海划界的基本方法,但是该方法的适用受到对特殊情况考察的限制。首先,特殊情况可以作为一条已划临时等距离线的修正要素。其次,在例外情况下,特殊情况的存在可能自始就排除等距离方法的适用。[13] 第四,关于领海划界程序,实践中

〔13〕 Territorial and Maritime Dispute between Nicaragua and Honduras in the Caribbean Sea (Nicaragua v. Honduras), Judgment, I. C. J. Reports 2007, p. 659, para. 280.

有两种不同做法。一是首先考虑可能存在的特殊情况,然后再决定是否使用等距离方法划界。[14] 二是首先划一条临时等距离线,然后考虑是否存在特殊情况要求调整这条线。国际法院认为后者是“最符合逻辑和最广泛使用的方法”。[15]

2. 大陆架划界

1958 年《大陆架公约》第 6 条规定:

> 一、同一大陆礁层邻接两个以上海岸相向国家之领土时,其分属各该国部分之界线由有关各国以协议定之。倘无协议,除因情形特殊应另定界线外,以每一点均与测算每一国领海宽度之基线上最近各点距离相等之中央线为界线。
>
> 二、同一大陆礁层邻接两个毗邻国家之领土时,其界线由有关两国以协议定之。倘无协议,除因情形特殊应另定界线外,其界线应适用与测算每一国领海宽度之基线上最近各点距离相等之原则定之。

其中,第 1 款规定的是海岸相向国家间的大陆架划界,而第 2 款规定的是海岸相邻国家间的大陆架划界。两款中规定的划界规则相同,都是协议加“等距离/特殊情况规则”。由此,虽然与 1958 年《领海及毗连区公约》第 12 条关于领海划界的规定存在表述上的差异,但 1958 年《大陆架公约》第 6 条规定的大陆架划界规则与领海划界规则实质上是相同的。上述关于领海划界规则的分析大致也适用于《大陆架公约》第 6 条。由此,等距离方法在适用《大陆架公约》第 6 条的划界中也被赋予了优于其他方法的重要性。

然而,在 1969 年“北海大陆架案”中,国际法院明确否定了“等距离/特殊情况规则”是大陆架划界的习惯法规则。法院提出“公平原则”作为大陆架划界的习惯法规则,认为大陆架“划界应通过协议,按照公平原则,并考虑到一切有关情况来实现。”与“等距离/特殊情况规则”不同,按照公平原则划界时不存在任何在所有情况下都是强制性的划界方法,包括等距离方法。[16] 国际法院的这些意见对第三次海洋法会议上关于大陆架划界规则的讨论产生了重要影响。围绕等距离方法在划界中的地位,会议中存在两大对立国家集团:“中间线集团”和“公平原则集团”。作为妥协的结果,产生了如今 1982 年《海洋法公约》第 83 条。它规定:

> 1. 海岸相向或相邻国家间大陆架的界限,应在国际法院规约第三十八条所指国际法的基础上以协议划定,以便得到公平解决。
>
> 2. 有关国家如在合理期间内未能达成任何协议,应诉诸第十五部分所规定的程序。
>
> 3. 在达成第 1 款规定的协议以前,有关各国应基于谅解和合作的精神,尽一切努力作出实际性的临时安排,并在此过渡期间内,不危害或阻碍最后协议的达成。这种

---

〔14〕 Delimitation of the Maritime Boundary in the Bay of Bengal (Bangladesh/Myanmar), ITLOS, Judgment of 14 March 2012, para. 129.

〔15〕 Maritime Delimitation and Territorial Questions between Qatar and Bahrain (Qatar v. Bahrain), Merits, Judgment, I. C. J. Reports 2001, p. 40, para. 176.

〔16〕 North Sea Continental Shelf (FRG/Den.; FRG/Neth.), Judgment, I. C. J. Reports 1969, p. 3, para. 101.

> 安排应不妨害最后界限的划定。
>
> 4. 如果有关国家间存在现行有效的协定,关于划定大陆架界限的问题,应按照该协定的规定加以决定。

其中,第1款规定的是大陆架的划界规则,包含三个要素,即协议划界、基于国际法划界和实现公平划界。协议划界包含了当事国就划界进行谈判的义务。谈判应善意进行,但谈判的义务并不包含达成协议的义务。根据第2款,有关国家如在合理期间内未能达成协议,应诉诸《海洋法公约》第十五部分规定的争端解决程序。然而,这并不意味着所有划界争端都能诉诸《海洋法公约》的争端解决程序。与《大陆架公约》第6条相比,《海洋法公约》第83条没有规定任何划界方法,包括等距离方法。相反,第83条强调划界应得到公平解决。显然,该条规定的大陆架划界的新规则已经将重心从使用特定的划界方法转到追求公平的划界结果。划界方法的选择应从属于公平结果的实现。虽然《海洋法公约》关于大陆架划界的规定是一种各国妥协的"双输"结果——既没有规定等距离方法,也没有提及公平原则;但是就整体而言,其规定与国际法院当时倡导的公平原则更为接近。因为两者都强调划界结果的公平性而非划界方法的强制性。根据第83条第4款,如果有关国家间关于大陆架划界问题存在现行有效的协定,那么它们之间的大陆架划界问题应按照该协定的规定加以决定。换言之,如果有关国家之间已经就大陆架划界达成协议,那么一国不能依据第83条要求重新进行大陆架划界。

3. 专属经济区划界

《海洋法公约》第74条规定了专属经济区的划界规则。除了适用的海域不同外,第74条与关于大陆架划界的第83条的规定完全相同:

> 1. 海岸相向或相邻国家间专属经济区的界限,应在国际法院规约第三十八条所指国际法的基础上以协议划定,以便得到公平解决。
>
> 2. 有关国家如在合理期间内未能达成任何协议,应诉诸第十五部分所规定的程序。
>
> 3. 在达成第1款规定的协议以前,有关各国应基于谅解和合作的精神,尽一切努力作出实际性的临时安排,并在此过渡期间内,不危害或阻碍最后协议的达成。这种安排应不妨害最后界限的划定。
>
> 4. 如果有关国家间存在现行有效的协定,关于划定专属经济区界限的问题,应按照该协定的规定加以决定。

上述关于第83条的评论同样适用于第74条。需要指出的是,虽然《海洋法公约》关于大陆架和专属经济区划界的规定表述相同,但这并不意味着应使用同样的方法划界。因为第74条和第83条只设置了公平划界的目标,而没有规定任何具体方法。相反,为实现公平结果,或许要求诉诸不同的方法划分大陆架和专属经济区边界。其实,单一划界的诉求恰恰反映了对分别划分大陆架和专属经济区可能产生不同界线的担忧。而这反过来又证明使用不同方法对这两种海域划界的可能性。

国际法院在2012年“尼加拉瓜诉哥伦比亚案”中首次表示，体现在《海洋法公约》第74条和第83条的第1款中的海洋划界原则反映了习惯国际法。法院在2014年“秘鲁诉智利案”中重申了这一立场。法院在这两个案件中作此表态的原因是案件的当事一方（分别为哥伦比亚和秘鲁）不是《海洋法公约》的缔约国。为了适用第74条和第83条中的规则进行划界，需要明确其习惯法性质。由此，海洋划界领域内的习惯法完成了与条约法的对立、融合、统一的过程。在1969年“北海大陆架案”中，作为习惯法的“公平原则”与《大陆架公约》规定的“等距离/特殊情况规则”无疑是对立的。在1993年“扬马延案”中，国际法院开始强调“公平原则/有关情况规则”与“等距离/特殊情况规则”的相似性，由此开始了这两种规则的融合。随着《海洋法公约》生效及缔约国数量的不断增长，提交给法院的划界案件越来越多地发生在《海洋法公约》缔约国之间。由此法院对公平原则的提及越来越少，到2012年更是明确承认《海洋法公约》第74条和第83条中的划界规则的习惯法性质。综上，《海洋法公约》中的划界规则不仅适用于缔约国之间的海洋划界，而且适用于缔约国和非缔约国之间以及非缔约国之间的划界。另外，鉴于划界规定的笼统性以及划界问题本身的重要性、敏感性和复杂性，如何适用《海洋法公约》的规则来实现划界并非易事。国际法庭的众多海洋划界判例以及大量并未提交第三方程序的国家间划界争端的存在充分说明了这一点。

二、海洋划界的国际司法和仲裁实践

（一）概述

海洋划界领域内存在大量的国际司法和仲裁判例，它们对大陆架和专属经济区划界规则的发展起到了关键作用。首先，这些判例主导了海洋划界习惯法规则的产生和演变，无论是最初的公平原则还是如今《海洋法公约》第74条和第83条的第1款被视为习惯法的规则。作为确定法律原则的辅助资料，国际判例不但对于习惯国际法的发展有重要影响，而且其在国际海洋划界领域内的作用亦是极为引人注目的。其次，司法和仲裁判例主导了海洋划界条约法规则的解释和适用。无论是1958年《大陆架公约》，还是1982年《海洋法公约》，它们规定的划界规则的解释和适用显然主要为国际法庭裁判所左右。《海洋法公约》的划界规定较为笼统，因此为国际法庭继续在该领域内发挥作用留下了空间，特别是在划界方法方面。

海洋划界的国际司法和仲裁实践大致可以划分为三个阶段，其间的两个分界点分别为1985年“利比亚/马耳他大陆架案”和2009年“黑海划界案”。其中，“利比亚/马耳他大陆架案”标志着海洋划界操作从过度灵活性向确定性和可预期性方向的转变。而国际法院在“黑海划界案”中正式提出的“三步走”的划界方法，此后一直为国际法庭所遵循。需要说明的是，这种划分是为了强调判例发展的主要阶段，而并不意味着每个阶段的所有判例都符合该阶段的基本特点。第一阶段从1969年“北海大陆架案”到1984年“缅因湾案”。这一阶段的判例主要是大陆架划界，而其最突出的特点是法庭强调公平划界结果的重要性，以及否定任何划界方法特别是等距离方法的适用具有任何强制性和优先性。由于界线的划定需要某种划界方法，而法庭认为划界的公平性依赖于每个案件的具体情况，因此这一阶段的划界过程从考察案件的有关情况入手,其目的在于确定适合特定案件的划界方法。而为了证明界线的公平性,法庭最后会诉诸比例或其他检验。这样的划界操作过程不可避免地令人感到法庭的裁量权过大,或者说,划界操作过于灵活。第二阶段以 1985 年"利比亚/马耳他大陆架案"为开始标志,截至 2007 年"尼加拉瓜诉洪都拉斯案"。在此阶段,单一划界的趋势已经相当明显。这一阶段判例的主要特点是国际法庭对等距离方法的日渐肯定并逐渐形成了以等距离线为出发点的"两步走"的划界方法。一些案例中的法庭也会诉诸某种形式的检验以证明划界结果的公平性。第三阶段以 2009 年"黑海划界案"为开始标志,截至目前,其所有判例均为单一划界。该阶段的基本特点就是"三步走"划界方法的正式提出和使用。

(二)海洋划界的国际司法和仲裁实践第一阶段(1969 ~ 1984 年)

1. 1969 年"北海大陆架案"(德国/荷兰;德国/丹麦)

"北海大陆架案"是国际法院审理的第一起大陆架划界案件。然而,本案判决的影响范围绝不限于大陆架划界,而是直接影响了时至今日的海洋划界实践。而且本案不仅是海洋法领域内的经典案例,也是国际法领域内的一个经典案例。国际法院在本案中有关条约效力、习惯法形成的观点无疑在整个国际法领域内具有普遍意义和重要价值。

本案实际上是两个案件。德国分别与荷兰和丹麦签署特别协定(special agreement),将它们在北海的大陆架划界争端提交国际法院。后来两个案件进行了合并。由此本案有三个当事方,它们是相邻的海岸关系。本案的另一个特点是,处于中间位置的德国海岸呈现明显的凹陷,其实际后果是德国/荷兰与德国/丹麦之间的两条等距离线将在距离德国海岸不远处相交,由此德国大陆架的面积将较为有限。这是德国反对使用等距离方法划界,而其他两个当事方支持使用等距离方法划界的直接原因。还需要指出的是,本案当事方并不要求法院直接划分它们的大陆架边界。当事方在特别协定中请求国际法院裁判的问题是:适用于它们之间大陆架划界的国际法的原则和规则是什么?当事方承诺按照法院的判决通过协议完成划界。就条约关系而言,荷兰和丹麦是 1958 年《大陆架公约》的缔约国,而德国虽然签署了该公约,但并未批准。由此《大陆架公约》第 6 条在各方间并不适用。法院同样否定了"等距离/特殊情况规则"的习惯法性质,认为第 6 条在制定时并非先存或正在出现的习惯法的反映,而且此后也未发展成习惯法规则。[17] 在法院有关等距离方法的讨论中,有两点需要指出:其一,等距离与大陆架基本理论的关系。法院认为,大陆架学说是基于自然延伸而非邻近的概念,并由此得出结论:"如果一定的海底区域不构成一个沿海国陆地领土的自然——或说最自然——的延伸,那么即使该区域距离其比任何其他国家的领土更为接近,也不能被认为属于该国——或者至少在该区域应被视为其陆地领土自然延伸的国家提出竞争性要求时是如此,纵然该区域距离其没有那么近。"[18] 相反,等距离是基于"邻近"的思想,显然同自然延伸的概念不一致,因此认为

---

〔17〕 North Sea Continental Shelf (FRG/Den.; FRG/Neth.), Judgment, I. C. J. Reports 1969, p. 3, paras. 69, 81.

〔18〕 North Sea Continental Shelf (FRG/Den.; FRG/Neth.), Judgment, I. C. J. Reports 1969, p. 3, para. 43.

等距离是大陆架基本学说的不可分割的先验伴随物的思想是错误的。[19] 其二,海岸相向或相邻关系对等距离方法公平性的影响。法院认为相向国家间的大陆架只能通过中间线来划界,而这样的一条线会平分可被认为是每一国领土的自然延伸的区域;此种情况不同于相邻国家间的大陆架划界,因为侧向等距离线常常把一国领土的自然延伸区域划归给另一国家。[20] 虽然法院的观点中存在不正确的成分,因为特定大陆架区域是否属于某一国家的自然延伸并不取决于海岸的相向或相邻关系;但是法院关于相邻和相向关系的区分在相当长的时间内影响了此后的国际司法实践。

在否定了"等距离/特殊情况规则"在当事方之间的可适用性后,法院提出了"公平原则"来回答当事方的问题。法院指出,"划界应通过协议,按照公平原则,并考虑到一切有关情况来实现,以使每一当事方尽可能得到构成其陆地领土向海中和在海底下的自然延伸的全部大陆架部分,并且不侵犯另一方陆地领土的自然延伸"。谈判过程中应加以考虑的因素包括:各国海岸的一般构造以及任何特殊或异常特征的存在;已知的或容易查明的有关大陆架的自然和地质构造及其自然资源;"归属于沿海国的大陆架区域的范围和依海岸线一般方向测算的海岸长度之间的合理的比例因素"。法院强调不存在任何在所有情况下都是强制性的划界方法。[21] 1971 年当事方在法院判决的基础上缔结了大陆架划界协定。[22]

2. 1977 年"英法大陆架仲裁案"

本案当事双方在仲裁协定中请求仲裁法庭按照可适用的国际法规则确定它们之间从西经 30 分以西到 1000 米等深线之间的大陆架边界。划界分为两个区域:海峡群岛(Channel Islands)区域和大西洋区域。关于可适用的法律,当事双方为 1958 年《大陆架公约》的缔约国。然而法国对公约关于划界的第 6 条提出保留,但英国对此予以拒绝。法庭认为,法国提出保留和英国拒绝法国保留的共同效果(combined effect)使得第 6 条在保留的范围内在双方间不适用。[23] 由于法国的保留涉及海峡群岛地区而无关大西洋地区,因此本案海峡群岛地区的划界适用的是习惯法,而大西洋地区的划界适用的是 1958 年《大陆架公约》。值得注意的是,法庭认为是否适用第 6 条不会给边界的走向带来多大的实际差别,因为在它看来,"等距离/特殊情况规则"和习惯法规则具有相同的目的,即按照公平原则划界。[24] 法庭指出,第 6 条没有把等距离原则和特殊情况规定为两项不同的规则,而是规定了一项单一规则,即"一项结合起来的

---

〔19〕 North Sea Continental Shelf (FRG/Den.; FRG/Neth.), Judgment, I. C. J. Reports 1969, p. 3, paras. 44 – 46.

〔20〕 North Sea Continental Shelf (FRG/Den.; FRG/Neth.), Judgment, I. C. J. Reports 1969, p. 3, paras. 57 – 58.

〔21〕 North Sea Continental Shelf (FRG/Den.; FRG/Neth.), Judgment, I. C. J. Reports 1969, p. 3, para. 101.

〔22〕 Treaty between the Kingdom of the Netherlands and the Federal Republic of Germany Concerning the Delimitation of the Continental Shelf under the North Sea; Treaty between the Kingdom of Denmark and the Federal Republic of Germany Concerning the Delimitation of the Continental Shelf under the North Sea. 1971 年 1 月 28 日缔结,1972 年 12 月 7 日生效。

〔23〕 Case Concerning the Delimitation of the Continental Shelf between the United Kingdom of Great Britain and Northern Ireland, and the French Republic, Decision of 30 June 1977, in 18 International Legal Materials 397 (1979), para. 61.

〔24〕 Case Concerning the Delimitation of the Continental Shelf between the United Kingdom of Great Britain and Northern Ireland, and the French Republic, Decision of 30 June 1977, in 18 International Legal Materials 397 (1979), para. 75.

等距离/特殊情况规则"[25](a combined equidistance – special circumstances rule)。使用等距离方法的义务总是受"除因特殊情况应另定界线外"这一条件的限制,因此即使依据第6条划界,是否适用等距离方法在很大程度上也是一个参照地理和其他情况加以评估的问题。[26] 法庭的上述解释等于取消了《大陆架公约》第6条赋予等距离方法的特殊划界地位,因此其正确性是值得怀疑的。

就具体划界而言,在海峡群岛地区,关键问题是如何处理英国海峡群岛在划界中的地位。特别是划界应在法国大陆海岸与英国大陆海岸之间进行(法国的主张),还是在法国大陆海岸与海峡群岛之间进行(英国的主张)。[27] 海峡群岛面积颇大,人口众多,但却位于双方"中间线错误的一边"——该群岛虽然属于英国,但它更靠近法国海岸。双方在该地区的大陆海岸线大体相当,然而该群岛的存在打破了此种地理平衡。在考虑了各种情况后,法庭决定在海峡群岛地区的划界中采取一个双重的解决办法。首先,双方在该地区的主要大陆架边界是一条不考虑海峡群岛的中间线。其次,在海峡群岛的北方和西方划第二条界线,以留给海峡群岛12海里的飞地。鉴于英国当时主张3海里领海,因此划界实际上给了海峡群岛9海里宽的大陆架。[28] 至于海峡群岛和法国大陆之间的界线,法庭认为它无权划分,理由是各方要求它划分"大陆架"边界,但是鉴于该地区十分狭窄,因此所划界线将几乎全部涉及当事方主张或可以主张为领海的水域。[29]

在大西洋地区,边界是使用等距离方法划定的,但法庭给予英国的锡利群岛(Scilly Isles)以"半效力"(half effect),因此界线是一条调整的等距离线。锡利群岛具有一定的面积和人口。它被作为特殊情况的原因是,锡利群岛自英国大陆海岸向西扩展的距离(约21海里)是法国韦桑岛(Ushant)自法国大陆海岸向西扩展距离(约10海里)的两倍多,由此对界线产生了歪曲影响。给予锡利群岛半效力的方法是:首先使用该群岛作基点,在锡利群岛和韦桑岛之间划一条等距离线;其次不用该群岛作基点,在英国的地角(Land's End)和韦桑岛之间划一条等距离线;最后在上述两条等距离线之间划一条夹角平分线,并将该线作为界线。该平分线向西南方向延伸约170海里到达1000米等深线。[30]

---

[25] Case Concerning the Delimitation of the Continental Shelf between the United Kingdom of Great Britain and Northern Ireland, and the French Republic, Decision of 30 June 1977, in 18 International Legal Materials 397 (1979), para. 68.

[26] Case Concerning the Delimitation of the Continental Shelf between the United Kingdom of Great Britain and Northern Ireland, and the French Republic, Decision of 30 June 1977, in 18 International Legal Materials 397 (1979), para. 70.

[27] Case Concerning the Delimitation of the Continental Shelf between the United Kingdom of Great Britain and Northern Ireland, and the French Republic, Decision of 30 June 1977, in 18 International Legal Materials 397 (1979), para. 146.

[28] Case Concerning the Delimitation of the Continental Shelf between the United Kingdom of Great Britain and Northern Ireland, and the French Republic, Decision of 30 June 1977, in 18 International Legal Materials 397 (1979), paras. 201 – 202.

[29] Case Concerning the Delimitation of the Continental Shelf between the United Kingdom of Great Britain and Northern Ireland, and the French Republic, Decision of 30 June 1977, in 18 International Legal Materials 397 (1979), paras. 14 – 21.

[30] Case Concerning the Delimitation of the Continental Shelf between the United Kingdom of Great Britain and Northern Ireland, and the French Republic, Decision of 30 June 1977, in 18 International Legal Materials 397 (1979), paras. 244 – 254.

3.1982 年“突尼斯/利比亚大陆架案”

突尼斯和利比亚是两个北非国家，需要划分彼此领海、毗连区、专属经济区和大陆架边界。1977 年两国签署特别协定，将它们在地中海的大陆架划界争端提交国际法院，请求法院就下列事项作出裁判：(1)适用于双方大陆架划界的国际法的原则和规则是什么？(2)法院需准确说明将上述原则和规则适用于它们之间划界的实际方法，从而使得两国专家能够毫不困难地进行划界。双方承诺在判决后缔结划界条约。由此本案法院的职责既不像“英法大陆架仲裁案”的法庭那样需要直接划分双方的边界，也不像“北海大陆架案”那样只需说明相关的国际法规则而无关具体的划界方法。[31]

关于划界的国际法原则和规则，受“北海大陆架案”的影响，本案当事双方都将自然延伸作为大陆架划界的主要标准。然而法院认为本案的划界区域构成一个为两当事国陆地领土自然延伸的单一大陆架，因此大陆架划界的标准不能从自然延伸原则本身产生。国际法院重申划界应按照公平原则，并考虑到一切有关情况。关于划界原则和划界结果的关系，法院强调：“结果才是主要的，而原则从属于该目标。一项原则的公平性必须根据它是否有助于达到公平的结果来评估。并不是每一项这样的原则本身就是公平的；它可以通过解决的公平性来获得这一属性。”[32] 在仔细考察了案件的有关情况后，法院指出了划界的具体方法。法院首先重申了对等距离方法的看法，即等距离既不是一种强制性方法，也不是一种与其他方法相比具有某种优越地位的方法，划界时不需要首先审查适用等距离方法的效果；对该方法的适用只能基于对一切有关情况的评估和权衡。就本案而言，为获得全面的公平解决，法院将划界区域分为两个部分：靠近当事国海岸的部分和离岸更远的部分，并使用了不同的划界方法。这两个部分的分界线是一条穿过突尼斯加贝斯湾(Gulf of Gabes)海岸最西点的纬线，因为突尼斯海岸线的一般方向在这里发生了显著变化，从而改变了两国海岸相邻的形势。在划界的第一部分，法院从当事国领海外部界限起划一条大致为北偏东 26 度的线，直到上述穿过加贝斯湾最西点的纬线。该部分界线所依据的相关情况主要是当事国的油气开采行为，它们产生了一条从陆地边界终点出发的北偏东约 26 度的线。这条线多年来一直受到尊重，而且与一条过去被看作事实上的海上界线的海岸垂直线大致相同。法院认为这构成一个与划界有重大关系的情况。[33] 在划界的第二部分，界线向东偏转以考虑突尼斯克肯纳群岛(Kerkennah Islands)的效力。该群岛的面积很大，法院决定给予其半效力。具体方法是从加贝斯湾最西点划两条直线：一条连接到突尼斯相关海岸的终点，另一条则沿克肯纳群岛向海方向的海岸划出，然后划出这两条直线所形成的夹角的平分线。而该部分的最终界线是一条平行于这一夹角平分线的线，大致为北偏东 52 度。[34] 由于界线的终点取决于与第三国的划界，因此法院没有确定终点的具体位置，而只是用箭头表示延伸方向。最后，法院计算了各方相关海岸线长度之间的比例以及划分给各

[31] Continental Shelf (Tunisia/Libya), Judgment, I. C. J. Reports 1982, p. 18, para. 25.
[32] Continental Shelf (Tunisia/Libya), Judgment, I. C. J. Reports 1982, p. 18, para. 70.
[33] Continental Shelf (Tunisia/Libya), Judgment, I. C. J. Reports 1982, p. 18, para. 96.
[34] Continental Shelf (Tunisia/Libya), Judgment, I. C. J. Reports 1982, p. 18, para. 133.

方海域面积之间的比例，并认为满足了作为公平一个方面的比例检验的要求。[35] 1988 年，双方缔结了执行法院判决的协定。[36]

4. 1984 年“缅因湾案”（加拿大/美国）

本案当事双方通过特别协定将它们在缅因湾地区的划界争端提交国际法院分庭，请求分庭按照可适用的国际法原则和规则划分它们在该地区大陆架和渔区的单一边界。与国际法院之前受理的两个划界案件相比，本案有如下明显的不同：第一，以前的案件没有要求法院划定界线本身，而本案当事方要求法院直接划定边界的路径。第二，更为重要且影响深远的是，本案当事方要求法院为大陆架和上覆渔区划分单一海洋边界。[37] 这是国际司法和仲裁实践中的第一起单一划界案件。第三，本案并非提交国际法院，而是交给国际法院的一个由 5 名法官组成的专案分庭。第四，当事方在特别协定中不仅确定了划界的出发点（点 A），而且确定了终点所在的一个三角形区域。其中，点 A 是双方各自宣布的 200 海里专属渔区界限的第一个交点。而终点所在区域的位置则是根据各方的划界主张确定的。[38]

关于划界的国际法原则和规则，加拿大和美国都是 1958 年《大陆架公约》的缔约国。然而分庭认为 1958 年《大陆架公约》第 6 条在本案中不适用，因为本案是单一划界。在分庭看来，一项只限于大陆架划界的条约义务不能扩大到一个明显更大的而且无疑是不同性质的领域。在非仅涉及大陆架的海洋划界中，《大陆架公约》即使在缔约国之间也无强制效力。[39] 关于习惯法，分庭将“调整海洋划界的习惯国际法的基本规范”总结如下：(1) 海洋划界不能由一国单独完成，而必须通过谈判以协议实现，谈判必须抱有取得积极成果的真诚意愿。(2) 划界应通过适用公平标准和使用实际方法实现，该方法能够在考虑到该地区的地理构造和其他有关情况的条件下保证公平结果。[40] 关于公平标准和实际方法，分庭强调不存在必须使用的标准和方法，因为“每个特定的案子归根结底与其他案子是不同的，是独一无二的（monotypic）”，所以最合适的标准和最有可能产生公平结果的方法通常只能根据每一案件的特点加以确定。[41] 就本案而言，分庭采用了如下基本标准：原则上，在顾及案件特殊情况的同时，应着眼于对当事国海岸向海扩展的重叠区域予以均分。此外分庭还提出了一些辅助标准，包括：第一，公正地衡量划界地区有关国家各自海岸长度间存在的不可忽视的差别；第二，部分修正由于适用基本标

[35] Continental Shelf (Tunisia/Libya), Judgment, I. C. J. Reports 1982, p. 18, para. 131.

[36] Agreement between the Libyan Arab Socialist People's Jamahariya and the Republic of Tunisia to Implement the Judgment of the International Court of Justice in the Tunisia/Libya Continental Shelf Case, 8 August 1988.

[37] Delimitation of the Maritime Boundary in the Gulf of Maine Area, Judgment, I. C. J. Reports 1984, p. 246, paras. 24 – 26.

[38] Delimitation of the Maritime Boundary in the Gulf of Maine Area, Judgment, I. C. J. Reports 1984, p. 246, paras. 20 – 21.

[39] Delimitation of the Maritime Boundary in the Gulf of Maine Area, Judgment, I. C. J. Reports 1984, p. 246, paras. 119 – 125.

[40] Delimitation of the Maritime Boundary in the Gulf of Maine Area, Judgment, I. C. J. Reports 1984, p. 246, para. 112.

[41] Delimitation of the Maritime Boundary in the Gulf of Maine Area, Judgment, I. C. J. Reports 1984, p. 246, para. 81.

准而导致截断一国的海岸向划界区域的适当延伸的效果;第三,岸外岛屿应给予有限的效力。[42]

就具体划界而言,分为三个部分。第一部分最靠近湾内,两国海岸是相邻关系。由于当事国决定的划界出发点A本身不是一个等距离点,因此分庭没有使用等距离方法。分庭采用的方法是从点A划两条分别垂直两国基本海岸线的线,然后将这两条垂直线在点A形成的钝角的平分线作为第一段边界。第二部分划界靠近海湾封口线,两国海岸之间是相向关系。分庭在该部分划界中采取了两步走的方式:首先划一条中间线,然后再根据案件的特殊情况对它加以调整。特殊情况包括两个:一是双方相关海岸线长度之间的差异(比例为有利于美国的1.38:1);二是加拿大方面的海豹岛(Seal Island)——分庭决定给予该岛半效力。第三部分划界是从海湾的封口线到双方指定的终点区域。分庭认为最适合的方法是从第二段边界与海湾封口线的交点起划一条与海湾封口线相垂直的线。界线的终点位于从两国各自海岸量起的200海里区域的重叠范围内。[43] 最后,分庭审查了第三段界线的公平性质,指出该部分界线不会"对有关国家人民的生计和经济福祉带来灾难性后果(catastrophic repercussions)"[44]。

(三)海洋划界的国际司法和仲裁实践第二阶段(1985~2007年)

1.1985年"利比亚/马耳他大陆架案"

利比亚和马耳他于1976年签署特别协定,请求国际法院对以下问题作出判决:适用于两国间大陆架划界的国际法原则和规则是什么,以及双方在实践中应如何运用这些原则和规则从而可以没有困难地通过协议划分大陆架边界。双方承诺在法院作出判决后进行谈判以便按照判决缔结划界协定。由此法院在本案中的任务类似于"突尼斯/利比亚大陆架案"。1986年,双方缔结了执行法院判决的协定。[45]

关于适用于双方划界的国际法原则和规则,马耳他是1958年《大陆架公约》的缔约国,但利比亚不是。虽然双方都签署了1982年《海洋法公约》,但该公约当时尚未生效。由此,它们之间的划界应适用习惯国际法。法院指出,划界应按照公平原则,考虑一切有关情况,以便获得公平结果。然而,与之前案件相比,法院在本案中开始强调公平原则适用的确定性。法院指出,公平的适用应当显示出一贯性和一定程度上的可预期性;即使对某一目前正在审理的案件的特殊情况要予以特别注意,也要对这种特殊情况以外的更普遍适用的原则予以注意。[46] 此外,法院对于划界时应当考虑的案件有关情况的范围也进行了限制,指出虽然不存在一个有关

---

[42] Delimitation of the Maritime Boundary in the Gulf of Maine Area, Judgment, I. C. J. Reports 1984, p. 246, paras. 195 - 196.

[43] Delimitation of the Maritime Boundary in the Gulf of Maine Area, Judgment, I. C. J. Reports 1984, p. 246, paras. 206 - 229.

[44] Delimitation of the Maritime Boundary in the Gulf of Maine Area, Judgment, I. C. J. Reports 1984, p. 246, paras. 237 - 238.

[45] Agreement between the Great Socialist People's Libyan Arab Jamahiriya and the Republic of Malta implementing Article Ⅲ of the Special Agreement and the Judgment of the International Court of Justice, 10 November 1986.

[46] Continental Shelf (Libya /Malta), Judgment, I. C. J. Reports 1985, p. 13, paras. 45 - 46.

情况的完整清单,但是只有那些同大陆架法律制度有关的理由,以及同大陆架划界适用公平原则有关的理由才能包括进来。[47] 这是本案被视为海洋划界判例法发展史上的一个重要转折点的原因。

除了公平原则,国际法院还就沿海国对大陆架的权利依据以及对划界的影响发表了重要看法,但是其中一些值得商榷。法院认为对大陆架的权利依据不可能同大陆架的划界无关。[48] 基于《海洋法公约》的相关规定,法院指出,既然法律的发展使一个国家可以主张属于它的大陆架自其海岸最远扩展至200海里,而不论相应的海床和底土的地质特征如何,那么在这个距离之内进行划界,就没有理由赋予地质或地球物理因素以任何作用。[49] 在理解法院的这些意见时不应忘记,本案当事双方海岸之间的距离没有超过200海里。另外,虽然认为距离标准是200海里范围内大陆架的权利依据,但国际法院并不认为等距离方法由此具有法律上的强制性或应将一条等距离线作为划界出发点。[50]

在考察完有关情况后,法院决定分两步划界:第一步,划一条与双方相关海岸的低潮线距离相等的中间线;第二步,对该初始线加以调整。选择将中间线作为划界程序的第一步的原因是双方海岸的相向关系。法院认为,在一个将继续采取其他步骤的划界过程中,通过绘制海岸之间的临时中间线是为了最终取得公平结果的审慎的处理方式。[51] 要求调整中间线的有关情况是各方相关海岸长度之间的显著差异:约为有利于利比亚的8:1。法院认为就这种差异有理由调整中间线以便把较大的区域划归利比亚。[52] 法院在调整时考虑了双方海岸之间的距离,并决定将临时中间线整体向北移动18分。最后,法院使用比例来检验边界的公平性。基于大致估计,法院的结论是,当事双方各自所属的大陆架区域没有明显的不成比例的情形以致可以说比例检验的要求未得到满足。[53]

2.1993年"扬马延案"(丹麦诉挪威)

1988年,丹麦将格陵兰岛(丹麦)和扬马延岛(挪威)之间的海洋划界争端提交国际法院。双方海岸间的距离大约为250海里。丹麦请求法院为双方在该地区的大陆架和渔区划一条单一界线,并且主张界线应划在从格陵兰基线量起的200海里处。挪威不仅反对丹麦的单一划界请求,而且主张中间线已经构成双方在该地区的海洋边界。法院首先审查并驳回了挪威关于扬马延和格陵兰之间已经划界的主张,认为双方在该地区仍存在划界问题。[54] 另外,由于本案是当事一方单方面提交的,而且各方间没有就单一划界达成协议,因此法院认为它没有被授

[47] Continental Shelf (Libya /Malta), Judgment, I. C. J. Reports 1985, p. 13, para. 48.
[48] Continental Shelf (Libya /Malta), Judgment, I. C. J. Reports 1985, p. 13, para. 27.
[49] Continental Shelf (Libya /Malta), Judgment, I. C. J. Reports 1985, p. 13, para. 39.
[50] Continental Shelf (Libya /Malta), Judgment, I. C. J. Reports 1985, p. 13, paras. 42 – 43.
[51] Continental Shelf (Libya /Malta), Judgment, I. C. J. Reports 1985, p. 13, para. 62.
[52] Continental Shelf (Libya /Malta), Judgment, I. C. J. Reports 1985, p. 13, para. 68.
[53] Continental Shelf (Libya /Malta), Judgment, I. C. J. Reports 1985, p. 13, paras. 74 – 75.
[54] Maritime Delimitation in the Area between Greenland and Jan Mayen (Den. v. Nor.), Judgment, I. C. J. Reports 1993, p. 38, paras. 22 – 40.

权划一条双重目的的单一边界。[55] 由此法院在本案中对大陆架和渔区进行了分别划界,但最终大陆架边界和渔区边界在位置上是重合的。

关于划界适用的法律,由于双方是1958年《大陆架公约》的缔约方,因此大陆架划界适用该公约第6条。而渔区划界适用的是习惯法。值得注意的是,法院在本案中正式提出了这两种划界法律的趋同问题。法院指出,《大陆架公约》第6条中的"特殊情况"指的是那些可能要求对由于不适当地运用了等距离原则而产生的划界结果进行改动的情况,而习惯法中的"有关情况"可以描述为在划界过程中必须加以考虑的事实。虽然存在起源和名称上的不同,但法院认为两者之间有一种必然的同化趋势。在海岸相向的案件中,如果"等距离/特殊情况规则"与"公平原则/有关情况规则"产生了几乎一样的结果,没有什么可惊讶的。[56]

关于划界过程,本案法院正式采用了两步走的操作。第一步,法院划了一条临时中间线。就大陆架划界而言,法院指出,由于受《大陆架公约》第6条的支配,而且划界位于相向海岸之间,因此适宜首先划一条临时中间线,然后探求是否有"特殊情况"要求另定界线。关于渔区划界,法院认为从划一条临时中间线来开始渔区划界过程同样是适合的。[57] 第二步,法院考察了特殊情况并对临时等距离线进行了调整。法院认为有两个因素要求调整中间线。一是格陵兰和扬马延相关海岸长度的显著不同:比例约为有利于格陵兰的9.2:1。二是中间线过于偏西而不能保障丹麦公平获取毛鳞鱼的机会。[58] 这种鱼是该地区唯一有商业开采价值的鱼种。由此中间线需要向东调整以给予丹麦更大的海域。但法院认为给予丹麦全部200海里大陆架和渔区是不公平的,由此决定最终的界线应位于双方的划界主张重叠区内。该区的东西两侧界限分别为丹麦主张的格陵兰200海里线和挪威主张的海岸中间线,北部是这两条线的交点,而南部界限是从冰岛量起的200海里线。法院对临时中间线的调整方式如下:首先,依据双方各自主张线上的两处明显的方向变化,将主张重叠区划分为三个小区块。其次,从南向北依次进行划分。其中,法院将南部区块分割为两个相等的部分,目的是使双方能够公平地享有此地的渔业资源。对于其他两个区块,法院大致进行了2:1(挪威:丹麦)的划分。法院认为均分将给予双方海岸长度差别这一因素以过分的重要性。[59] 需要指出的是,法院在本案中没有使用比例检验来证明划界结果的公平性。1995年双方就该海域划界缔结协定。[60]

---

〔55〕 Maritime Delimitation in the Area between Greenland and Jan Mayen (Den. v. Nor.), Judgment, I. C. J. Reports 1993, p. 38, para. 43.

〔56〕 Maritime Delimitation in the Area between Greenland and Jan Mayen (Den. v. Nor.), Judgment, I. C. J. Reports 1993, p. 38, paras. 55 – 56.

〔57〕 Maritime Delimitation in the Area between Greenland and Jan Mayen (Den. v. Nor.), Judgment, I. C. J. Reports 1993, p. 38, paras. 49 – 52.

〔58〕 Maritime Delimitation in the Area between Greenland and Jan Mayen (Den. v. Nor.), Judgment, I. C. J. Reports 1993, p. 38, paras. 68, 76.

〔59〕 Maritime Delimitation in the Area between Greenland and Jan Mayen (Den. v. Nor.), Judgment, I. C. J. Reports 1993, p. 38, paras. 91 – 92.

〔60〕 Agreement between the Kingdom of Denmark and the Kingdom of Norway Concerning the Delimitation of the Continental Shelf in the Area between Jan Mayen and Greenland and Concerning the Boundary between the Fishery Zones in the area, 18 December 1995.

3. 2001 年“卡塔尔诉巴林案”

卡塔尔和巴林位于波斯湾南部。两国之间存在领土主权和海洋划界争端。1991 年，卡塔尔将上述争端提交国际法院，因此本案是一个“混合争端”。法院首先处理了领土问题，判定卡塔尔对祖巴拉（Zubarah）以及包括哈特加南（Hadd Janan）在内的加南岛（Janan）拥有主权，而巴林则对海瓦尔群岛（Hawar Islands）拥有主权。[61]

关于海洋划界问题，本案划界分为南部地区和北部地区。南部地区划分的是两国的领海边界，而北部地区划分的是大陆架和专属经济区边界。领海划界适用的是“等距离/特殊情况规则”，首先划了一条临时等距离线，其次，按照存在的特殊情况对临时界线进行了调整。本案中要求调整临时等距离线的特殊情况是几个小的海上地形。[62]

在划界的北部地区，法院进行了单一划界。虽然双方没有就此达成明示协议，但都主张为海床、底土和上覆水域划一条单一海洋边界。[63] 关于适用的法律，双方均非 1958 年《大陆架公约》的缔约国，而且只有巴林批准了 1982 年《海洋法公约》，因此划界适用的是习惯国际法。[64] 在这方面，法院强调“特别适合于领海划界的等距离/特殊情况规则和自 1958 年以来在判例法和国家实践中发展起来的关于大陆架和专属经济区划界的公平原则/有关情况规则，密切相关”[65]。法院继续采用两步走的划界程序：首先划一条临时等距离线，其次考虑是否存在导致必须调整该线的情况。法院指出，当事双方在划界北部地区的海岸类似于相邻关系，在形状和长度上无显著差别。然而法施特·雅里姆（Fasht al Jarim）—— 一个部分位于巴林领海内的小岛却将巴林的海岸线向外大大扩展了。为了避免该岛对界线造成不成比例的歪曲，法院决定划界时不给它任何效力。由此该部分边界是一条不考虑法施特·雅里姆的调整等距离线。[66] 法院没有使用比例检验来证明结果的公平性。

4. 2002 年“喀麦隆诉尼日利亚案”

本案同样是一个“混合争端”。当事双方之间不仅存在陆地领土和边界争端，还需要划分它们在几内亚湾（Gulf of Guinea）的海洋边界，而它们之间关于巴克斯半岛（Bakassi Peninsula）的主权归属争端直接影响海洋边界的划定。1994 年喀麦隆将争端提交国际法院。经过审理，国际法院划分了双方陆地边界，并裁判巴克斯半岛的主权属于喀麦隆。本案的海洋划界分为两段：直到 G 点的划界和 G 点以外的划界。G 点是 1975 年尼日利亚和喀麦隆两国元首签署的

---

〔61〕 Maritime Delimitation and Territorial Questions between Qatar and Bahrain (Qatar v. Bahrain), Merits, Judgment, I. C. J. Reports 2001, p. 40, para. 252.

〔62〕 Maritime Delimitation and Territorial Questions between Qatar and Bahrain (Qatar v. Bahrain), Merits, Judgment, I. C. J. Reports 2001, p. 40, paras. 217 – 222.

〔63〕 Maritime Delimitation and Territorial Questions between Qatar and Bahrain (Qatar v. Bahrain), Merits, Judgment, I. C. J. Reports 2001, p. 40, para. 168.

〔64〕 Maritime Delimitation and Territorial Questions between Qatar and Bahrain (Qatar v. Bahrain), Merits, Judgment, I. C. J. Reports 2001, p. 40, para. 167.

〔65〕 Maritime Delimitation and Territorial Questions between Qatar and Bahrain (Qatar v. Bahrain), Merits, Judgment, I. C. J. Reports 2001, p. 40, para. 231.

〔66〕 Maritime Delimitation and Territorial Questions between Qatar and Bahrain (Qatar v. Bahrain), Merits, Judgment, I. C. J. Reports 2001, p. 40, paras. 247 – 249.

《马鲁阿宣言》(Maroua Declaration)所确定的海洋边界的终点。但后来尼日利亚否定该宣言的效力,而喀麦隆则请求法院确认这一划界。由此第一段划界主要涉及《马鲁阿宣言》的法律效力问题。法院支持了喀麦隆的主张,认为《马鲁阿宣言》有拘束力,因此包括G点在内双方第一段海洋边界已经由条约确立。[67]

关于G点以外的海洋边界,是划分双方的大陆架和专属经济区的单一界线。[68] 由于双方都是1982年《海洋法公约》的缔约国,因此该公约第74条和第83条是可适用的法律。[69] 这是国际法院第一次适用《海洋法公约》的划界规则划分大陆架和专属经济区边界。与此相应的是,法院对"公平原则/有关情况"的态度发生了变化:不再称其为"规则",而改称"方法"。法院指出:"本院已经在不同场合明确了当管辖发生重叠而需为几个区域决定一条界线时可适用的划界标准、原则和规则。它们被表述为所谓的公平原则/有关情况方法。该方法与适用于领海划界的等距离/特殊情况方法十分类似,包含两个步骤:首先划一条等距离线,其次考虑是否存在要求调整或移动该线的因素以便取得'公平结果'。"[70]法院决定在本案中同样适用两步走的方法。[71] 在划界过程的第二阶段,法院否定了各方提出的各种调整等距离线的理由,最终全体一致决定等距离线代表了公平的划界结果。[72] 特别值得一提的是法院关于当事方油气开采活动对划界影响的看法。法院指出:"尽管当事方关于它们各自石油特许权位置的明示或默示的协议或许表明它们在各自所有的海域方面的一种合意,但石油特许权和油井本身并不能被视为应当调整或移动临时界线的有关情况。只有基于当事方之间明示或默示的协议,它们才有可能被考虑。本案当事方之间关于石油特许权没有协议。"[73]为了避免影响第三方的权利,法院没有确定界线的终点,而只是指明了界线的延伸方向。法院也没有使用比例检验来证明划界结果的公平性。

5. 2006年"巴巴多斯诉特立尼达和多巴哥案"

2004年,巴巴多斯将两国间的海洋划界争端提交1982年《海洋法公约》附件七的仲裁程序,主张用一条单一边界划分双方间的专属经济区和大陆架。这是《海洋法公约》附件七仲裁法庭裁决的第一个划界案件。然而特立尼达和多巴哥反对单一划界请求,理由是双方之间没

---

〔67〕 Land and Maritime Boundary between Cameroon and Nigeria (Cameroon v. Nigeria: Equatorial Guinea Intervening), Judgment, I. C. J. Reports 2002, p. 303, para. 268.

〔68〕 Land and Maritime Boundary between Cameroon and Nigeria (Cameroon v. Nigeria: Equatorial Guinea Intervening), Judgment, I. C. J. Reports 2002, p. 303, para. 286.

〔69〕 Land and Maritime Boundary between Cameroon and Nigeria (Cameroon v. Nigeria: Equatorial Guinea Intervening), Judgment, I. C. J. Reports 2002, p. 303, para. 285.

〔70〕 Land and Maritime Boundary between Cameroon and Nigeria (Cameroon v. Nigeria: Equatorial Guinea Intervening), Judgment, I. C. J. Reports 2002, p. 303, para. 288.

〔71〕 Land and Maritime Boundary between Cameroon and Nigeria (Cameroon v. Nigeria: Equatorial Guinea Intervening), Judgment, I. C. J. Reports 2002, p. 303, para. 290.

〔72〕 Land and Maritime Boundary between Cameroon and Nigeria (Cameroon v. Nigeria: Equatorial Guinea Intervening), Judgment, I. C. J. Reports 2002, p. 303, paras. 306, 325(Ⅳ).

〔73〕 Land and Maritime Boundary between Cameroon and Nigeria (Cameroon v. Nigeria: Equatorial Guinea Intervening), Judgment, I. C. J. Reports 2002, p. 303, para. 304.

有这样的协议。法庭虽然承认之前的国际法庭关于单一划界的决定都是基于当事方的协议,但却有些奇怪地得出了它有权在本案进行单一划界的结论,理由是:"除了极少数的例外……国家实践已经压倒性地倾向建立单一的海洋边界线,而且法院和仲裁法庭也已经认可了这一实践。"[74]本案划界的法律依据是《海洋法公约》第74条和第83条。法庭同样采用了两步走的方法:首先,划一条临时等距离线作为出发点;其次,根据有关情况来审查这一临时界线,以便决定是否需要调整临时等距离线以实现公平的结果。法庭将该方法称为"'等距离/有关情况'原则"。[75]

具体的划界分为三个部分:西部、中部和东部。中部界线很短,而且当事双方都没有主张对临时等距离线进行调整,因此等距离线是该部分的界线。[76] 相反,巴巴多斯主张在划界地区的西部对等距离线作有利于自己的大幅度调整,而特立尼达和多巴哥则在东部划界提出类似的要求。巴巴多斯主张调整临时等距离线的情况与渔业有关。但法庭没有认可这些主张,由此裁定等距离线应是西部的界线。[77] 然而,法庭认为在划界地区的东部存在要求调整临时界线的情况。第一,当事方之间海岸长度的显著差别,比例约为有利于特立尼达和多巴哥的8.2:1。[78]第二,1990年特立尼达和多巴哥及委内瑞拉间的划界协定。法庭指出:"该条约虽然对巴巴多斯没有拘束力,但却确立了特立尼达和多巴哥海域权利的南部界限。……特立尼达和多巴哥在1990年协定中已经放弃给委内瑞拉的海域不再属于特立尼达和多巴哥,由此法庭不能划一条界线,其效果是将特立尼达和多巴哥不再主张的海域划给它。"[79]法庭的调整方式是:首先,在临时等距离线上确定适当的偏离点;其次,从该点划一条直线到特立尼达和多巴哥/委内瑞拉的协议海洋边界与特立尼达和多巴哥200海里界限的交点,该点即是划界的终点;[80]最后,法庭根据比例审查划界结果的公平性并得出了令其满意的结论。

6. 2007年"圭亚那诉苏里南案"

本案由圭亚那于2004年提交1982年《海洋法公约》附件七的仲裁法庭,不仅涉及海洋划界问题,而且包括划界前的义务以及当事方在争议海域内的活动所引发的国家责任问题。其中,仲裁法庭划分了双方的领海、专属经济区和大陆架边界。

领海划界分为两个部分:3海里以内的划界和3~12海里的划界。虽然法庭认为"《海洋法公约》第15条将使用中间线作为相向或相邻国家之间的领海分界线置于首要位置"[81],但并没有使用等距离线作为边界。导致法庭这样做的一个特殊情况是苏里南在该地区的航行利益。法庭认为航行的特殊情况可以要求偏离中间线。[82] 最后,法庭确定领海界线应首先沿着

[74] Barbados v. Trinidad and Tobago, Arbitral Award of 11 Apr. 2006, paras. 234 – 235.

[75] Barbados v. Trinidad and Tobago, Arbitral Award of 11 Apr. 2006, para. 242.

[76] Barbados v. Trinidad and Tobago, Arbitral Award of 11 Apr. 2006, para. 294.

[77] Barbados v. Trinidad and Tobago, Arbitral Award of 11 Apr. 2006, paras. 265 – 271.

[78] Barbados v. Trinidad and Tobago, Arbitral Award of 11 Apr. 2006, para. 326.

[79] Barbados v. Trinidad and Tobago, Arbitral Award of 11 Apr. 2006, paras. 345 – 348.

[80] Barbados v. Trinidad and Tobago, Arbitral Award of 11 Apr. 2006, paras. 373 – 374.

[81] Guyana v. Suriname, Arbitral Award of 17 September 2007, para. 296.

[82] Guyana v. Suriname, Arbitral Award of 17 September 2007, paras. 301 – 306.

北偏东10度的方位角前进至与3海里界限的交点，然后从该处划一条距离最短的线与法庭所划的大陆架和专属经济区界线相连。关于大陆架和专属经济区划界，本案法庭同样进行的是单一划界，并采用了两步走的程序。法庭指出，在过去20年里，处理有关大陆架和专属经济区划界争端的国际法庭已经为等距离规定了一个明确的作用，而且在关于海岸相向国家的判例法中确立起来的有利于等距离的假定同样适用于海岸相邻国家的情况。划界过程分为两个阶段：首先，划一条临时等距离线；其次，考虑可能调整这条线以反映特殊或有关情况。[83] 虽然当事双方都不认为临时等距离线代表了公平结果，但法庭在考察了各方的主张后认为不存在任何要求调整临时等距离线的情况。由此等距离线被作为最终界线。之后法庭适用了比例检验。其中各方相关海岸长度的比例为54%：46%（圭亚那：苏里南），而相关海域的比例为51%：49%（圭亚那：苏里南）。[84]

7.2007年"尼加拉瓜诉洪都拉斯案"

本案是一个"混合争端"。当事双方不仅需要划分它们在加勒比海的领海、大陆架和专属经济区边界，而且彼此间还存在岛屿主权归属争端。1999年，尼加拉瓜向国际法院起诉。经过审理，法院裁定争议岛屿的主权属于洪都拉斯。关于海洋划界，当事双方都要求法院划一条单一海洋边界。[85] 本案划界分为两个部分：两国相邻的大陆海岸外的划界和两国相向岛屿之间的划界。前一部分划界涉及领海、专属经济区和大陆架，而后一部分划界涉及领海。本案划界是根据《海洋法公约》的相关规定进行的。关于领海划界，法院重申了其之前的观点，即"最符合逻辑和最广泛使用的方法是首先划一条临时等距离线，然后按照存在的特殊情况考虑是否必须调整这条线"[86]。关于专属经济区和大陆架的单一划界，法院表示："当需要确定一条覆盖几个管辖重叠区域的线时，所谓的公平原则/有关情况方法或许是一个可以适用的有用方法，因为在这些海域中，该方法同样适于产生公平结果。"[87]

然而，在大陆海岸外的划界中，无论是领海划界还是大陆架和专属经济区划界，国际法院均未使用两步走方法。原因是鉴于本案特殊的地理状况，法院认为它无法识别基点以构建一条临时等距离线。双方陆地边界的终点拉西亚斯－阿迪奥斯角（Cape Gracias a Dios）是一块极其外凸的领土，而其向北和向西南的两侧又都是凹陷的海岸线。该地理构造使得位于该角顶端两侧的那一组基点势必在构建等距离线的过程中发挥决定性作用。鉴于这些基点之间的距离很近，定位时候的任何误差都将在构建等距离线时被不成比例地放大。而且该角南北两侧的海岸线呈现出一种极为活跃的形态变化，由此可能导致今天构建的任何等距离线在不远

---

〔83〕 Guyana v. Suriname, Arbitral Award of 17 September 2007, paras. 335, 338.

〔84〕 Guyana v. Suriname, Arbitral Award of 17 September 2007, para. 392.

〔85〕 Territorial and Maritime Dispute between Nicaragua and Honduras in the Caribbean Sea (Nicaragua v. Honduras), Judgment, I. C. J. Reports 2007, p. 659, para. 261.

〔86〕 Territorial and Maritime Dispute between Nicaragua and Honduras in the Caribbean Sea (Nicaragua v. Honduras), Judgment, I. C. J. Reports 2007, p. 659, paras. 267 – 268.

〔87〕 Territorial and Maritime Dispute between Nicaragua and Honduras in the Caribbean Sea (Nicaragua v. Honduras), Judgment, I. C. J. Reports 2007, p. 659, paras. 270 – 271.

的将来就变成不合理的了。[88] 作为替代，法院决定使用大陆海岸线夹角的平分线方法，认为该方法“已经被证明是一种在等距离不可能或不适宜的情况下可行的替代方法”，“可以被视为等距离方法的近似物”。[89] 在各方海岸上选择了适当的点之后，产生了一条方位角为70°14′41.25″的平分线。[90] 该线向海延伸与岛屿之间的划界相连。该部分划界在被法院判归洪都拉斯的争议岛屿和尼加拉瓜的岛屿之间进行。法院划定等距离线作为这些相向岛屿之间的领海界线。[91] 此后界线继续沿着70°14′41.25″的方位角线前进，直到可能影响第三国权利的地方。

（四）海洋划界的国际司法和仲裁实践第三阶段（2009年至今）

1. 2009年“黑海划界案”（罗马尼亚诉乌克兰）

2004年，罗马尼亚向国际法院起诉乌克兰，请求法院用单一海洋边界划分两国在黑海的大陆架和专属经济区。双方都是1982年《海洋法公约》的缔约国，因此可适用的划界规则是《海洋法公约》第74条和第83条。本案的一个突出亮点是，法院专门详细阐释了划界“方法”，并正式提出了“三阶段”或“三步走”划界法。法院指出，“当被要求划分大陆架或专属经济区，或划一条单一分界线时，法院按照既定的步骤行事”。在第一阶段，法院要建立一条临时界线。就相邻海岸间的划界而言，将划一条等距离线，除非存在迫不得已的原因使得该操作在特定案件中不可行。就相向海岸而言，临时界线将由海岸之间的中间线构成。在这一构建临时等距离线的阶段，法院不会关心任何可能获得的有关情况。在第二阶段，法院将考虑是否存在要求调整或移动临时等距离线以实现公平结果的因素，以及在必要的时候对临时界线加以调整。在第三阶段，法院将核实这条线（一条在考虑了有关情况后可能已被调整或未被调整的临时等距离线）本身不会因各自海岸长度的比例和该线划分的各国相关海域的比例之间的任何明显不对称而导致不公平的结果。此即“不成比例检验”。[92]

为了在双方海岸间构建一条临时等距离线，法院仔细在各方海岸上选择适当的基点。其中乌克兰的蛇岛（Serpents' Island）是否应作为基点至关重要。该岛原先属于罗马尼亚，“二战”后割让给苏联，后为乌克兰继承。[93] 蛇岛面积约为0.17平方公里，距离大陆海岸约20海里。[94] 2003年，双方的《国家边界制度条约》将它们之间的国界终点确定在两国领海外部界限的交点。它位于蛇岛的12海里领海外部界限上。该点也是本案海洋划界的起点。双方关于

---

〔88〕 Territorial and Maritime Dispute between Nicaragua and Honduras in the Caribbean Sea (Nicaragua v. Honduras), Judgment, I. C. J. Reports 2007, p. 659, paras. 277 – 280.

〔89〕 Territorial and Maritime Dispute between Nicaragua and Honduras in the Caribbean Sea (Nicaragua v. Honduras), Judgment, I. C. J. Reports 2007, p. 659, para. 287.

〔90〕 Territorial and Maritime Dispute between Nicaragua and Honduras in the Caribbean Sea (Nicaragua v. Honduras), Judgment, I. C. J. Reports 2007, p. 659, paras. 295 – 298.

〔91〕 Territorial and Maritime Dispute between Nicaragua and Honduras in the Caribbean Sea (Nicaragua v. Honduras), Judgment, I. C. J. Reports 2007, p. 659, para. 304.

〔92〕 Maritime Delimitation in the Black Sea (Romania v. Ukraine), Judgment, I. C. J. Reports 2009, p. 61, paras. 115 – 122.

〔93〕 Maritime Delimitation in the Black Sea (Romania v. Ukraine), Judgment, I. C. J. Reports 2009, p. 61, para. 56.

〔94〕 Maritime Delimitation in the Black Sea (Romania v. Ukraine), Judgment, I. C. J. Reports 2009, p. 61, para. 16.

蛇岛在划界中的作用意见截然相反。罗马尼亚主张蛇岛是《海洋法公约》第 121 条第 3 款意义上的岩礁,无权拥有专属经济区和大陆架;而乌克兰则持相反立场。鉴于该岛的地理位置,在划界的第一阶段,国际法院认为选择蛇岛作为构建临时等距离线的基点是不适当的,因为“把蛇岛作为海岸的有关部分将等于在乌克兰的海岸线上嫁接了一个外来因素”[95]。在划界的第二阶段,法院考虑了当事各方提出的各种主张调整临时界线的有关情况,包括海岸长度之间的差异、蛇岛的存在、当事各方的行为等,但最终都拒绝了。在划界的第三阶段,法院诉诸不成比例检验。各方海岸线长度的比例约为 1∶2.8(罗马尼亚∶乌克兰),而海域面积的比例约为 1∶2.1(罗马尼亚∶乌克兰)。由此法院认为不需要对界线做任何变动。[96] 法院确定的界线从起点开始沿着环绕蛇岛的 12 海里的弧线前进,直到与当事双方海岸之间的等距离线相交,然后界线沿着该等距离线延伸,直到可能影响第三国利益的点。[97]

2. 2012 年“孟加拉国/缅甸案”

本案是国际海洋法法庭(International Tribunal for the Law of Sea,ITLOS)裁判的第一个海洋划界案件,涉及划分孟加拉国和缅甸之间的领海、专属经济区和大陆架边界。与之前的划界案件相比,本案最显著的特点是法庭对 200 海里外大陆架界线的划分。本案划界分为三个部分:领海划界、200 海里以内的大陆架和专属经济区划界,以及 200 海里以外的大陆架划界。划界的准据法是 1982 年《海洋法公约》的相关规定。

关于领海划界,法庭认为在适用等距离方法之前,应当考虑可能存在的与划界有关的特殊情况。[98] 法庭主要考虑了孟加拉国的圣马丁岛(St. Martin's Island)是否构成领海划界中的特殊情况问题。该岛面积约为 8 平方公里,上有居民约 7000 人。法庭认为对于这样一个重要的海上地形,没有迫不得已的原因要求在领海划界中不给予该岛全效力。[99] 法庭最终决定用一条等距离线来划分双方的领海。关于 200 海里以内的大陆架和专属经济区划界,当事双方都请求法庭划一条单一边界。法庭在单一划界中同样采用了“三步走”划界法,并将其称为“等距离/有关情况方法”。为了构建临时等距离线,法庭在各方海岸上选择了基点,但没有将圣马丁岛作为基点。法庭在领海以外的划界中没有给该岛以任何效力。法庭在划界的第二阶段对临时等距离线作了大幅调整。导致这一调整的有关情况是孟加拉国海岸的明显凹陷。在法庭看来,由于该凹陷,所构建的临时等距离线对孟加拉国海岸向南的投射产生了明显的截断效果,因此需要加以调整。[100] 法庭调整临时界线的方式是:临时界线在开始截断孟加拉国海岸向海

---

[95] Maritime Delimitation in the Black Sea (Romania v. Ukraine), Judgment, I. C. J. Reports 2009, p. 61, para. 149.

[96] Maritime Delimitation in the Black Sea (Romania v. Ukraine), Judgment, I. C. J. Reports 2009, p. 61, paras. 210 – 216.

[97] Maritime Delimitation in the Black Sea (Romania v. Ukraine), Judgment, I. C. J. Reports 2009, p. 61, paras. 205 – 209.

[98] Delimitation of the Maritime Boundary in the Bay of Bengal (Bangladesh/Myanmar), ITLOS, Judgment of 14 March 2012, para. 129.

[99] Delimitation of the Maritime Boundary in the Bay of Bengal (Bangladesh/Myanmar), ITLOS, Judgment of 14 March 2012, paras. 146 – 152.

[100] Delimitation of the Maritime Boundary in the Bay of Bengal (Bangladesh/Myanmar), ITLOS, Judgment of 14 March 2012, paras. 291 – 297.

投射的那个点转向，此后沿着215度方位角的测地线延伸，直到孟加拉国的200海里界限。[101] 关于200海里以外的大陆架划界，法庭首先裁定它对此有管辖权而且应当行使管辖权。[102] 法庭认为适用于200海里以内划界的方法应同样适用于200海里以外的大陆架划界。法庭最终决定，200海里以内的单一界线在200海里界限外继续沿着同样的方向延伸，直到第三国的权利可能受到影响的区域。[103] 在划界的第三阶段，法庭诉诸不成比例检验，并认为没有重大的不成比例要求移动该调整的等距离线以确保公平解决。[104]

3.2012年"尼加拉瓜诉哥伦比亚案"

本案是一个"混合争端"，涉及当事双方间有关西加勒比海的领土主权和海洋划界争端，由尼加拉瓜2001年提交国际法院。双方存在争议的那些岛屿距离尼加拉瓜海岸比哥伦比亚大陆海岸近得多。法院最终裁判这些岛屿的主权属于哥伦比亚。本案海洋划界划分的是尼加拉瓜和这些哥伦比亚岛屿间的大陆架和专属经济区的单一边界。尼加拉瓜曾请求法院划分两国大陆海岸间的大陆架边界，但法院没有支持该请求，理由是尼加拉瓜尚未证实它的大陆边扩展得足够远以致与从哥伦比亚大陆海岸量起的200海里区域发生重叠。[105] 由于哥伦比亚不是《海洋法公约》缔约国，因此本案中可适用的法律是习惯国际法。法院指出，体现在《海洋法公约》第74条和第83条中的海洋划界原则反映了习惯国际法。[106] 关于划界方法，国际法院重申了"三步走"的程序，并作了一些完善。法院指出，在第一阶段，法院在当事各方的领土之间建立一条临时界线。当海岸相邻时，该任务是构建一条等距离线，而当海岸相向时，则是一条中间线，除非在任何一种情况下存在迫不得已的理由使得建立这样一条线不可行。在第二阶段，法院考虑是否有任何有关情况可能要求调整或移动临时等距离线以便实现公平结果。如果存在这样的情况，那么它将建立一条不同的边界。这通常要求对等距离线进行必要的调整或移动以便将那些情况考虑进去。但情况需要时，法院也可以采用其他技术以实现公平结果，如在孤立的岛屿周围构建飞地。在第三阶段，法院将进行比例失调检验，以评估界线的效果是否导致各方相关海域的份额与它们各自相关海岸长度明显不成比例。[107] 然而，本案构建临时等距离线面临如下特殊困难：需要划分的相关海域从尼加拉瓜海岸向东扩展，直到200海里的距离。而与尼加拉瓜海岸相对的作为划界另一方的哥伦比亚岛屿距离尼加拉瓜海岸仅60多海里。由此待划界的相关海域不仅包括那些哥伦比亚岛屿的西向海域，而且包括这些岛屿的东

[101] Delimitation of the Maritime Boundary in the Bay of Bengal (Bangladesh/Myanmar), ITLOS, Judgment of 14 March 2012, para. 340.

[102] Delimitation of the Maritime Boundary in the Bay of Bengal (Bangladesh/Myanmar), ITLOS, Judgment of 14 March 2012, paras. 363, 394.

[103] Delimitation of the Maritime Boundary in the Bay of Bengal (Bangladesh/Myanmar), ITLOS, Judgment of 14 March 2012, paras. 461 – 462.

[104] Delimitation of the Maritime Boundary in the Bay of Bengal (Bangladesh/Myanmar), ITLOS, Judgment of 14 March 2012, paras. 498 – 499.

[105] Territorial and Maritime Dispute (Nicaragua v. Colombia), Judgment, I. C. J. Reports 2012, p. 624, para. 129.

[106] Territorial and Maritime Dispute (Nicaragua v. Colombia), Judgment, I. C. J. Reports 2012, p. 624, para. 139.

[107] Territorial and Maritime Dispute (Nicaragua v. Colombia), Judgment, I. C. J. Reports 2012, p. 624, paras. 191 – 193.

向海域。然而一条尼加拉瓜海岸和哥伦比亚岛屿海岸之间的等距离线仅能划分西部相关海域,而与东部相关海域完全无关。但是法院认为该情况只是一个需要在划界第二阶段考虑的因素,并由此决定继续采用"三步走"划界法。

在选择基点并构建临时等距离线后,法院认为存在要求对临时界线进行调整的有关情况。一是双方相关海岸长度的重大差别。尼加拉瓜相关海岸的长度约为哥伦比亚岛屿海岸的8.2倍。二是截断效果。临时中间线截断了尼加拉瓜大约3/4的海岸投射区域,而且该截断效果是由一些彼此相隔数海里的小岛产生的。[108] 法院对临时界线作了重大调整,包括三个方面。第一,在西部相关海域,即位于尼加拉瓜海岸和哥伦比亚岛屿海岸之间的海域,法院用一条"简化的加权线"作为界线。法院首先通过给予每个哥伦比亚基点一个加权,而每个尼加拉瓜基点三个加权的方法划出一条"加权线"。这是一条具有众多转折点的弧形线,线上的每个点距离尼加拉瓜的控制基点3倍于哥伦比亚岛屿上的控制基点。其次法院进一步对该加权线进行调整,减少转折点的数量并用测地线将确定的转折点连结起来。由此产生了一条简化的加权线。第二,在东部相关海域,法院主要使用南北两条纬线作为界线。第三,作为前两步调整的后果,两个哥伦比亚岛屿被留在了界线的尼加拉瓜一侧。法院决定给予它们12海里的飞地。

在划界的第三阶段,法院诉诸不成比例检验。双方相关海岸的比例为1:8.2(哥伦比亚:尼加拉瓜),而相关海域的比例为1:3.44(哥伦比亚:尼加拉瓜)。虽然两者相差明显,但法院认为,考虑到本案的情况,界线没有产生一个导致不公平结果的比例失调。法院强调它在这一阶段的任务是检查重大的比例失调,而什么构成这样的比例失调无法借助数学公式来回答。它是一个只有根据特定案件的所有情况才能回答的问题。[109]

4. 2014年"秘鲁诉智利案"

国际法院在本案中划分了当事双方在太平洋地区的海洋边界。2008年秘鲁将两国的划界争端提交国际法院,请求法院划分它们的海洋边界。而智利主张双方的海洋边界已经由一条沿着南纬18°21′的纬线划分,因此请求法院驳回秘鲁的诉求。本案划界分为两个部分:直到A点的划界和A点以外的划界。

与之前的海洋划界案件相比,本案的一个显著特点是国际法院认定当事方之间存在默示划界协议。法院主要依据的是智利、秘鲁、厄瓜多尔三国1954年缔结的《特别海洋边境区协定》。该协定规定建立一个特别区,其范围"扩展到构成两国间海洋边界的纬线两侧各10海里的宽度"。由此法院认定各方之间已经存在一条海洋边界,而各方对其存在的明示认可反映了它们之前已经达成的一个默示协议。[110] 法院在考察各种情况后决定,该协议边界是一条全方位的单一边界,从经过当事双方间第1号界标的纬线与低潮线的交点出发,沿着该纬线向西延伸80海里的距离,到达A点。[111]

---

〔108〕 Territorial and Maritime Dispute (Nicaragua v. Colombia), Judgment, I. C. J. Reports 2012, p. 624, paras. 211, 215.

〔109〕 Territorial and Maritime Dispute (Nicaragua v. Colombia), Judgment, I. C. J. Reports 2012, p. 624, paras. 240 – 247.

〔110〕 Maritime Dispute (Peru v. Chile), Judgment, I. C. J. Reports 2014, p. 3, paras. 90 – 91.

〔111〕 Maritime Dispute (Peru v. Chile), Judgment, I. C. J. Reports 2014, p. 3, para. 198.

关于A点以外的划界，由于秘鲁不是《海洋法公约》的缔约国，因此划界适用的是习惯国际法。法院重申了《海洋法公约》第74条和第83条第1款的规定反映了习惯国际法的立场。[112] 关于划界方法，法院依旧采用"三步走"的程序，从构建一条临时等距离线开始。然而法院构建等距离线的方式与众不同。法院从A点划出一个半径80海里的圆弧，并将其与秘鲁海岸的交点作为划等距离线的第一个基点。而法院选择的秘鲁海岸上的其他基点都位于该点的西北。换言之，秘鲁海岸上位于第一个基点以南的所有点都被法院从构建临时界线中排除了。法院认为，这些距离A点不足80海里的点不能与智利海岸上的点相匹配。[113] 基于如此选择的基点所构建的线显然不是双方海岸之间的真正等距离线。法院决定其构建的线向西南延伸，直到智利的200海里界限，然后向南沿着该界限直到两国200海里界限的交点。法院在第二阶段决定不需要调整该临时界线。在划界的第三阶段，法院进行了不成比例检验，并得出了不存在明显的比例失调的结论。但是法院没有对相关海岸和相关海域的比例进行数学计算，而只是做了一个"大致的不成比例评估"。[114]

5.2014年"孟加拉国诉印度案"

本案与2012年"孟加拉国/缅甸案"颇为类似，涉及划分当事双方在孟加拉湾的领海、专属经济区和大陆架边界。案件由孟加拉国于2009年提交《海洋法公约》附件七仲裁程序。划界的准据法是1982年《海洋法公约》的相关规定。仲裁法庭首先确定了双方陆地边界终点在孟加拉湾的确切位置，并将其作为海洋划界的起点。划界分为三个部分：领海划界、200海里以内的大陆架和专属经济区划界，以及200海里以外的大陆架划界。

关于领海划界，仲裁法庭首先划了临时等距离线，然后进行了调整。作为海洋划界起点的双方陆地边界终点不是一个等距离点，法庭认为需要将陆地边界终点与用于领海划界的中间线连接起来这一点构成一个特殊情况。法庭决定的领海边界是一条从陆地边界终点出发的12海里长的测地线。[115] 关于200海里以内的大陆架和专属经济区划界，法庭使用的是所谓的包含三个划界步骤的"等距离/有关情况方法"。[116] 仲裁法庭首先建立了临时等距离线，并认为由于海岸的凹陷，临时等距离线对孟加拉国海岸的向海投射产生了截断效果，因此需要调整临时界线。值得注意的是，法庭并未在这部分划界中进行调整，理由是法庭认为该调整还需要考虑200海里以外的截断。[117] 关于200海里以外的大陆架划界，法庭同样采用"等距离/有关情况方法"，因为法庭认为大陆架划界的方法应是一样的，无论待划界的区域位于200海里以内

---

[112] Maritime Dispute (Peru v. Chile), Judgment, I.C.J. Reports 2014, p.3, para.179.

[113] Maritime Dispute (Peru v. Chile), Judgment, I.C.J. Reports 2014, p.3, para.185.

[114] Maritime Dispute (Peru v. Chile), Judgment, I.C.J. Reports 2014, p.3, paras.192–194.

[115] Bay of Bengal Maritime Boundary Arbitration between Bangladesh and India (Bangladesh v. India), Award of 7 July 2014, paras.273–276.

[116] Bay of Bengal Maritime Boundary Arbitration between Bangladesh and India (Bangladesh v. India), Award of 7 July 2014, para.341.

[117] Bay of Bengal Maritime Boundary Arbitration between Bangladesh and India (Bangladesh v. India), Award of 7 July 2014, para.421.

还是以外。[118] 在构建了200海里外的临时等距离线后,法庭对200海里以外和以内的临时等距离线一起作了调整。为了改善临时等距离线对孟加拉国的专属经济区和大陆架权利的过分负面影响,法庭决定从临时等距离线上的一点(PROV-3)开始,单一界线是一条方位角为177°30′的测地线,直到与国际海洋法法庭确定的孟加拉国和缅甸间的海洋边界相交。[119] 最后仲裁法庭进行了不成比例检验。在计算了各方相关海岸和相关海域的比例后,法庭认为不存在重大的比例失调要求调整划界结果。[120]

6.2017年"加纳/科特迪瓦案"

本案最初由加纳提交《海洋法公约》附件七的仲裁程序,后来双方达成协议将案件转交给国际海洋法法庭的一个专案分庭。本案涉及划分两国的领海、专属经济区和大陆架边界。虽然双方之间不存在正式划界协定,但加纳主张两国都承认一条以等距离为基础的海洋边界。分庭拒绝了加纳的主张,裁定双方间不存在划分它们海洋边界的默示协定。[121]

在划界操作方面,本案的一个突出特点是没有单独进行领海划界,而是将领海划界和200海里以内大陆架及专属经济区划界一并处理。分庭的理由是,各方在请求为领海、专属经济区和大陆架划一条单一海洋边界时就已经默示同意为这些海洋空间使用同样的划界方法。[122] 由此本案划界包括两个部分:200海里以内的划界和200海里以外的大陆架划界。划界的准据法是《海洋法公约》的相关规则,所使用的划界方法是"三步走"划界法。在200海里以内的划界中,分庭首先建立了一条临时界线。由于分庭在选择基点的过程中减少了基点的数量,因此所建立的是一条简化的临时等距离线。[123] 在考察了各方的主张后,分庭认为没有有关情况需要调整临时界线。[124] 对于200海里以外大陆架界线的划定,分庭的操作相当简单。在认为应当使用200海里以内划界的同样方法划分200海里外的界线后,分庭径直决定200海里以内的界线沿着同样的方向前进,直到大陆架的外部界限。[125] 最后分庭进行了不成比例检验,并认为不

---

[118] Bay of Bengal Maritime Boundary Arbitration between Bangladesh and India (Bangladesh v. India), Award of 7 July 2014, para. 465.

[119] Bay of Bengal Maritime Boundary Arbitration between Bangladesh and India (Bangladesh v. India), Award of 7 July 2014, para. 478.

[120] Bay of Bengal Maritime Boundary Arbitration between Bangladesh and India (Bangladesh v. India), Award of 7 July 2014, paras. 495-497.

[121] Delimitation of the Maritime Boundary in the Atlantic Ocean (Ghana/Côte d'Ivoire), ITLOS, Judgment of 23 September 2017, para. 660.

[122] Delimitation of the Maritime Boundary in the Atlantic Ocean (Ghana/Côte d'Ivoire), ITLOS, Judgment of 23 September 2017, para. 262.

[123] Delimitation of the Maritime Boundary in the Atlantic Ocean (Ghana/Côte d'Ivoire), ITLOS, Judgment of 23 September 2017, paras. 399-400.

[124] Delimitation of the Maritime Boundary in the Atlantic Ocean (Ghana/Côte d'Ivoire), ITLOS, Judgment of 23 September 2017, para. 480.

[125] Delimitation of the Maritime Boundary in the Atlantic Ocean (Ghana/Côte d'Ivoire), ITLOS, Judgment of 23 September 2017, paras. 526-527.

存在重大的比例失调。[126]

7. 2018年“加勒比海和太平洋海洋划界案”(哥斯达黎加诉尼加拉瓜)

该案国际法院划分了当事双方在加勒比海和太平洋海域的海洋边界。案件由哥斯达黎加于2014年提起。在审理过程中哥斯达黎加于2017年又提起了“波蒂略岛北部的陆地边界案”,事关双方在加勒比海方向陆地边界的确切位置,而该争端与加勒比海地区的海洋划界有关。由此在这一点上本案也是一个“混合争端”。法院将海洋划界案和波蒂略岛(Isla Portillos)北部案合并审理。法院裁判哥斯达黎加对波蒂略岛的整个北部拥有主权,但港头潟湖(Harbor Head Lagoon)和将潟湖与加勒比海分隔开的沙洲的主权属于尼加拉瓜。[127] 由此在哥斯达黎加的领土内存在一块尼加拉瓜的飞地。然而法院在之后的海洋划界中没有给予该飞地以任何领海。[128] 法院在加勒比海和太平洋划分了双方的领海、专属经济区和大陆架边界。就领海划界而言,法院使用了“两步走”方法;而就专属经济区和大陆架的单一划界而言,则使用了“三步走”划界法。

在加勒比海的海洋划界中,由于双方陆地边界终点附近的海岸线非常不稳定,因此无法在海岸上找到一个适合作为划界起点的固定点。法院将一个距离海岸2海里处的中间线上的海上定点设置为海洋划界的起点。[129] 法院划定的该部分领海界线由两部分组成:划界起点朝海方向是一条等距离线,而朝陆地方向则是该起点与距离陆地边界终点最近的哥斯达黎加海岸坚固陆地上的一个点之间的连线。[130] 关于专属经济区和大陆架的划界,当事双方都要求法院划一条单一界线。要求调整临时等距离线的有关情况是距离大陆海岸约26海里的尼加拉瓜的科恩群岛(Corn Islands)。鉴于这些岛屿的面积有限并且距离大陆海岸很远,法院决定只给予它们半效力,并由此对临时界线作了有利于哥斯达黎加的调整。[131] 由于调整后的等距离线上的转折点很多而导致界线过于复杂,法院又基于那些显示该线方向变化的最重要的转折点对界线加以简化。[132] 由此最终的界线是一条简化的调整等距离线。在太平洋海域的划界中,领海界线是一条未经调整的等距离线。专属经济区和大陆架的单一边界同样是一条简化的调整等距离线。要求调整临时等距离线的情况是哥斯达黎加海岸上的圣埃琳娜半岛(Santa Elena

---

〔126〕 Delimitation of the Maritime Boundary in the Atlantic Ocean (Ghana/Côte d'Ivoire), ITLOS, Judgment of 23 September 2017, paras. 536 – 537.

〔127〕 Maritime Delimitation in the Caribbean Sea and the Pacific Ocean (Costa Rica v. Nicaragua) and Land Boundary in the Northern Part of Isla Portillos (Costa Rica v. Nicaragua), Judgment, I. C. J. Reports 2018, p. 139, para. 205.

〔128〕 Maritime Delimitation in the Caribbean Sea and the Pacific Ocean (Costa Rica v. Nicaragua) and Land Boundary in the Northern Part of Isla Portillos (Costa Rica v. Nicaragua), Judgment, I. C. J. Reports 2018, p. 139, para. 105.

〔129〕 Maritime Delimitation in the Caribbean Sea and the Pacific Ocean (Costa Rica v. Nicaragua) and Land Boundary in the Northern Part of Isla Portillos (Costa Rica v. Nicaragua), Judgment, I. C. J. Reports 2018, p. 139, para. 86.

〔130〕 Maritime Delimitation in the Caribbean Sea and the Pacific Ocean (Costa Rica v. Nicaragua) and Land Boundary in the Northern Part of Isla Portillos (Costa Rica v. Nicaragua), Judgment, I. C. J. Reports 2018, p. 139, para. 106.

〔131〕 Maritime Delimitation in the Caribbean Sea and the Pacific Ocean (Costa Rica v. Nicaragua) and Land Boundary in the Northern Part of Isla Portillos (Costa Rica v. Nicaragua), Judgment, I. C. J. Reports 2018, p. 139, paras. 153 – 154.

〔132〕 Maritime Delimitation in the Caribbean Sea and the Pacific Ocean (Costa Rica v. Nicaragua) and Land Boundary in the Northern Part of Isla Portillos (Costa Rica v. Nicaragua), Judgment, I. C. J. Reports 2018, p. 139, para. 158.

Peninsula)。法院在领海划界中认为该半岛没有构成特殊情况,但在专属经济区和大陆架划界中认为位于圣埃琳娜半岛上的基点对临时等距线的影响严重截断了尼加拉瓜的海岸投射,并由此决定给予该半岛以半效力。[133] 法院在第三阶段进行的不成比例检验中都认为没有显示任何明显的比例失调。

8. 2021年"印度洋海洋划界案"(索马里诉肯尼亚)

本案涉及当事双方在印度洋的划界争端。两国是东非海岸的相邻国家,肯尼亚位于索马里的西南方。2014年,索马里将争端提交国际法院。2017年,国际法院就肯尼亚的初步反对主张作出判决,认定其有管辖权,而且请求书是可受理的。[134] 2021年,法院就案件的实质问题作出判决。当事双方关于划界采取了截然不同的立场。索马里主张双方之间不存在海洋边界,要求法院使用一条贯穿整个海域的未经调整的等距离线划分边界。而肯尼亚主张双方间已经存在一条沿着南纬1°39′43.2″的纬线(以下简称纬线)的边界。肯尼亚还主张,即使法院认为不存在议定的海洋边界,它也应当沿着该纬线划界。[135] 法院认定不存在索马里默认肯尼亚主张的海洋边界的强有力的证据,由此双方间没有议定的海洋边界。接着法院依次划分了双方间的领海边界、专属经济区和200海里内大陆架的单一边界,以及200海里外的大陆架边界。当事双方为《海洋法公约》的缔约国,因此可适用的法律是该公约的相关规定。

在双方大陆海岸上选择了适当的基点后,法院直接用从海洋划界起点的一条中间线作为领海边界,直到与12海里界限的交点(点A)。该线十分接近一条垂直于海岸一般方向的线。[136] 关于200海里内的专属经济区和大陆架的单一划界,法院继续使用"三步走"划界法。肯尼亚质疑此方法不是强制性的,法院对此表示认可,因为三阶段法不是《海洋法公约》规定的,而是法院在其海洋划界判例中发展起来的。法院表示如果存在不适宜使用等距离方法的因素,它将不使用三阶段法;但是认为本案并非此种情况,因为可以构建临时等距离线。而且法院认为使用肯尼亚建议的纬线不是实现公平解决的适当方法,因为该边界将对索马里海岸的向海投射产生严重的截断效果。[137] 在识别了相关海岸和相关海域后,法院根据识别的基点构建了一条临时等距离线,直到200海里的界限。在划界第二阶段,法院考察了肯尼亚提出的有关情况,并决定将临时等距离线向北移动。由此这一段边界从领海边界的终点(点A)开始,沿着初始方位角为114°的测地线延伸,直到肯尼亚的200海里界限(点B)。法院决定调整临时界线的理由是:从索马里到肯尼亚的海岸线整体上是凹陷的,由此索马里和肯尼亚间的临时

---

[133] Maritime Delimitation in the Caribbean Sea and the Pacific Ocean (Costa Rica v. Nicaragua) and Land Boundary in the Northern Part of Isla Portillos (Costa Rica v. Nicaragua), Judgment, I.C.J. Reports 2018, p. 139, paras. 193–194.

[134] Maritime Delimitation in the Indian Ocean (Somalia v. Kenya), Preliminary Objections, Judgment, I.C.J. Reports 2017, p. 3.

[135] Maritime Delimitation in the Indian Ocean (Somalia v. Kenya), I.C.J., Judgment of 12 October 2021, para. 35.

[136] Maritime Delimitation in the Indian Ocean (Somalia v. Kenya), I.C.J., Judgment of 12 October 2021, paras. 114–118.

[137] Maritime Delimitation in the Indian Ocean (Somalia v. Kenya), I.C.J., Judgment of 12 October 2021, paras. 127–131.

等距离线对肯尼亚的海洋权利造成了截断效果。[138] 法院在第三阶段进行了不成比例检验。当事双方的相关海岸长度之比为有利于索马里的1:1.43,而相关海域面积之比为有利于肯尼亚的1:1.30。虽然这两个比例截然相反,但是法院认为它们之间没有显示出重大或明显的比例失调,由此认定界线实现了公平解决。[139] 关于200海里外大陆架的划界,当事双方都已经按照《海洋法公约》第76条第8款向大陆架界限委员会提交了200海里外大陆架界限的定界案,但委员会尚未作出建议。法院强调没有划定大陆架外部界限本身并不构成相邻海岸国家间大陆架划界的障碍。然而法院几乎没有说明理由,就决定200海里外的海洋边界应继续沿着200海里内同样的测地线延伸,直到当事方在委员会今后作出的建议的基础上划定的大陆架的外部界限,或者第三国的权利可能受到影响的区域。[140]

9. 对"三步走"划界法的评价

第一,"三步走"划界法实质上是一种划界流程,而非一种划界"方法"。等距离、夹角平分线、垂直线、纬线等才是通常意义上所说的划界方法。

第二,该方法目前尚无普遍认同的名称。《海洋法公约》附件七仲裁法庭和国际海洋法法庭将其称为"等距离/有关情况方法"。但该名称并不恰当,因为它试图将两个不同起源和性质的概念捏在一起。"等距离"的概念源于条约法,而"有关情况"的概念源于习惯法。"等距离/特殊情况"和"公平原则/有关情况"是两组关于海洋划界的条约法和习惯法中的对应概念。目前国际法院在实践中尚未接受"等距离/有关情况方法"的表述,而将其称为"三阶段法"(the three - stage methodology)。随着"三步走"划界法的提出,国际法院在实践中也不再提及"公平原则/有关情况方法"。

第三,"三步走"划界法虽然是目前国际法庭在单一海洋划界中采用的标准划界流程,但是它并非《海洋法公约》第74条和第83条规定的划界规则所要求的。公认的是,第74条和第83条第1款仅规定了划界的公平结果要求,而未规定划界方法。而这些规定目前被认为同样具有习惯法的性质。虽然司法判例是确定法律规则的辅助资料,但是司法判例并不能取代《海洋法公约》的明文规定。就"三步走"方法与《海洋法公约》规定的大陆架和专属经济区的划界规则的关系而言,前者只能是为后者服务的;而且既不能修改,更不能替代后者。换言之,目前的司法判例应被理解为,在这些国际法庭看来,为了取得第74条和第83条第1款要求的公平结果,划界采用"三步走"方法是适宜的。然而这绝不意味着国际法庭在海洋划界中只能采用"三步走"方法。而就划分海岸相邻或相向国家间的海洋边界而言,可以采用它们协议的任何方法和步骤划界。

第四,将构建一条临时等距离线作为划界的先验出发点的做法缺乏《海洋法公约》依据。不可否认,等距离方法在海洋划界实践中被广泛使用而且该方法具有"科学性和适用时的相对

---

[138] Maritime Delimitation in the Indian Ocean (Somalia v. Kenya), I. C. J., Judgment of 12 October 2021, paras. 168 - 171.

[139] Maritime Delimitation in the Indian Ocean (Somalia v. Kenya), I. C. J., Judgment of 12 October 2021, paras. 176 - 177.

[140] Maritime Delimitation in the Indian Ocean (Somalia v. Kenya), I. C. J., Judgment of 12 October 2021, paras. 195 - 196.

容易”等一些内在优点。[141] 但同样不可否认的是，在第三次海洋法会议上，由于许多国家的激烈反对，等距离方法没能被包括在大陆架和专属经济区的划界规定中。“孟加拉国诉印度仲裁案”法庭指出，《海洋法公约》第74条和第83条中没有提及具体的划界方法，关于领海划界的第15条对等距离方法的提及不能被解读进第74条和第83条中。[142] 然而，国际法庭在使用“三步走”方法划界时，将从构建临时等距离线作为划界的开始步骤视为理所当然，而没有对在特定案件中使用等距离方法划界的决定作出适当的解释。此种做法几乎等同于通过“三步走”方法这个“后门”将在第三次海洋法会议上被拒绝了的等距离方法又纳入《海洋法公约》第74条和第83条中。按照目前《海洋法公约》的相关规定，等距离方法在划界中的可适用性应首先取决于它在特定案件中能够切实有助于取得公平结果。国际海洋法法庭曾指出：“在划海洋分界线时应当适用何种方法的问题应当根据每个案件的情况加以考虑。此时，获得公平结果的目标必须是引导法庭行为的首要考量。因此，所要使用的方法应当是在每个案件的主要地理现实和特定情况下能够导致公平结果的那个方法。”[143] 由此，如果一条等距离线不能在特定案件中有助于实现公平划界的目标，那么它就不适宜被用作划界的开始步骤。然而，目前国际法庭对等距离方法的使用已经达到一种僵化的程度。即使在某些案件中等距离线显然无助于公平结果的实现，因为它肯定不会被接受为划界结果，如2012年“尼加拉瓜诉哥伦比亚案”的情况，但是国际法院仍将临时等距离线作为划界出发点。对此做法的可能解释是，法院关于构建临时等距离线的决定并非基于对实现公平划界的考虑。国际法院在“黑海划界案”中曾明确表示，它在构建临时等距离线的阶段将不会关心任何可能获得的有关情况，而将在划界第二阶段考虑有关情况以实现公平结果。但这种方法显然缺乏《海洋法公约》依据。“获得公平结果的目标必须是引导法庭行为的首要考量”，其中当然应包括是否从构建临时等距离线开始划界的决定。

第五，关于第二阶段中对有关情况的考察问题，包含两部分操作：关于是否存在要求调整临时等距离线的有关情况的判断，以及必要时对临时界线的调整。国际法庭关于有关情况的标准越来越严格。目前海岸地理是被承认的主要潜在的有关情况，包括岛屿的存在、海岸线长度的差异、海岸显著凹陷等。但这些情况存在本身并不意味着就需要调整临时界线。只有当岛屿不成比例地影响了界线的走向，海岸线长度存在显著差异，以及海岸凹陷对一方向海投射造成截断效果时，法庭才会认为需要调整临时界线。在此情况下，如何调整临时界线则属于法庭的裁量范围。然而，如果法庭在该阶段对临时界线进行大幅度调整，则临时等距离线对于公平结果的助益以及由此该划界中使用等距离方法的正当性就是值得怀疑的。

第六，关于在第三阶段诉诸不成比例检验，与其说是为了检验划界结果公平与否，不如说

[141] Territorial and Maritime Dispute between Nicaragua and Honduras in the Caribbean Sea (Nicaragua v. Honduras), Judgment, I. C. J. Reports 2007, p. 659, para. 272.

[142] Bay of Bengal Maritime Boundary Arbitration between Bangladesh and India (Bangladesh v. India), Award of 7 July 2014, para. 338.

[143] Delimitation of the Maritime Boundary in the Bay of Bengal (Bangladesh/Myanmar), ITLOS, Judgment of 14 March 2012, para. 235.

是为法庭划界结果的公平性提供证据。鉴于该操作过程中的灵活性，难以说该检验会对保证划界结果的公平性发挥任何实际作用。首先，是否满足这一检验的标准不是当事方各自相关岸线长度的比例和各自所获相关海域的面积比例之间存在合理的对称关系，而是这两个比例之间不存在重大或明显的不对称关系。而且关于重大或明显比例失调的判断标准，又不存在任何数学公式，而只能根据特定案件的情况加以评估。迄今为止，在适用了不成比例检验的案件中尚未出现未能通过检验的情况，其中包括相关岸线的比例和相关海域的比例之间存在十分明显的差异甚至截然相反的情况。其次，在具体操作中，大多数案件都使用数字比例的方式，即分别确定海岸线长度的比例和海域面积的比例，然后再加以对照。但在一些案件中，法庭没有确定具体的比例数字，而是通过大致的评估进行不成比例检验。这样操作的可信度是十分值得怀疑的。

三、划界前的义务

（一）《海洋法公约》第 74 条和第 83 条

《海洋法公约》第 74 条和第 83 条的第 3 款规定，在达成专属经济区和大陆架划界协议前，“有关各国应基于谅解和合作的精神，尽一切努力作出实际性的临时安排，并在此过渡期间内，不危害或阻碍最后协议的达成。这种安排应不妨害最后界限的划定”。该款为海洋划界争端当事国在达成最终划界协议前设置了两项义务：第一项是积极义务；第二项是消极义务。这两项义务相互联系，[144] 同时试图促进和限制当事方在争议海域内的活动。[145]

1. 努力达成临时安排的积极义务

《海洋法公约》要求当事国在达成专属经济区和大陆架划界协议前，应基于谅解和合作的精神尽一切努力作出实际性的临时安排。这是一项积极义务。该义务的目的是促进划界争端当事方在划界前达成临时制度和实际措施，从而能够为在完成划界前利用争议海域铺平道路，而这被认为有利于实现《海洋法公约》关于公平和有效地利用海洋资源的目标。[146] 该义务包含以下内容。

第一，为了履行该义务，当事各方应进行善意谈判。2007 年“圭亚那诉苏里南案”的仲裁法庭指出：“用来构筑该义务的语言给当事各方设置了善意谈判的责任。其实，将‘基于谅解和合作的精神’这一短语包括在内就显示出起草者要求当事各方以一种调和方式进行谈判的意图，据此它们应准备好在达成临时安排的过程中做出让步。”[147]

第二，“尽一切努力”的表述显示《海洋法公约》没有为专属经济区和大陆架划界争端的当

---

[144] Delimitation of the Maritime Boundary in the Atlantic Ocean (Ghana/Côte d'Ivoire), ITLOS, Judgment of 23 September 2017, para. 626.

[145] Guyana v. Suriname, Arbitral Award of 17 September 2007, para. 459.

[146] Guyana v. Suriname, Arbitral Award of 17 September 2007, para. 460.

[147] Guyana v. Suriname, Arbitral Award of 17 September 2007, para. 461.

事方规定必须达成某种临时安排的义务，从而给有关国家留有一定的解释空间。[148] 由此，努力达成临时安排构成一项行为义务而非结果义务。[149]

第三，根据《海洋法公约》第74条和第83条的第3款达成的实际性的临时安排"应不妨害最后界限的划定"。根据有些学者的见解，该"不妨害"具有以下效果：[150] 最终划界不需要考虑任何之前的临时安排或者当事各方根据该安排所进行的活动；这些活动不能对海域或资源产生权利；除非各方明示同意，一方不能认为它们在临时安排中所达成的内容是终局性的；而且各方也不被禁止在关于最终协议的谈判中采取与临时安排不同的立场。

2. 不危害划界协议达成的消极义务

《海洋法公约》第74条和第83条的第3款为当事国规定的第二项义务是，它们应基于谅解和合作的精神，尽一切努力在达成划界协议前的过渡期间内不危害或阻碍最后协议的达成。这是一项消极义务，由此争端当事方在争议海域内可以从事的活动受到一定的限制。该义务并不要求争端当事方不得在争议海域内从事任何活动，但是当事方不应从事那些可能危害或阻碍达成划界协议的活动。[151] 在一定程度上可以说，第二项义务是对第一项义务的保障。

3. 司法和仲裁实践

2007年"圭亚那诉苏里南案"是第一个对《海洋法公约》第74条和第83条的第3款加以详细解释和适用的案例。该案的直接起因是圭亚那授权CGX资源公司在争议海域进行石油勘探作业，而苏里南在通过外交渠道要求圭亚那停止上述活动无果后，派海军巡逻艇将CGX资源公司的钻探船驱离争议海域。仲裁法庭裁定当事双方都违反了《海洋法公约》第74条和第83条的第3款中规定的义务。关于尽一切努力作出临时安排的义务，仲裁法庭强调苏里南未积极参与相关谈判，而圭亚那的行为直接导致了CGX事件的发生。在仲裁法庭看来，符合努力达成临时安排义务的做法是，圭亚那应就其勘探计划直接给苏里南以正式和详细的通知，在从事这些活动时寻求苏里南的合作，给苏里南观察这些活动的机会，许诺分享勘探的成果及从勘探活动中所获得的一切财政收益，以及在更早的阶段寻求就该钻探活动与苏里南进行讨论。[152]

2017年，国际海洋法法庭的专案分庭在"加纳/科特迪瓦案"中没有支持科特迪瓦关于加纳"在科特迪瓦海域"单方从事油气活动违反了不危害或阻碍协议达成的义务。分庭的一个重要理由是，根据划界的结果，加纳仅仅在归属于它的海域内进行了石油活动，由此加纳的活动并不满足科特迪瓦诉求中的条件。[153] 此外，分庭还指出，科特迪瓦没有要求加纳就达成临时安排

---

〔148〕［斐济］萨切雅·南丹、［以色列］沙卜泰·罗森主编：《1982年〈联合国海洋法公约〉评注》（第2卷），吕文正、毛彬中译本主编，海洋出版社2014年版，第737页。

〔149〕Delimitation of the Maritime Boundary in the Atlantic Ocean (Ghana/Côte d'Ivoire), ITLOS, Judgment of 23 September 2017, para. 627.

〔150〕Rainer Lagoni, *Interim Measures Pending Maritime Delimitation Agreements*, 78 American Journal of International Law 359 (1984).

〔151〕Guyana v. Suriname, Arbitral Award of 17 September 2007, paras. 465 – 467.

〔152〕Guyana v. Suriname, Arbitral Award of 17 September 2007, paras. 472 – 477.

〔153〕Delimitation of the Maritime Boundary in the Atlantic Ocean (Ghana/Côte d'Ivoire), ITLOS, Judgment of 23 September 2017, paras. 631 – 633.

进行谈判,而这阻止了科特迪瓦主张加纳违反了就此类安排进行谈判的义务。[154]

2021 年,国际法院在"印度洋海洋划界案"(索马里诉肯尼亚)中驳回了原告关于肯尼亚在争议海域的活动危害或阻碍了达成最后划界协议,由此违反了《海洋法公约》第 74 条和第 83 条的第 3 款的指控。法院认为双方的海洋划界争端自 2009 年始,由此应当考虑的是肯尼亚在 2009 年以后从事的活动。关于索马里抱怨的肯尼亚给予私人运营商石油特许权区块以及在这些区块内进行地震或其他调查的活动,法院指出这些活动都是暂时性的,不具有导致海洋环境永久实际改变的性质。关于索马里抱怨的钻探活动,法院承认这些活动能够危害或阻碍最后划界协议的达成,但是认为根据当事方提交的证据,它无法充分确定 2009 年之后发生过可能导致争议地区永久实际改变的钻探活动。[155]

(二)共同开发

1. 共同开发的含义

共同开发是国际社会公认的一种在解决海洋划界争端前的临时安排。国际法院在 1969 年"北海大陆架案"中就曾建议当事各方考虑在争议的大陆架区域进行共同开发。2007 年"圭亚那诉苏里南案"法庭指出:"有许多共同勘探和开发海洋资源的安排的例子,经常被称为共同开发协定。"[156] 共同开发安排既不会影响有关各方关于争端的各自立场,同时又能实现在解决管辖权争端前利用海洋资源的目的。而一旦各方就争议海域达成共同开发的安排,即使后来由于各种原因未能真正实现在争议海域的共同开发,在客观上也将起到避免争端进一步恶化的效果。

关于共同开发的含义,目前学界有不同观点,主要集中在共同开发的主体、时间、资源种类、开发方式和开发区域等方面。[157] 最为狭义的定义是国家通过协议对划界前争议海域内的非生物资源进行合作开发。然而,一些学者认为对已划界海域中的跨界资源进行的联合开发,以及作为划界协议一部分的对特定区域内资源的分享也属于共同开发。[158] 此外,有学者认为共同开发的对象不应该局限于非生物资源,也可以共同开发渔业等生物资源。而国家实践显示,共同开发不仅可以适用于海洋划界争端,而且也适用于岛屿主权争端的情况。例如,英国和阿根廷就马尔维纳斯群岛(英国称福克兰群岛)的主权归属长期存在争议,1982 年两国甚至因此爆发了战争。然而,1995 年两国就共同开发该群岛周围水域内的资源达成了安排。[159]

---

[154] Delimitation of the Maritime Boundary in the Atlantic Ocean (Ghana/Côte d'Ivoire), ITLOS, Judgment of 23 September 2017, para. 628.

[155] Maritime Delimitation in the Indian Ocean (Somalia v. Kenya), I. C. J., Judgment of 12 October 2021, paras. 205 - 211.

[156] Guyana v. Suriname, Arbitral Award of 17 September 2007, para. 462.

[157] 吴继陆:《关于共同开发有关法律问题的思考》,载高之国等主编:《国际海洋法的新发展》,海洋出版社 2005 年版,第 224 - 228 页;萧建国:《国际海洋边界石油的共同开发》,海洋出版社 2006 年版,第 12 ~ 16 页。

[158] 余民才:《海洋石油勘探与开发的法律问题》,中国人民大学出版社 2001 年版,第 102、107 页。

[159] Joint Declaration of Argentina and the United Kingdom on Co - operation over Offshore Activities in the South West Atlantic, 27 September 1995, in 35 International Legal Materials 301 (1996).

作为1982年《海洋法公约》第74条和第83条的第3款意义上"实际性的临时安排"的共同开发，指的是争端各国在达成划界协议之前，为开发自然资源而在划界争议区域达成的临时性合作安排。鉴于共同开发也包括在有关专属经济区划界前的临时安排的《海洋法公约》第74条第3款中，因此共同开发的对象既包括油气等非生物资源，也包括渔业等生物资源。然而，第74条和第83条的第3款意义上的共同开发不包括作为划界协议的一部分，[160]或在完成划界后对跨界资源进行联合开发[161]的情况。它也不包括在主权存在争议的岛屿周围海域进行共同开发的实践，因为此类实践主要涉及适用领土主权归属相关的规则，而非与海洋划界相关的规则。

2. 共同开发的实践

以下是一些国家在划界前达成共同开发安排的例子，包括：1965年科威特和沙特阿拉伯《关于分割中立区的协定》；1974年苏丹和沙特阿拉伯《关于联合开发共同区内红海海床和底土的自然资源的协定》；1974年日本和韩国《关于共同开发邻接两国的大陆架南部的协定》；1979年马来西亚和泰国《为开发泰国湾两国大陆架规定地区内的海床资源而建立联合管理局的谅解备忘录》；1989年澳大利亚和印度尼西亚《关于在位于印度尼西亚东帝汶省与北澳大利亚之间的区域内建立合作区的条约》；1992年马来西亚和越南《在有关两国大陆架的规定地区内开发利用石油的谅解备忘录》；1993年几内亚比绍和塞内加尔《管理及合作协定》；1993年哥伦比亚和牙买加《关于海洋划界的条约》；2001年尼日利亚与圣多美和普林西比《关于在两国专属经济区的"区域"内共同开发石油和其他资源的条约》；2001年柬埔寨和泰国《关于它们对大陆架的海域主张重叠区域的谅解备忘录》；2002年澳大利亚和东帝汶《帝汶海条约》；2003年圭亚那和巴巴多斯《关于在位于其他国家专属经济区外部界限以外的两国专属经济区外部界限重叠区域内行使管辖权的专属经济区合作条约》；2012年塞舌尔和毛里求斯《关于共同行使马斯克林海台地区大陆架的主权权利的条约》和《关于共同管理马斯克林海台地区大陆架的条约》等。

共同开发区域范围的划定是关系到共同开发最终能否真正实现的关键。在这方面，国际法中并无专门规则。就国家实践而言，主要有三种方式。[162] 其一，以各方的"权利重叠区域"，即有关各国依据国际法规定的权利基础所能主张的最大海域界限之间的重叠区域，作为共同开发区域。这方面代表性的实践是1989年澳大利亚和印度尼西亚在"帝汶缺口"建立的合作区。然而，由于这样划定的区域范围过大，双方还进一步对该区域进行分割以确定真正的共同开发区。其二，以各方"主张重叠区域"，即有关各国划界主张之间的重叠区域，作为共同开发区域。其三，以其他方式划定共同开发区的范围。其中，前两种方式显示出海洋划界规则在共

---

〔160〕 例如，1958年《巴林和沙特阿拉伯关于划分波斯湾大陆架疆界的协定》；1969年《卡塔尔和阿布扎比关于解决海洋疆界线及对各岛的主权权利的协定》；1974年法国和西班牙《关于两国在比斯开湾大陆架划界的公约》；1981年冰岛和挪威《关于冰岛与扬马延之间区域的大陆架协定》；2002年尼日利亚和赤道几内亚《关于执行海洋边界条约第6条第2款的议定书》。

〔161〕 例如，1976年英国和挪威根据两国1965年《大陆架划界协定》达成的《关于开发弗里格气田以及从该气田向英国输送天然气的协定》。

〔162〕 Gao Jianjun, *Joint Development in the East China Sea: Not an Easier Challenge than Delimitation*, 23 The International Journal of Marine and Coastal Law 43 – 60 (2008).

同开发区范围的划定过程中所发挥的重要作用,而且绝大多数共同开发案例都是按照相关各国的划界主张重叠区域来划定共同开发范围的。究其原因,虽然共同开发协议“应不妨害最后界限的划定”,而且现有的共同开发协议一般也都含有不影响有关国家的各自划界立场的规定,但清楚的是,任何国家在此类谈判中通常会竭力将其认为属于自己的区域保留给本国单独开发,而不是与他国共同开发。而为了实现这一目的,它们只能依赖国际法上与划界相关的规则。另外,共同开发协定一般有一个较长的有效期,其中一些可能在划界完成后还会继续有效。这或许可以解释国家在确定共同开发区范围时往往持强硬立场,而最终共同开发区的划定不得不囊括各方相冲突立场的原因了。

第八章　公　　海

一、公海自由

（一）公海和公海自由的含义

1. 公海

1958 年《公海公约》第 1 条规定，公海（high seas）是指不包括在一国领海或内水内的全部海域。1982 年《海洋法公约》关于公海的规定主要在第七部分。值得注意的是，《海洋法公约》没有给公海下定义。其第 86 条只是规定"本部分的规定适用于不包括在国家的专属经济区、领海或内水或群岛国的群岛水域内的全部海域"，同时强调"本条规定并不使各国按照第五十八条规定在专属经济区内所享有的自由受到任何减损"。未能给公海下定义与各国在第三次海洋法会议上关于专属经济区是否应被包括在公海中的争论有关。[1] 目前有些国家仍使用"国际水域"的表述来指称领海以外的海域，其中包括专属经济区和公海。但"国际水域"并非《海洋法公约》中的用语。根据《海洋法公约》的海域划分，专属经济区和公海显然是具有不同法律地位的海域。虽然所有国家在专属经济区内享有某些公海自由，但需要"在本公约有关规定的限制下"。同时，虽然《海洋法公约》一些有关公海的规定也可以适用于专属经济区，但前提是这些规定与专属经济区部分"不相抵触"。由此，将专属经济区仍旧视为公海的一部分或者将两者相提并论的做法是不符合《海洋法公约》规定的。

公海包括国家管辖范围以外的全部海域。首先，专属经济区、领海、内水、群岛国的群岛水域以及历史性水域等国家管辖海域不属于公海。毗连区是否属于公海取决于有关国家是否建立了专属经济区。在没有专属经济区的情况下，毗连区仍是公海的组成部分。其次，这里的"海域"指的是水体，因此不包括属于大陆架或国际海底区域的海床和底土。随着领海宽度的扩大以及专属经济区和群岛水域制度的建立，公海的范围大大缩小了。但如今海洋的主体仍旧是公海。

2. 公海自由

公海自由原则是公海制度的基础。该原则是一项牢固确立的习惯法规则，主要包括以下内容：

（1）任何国家不得有效地声称将公海的任何部分置于其主权之下。公海是罗马法上所谓

---

〔1〕［美］路易斯·B. 宋恩等：《海洋法精要》（第 2 版），傅崐成等译，上海交通大学出版社 2014 年版，第 8～9 页。

的“非交易物”(*res extra commercium*),任何国家不仅在公海上没有领土主权,而且也没有通过先占而取得公海任何部分的权利。[2] 对公海主权主张无效的规定包括在1958年《公海公约》中,而1982年《海洋法公约》第89条延续了该规定。然而,鉴于专属经济区制度的建立,如今该规则应表述为任何国家不得有效地声称将公海的任何部分置于其主权或主权权利之下。这是公海与国家管辖海域的区别。

(2)公海对所有国家开放,不论沿海国或内陆国,都可以合法地利用公海。对公海的国际合法用途就是公海自由的内容。这些自由由各国在平等的基础上行使,而任何国家在行使公海自由时都没有优先权。[3]

(3)为了各国的利益,公海自由的行使要受到一定的限制。第一,公海自由应依照《海洋法公约》和其他国际法规则所规定的条件行使。第二,公海自由的行使须适当顾及其他国家行使公海自由的利益,并适当顾及同国际海底区域内活动有关的权利。由此,一国不得从事可能对其他国家使用公海有不利影响的行为。[4]

(4)公海应只用于和平目的。《海洋法公约》禁止与《联合国宪章》所载国际法原则不符的军事活动,但是并未一般性地禁止海上军事活动。各国有在公海上进行军事演习的自由。然而,各国在公海上的军事活动应当遵守相关国际法规则并适当顾及其他国家的利益。

1963年《禁止在大气层、外层空间和水下进行核武器试验条约》规定,各缔约方保证不在大气层、外层空间以及包括领海和公海在内的水下进行核武器试验爆炸或任何其他核爆炸。[5] 截至2021年9月,该公约有125个缔约方,法国尚未参加。20世纪60年代和70年代法国曾多次在南太平洋地区进行空中核试验,并为此在公海上设置了飞行“禁区”和飞行及航行“危险区”。新西兰和澳大利亚质疑法国核试验的合法性,并将争端提交国际法院,是为“核试验案”。虽然这些核试验是在法属波利尼西亚的环礁上进行的,但原告主张核试验产生的放射性尘埃侵犯了它们在国际法中的权利,其中提到公海自由,包括航行和飞越自由以及勘探和开发资源的自由不受核试验干扰的权利。[6] 由于法国在审理过程中承诺不在该地区继续进行空中核试验,因此国际法院裁定它不再需要就原告的诉求作出决定。[7] 在公海上进行核武器试验可能受制于适当顾及其他国家行使公海自由利益的原则。1985年,南太平洋地区国家缔结了《南太平洋无核区条约》[8],并向南太平洋论坛成员开放。截至2021年9月,该条约有13个缔约

〔2〕[英]詹宁斯、瓦茨修订:《奥本海国际法》(第一卷第二分册)(第9版),王铁崖等译,中国大百科全书出版社1998年版,第159~160页。

〔3〕[斐济]萨切雅·南丹、[以色列]沙卜泰·罗森主编:《1982年〈联合国海洋法公约〉评注》(第3卷),吕文正、毛彬中译本主编,焦永科等译,海洋出版社2016年版,第73页。

〔4〕International Law Commission, *Commentary to the Articles Concerning the Law of the Sea*, in Yearbook of the International Law Commission (1956), Vol. Ⅱ, p. 278.

〔5〕第1条。该条约于1963年8月5日通过,1963年10月10日生效。

〔6〕Nuclear Tests (New Zealand v. France), Judgment, I. C. J. Reports 1974, p. 457, para. 17; Joint Dissenting Opinion of Judges Onyeama, Dillard, Jimenez De Arechaga and Sir Humphrey Waldock, para. 36.

〔7〕Nuclear Tests (New Zealand v. France), Judgment, I. C. J. Reports 1974, p. 457, para. 65.

〔8〕1985年8月6日通过,1986年12月11日生效。

方。1986 年,《南太平洋无核区条约第三号议定书》[9]向联合国安理会常任理事国开放,其第 1 条规定各签署国承诺不在南太平洋无核区内试验任何核爆炸装置。目前除美国以外均已批准该议定书。

(二)公海自由的内容

公海自由包括国际法承认的对公海的各种用途。1958 年《公海公约》第 2 条提到了四项公海自由:(1)航行自由;(2)捕鱼自由;(3)铺设海底电缆和管道的自由;(4)公海上空的飞行自由。1982 年《海洋法公约》第 87 条规定,公海自由“除其他外”包括:(1)航行自由;(2)飞越自由;(3)铺设海底电缆和管道的自由(受大陆架部分的限制);(4)建造国际法所容许的人工岛屿和其他设施的自由(受大陆架部分的限制);(5)捕鱼自由(受《海洋法公约》规定条件的限制);(6)科学研究的自由(受大陆架和海洋科学研究部分的限制)。与《公海公约》相比,《海洋法公约》增加了建造人工岛屿的自由和从事科学研究的自由。而“除其他外”的规定显示该清单并非对公海自由的完全列举。随着人类科学技术的进步,公海自由的内容整体上将不断扩大。另外,由于法律规则的变化,一些曾经的公海自由也可能消失。例如,国际法委员会在 1956 年的报告中曾提及勘探和开发公海底土的自由。[10] 但随着国际海底区域制度在《海洋法公约》中的确立,该自由不复存在。再如,捕鱼曾是人类利用海洋的一个主要途径,但如今公海捕鱼自由受到越来越多的限制,以至于可以说传统意义上的捕鱼自由也不复存在了。该问题将在本章第三部分详细讨论,同时公海科学研究自由将在第十二章介绍。

1. 航行自由

公海航行自由,是指每个国家,无论是沿海国或内陆国,均有权在公海上行驶悬挂其旗帜的船舶,而不受任何其他国家非法干涉的自由。第一,航行自由指的是船舶的移动自由。与其他公海自由一样,航行是一种对海洋的利用方式。虽然航行自由是公海自由的重要组成部分,但是航行自由既不等同于海洋自由,也并非一个包括所有《海洋法公约》第 87 条中未明示的公海自由的“篓子”概念。[11] 近来存在一种将航行自由的含义和范围扩大化的倾向。例如,国际海洋法法庭在 2019 年“诺斯塔号案”中认为,船舶在公海上给其他船舶加油的活动属于航行自由,但法庭几乎没有为这一重要结论给出任何理由。[12] 虽然公海上加油是一种合法的商业活动,但不属于航行自由的范畴,而是一项包括在《海洋法公约》第 87 条“除其他外”短语中的公海自由。第二,航行自由的行使不应受到其他国家的非法干涉。在公海上航行的船舶不受任

---

〔9〕 1986 年 8 月 8 日通过。

〔10〕 International Law Commission, *Commentary to the Articles Concerning the Law of the Sea*, in Yearbook of the International Law Commission (1956), Vol. Ⅱ, p. 278.

〔11〕 高健军:《航行自由的含义和适用范围:有关〈联合国海洋法公约〉项下法庭实践的考察》,载《法商研究》2021 年第 1 期。

〔12〕 M/V “Norstar” (Panama v. Italy), ITLOS, Judgment of 10 April 2019, para. 219.

何强制性海上礼节的拘束。[13] 一国在公海上登临、逮捕、扣押外国船舶或使外国船舶改变航向都构成对航行自由的干涉。[14] 作为例外,《海洋法公约》和其他条约也规定了一些其他国家有权干涉航行自由的情况。第三,航行自由的行使应遵守国际法规则所规定的条件。出于保护海洋环境以及维护海上安全等考虑,近来航行自由的行使正受到越来越多的限制。[15]

出于维持公海秩序的目的,在公海上航行的船舶需要遵守挂旗制度。第一,船舶在公海上航行应悬挂一国的旗帜。与其他公海自由一样,航行自由的权利主体是国家。在公海上航行的船舶首先需要获得一个国家的国籍并在航行时悬挂该国的旗帜。船舶在航行时没有悬挂旗帜本身就是一种违法行为,或者由于该船没有国籍或者该船意图隐藏其国籍。对于此种违法行为,所有国家的军舰都可以行使管辖权。第二,船舶在公海上航行仅应悬挂一国的旗帜。悬挂两国或两国以上旗帜航行并视方便而换用旗帜的船舶,对任何其他国家不得主张其中的任一国籍,并可视同无国籍船舶。[16] 各国关于授予船舶国籍的法律彼此不协调可能造成船舶双重国籍的情况。船舶在同一航程中视方便而换用旗帜是一种严重的滥用行为。[17] 第三,除所有权确实转移或变更登记的情形外,船舶在航程中或在停泊港内不得更换其旗帜。该规定是一种折中的结果,因为虽然任凭船舶在航程中更换旗帜会导致滥用,但完全禁止则又与航行利益相悖。[18] 第四,以上规定不影响用于为联合国、其专门机构或国际原子能机构正式服务并悬挂联合国旗帜的船舶的问题。联合国或其他国际组织的旗帜不能与国家的旗帜等同。[19] 为政府间国际组织服务的船舶的挂旗问题可由该船船旗国与有关国际组织协商解决。

2. 飞越自由

空气空间的法律地位取决于其下陆地或水域的地位。公海不属于任何国家的领土,由此公海上空属于国际空域,各国有飞越自由。在海洋法领域内明确规定公海上空的飞越自由,是因为该自由直接来自公海自由原则;但《海洋法公约》并未就飞越自由制定规则,因为这超出了海洋法的范畴。[20] 根据《国际民用航空公约》,航空器具有其登记国家的国籍。航空器在公海上空受其登记国管辖,并应遵守国际民用航空组织制定的《航空规则》。

---

〔13〕 [英]詹宁斯、瓦茨修订:《奥本海国际法》(第一卷第二分册)(第9版),王铁崖等译,中国大百科全书出版社1998年版,第161页。

〔14〕 The "Enrica Lexie" Incident (Italy v. India), Award of 21 May 2020, para. 470.

〔15〕 Rüdiger Wolfrum, *Freedom of Navigation: New Challenges*, 8 January 2008, Statement by President of the ITLOS, https://www.itlos.org/fileadmin/itlos/documents/statements_of_president/wolfrum/freedom_navigation_080108_eng.pdf, p. 11.

〔16〕 《海洋法公约》第92条。

〔17〕 International Law Commission, *Commentary to the Articles Concerning the Law of the Sea*, in Yearbook of the International Law Commission (1956), Vol. Ⅱ, p. 280. 参见[斐济]萨切雅·南丹、[以色列]沙卜泰·罗森主编:《1982年〈联合国海洋法公约〉评注》(第3卷),吕文正、毛彬中译本主编,焦永科等译,海洋出版社2016年版,第111页。

〔18〕 International Law Commission, *Commentary to the Articles Concerning the Law of the Sea*, in Yearbook of the International Law Commission (1956), Vol. Ⅱ, p. 279.

〔19〕 International Law Commission, *Commentary to the Articles Concerning the Law of the Sea*, in Yearbook of the International Law Commission (1956), Vol. Ⅱ, p. 279.

〔20〕 International Law Commission, *Commentary to the Articles Concerning the Law of the Sea*, in Yearbook of the International Law Commission (1956), Vol. Ⅱ, p. 278.

3. 铺设海底电缆和管道的自由

所有国家均有权在大陆架以外的公海海底上铺设海底电缆和管道,但各国在铺设海底电缆和管道时必须适当顾及已经铺设的电缆和管道,特别是修理现有电缆或管道的可能性不应受妨害。海底电缆主要包括两种类型:传送数据信号的海底通信电缆和传输电力的海底电力电缆;而海底管道则用来输送石油和天然气资源。目前海底通信电缆承担了95%的国际电信服务。[21]《海洋法公约》在规定了各国铺设海底电缆和管道的自由的同时,也为它们设置了保护海底电缆和管道的义务,并要求各国就下列事项制定必要的法律和规章。

第一,海底电缆或管道的所有人对另一海底电缆或管道的破坏或损害的赔偿责任。各国应制定必要的法律和规章,规定受其管辖的公海海底电缆或管道的所有人如果在铺设或修理该项电缆或管道时使另一电缆或管道遭受破坏或损害,应负担修理的费用。《海洋法公约》没有要求责任人更换受损的电缆或管道。[22]

第二,破坏海底电缆或管道的刑事责任。每个国家均应制定必要的法律和规章,规定悬挂该国旗帜的船舶或受其管辖的人故意或因重大疏忽而破坏或损害公海海底电缆,致使电报或电话通信停顿或受阻的行为,以及类似的破坏或损害海底管道或高压电缆的行为,均为应予处罚的罪行。此项规定也应适用于可能造成这种破坏或损害的行为。但对于仅为了保全自己的生命或船舶的正当目的而行事的人,在采取避免破坏或损害的一切必要预防措施后仍然发生的破坏或损害,此项规定不应适用。如果没有适当标记电缆和管道的存在,则没有"重大疏忽"的问题。[23]

第三,因避免损害海底电缆或管道而遭受损失人员的获得赔偿权。每个国家应制定必要的法律和规章,确保船舶所有人在其能证明因避免损害海底电缆或管道而牺牲锚、网或其他渔具时,应由电缆或管道所有人予以赔偿,但须船舶所有人事先曾采取一切合理的预防措施。

早在1884年,国际社会就缔结了《海底电缆保护公约》。国际电缆保护委员会(International Cable Protection Committee)是目前唯一有关海底电缆的国际组织,但它不是一个政府间国际组织。国际电缆保护委员会成立于1958年,主要目的是促进海底电缆的安全,目前有来自60多个国家和地区的180多个成员,[24]包括海底电缆的所有者、维护机构、海底电缆敷设船操作者、海底电缆路径调查公司以及国家政府等。[25]

4. 建造人工岛屿和其他设施的自由

所有国家均有权在大陆架以外的公海海底上建造国际法所容许的人工岛屿、设施和结构。

---

〔21〕 International Law Association, *Proposal for Establishment of A new ILA Committee on Submarine Cables and Pipelines under International Law*, www. ila – hq. org, para. 2.

〔22〕 [斐济]萨切雅·南丹、[以色列]沙卜泰·罗森主编:《1982年〈联合国海洋法公约〉评注》(第3卷),吕文正、毛彬中译本主编,焦永科等译,海洋出版社2016年版,第252页。

〔23〕 International Law Commission, *Commentary to the Articles Concerning the Law of the Sea*, in Yearbook of the International Law Commission (1956), Vol. Ⅱ, p. 294.

〔24〕 参见该组织网站介绍(https://www. iscpc. org/about – the – icpc/)。

〔25〕 International Law Association, *Proposal for Establishment of A new ILA Committee on Submarine Cables and Pipelines under International Law*, www. ila – hq. org, para. 11.

它们可以用作深水港、钻井设施、广播设施、渔业加工设施等用途。[26] 该项自由是《海洋法公约》新增加的一项公海自由。《海洋法公约》的这一部分既没有直接界定何种人工岛屿和设施是"国际法所容许的",也没有就此项公海自由的行使作进一步的规定。然而,《海洋法公约》第147条有关进行"区域"内活动所使用的设施规定可比照适用于此项公海自由的行使。其中规定,这种设施不得设在对使用国际航行必经的公认海道可能有干扰的地方,或设在有密集捕捞活动的区域;这种设施的安装、安置和拆除必须妥为通知,并对其存在必须维持永久性的警告方法;这种设施的周围应设立安全地带并加适当的标记,以确保航行和设施的安全。

二、公海上的管辖

(一)船旗国的管辖和义务

1. 船舶的国籍

(1)船舶

《海洋法公约》有时使用"船舶"(ship)的概念,有时使用"船只"(vessel)的概念,但没有定义船舶或船只。其他国际公约中关于船舶的定义也不尽相同,往往根据有关公约自身的目的来界定所适用的船舶的范围。例如,1973年《国际防止船舶造成污染公约》第2条第4款规定,"船舶"系指在海洋环境中运行的任何类型的船舶,包括水翼船、气垫船、潜水船、浮动艇筏,以及"固定的或浮动的工作平台"。1972年《国际海上避碰规则》规定,"船舶"是指用作或者能够用作水上运输工具的各类水上船筏,包括非排水船筏、地效船和"水上飞机"。[27] 1986年《联合国船舶登记条件公约》规定,"船舶"是指用于国际海上商务中运输货物、旅客或货物和旅客两者兼有的任何"自航式海船"。

(2)船旗国

船旗国(flag state)即船舶的国籍国,指船舶悬挂其旗帜并有权悬挂其旗帜的国家。《海洋法公约》第91条规定,船舶具有其有权悬挂的旗帜所属国家的国籍。船舶的国籍和自然人的国籍这两个概念之间没有可比性。[28] 船舶并非一个可以独立于其操作人员的法律行为体;船舶国籍的表述只是为了说明船舶在管辖上与一国相联系,而"没有任何拟人的意义"。[29]

授予船舶的国籍问题属于各国国内管辖事项,船旗国在这方面有很大的自主性,有权确定对船舶给予国籍、船舶在其领土内登记及船舶悬挂该国旗帜的权利的条件。船旗国应向其给予悬挂该国旗帜权利的船舶颁发给予该权利的文件。颁发证书是为了在有疑问时证明船舶的国籍。[30] 船舶一般通过登记取得国籍。《海洋法公约》要求船旗国应保持一本船舶登记册,载

---

〔26〕 [美]路易斯·B.宋恩等:《海洋法精要》(第2版),傅崐成等译,上海交通大学出版社2014年版,第15页。

〔27〕 "地效船"系指多式船艇,其主要操作方式是利用表面效应贴近水面飞行。《国际海上避碰规则》第3条。

〔28〕 [斐济]萨切雅·南丹、[以色列]沙卜泰·罗森主编:《1982年〈联合国海洋法公约〉评注》(第3卷),吕文正、毛彬中译本主编,焦永科等译,海洋出版社2016年版,第94页。

〔29〕 D. P. O'Connell (I. A. Shearer ed.), *The International Law of the Sea*, Vol. Ⅱ, Clarendon Press, 1984, p.747, 752.

〔30〕 International Law Commission, *Commentary to the Articles Concerning the Law of the Sea*, in Yearbook of the International Law Commission (1956), Vol. Ⅱ, p.279.

列悬挂该国旗帜的船舶的名称和详细情况,但因体积过小而不在一般接受的国际规章规定范围内的船舶除外。将小型船舶从登记册中排除是为了使此类船只免受繁规之累,因为小型船舶通常不会在沿岸水域以外使用。[31] 1986 年《联合国船舶登记条件公约》将总吨位在 500 吨以下的船舶排除出登记范围,并规定了船舶登记簿上须特别载明的资料,其中包括:①船舶名称(包括曾用名)和船籍;②船舶登记地点或港口,或者船籍港以及该船官方登记号码或识别标志;③指定的船舶国际呼号;④船舶建造厂名称、建造地点和建造年份;⑤船舶的主要技术性能数据;⑥所有人的姓名、地址、国籍等。船舶应以所有人的名义登记,但所有权的变动并不会自动改变船舶国籍。该公约还规定,任何船舶均不得同时在两个或两个以上国家的船舶登记簿上登记,同时要求一国在其船舶登记簿上登记船舶之前应确保该船以前如有的登记已经注销。

(3)"真正联系"与"方便旗"

《海洋法公约》第 91 条在承认国家在赋予船舶国籍方面的自主权的同时强调:"国家和船舶之间必须有真正联系。"但《海洋法公约》并未定义真正联系(genuine link)的含义或标准。1986 年《联合国船舶登记条件公约》在这方面提供了帮助。为了确保船旗国和其船舶之间存在真正联系,该公约专门对船旗国国民参与船舶所有权和船舶的人员配备作出规定。其中,第 8 条规定船旗国须在其法律和规章中对悬挂其旗帜的船舶的所有权作出规定,包括其国民参与作为船舶的所有人以及此种参与的程度。这些法律和规章应充分使船旗国能够对悬挂其旗帜的船舶有效地行使管辖和控制。第 9 条要求在船舶所配备的高级船员和一般船员中,船旗国的国民,或在其境内设有住所,或合法永久居住该国的人应占有令人满意的比例。但《联合国船舶登记条件公约》目前尚未生效。[32]

"真正联系"的要求有助于消除所谓的"方便旗"(flag of convenience)现象。出于税收、劳工标准等方面的考虑,一些船舶的所有人不在自己的国籍国登记船舶,而是在某些实施开放登记制度的国家进行船舶登记并取得后者的国籍。根据 2009 年的一项统计,10 个主要国际开放船舶登记地包括:安提瓜和巴布达、巴哈马、百慕大、塞浦路斯、马恩岛、利比里亚、马耳他、马绍尔群岛、巴拿马以及圣文森特和格林纳丁斯,而在这些国家和地区登记的船舶占世界船舶总吨位的 55.11%。[33] 显然,只有当船旗国和船舶之间存在事实上的联系(而非仅仅登记或授予登记证书)时,船旗国对船舶的管辖和控制才可能是有效的。[34] 这就是当年国际法委员会在其草案中引入"真正联系"要求的原因。虽然给予了国家在这方面相当大的自由,但委员会强调,授予船舶国籍并非仅仅一个没有相应保障的行政手续。在国际法委员会看来,国家在授予其

---

〔31〕 [斐济]萨切雅·南丹、[以色列]沙卜泰·罗森主编:《1982 年〈联合国海洋法公约〉评注》(第 3 卷),吕文正、毛彬中译本主编,焦永科等译,海洋出版社 2016 年版,第 129 页。

〔32〕 《联合国船舶登记条件公约》第 19 条规定:"本公约在合计吨位至少达世界总吨位百分之二十五的不少于 40 个国家……成为缔约国之日起 12 个月之后生效。"

〔33〕 联大第六十五届会议:《海洋和海洋法——秘书长的报告》,2010 年 3 月 29 日,A /65/69,第 219 段。

〔34〕 International Law Commission, *Commentary to the Articles Concerning the Law of the Sea*, in Yearbook of the International Law Commission (1956), Vol. Ⅱ, p. 279.

或其国民所有的船舶以国籍方面有完全的自由；但是国家在授予其他船舶国籍时则必须受到一些限制，即必须存在最低的国家要素。[35] 然而，国际海洋法法庭在“弗吉尼亚 G 号案”中认为，真正联系的要求不应当被解读成为船旗国行使给予船舶国籍的权利设置了需要满足的前提或条件。在法庭看来，真正联系的含义是，一旦船舶登记，船旗国就应当对该船行使有效的管辖和控制，以确保其按照一般接受的国际规章、程序和惯例运行。[36] 此种解释显然是不正确的，因为它实际上使得真正联系的要求丧失了任何意义，从而违反了条约解释的根本原则。而且，真正联系是国家在授予船舶国籍之前应当考虑的事项，而对船舶行使有效的管辖和控制则是在授予船舶国籍之后应当履行的责任。两者不应混为一谈。然而，由于《海洋法公约》并未规定满足真正联系要求的标准，因此难以得出开放登记制度本身就违反《海洋法公约》的结论。

另外，《海洋法公约》并未授权其他国家可以船旗国和船舶之间缺少真正联系为理由而拒绝承认该船的国籍。国际法委员会在其 1956 年海洋法条款草案第 29 条中曾建议将真正联系作为其他国家承认船舶国籍的标准，规定：“出于其他国家承认该船的国家属性的目的，国家和船舶之间必须有真正联系。”然而 1958 年《公海公约》虽然保留了真正联系的义务，但却没有采纳将真正联系的存在作为承认船舶国籍的条件的建议。1982 年《海洋法公约》沿袭了 1958 年公约的做法。由此国际海洋法法庭明确指出，《海洋法公约》有关船旗国和其船舶之间需要有真正联系的规定是为了确保更有效地履行船旗国的职责，而非建立一个标准以供其他国家质疑船舶登记的有效性。[37]

2. 船旗国管辖原则

公海虽然不属任何国家，但并非法外之地。为了维护公海秩序，国际法赋予各国以管辖权。其中，船旗国管辖是公海管辖的基础和最主要的原则。据此，除国际条约明文规定的例外情形外，船舶在公海上应受船旗国的专属管辖。船旗国专属管辖原则是公海开放和自由地位的必然结果。[38] 由于公海不是任何国家的领土，因此任何国家在公海上都没有属地管辖权。鉴于船舶是公海上活动的主要载体，因此国际法将公海上的管辖权主要赋予了船旗国。需要指出的是，公海上的船舶曾经被视同为船旗国的领土，[39] 但是该观点早已被抛弃了。另外，为了共同打击某些公海上的违法犯罪行为，国际条约有时也赋予船旗国以外的其他国家对船舶的管辖权。但在以下两种情况中，《海洋法公约》明确规定了船旗国的专属管辖。

(1)军舰和由一国所有或经营并专用于政府非商业性服务的船舶在公海上享有不受船旗国以外任何其他国家管辖的完全豁免权。2004 年《联合国国家及其财产管辖豁免公约》规定了

---

[35] International Law Commission, *Commentary to the Articles Concerning the Law of the Sea*, in Yearbook of the International Law Commission (1956), Vol. Ⅱ, p. 278 – 279.

[36] M/V “Virginia G” (Panama/Guinea – Bissau), ITLOS, Judgment of 14 April 2014, paras. 110, 113.

[37] M/V “Saiga” (No. 2) (Saint Vincent and the Grenadines v. Guinea), ITLOS, Judgment of 1 July 1999, paras. 79 – 83.

[38] The “Enrica Lexie” Incident (Italy v. India), Award of 21 May 2020, para. 524.

[39] The S. S. “Lotus”, Judgment of 7 September 1927, P. C. I. J., Series A, No. 70, p. 25.

一些不得援引国家豁免的诉讼,其中包括“国家拥有或经营的船舶”。[40] 但是这一对国家豁免的限制不适用于军舰或辅助舰艇和一国所有或经营并专用于政府非商业性活动的其他船舶,也不适用于上述船舶所载运的货物。如果在一项诉讼中产生有关船舶或货物的政府非商业性质问题,那么由该国的外交代表或其他主管当局签署并送交法院的证明应作为该船舶或货物性质的证据。至于一国所有或经营并专用于政府非商业性服务的船舶的范围,包括警察巡逻艇、海关稽查艇、医院船、大洋调查船、训练船和挖泥船等。[41]

(2)当船舶在公海上发生碰撞或其他航行事故涉及船长或任何其他为船舶服务人员的刑事或纪律责任时,对此种人员的任何刑事诉讼或纪律程序只能向船旗国或此种人员国籍国的司法或行政当局提出。船旗国当局以外的任何当局,即使作为一种调查措施,也不应命令逮捕或扣留船舶。该规定推翻了常设国际法院 1927 年在“荷花号案”中的判决。1926 年,法国籍船只“荷花号”和土耳其籍船只“博兹 - 库特号”在公海上发生碰撞,事件造成土耳其船舶沉没和数名土耳其人员死亡。在“荷花号”抵达土耳其港口后,土耳其法院对“荷花号”上的责任人员进行了刑事审判并判处刑罚。法国对土耳其的做法提出疑问,并请求常设国际法院裁判土耳其根据其法律对法国船员提起刑事诉讼是否违反国际法。法院驳回了法国关于其作为船旗国享有专属管辖权的主张,判定双方对该事件具有并行管辖权(concurrent jurisdiction),由此土耳其的做法没有违反国际法。[42] “荷花号案”的判决遭到严厉批评,因为这会导致船员在公海碰撞事故中面临外国法院刑事审判的危险,而“这样的审判可能对国际航运构成无法忍受的干预”[43]。1952 年《统一船舶碰撞或其他航行事故中刑事管辖权某些规定的国际公约》(也称《布鲁塞尔公约》)推翻了常设国际法院的上述意见。该公约规定,当海运船舶发生碰撞或其他航行事故涉及船长或任何其他为船舶服务人员的刑事或纪律责任时,对此种人员的任何刑事诉讼或纪律程序只能向船旗国的司法或行政当局提出。但公约不阻止此种人员的国籍国对其国民在外国船舶上的违法行为提出控告。[44] 增加人员国籍国管辖权的目的是使得国籍国能够起诉其国民从而得以撤销或暂停向其颁发的证书。[45]《布鲁塞尔公约》也适用于领海内的碰撞,但缔约方可以保留对其领海内发生的刑事案件采取措施的权利。1958 年《公海公约》和 1982 年《海洋法公约》基本照搬了 1952 年《布鲁塞尔公约》的规定。

关于上述规定,有几点需要指出。第一,《海洋法公约》没有定义航行事故。曾有国际法庭

---

〔40〕《联合国国家及其财产管辖豁免公约》第 16 条。

〔41〕 International Law Commission, *Draft Articles on Jurisdictional Immunities of States and Their Property and Commentaries Thereto*, in Yearbook of the International Law Commission (1991), Vol. Ⅱ, Part Two, p.52.

〔42〕 The S. S. "Lotus", Judgment of 7 September 1927, P. C. I. J., Series A, No. 70, p.30 - 31.

〔43〕 International Law Commission, *Commentary to the Articles Concerning the Law of the Sea*, in Yearbook of the International Law Commission (1956), Vol. Ⅱ, p.281.

〔44〕《统一船舶碰撞或其他航行事故中刑事管辖权某些规定的国际公约》第 1 ~ 3 条。1952 年 5 月 10 日订于比利时布鲁塞尔。

〔45〕 International Law Commission, *Commentary to the Articles Concerning the Law of the Sea*, in Yearbook of the International Law Commission (1956), Vol. Ⅱ, p.281.《海洋法公约》第 97 条第 2 款规定,只有发给船长证书或驾驶资格证书或执照的国家,才有权在经过适当的法律程序后宣告撤销该证书。

认为,航行事故指的是这样的事件:其一,与船舶的移动和操作有关;其二,据称对有关船只、船上货物或船上人员造成某种形式的重大损害或伤害。[46] 除了船舶碰撞,航行事故也包括对海底电缆和管道的损害。[47] 第二,船旗国对公海航行事故的专属管辖权限于对航行事故的刑事管辖权问题,而不涉及碰撞问题引发的国际私法问题。[48] 关于后者,1952 年曾缔结有《船舶碰撞民事管辖权某些规定的国际公约》。第三,《海洋法公约》没有规定船旗国对公海上涉及船舶的所有犯罪都有专属刑事管辖权。当航行事故以外的犯罪行为涉及两艘不同国家的船舶时,所涉船旗国可享有并行管辖权。

3. 船旗国的义务

船旗国应对悬挂其旗帜的船舶有效地行使行政、技术及社会事项上的管辖和控制。特别是应根据其国内法,就有关每艘悬挂其旗帜的船舶的行政、技术和社会事项,对该船及其船长、高级船员和船员行使管辖权。这也被称为"船旗国的责任"。船旗国有效地履行责任对于公海良好秩序的维持至关重要。近来国际社会越来越强调船旗国的责任。根据《海洋法公约》第 94 条和第 98 条,船旗国的义务主要包括以下内容:

(1)船旗国应就下列事项对其船舶采取为保证海上安全所需的措施:①船舶的构造、装备和适航条件;②船舶的人员配备、船员的劳动条件和训练;③信号的使用、通信的维持和碰撞的防止。

(2)船旗国的措施中应包括为确保下列事项所必要的内容:①每艘船舶,在登记前及其后适当的间隔期间,受合格的船舶检验人的检查,并在船上备有船舶安全航行所需要的海图、航海出版物以及航行装备和仪器;②每艘船舶都由具备适当资格,特别是具备航海术、航行、通信和海洋工程方面资格的船长和高级船员负责,而且船员的资格和人数与船舶种类、大小、机械和装备都是相称的;③船长、高级船员和在适当范围内的船员,充分熟悉并须遵守关于海上生命安全,防止碰撞,防止、减少和控制海洋污染和维持无线电通信所适用的国际规章。

(3)船旗国在采取措施时须遵守一般接受的国际规章、程序和惯例,并采取为保证这些规章、程序和惯例得到遵行所必要的任何步骤。

关于商船海上安全最重要的条约是国际海上人命安全公约。最初的《国际海上人命安全公约》是因应"泰坦尼克号"(Titanic)船难而于 1914 年制定的。目前的《1974 年国际海上人命安全公约》[49] 是第五个版本,用来代替《1960 年国际海上人命安全公约》。该公约主要是为船舶的建造、装备和操作规定符合安全的最低标准。这些标准规定在公约的附则中,1974 年通过后经历了多次修正。目前的附则包括 14 章:第 1 章"总则";第 2 章甲"建造"——分舱与稳性,机电设备;第 2 章乙"防火、探火和灭火";第 3 章"救生设备和布置";第 4 章"无线电通信";第

[46] The "Enrica Lexie" Incident (Italy v. India), Award of 21 May 2020, para. 650.

[47] International Law Commission, *Commentary to the Articles Concerning the Law of the Sea*, in Yearbook of the International Law Commission (1956), Vol. Ⅱ, p. 281.

[48] International Law Commission, *Commentary to the Articles Concerning the Law of the Sea*, in Yearbook of the International Law Commission (1956), Vol. Ⅱ, p. 281.

[49] 1974 年 11 月 1 日制定,1980 年 5 月 25 日生效。

5 章“航行安全”;第 6 章“货物装运”;第 7 章“危险货物装运”;第 8 章“核能船舶”;第 9 章“船舶安全操作管理”;第 10 章“高速艇安全措施”;第 11 章甲“加强海上安全的特别措施”;第 11 章乙“加强海上保安的特别措施”;第 12 章“散装货船额外安全措施”;第 13 章“合规性验证”;第 14 章“极地水域船舶操作安全措施”。[50] 船舶海上防止碰撞的一般规则包含在《1972 年国际海上避碰规则》中,它适用于在公海和连接公海可供海船航行的一切水域中的一切船舶。避碰规则是《1972 年国际海上避碰规则公约》[51] 的附件。《1972 年国际海上避碰规则》经过多次修改,现包括六个部分(总则、驾驶和航行、号灯和号型、声响和灯光信号、豁免、遵守公约规定的查验),共 41 条规则。避碰规则还有四个附录:号灯和号型的位置和技术细节;在相互邻近处捕鱼的渔船的额外信号;声号器具的技术细节;遇险信号。[52] 除了国际海事组织的公约,船旗国的义务还涉及国际劳工组织的公约和建议。2006 年,国际劳工组织制定了《海事劳工公约》,意图用一个单一和协调的文件对现存国际海事劳工公约和建议中的标准进行更新。[53]

(4)如果船旗国接到其他国家的通知,声称该国有明确理由相信船旗国对某一船舶未行使适当的管辖和管制,那么船旗国应对该问题进行调查,并于适当时采取任何必要行动以补救这种情况。

(5)船旗国对于涉及其船舶在公海上因海难或航行事故对另一国国民造成死亡或严重伤害,或者对另一国的船舶或设施或海洋环境造成严重损害的事件,都应由适当的合格人士或在有这种人士在场的情况下进行调查。对于该另一国就任何这种海难或航行事故进行的任何调查,船旗国应与该另一国合作。

(6)船旗国应责成其船舶的船长,在不严重危及其船舶、船员或乘客的情况下履行海上救助义务,包括:①救助在海上遇到的任何有生命危险的人;②如果得悉有遇难者需要救助的情形,在可以合理地期待其采取救助行动时尽速前往拯救;③在碰撞后对另一船舶、其船员和乘客给予救助,并在可能情况下将自己船舶的名称、船籍港和将停泊的最近港口通知另一船舶。1989 年《国际救助公约》就救助作业的实施、救助人的权利、索赔与诉讼等问题作了具体规定。该公约适用于在可航水域或其他任何水域中援救处于危险中的船舶或其他财产的行为或活动,但缔约方可以对发生在内陆水域内的某些救助作业提出保留。[54]

除了要求船长履行海上救助义务外,《海洋法公约》第 98 条要求每个沿海国应促进有关海上安全的足够应用和有效的搜寻及救助服务的建立、经营和维持,并应在情况需要时为此目的通过区域性安排与邻国合作。该规定照搬了 1958 年《公海公约》第 12 条。1979 年,国际海事

---

〔50〕 参见国际海事组织网(https://www.imo.org/en/About/Conventions/Pages/International-Convention-for-the-Safety-of-Life-at-Sea-(SOLAS),-1974.aspx)关于《1974 年国际海上人命安全公约》的介绍。

〔51〕 1972 年 10 月 20 日制定,1977 年 7 月 15 日生效。

〔52〕 参见国际海事组织网(https://www.imo.org/en/About/Conventions/Pages/COLREG.aspx)关于《1972 年国际海上避碰规则公约》的介绍。

〔53〕《海事劳工公约》于 2006 年 2 月 23 日通过,2013 年 8 月 20 日生效。

〔54〕 第 1、30 条。该公约于 1989 年 4 月 28 日缔结,1996 年 7 月 14 日生效。

组织在汉堡主持制定了《国际海上搜寻救助公约》[55]。“搜寻”指的是由救助协调中心或救助分中心协调的、利用现有的人员和设施以确定遇险人员位置的行动;而“救助”指的是拯救遇险人员、为其提供初步的医疗或其他所需要的服务,并将其转移到安全地点的行动。搜救公约要求各当事方须单独地或与其他成员合作,确保在每一海区建立足够的搜救区域。“搜救区域”是指与某一个救助协调中心相关联的并在其中提供搜救服务的划定明确范围的区域。每一搜救区域都须通过有关当事方之间的协议来建立。此种区域应是邻接的,并尽可能不相重叠。《国际海上搜寻救助公约》生效后曾进行了两次修正。其中,1998 年对公约附则进行了全面修正——附则包含了公约的具体要求。[56] 2004 年的修正针对的是海上遇险人员,要求当事方应协调合作,以确保受援的幸存者能从施救船舶上岸并被送往安全场所,从而让船长解除责任,尽最大可能不使其更远地偏离预定航程。[57] 国际海事组织同时制定了《海上获救人员待遇准则》。[58]

(二)公海上的登临权

1. 登临权的含义和行使要求

(1)登临权的含义

根据《海洋法公约》和其他条约的授权,各国军舰在公海上遇到享有完全豁免权的船舶以外的外国船舶,如有合理根据认为该外国船舶有违法嫌疑,得登临该船进行必要检查,此为登临权(right of visit)。除军舰外,军用飞机以及经正式授权并有清楚标志可以识别的为政府服务的任何其他船舶或飞机也可行使登临权,但同时需要适用或比照适用军舰的规定。

(2)登临权的行使要求

虽然登临权是国际法承认的对各国享有公海自由权利的合法干涉,但它无疑是船旗国专属管辖的例外,因此登临权的行使应受到严格限制。

第一,登临权的行使必须有明确的法律依据。1958 年《公海公约》第 22 条规定了三种可以登临的情况,包括:①该船从事海盗行为;②该船从事奴隶贩卖;③该船虽悬挂外国旗帜或拒不展示其旗帜,但事实上与该军舰属同一国籍。1982 年《海洋法公约》又增加了两种可登临的情况:一是该船从事未经许可的广播而且军舰的船旗国有管辖权;二是该船没有国籍。除《海洋法公约》外,其他条约有时也会授权缔约方军舰登临另一缔约方的船只以确保条约的规定得到遵守。

第二,即使存在登临权的法律依据,一国也不得滥用该权利干涉他国行使公海自由。《海洋法公约》第 110 条明确规定,如果嫌疑经证明为无根据,而且被登临的船舶并未从事嫌疑的

---

[55] 1979 年 4 月 27 日通过,1985 年 6 月 22 日生效。

[56] Amendments to the International Convention on Maritime Search and Rescue, 1979, Resolution MSC. 70(69), 1998 年 5 月 18 日通过,2000 年 1 月 1 日生效。

[57] Amendments to the International Convention on Maritime Search and Rescue, 1979, as Amended, Resolution MSC. 155(78), 2004 年 5 月 20 日通过,2006 年 7 月 1 日生效。

[58] Guidelines on the Treatment of Persons Rescued at Sea, Resolution MSC. 167(78), 2004 年 5 月 20 日通过。

任何行为,则登临军舰的所属国应对该外国船舶可能遭受的任何损失或损害予以赔偿。这应包括延迟造成的损失。

第三,登临的程序应审慎进行。军舰应首先核查嫌疑船舶悬挂旗帜的权利。为此目的,军舰可派一艘由一名军官指挥的小艇到嫌疑船舶。作为一般规则,军舰不能要求商船放一艘小艇到军舰上来;这样的要求不仅过分,而且会使商船的船舶文件冒着丢失的风险。[59] 如果检验船舶文件后仍有嫌疑,军舰可进一步在该船上进行检查,但检查须尽量审慎进行。

2. 登临的依据

(1)海盗行为

《海洋法公约》第 101 条规定海盗行为(piracy)的定义如下:

> 下列行为中的任何行为构成海盗行为:(a)私人船舶或私人飞机的船员、机组成员或乘客为私人目的,对下列对象所从事的任何非法的暴力或扣留行为,或任何掠夺行为:(1)在公海上对另一船舶或飞机,或对另一船舶或飞机上的人或财物;(2)在任何国家管辖范围以外的地方对船舶、飞机、人或财物。(b)明知船舶或飞机成为海盗船舶或飞机的事实,而自愿参加其活动的任何行为。(c)教唆或故意便利(a)或(b)项所述行为的任何行为。

《海洋法公约》界定的是"国际法上的海盗",即各国具有普遍管辖权的海盗。这与各国可能在其国内法中规定的所谓"国内法上的海盗"不同,后者不是一切国家都可以进行惩罚的。[60] 该定义照搬了《公海公约》第 15 条,具有习惯法的性质。然而,该定义中将"在公海上"和"在任何国家管辖范围以外的地方"相提并论,不免使人产生疑惑,因为显然公海也属于任何国家管辖范围以外的地方。由此,"任何国家管辖范围以外的地方"指的应是公海以外的"任何国家管辖范围以外的任何其他地方"。

根据国际法,海盗行为是指私人船舶或飞机的船员、机组人员或乘客为私人目的,在公海上对另一船舶或飞机或其上的人员或财物,抑或是在任何国家管辖范围以外的任何其他地方对船舶、飞机、人员或财物所从事的任何非法暴力、扣留或掠夺行为。海盗行为应具备以下要件:

第一,海盗行为的主体是私人船舶或私人飞机上的船员、机组成员或乘客。私人船舶和飞机是指《海洋法公约》第 102 条所提的"军舰、政府船舶或政府飞机"以外的船舶和飞机。[61] 根据《国际民用航空公约》,用于军事、海关和警察部门的航空器属于"国家航空器"(state aircraft),不属于私人飞机。海盗行为不仅可以由船舶,也可以由飞机进行。就军舰和政府船舶

---

〔59〕 International Law Commission, *Commentary to the Articles Concerning the Law of the Sea*, in Yearbook of the International Law Commission (1956), Vol. Ⅱ, p. 284.

〔60〕 [英]詹宁斯、瓦茨修订:《奥本海国际法》(第一卷第二分册)(第 9 版),王铁崖等译,中国大百科全书出版社 1998 年版,第 174 页。

〔61〕 [斐济]萨切雅·南丹、[以色列]沙卜泰·罗森主编:《1982 年〈联合国海洋法公约〉评注》(第 3 卷),吕文正、毛彬中译本主编,焦永科等译,海洋出版社 2016 年版,第 180 页。

而言,法律上不认为它们能构成海盗行为的主体。这样规定的考虑是,鉴于此类船舶的豁免权,基于海盗嫌疑而扣押它们可能引发极其严重的后果,由此将军舰的不法行为等同于海盗将损害国际社会的利益。〔62〕 当然,这并不意味着军舰不能从事非法行为,而是说如果军舰从事了非法行为,将由其所属国在国际法上承担责任。〔63〕 如果军舰、政府船舶或政府飞机上的船员或机组成员发生叛变控制该船舶或飞机并从事海盗行为,那么将被视同私人船舶或飞机所从事的行为,〔64〕因为在此情况下不再有国家为其行为负责。如果军舰、政府船舶或政府飞机上的船员或机组成员仅仅发生叛变,而没有攻击其他国家的船舶或飞机,那么即使所属国合法政府将叛乱的船舶视为海盗,它们也不属于海盗。〔65〕 一旦叛乱被镇压,合法权利恢复,则军舰叛乱的条款就应停止适用。〔66〕

第二,海盗行为的客体是公海上的另一船舶或飞机或其上的人或财物,或者是在任何国家管辖范围以外的任何其他地方的船舶、飞机、人或财物。其一,海盗行为的发生地点限于国家管辖范围以外的地方。这里的管辖范围指的是"领土管辖范围"。公海是海盗行为发生的典型场所。由于《海洋法公约》关于海盗定义的规定也适用于专属经济区,因此海盗可以在专属经济区内发生。公海和专属经济区以外的"任何国家管辖范围以外的地方"包括属于无主地的岛屿及其海滨。〔67〕 海盗行为的发生地点不包括国家主权管辖水域。发生在内水、领海和群岛水域的劫掠行为在国际法上被归为武装抢劫船舶行为。〔68〕 当然这些水域的主权者也可以将其界定为国内法上的海盗。其二,海盗行为侵犯的是船舶、飞机、人员或财物,但根据海盗行为发生的地点不同,海盗行为的客体也有所不同。对于发生在公海上的海盗,需满足"两船原则",即海盗船袭击的是公海上的"另一船舶"。由此,船上的船员或乘客针对船舶本身或船上人员或财物的劫掠行为不能被视为海盗。〔69〕 除非有条约授权其他国家采取行动,此种犯罪应由船旗国管辖。〔70〕 然而,"两船原则"并不适用于发生在公海和专属经济区以外的"任何国家管辖范围以外的地方"的海盗行为。

第三,海盗行为的主观要件是为私人目的。"私人目的"包括"政治目的"以外的其他目的。

---

〔62〕 International Law Commission, *Commentary to the Articles Concerning the Law of the Sea*, in Yearbook of the International Law Commission (1956), Vol. Ⅱ, p. 282.

〔63〕 [英]詹宁斯、瓦茨修订:《奥本海国际法》(第一卷第二分册)(第9版),王铁崖等译,中国大百科全书出版社1998年版,第175~176页。

〔64〕 《海洋法公约》第102条。

〔65〕 [英]詹宁斯、瓦茨修订:《奥本海国际法》(第一卷第二分册)(第9版),王铁崖等译,中国大百科全书出版社1998年版,第176页。

〔66〕 International Law Commission, *Commentary to the Articles Concerning the Law of the Sea*, in Yearbook of the International Law Commission (1956), Vol. Ⅱ, p. 283.

〔67〕 International Law Commission, *Commentary to the Articles Concerning the Law of the Sea*, in Yearbook of the International Law Commission (1956), Vol. Ⅱ, p. 282.

〔68〕 联大第六十八届会议:《海洋和海洋法——秘书长的报告(增编)》,2013年9月9日,A/68/71/Add. 1,第38段。

〔69〕 International Law Commission, *Commentary to the Articles Concerning the Law of the Sea*, in Yearbook of the International Law Commission (1956), Vol. Ⅱ, p. 282.

〔70〕 Peter Malanczuk ed., *Akehurst's Modern Introduction to International Law*, 7th revised edition, Routledge, 1997, p. 189.

特别是,抢劫的意图不是海盗行为的必要组成部分。海盗行为可以由敌意或单纯的报复而非劫掠的目的激发。[71]

第四,海盗行为的客观要件是非法的暴力、扣留或掠夺行为。尽管劫掠财物是海盗的明显特征,但是海盗行为也可能表现为其他的暴力形式。例如,非法地扣留另一艘船或从船上带走或杀死一名乘客,也可构成海盗行为。

海盗被认为是"人类的公敌"(hostis humani generis),所有国家对其都有普遍管辖权。

第一,在公海上或在其他任何国家管辖范围以外的地方,每个国家均可扣押海盗船舶或飞机或者为海盗所夺取并在海盗控制下的船舶或飞机,并逮捕船上或机上人员以及扣押船上或机上财物。

其一,"海盗船舶或飞机",是指处于海盗控制下的被意图从事海盗行为或曾被用以从事海盗行为的船舶或飞机。成为海盗船舶或飞机的事实并不一定使此种船舶或飞机丧失国籍。海盗船舶或飞机仍可保有其国籍。国籍的保留或丧失由原来给予国籍的国家的法律决定。[72] 只有当有关国家的国籍法将海盗行为作为丧失国籍的理由时,海盗船才应被视为无国籍船舶。[73] 但即使海盗船舶继续保有国籍,它也不再受船旗国的专属管辖。

其二,由于发生海盗行为而进行的扣押,只可由军舰、军用飞机或其他有清楚标志可以识别的为政府服务并经授权扣押的船舶或飞机实施。该规定并不排除受到海盗攻击的商船在行使自卫权的过程中控制海盗船,并随后将其移交给有关当局的情况。[74]

其三,各国只可在公海上或在其他任何国家管辖范围以外的地方扣押海盗船舶或飞机。未经有关国家同意,不可在他国主权管辖范围内行使扣押的权利。[75]

其四,如果扣押涉有海盗行为嫌疑的船舶或飞机并无足够的理由,则扣押国应向被扣船舶或飞机所属的国家负担因扣押而造成的任何损失或损害的赔偿责任。

第二,扣押国的法院可判定对海盗人员应处的刑罚,并可决定对船舶、飞机或财产所应采取的行动,但受善意第三者的权利的限制。所处的刑罚和所应采取的行动由有关国家的国内法规定。值得注意的是,《海洋法公约》在打击海盗的规定中使用的是海盗行为而非"海盗罪行"的表述。一国刑法中即使没有海盗罪的罪名,也可以使用其他罪名来惩治海盗行为。

第三,《海洋法公约》为各国规定了合作制止海盗行为的义务,要求所有国家应尽最大可能进行合作,以制止在公海上或在其他任何国家管辖范围以外的地方的海盗行为。2004 年《亚洲地区反海盗及武装劫船合作协定》是各国合作打击海盗的一个例子。协定基本沿用了《海洋法

---

〔71〕 International Law Commission, *Commentary to the Articles Concerning the Law of the Sea*, in Yearbook of the International Law Commission (1956), Vol. Ⅱ, p. 282.

〔72〕 《海洋法公约》第 104 条。

〔73〕 International Law Commission, *Commentary to the Articles Concerning the Law of the Sea*, in Yearbook of the International Law Commission (1956), Vol. Ⅱ, p. 283.

〔74〕 International Law Commission, *Commentary to the Articles Concerning the Law of the Sea*, in Yearbook of the International Law Commission (1956), Vol. Ⅱ, p. 283.

〔75〕 International Law Commission, *Commentary to the Articles Concerning the Law of the Sea*, in Yearbook of the International Law Commission (1956), Vol. Ⅱ, p. 283.

公约》关于海盗的定义，同时将“武装劫船”界定为“在任一缔约方对该项罪行拥有管辖权的范围内，为达私人目的而实施的针对船舶或船舶上的人或财产的任何非法的暴力或扣留行为，或任何掠夺行为”[76]。协定要求各缔约方按照其国内法律和规章及可适用的国际法规则，尽最大努力采取有效措施预防和打击海盗和武装劫船，救助海盗或武装劫船的受害船只和受害人员。为促进缔约方间的合作，协定在新加坡设立了“信息分享中心”，这是一个由协定缔约方组成的国际组织。另一个各国合作打击海盗的例子是针对亚丁湾、索马里海域的海盗行为。联合国安理会就此通过了一系列决议。在第1772(2007)号决议中，安理会鼓励会员国根据国际法动用海空力量保护该地区的商业航运，尤其是人道主义援助的运送免遭海盗危害。[77] 在第1816(2008)号决议中，安理会授权会员国经索马里过渡联邦政府的事先同意，进入索马里领海以制止海盗及海上武装抢劫行为，同时特别强调此授权不应被视同订立习惯国际法。[78] 2009年，在国际海事组织的主持下，吉布提、埃塞俄比亚、肯尼亚、马达加斯加、马尔代夫、塞舌尔、索马里、坦桑尼亚和也门9个国家签署了《打击西印度洋和亚丁湾海盗和武装抢劫船只的行为守则》(也称《吉布提行为守则》)。[79] 根据第15条，《吉布提行为守则》并无法律拘束力。2017年，守则的签署国在沙特阿拉伯吉达举行的会议上对守则进行了修正(《2017年吉布提行为准则吉达修正案》)，以便将跨国有组织犯罪、渔业犯罪等其他海上非法活动纳入进来。[80] 此外，针对几内亚湾发生的海盗和海上武装抢劫事件，2013年，22个国家签署了《关于在西部和中部非洲打击海盗、武装抢劫船只和海上非法活动的行为守则》。

(2)奴隶贩卖

贩卖奴隶是一种国际罪行。1926年《禁奴公约》[81]第3条规定：缔约各方承允采取一切适当的措施，以便制止和惩罚在其领水内，以及一般而言在悬挂各自旗帜的船舶上，装运、卸载和运送奴隶。1982年《海洋法公约》第99条规定，每个国家应采取有效措施以防止和惩罚准予悬挂该国旗帜的船舶贩运奴隶，并防止为此目的而非法使用其旗帜。在任何船舶上避难的任何奴隶，无论该船悬挂何国旗帜，均当然获得自由。该规定照搬了1958年《公海公约》的规定。“任何船舶”包含了军舰、政府船只和商船。

(3)从公海从事未经许可的广播

从公海从事未经许可的广播(unauthorized broadcasting from the high seas)，是指船舶或设施违反国际规章在公海上播送旨在使公众收听或收看的无线电传音或电视广播，但遇难呼号的播送除外。此种广播有时被称为“海盗广播”，因为它们使用了无权使用的无线电频率，不仅

---

[76] 《亚洲地区反海盗及武装劫船合作协定》第1条。该协定于2004年11月11日签订，2006年9月4日生效。

[77] 第18段，2007年8月20日通过。

[78] 第7~9段，2008年6月2日通过。

[79] Code of Conduct Concerning the Repression of Piracy and Armed Robbery against Ships in the Western Indian Ocean and the Gulf of Aden, 2009年1月29日通过，同日生效。

[80] Revised Code of Conduct Concerning the Repression of Piracy, Armed Robbery against Ships, and Illicit Maritime Activity in the Western Indian Ocean and the Gulf of Aden Area, 16 January 2017.

[81] 国际联盟1926年9月25日通过，1927年3月9日生效。

使得有关频率无法为合法目而使用,还会对海上安全造成干扰。[82]《海洋法公约》要求所有国家进行合作以制止从公海从事未经许可的广播。然而,与海盗和奴隶贩卖不同,非法广播并不受制于各国的普遍管辖。对于此种违法行为有管辖权的国家包括:①船旗国;②设施登记国;③广播人所属国;④可以收到这种广播的国家;⑤得到许可的无线电通信受到干扰的国家。对未经许可的广播有管辖权的国家的军舰有权登临涉嫌从事此种违法行为的船舶,逮捕从事未经许可的广播的人员或船舶,并扣押广播器材,该国法院有权对从事未经许可的广播的人加以审判。

(4)船旗违法行为

船舶在公海上航行应悬挂且仅应悬挂一国的旗帜。引发登临的船旗违法行为包括以下情况。第一,如果一艘船舶不悬挂旗帜航行,则有理由被怀疑没有国籍。第二,如果一艘船舶悬挂两国或两国以上旗帜航行并视方便而换用旗帜,则将被视同无国籍船舶。在上述两种情况下,各国军舰都可行使登临权。第三,本国船舶冒用外国旗帜的情况。如果一艘船舶已经展示了旗帜,则军舰不应仅为证实旗帜就强行搜查。[83] 然而,如果该船虽然悬挂了外国旗帜,但军舰有合理根据认为该船事实上与该军舰属同一国籍,则军舰也可以登临。此种情况不同于外国船舶冒用本国旗帜。在后一种情况下,旗帜所属国的军舰当然有权逮捕该外国船舶,[84]但这不属于登临权的范围,因为此时军舰最初认为是在对本国船舶而非外国船舶行使管辖权。

(5)其他条约依据

除《海洋法公约》,许多其他国际条约中也含有允许缔约一方在特定条件下登临、检查缔约他方船只的权利。在依照条约规定行使登临权时,应当遵守相关条约规定的登临条件和程序。

例如,《海洋法公约》要求所有国家进行合作以制止船舶违反国际公约在海上从事非法贩运麻醉药品和精神调理物质。任何国家如有合理根据认为一艘悬挂其旗帜的船舶从事非法贩运麻醉药品或精神调理物质,可要求其他国家合作,制止这种贩运。但《海洋法公约》没有授权各国军舰登临有贩毒嫌疑的外国船只。一些双边或多边条约规定了此种登临权。特别是,1988 年《联合国禁止非法贩运麻醉药品和精神药物公约》规定,一缔约国如有正当理由怀疑悬挂另一缔约国旗帜航行的船只从事非法贩运,可将此事通知船旗国。在确认该船的国籍后,船旗国可授权请求国登临和搜查船只,并在查获涉及非法贩运的证据后对该船、船上人员和货物采取适当行动。[85]

再如,1988 年《制止危及海上航行安全非法行为公约》界定了危及海上航行安全的非法行为,[86]其范围大于海盗和武装劫船。第 3 条规定,任何人如非法并故意从事下列活动,则构成

---

〔82〕［英］詹宁斯、瓦茨修订:《奥本海国际法》(第一卷第二分册)(第 9 版),王铁崖等译,中国大百科全书出版社 1998 年版,第 188 页。

〔83〕D. P. O'Connell (I. A. Shearer ed.), *The International Law of the Sea*, Vol. Ⅱ, Clarendon Press, 1984, p. 803.

〔84〕［英］詹宁斯、瓦茨修订:《奥本海国际法》(第一卷第二分册)(第 9 版),王铁崖等译,中国大百科全书出版社 1998 年版,第 167 页。

〔85〕第 17 条,1988 年 12 月 20 日通过,1990 年 11 月 11 日生效。

〔86〕United Nations Treaty Series, Vol. 1678, p. 212.

犯罪,除其他外包括:①以武力或武力威胁或任何其他恐吓形式夺取或控制船舶;②对船上人员施用暴力,而该行为有可能危及船舶航行安全;③毁坏船舶或对船舶或其货物造成有可能危及船舶航行安全的损坏;④以任何手段把某种装置或物质放置或使之放置于船上,而该装置或物质有可能毁坏船舶或有可能危及船舶航行安全。《制止危及海上航行安全非法行为公约》适用于船舶正在或准备驶入、通过或来自单一国家的领海外部界限或与其邻国的领海侧向界限以外水域的情况。该公约2005年的议定书增加了登临权的规定。[87] 据此,如果一缔约国的执法官员在任何国家的领海界限以外遇到一艘悬挂另一缔约国旗帜的船舶,并有合理依据怀疑该船或船上人员曾经、正在或将要从事危及海上航行安全的非法行为,该官员可以请求该船船旗国授权登临嫌疑船舶并采取适当措施。

(三)公海上的紧追权

1. 紧追权的含义

紧追权(right of hot pursuit),是指沿海国在管辖海域外追逐违反该国法律和规章的外国船舶并对之采取执行行动的权利,作用是防止违反沿海国法律和规章的外国船舶通过逃至公海来逃避责任。[88] 与登临权的目的在于打击公海上的国际违法行为不同,紧追权的目的主要在于使沿海国能够有效地维护其海洋权益。紧追权不同于一国在其管辖范围内逮捕外国船舶后,为将其押解到该国港口以便主管当局审问的目的,由于情况需要在航行途中押解该外国船舶通过专属经济区或公海的情况。虽然这并非一个公海上的紧追问题,但《公海公约》有关紧追权的规定中对此予以明确,外国船舶不得仅以此为理由而要求释放。这样规定的理由是,倘若承认了沿海国的紧追权,而不承认沿海国的此种权利是不合逻辑的。[89] 《海洋法公约》延续了这一规定。

紧追权本身早就获得国际法的认可,但沿海国在特定案件中行使紧追权时必须同时满足各项条件,紧追才是合法的。而不合法的紧追会引发沿海国的国际责任。《海洋法公约》明确规定,在无正当理由行使紧追权的情况下,在领海以外被命令停驶或被逮捕的船舶,对于可能因此遭受的任何损失或损害应获赔偿。[90] 无论是较早的“孤独号案”(加拿大/美国),还是近来的“赛加号案”(圣文森特和格林纳丁斯诉几内亚)和“北极日出号仲裁案”(荷兰诉俄罗斯)都表明,满足合法紧追的条件并非易事。1930年,海牙国际法编纂会议上对紧追权的条件作出了总结,其中一些被纳入1958年《公海公约》第23条。1982年《海洋法公约》第111条基本照搬了1958年公约的规定,最大的变动是增加了有关专属经济区和大陆架的内容。需要强调的

---

〔87〕 Protocol of 2005 to the Convention for the Suppression of Unlawful Acts against the Safety of Maritime Navigation, 2005年10月14日通过,2010年7月28日生效。

〔88〕 Arctic Sunrise Arbitration (the Netherlands v. the Russian Federation), Award on the Merits, 14 August 2015, para. 245.

〔89〕 International Law Commission, *Commentary to the Articles Concerning the Law of the Sea*, in Yearbook of the International Law Commission (1956), Vol. Ⅱ, p. 285.

〔90〕《海洋法公约》第111条。

是,合法紧追的条件是累加的,即只有满足了其中的每个条件,紧追才是合法的。[91]

2. 合法行使紧追权的条件

按照《海洋法公约》第111条的规定,沿海国合法行使紧追权需要满足以下各项条件。

(1)沿海国主管当局有充分理由认为外国船舶违反该国法律和规章时,方可对该外国船舶进行紧追。第一,外国船舶违反沿海国的法律和规章是沿海国行使紧追权的前提。显然,据以紧追的沿海国的相关法律和规章是那些根据国际法可以适用于有关海域的法律和规章。[92] 如果有关的法律本身就是违反《海洋法公约》的,那么执行这样的法律并不能为沿海国提供合法的紧追依据。该问题有关沿海国在不同海域内享有的不同权利和管辖权。第二,沿海国主管当局在开始紧追前应当有充分理由认为违反其法律和规章的事实已经发生,由此沿海国必须有一些证据来支持其看法。[93]

(2)紧追开始时,被追逐的外国船舶需要在沿海国的管辖海域内。这事关紧追权开始行使时外国船舶的位置。只要被追逐的船舶或其小艇之一或作为一队进行活动而以被追逐的船舶为母船的其他船艇在沿海国的管辖海域内,这一条件就可以满足。后两种情况被称为"推定存在"。紧追权的实质是沿海国的执法活动从沿海国的管辖海域内延续到管辖海域外,因此沿海国的执法活动必须在被指控违法的外国船舶尚处于其管辖海域内时就已经开始。这一要求强调的是接获停驶命令的外国船舶的位置。至于发出停驶命令的沿海国执法船舶的位置则无关紧要,它并无必要也在沿海国的管辖海域内。

然而,由于沿海国在不同海域内的权利不同,因此并非沿海国的所有法律和规章都可以适用于其全部管辖海域。这意味着并非在任何管辖海域都可以对任何违反沿海国法律和规章的外国船舶开始紧追。当外国船舶处于沿海国的内水、领海或群岛国的群岛水域等主权管辖海域时,对于其违反沿海国和群岛国的任何法律和规章的行为,都可以进行紧追。当外国船舶位于沿海国毗连区内时,追逐只有在设立该区所保护的权利遭到侵犯的情形下才可进行。《海洋法公约》将紧追权扩大适用于专属经济区和大陆架。对于在专属经济区内或大陆架上,包括大陆架上设施周围的安全地带内,违反沿海国按照《海洋法公约》适用于专属经济区或大陆架包括这种安全地带的法律和规章的行为,也可比照适用紧追权。

(3)追逐只有在外国船舶视听所及的距离内发出视觉或听觉的停驶信号后,才可开始。这事关紧追权开始行使的时间要求,同时也标志着沿海国执法行动的开始。

第一,停驶命令应当向将被追逐的外国船舶发出。虽然被追逐的外国船舶的小艇位于沿海国管辖海域内的事实可以用来推定该外国船舶本身也处于沿海国管辖海域内,但是对小艇

---

〔91〕 The M/V "Saiga" (No. 2) Case (Saint Vincent and the Grenadines v. Guinea), ITLOS, Judgment of 1 July 1999, para. 146.

〔92〕 Arctic Sunrise Arbitration (the Netherlands v. the Russian Federation), Award on the Merits, 14 August 2015, para. 247.

〔93〕 [斐济]萨切雅·南丹、[以色列]沙卜泰·罗森主编:《1982年〈联合国海洋法公约〉评注》(第3卷),吕文正、毛彬中译本主编,焦永科等译,海洋出版社2016年版,第235页。

发出停驶命令不构成对母船本身的停驶命令,由此对小艇的紧追并不能引发对母船的紧追。[94]

第二,有效的停驶信号需要满足两个条件:它是"视觉或听觉"信号;它是"在外国船舶视听所及的距离内发出"的。就一般情况而言,这两个条件应当是协调一致的,即视觉或听觉信号自然应当是在外国船舶视听所及的距离内发出的。但就无线电信号而言,这两个条件可能是分离的:无线电信号既可能是"在外国船舶视听所及的距离内"发出的,又可能是在较远距离上发出的。关于是否应将无线电信号作为有效的停驶信号,存在不同看法。国际法委员会明确表示:"为了防止滥用,委员会拒绝接受通过无线电发出的命令,因为这些命令可以在任何距离上发出;'视觉或听觉的停驶信号'这些词语排除了在远距离上发出的、通过无线传送的信号。"[95]然而,2015年"北极日出号仲裁案"(荷兰诉俄罗斯)法庭不同意委员会的看法,认为鉴于如今沿海国必须巡查大面积海域,而且可以获得更可靠的先进技术,再将有效的停驶信号限于那些执法船只在近距离内发出的且要求不使用无线电通讯的视觉或听觉信号没有任何意义。该案法庭承认无线电信号构成有效的停驶信号。[96] 然而,按照《海洋法公约》第111条的现有规定,即使接受无线电信号为听觉信号,此种信号也必须"在外国船舶视听所及的距离内"发出才能构成有效的信号。[97] 而"在外国船舶视听所及的距离内"这一要求的实际效果是,"发出信号的船舶或飞机必须在被追逐的船舶附近"。[98]

第三,紧追开始的时间和紧追开始的位置直接相关,"因为发出信号的时间决定了必须精确定位被追逐船舶的位置的时间"[99]。除非追逐的船舶以可用的实际方法认定被追逐的船舶位于沿海国管辖海域内,不得开始紧追。

(4)追逐只有未曾中断,才可在沿海国管辖海域外继续进行。追逐一旦中断,则不可恢复。关于紧追的连续性或中断的标准,存在不同看法。2015年"北极日出号仲裁案"法庭认为,追逐的最终目的应是尽快登临被追逐的船舶。[100] 而有学者认为,连续性仅仅要求追逐的船舶与被追逐的船舶保持接触。[101] 另外,接力追逐不构成追逐连续性的中断。《海洋法公约》明确允许飞机和船舶之间的接力追逐。[102] 没有理由禁止沿海国执法船舶之间的接力追逐。由此,最终

---

〔94〕 Arctic Sunrise Arbitration(the Netherlands v. the Russian Federation), Award on the Merits, 14 August 2015, para. 255.

〔95〕 International Law Commission, *Commentary to the Articles Concerning the Law of the Sea*, in Yearbook of the International Law Commission (1956), Vol. Ⅱ, p. 285.

〔96〕 Arctic Sunrise Arbitration(the Netherlands v. the Russian Federation), Award on the Merits, 14 August 2015, paras. 259 – 260.

〔97〕 高健军:《从"北极日出号仲裁案"看沿海国对专属经济区内外国船只的执行权力》,载马呈元主编:《国家领土主权与海洋权益协同创新文集》第2辑,中国政法大学出版社2016年版,第19页。

〔98〕 [斐济]萨切雅·南丹、[以色列]沙卜泰·罗森主编:《1982年〈联合国海洋法公约〉评注》(第3卷),吕文正、毛彬中译本主编,焦永科等译,海洋出版社2016年版,第236页。

〔99〕 Arctic Sunrise Arbitration (the Netherlands v. the Russian Federation), Award on the Merits, 14 August 2015, para. 252.

〔100〕 Arctic Sunrise Arbitration (the Netherlands v. the Russian Federation), Award on the Merits, 14 August 2015, para. 271.

〔101〕 David P. Stewart, *Arctic Sunrise* (*Netherlands v. Russia*), 110 American Journal of International Law 101 (2016).

〔102〕 《海洋法公约》第111条(6)。

实施逮捕的执法船不需要是开始追逐的那艘船，但是该船须曾加入追逐而不仅仅是进行拦截。[103]

（5）紧追权在被追逐的船舶进入其本国领海或第三国领海时立即终止。除非有相反的许可性规定，追逐国的执法船在被追逐船舶的本国领海或第三国领海内没有执法权。因此一旦被追逐的船舶进入其本国领海或第三国领海，则追逐国的执法船不得继续进行追逐。由于《海洋法公约》规定的是"紧追权"在此种情况下"立即终止"，因此即使是在被追逐的船舶从他国领海内出来后，也不得恢复追逐。然而，被追逐的船舶进入其本国或第三国的毗连区或专属经济区并不导致紧追权终止。沿海国在这些水域内可以继续追逐。

（6）紧追权只可由军舰、军用飞机或其他有清楚标志可以识别的为政府服务并经授权紧追的船舶或飞机行使。《海洋法公约》为飞机实施紧追作了专门规定，包括：①飞机进行紧追时应比照适用船舶的规定；②如果飞机仅发现船舶违法或有违法嫌疑，而既未命令该船停驶也未进行追逐，则不足以构成在领海以外逮捕的理由；③发出停驶命令的飞机，除非其本身能逮捕该船舶，否则必须其本身积极追逐船舶直至沿海国船舶或另一飞机前来接替追逐为止。

（7）在追逐过程中武力的使用需满足必要性和合理性的要求。《海洋法公约》没有包含在逮捕船舶时武力使用的明文规定。习惯法没有禁止国家在海上执法活动中使用武力，但同时为武力的使用规定了条件。国际海洋法法庭于1999年在"赛加号案"中对此作了详细阐释。第一，国际法要求必须尽量避免使用武力。当使用武力不可避免时，它绝对不得超出根据情况为合理和必要的限度。第二，追逐的船舶只有在其他适当的措施无效后，才可以作为最后手段使用武力。但即便如此，它也必须向被追逐的船舶发出适当警告，并尽一切努力确保不威胁人员的生命安全。[104]

三、公海生物资源的养护和管理

（一）公海捕鱼自由及其限制

1. 捕鱼自由

公海捕鱼自由（freedom of fishing），是指各国均有权由其国民在公海上捕鱼。这里的"国民"指的是依照有关国家的法律具有该国国籍的渔船，而无论其船员的国籍为何。[105] 捕鱼自由是公海自由最传统的组成部分。1893年"白令海海豹仲裁案"（美国/英国）法庭裁定，虽然相关海豹经常出现在美国位于白令海的岛屿上，但是美国对于在其领海外发现的海豹没有权利单方面采取保护措施；美国对这些海豹采取的养护措施需要获得英国的同意。[106] 公海捕鱼

---

[103] International Law Commission, *Commentary to the Articles Concerning the Law of the Sea*, in Yearbook of the International Law Commission (1956), Vol. Ⅱ, p. 285.

[104] The M/V "Saiga" (No. 2) Case (Saint Vincent and the Grenadines v. Guinea), ITLOS, Judgment of 1 July 1999, paras. 155 – 156.

[105] 1958年《捕鱼及养护公海生物资源公约》第14条。

[106] Award between the United States and the United Kingdom relating to the Rights of Jurisdiction of United States in the Bering's Sea and the Preservation of Fur Seals, 15 August 1893, RIAA, Vol. XXVIII, p. 269.

自由是建立在认为海洋生物资源“取之不尽、用之不竭”的观念上的。

然而“二战”之后，随着渔业知识的增长和捕捞技术的发展，人们认识到：海洋生物资源虽然是可再生的，但并非无限的；如果想要使海洋生物资源对人类持久地作出贡献，就需要对这些资源进行适当的养护和管理。[107] 1955 年，养护海洋生物资源国际技术会议于罗马举行，会议的成果反映在了国际法委员会为第一次海洋法会议准备的养护生物资源条款草案[108]以及后来的 1958 年《捕鱼及养护公海生物资源公约》中。鉴于现代开发海洋生物资源技术的发展使得资源有被过度开发之虞，1958 年前述公约在承认各国公海捕鱼自由的同时，为该项权利的行使规定了三个条件：(1)各国的条约义务；(2)沿海国的利益与权利；(3)《捕鱼及养护公海生物资源公约》关于养护公海生物资源的规定。[109]

2.《海洋法公约》规定的限制

1982 年《海洋法公约》第 116 条仿效了 1958 年《捕鱼及养护公海生物资源公约》的“三重限制”模式。[110] 由此，如今各国在公海上捕鱼的权利受到下列限制：

(1)有关国家所承担的条约义务。目前存在大量涉及公海渔业的多边和区域性条约，而这些条约的缔约方应当履行相关的条约义务。此外，一些并非海洋法领域的国际条约也为缔约方规定了有关公海生物资源的义务。例如，一些海洋物种被列入 1973 年《濒危野生动植物物种国际贸易公约》的附录一和附录二，而从海上引进这些物种的任何标本都应事先获得引进国管理机构出具的证明。其中，附录一包括那些受到和可能受到贸易的影响而有灭绝危险的物种，而附录二包括那些目前虽未濒临灭绝，但如对其贸易不严加管理以防止不利其生存的利用，就可能变成有灭绝危险的物种。“从海上引进”是指从不属于任何国家管辖的海域中取得的物种标本输入某个国家，[111] 其中当然包括公海。此外，世界贸易组织从 2001 年开始就渔业补贴问题举行谈判，以图禁止助长过剩产能和过度捕捞的渔业补贴。2022 年世界贸易组织第十二届部长级会议达成《渔业补贴协定》。[112]

(2)沿海国在专属经济区内的权利、义务和利益。跨界鱼类种群、高度洄游鱼种、溯河产卵种群、降河产卵鱼种、海洋哺乳动物既出现在专属经济区内又出现在专属经济区外，因此要求各国在行使公海捕鱼自由时应考虑沿海国的权利和利益是正当的。

(3)《海洋法公约》第七部分第二节关于养护和管理公海生物资源的专门规定。然而与

---

[107] 1995 年联合国粮农组织《负责任渔业行为守则》，“序言”。

[108] Report of the International Law Commission Covering the Work of its Eighth Session, in Yearbook of the International Law Commission (1956), Vol. Ⅱ, p. 254.

[109] 《捕鱼及养护公海生物资源公约》第 1 条。

[110] [英]詹宁斯、瓦茨修订：《奥本海国际法》(第一卷第二分册)(第 9 版)，王铁崖等译，中国大百科全书出版社 1998 年版，第 185 页。

[111] 第 1 条(5)，1973 年 3 月 3 日缔结，1975 年 7 月 1 日生效。

[112] 谈判情况参见世界贸易组织网站介绍(https://www.wto.org/english/tratop_e/rulesneg_e/fish_e/fish_e.htm)。《变革我们的世界：2030 年可持续发展议程》目标 14.6 规定：“到 2020 年，禁止某些助长过剩产能和过度捕捞的渔业补贴，取消助长非法、未报告和无管制捕捞活动的补贴，避免出台新的这类补贴，同时承认给予发展中国家和最不发达国家合理、有效的特殊和差别待遇应是世界贸易组织渔业补贴谈判的一个不可或缺的组成部分。”2015 年 9 月 25 日联大决议，A/RES/70/1。

1958 年《捕鱼及养护公海生物资源公约》相比，1982 年《海洋法公约》在这方面的规定简单得多，只有短短 5 个条款，显然并不足够。

3.《海洋法公约》之后的发展

1991 年，联大通过《大型远洋漂网捕鱼及其对世界海洋生物资源的影响》的决议，呼吁在全世界公海上全面暂停所有大型漂网捕鱼作业。[113] 这是一份没有法律拘束力的文件。1993 年，联合国粮农组织大会通过了《促进公海渔船遵守国际养护及管理措施的协定》（以下简称《遵守协定》）[114]。协定适用于所有用于公海捕捞的船只，但缔约方可以将悬挂其旗帜的、长度不足 24 米的渔船排除。协定重点规定了船旗国在确保其渔船不从事损害国际养护和管理措施效力的活动方面的责任，要求船旗国为其用于公海捕捞的渔船建立档案，并将有关资料提供给联合国粮农组织。《遵守协定》后来被纳入联合国粮农组织的《负责任渔业行为守则》。《负责任渔业行为守则》由联合国粮农组织大会于 1995 年全体一致通过。《负责任渔业行为守则》是自愿遵守性质的，为所有渔业的养护、管理和开发规定了一些非强制性的原则和标准。《负责任渔业行为守则》的解释和实施应与 1982 年《海洋法公约》的有关条款保持一致，而且《负责任渔业行为守则》中的任何部分都不影响各国根据国际法拥有的权利、管辖权和职责。[115] 为了落实《负责任渔业行为守则》，联合国粮农组织先后制订了一系列国际行动计划，包括："鲨鱼养护和管理国际行动计划"（1999 年）、"捕捞能力管理国际行动计划"（1999 年）、"减少延绳钓渔业意外捕获海鸟的国际行动计划"（1999 年）和"打击非法、不报告和不管制捕鱼的国际行动计划"（2001 年）。这些文件都没有法律拘束力。2008 年，联合国粮农组织制定了同样为自愿性质的《公海深海渔业管理国际准则》。2009 年，联合国粮农组织大会批准了《关于港口国预防、制止和消除非法、不报告、不管制捕鱼的措施协定》（以下简称《港口国措施协定》），这是一份有法律拘束力的文件，目的是通过有效实施港口国措施，以预防、制止和消除非法、不报告和不管制捕鱼。[116]

在联合国粮农组织框架外取得的有关养护和管理公海生物资源的成就无疑应当首推 1995 年《联合国鱼类种群协定》。专属经济区内渔业占世界海洋渔业的 90% 左右。[117] 专属经济区制度的建立使得远洋渔业转向专属经济区以外的公海上的跨界鱼类种群和高度洄游种群，以及基本上出现在公海中的所谓"公海离散鱼类种群"，从而导致这些鱼类的捕获量大幅增加。[118] 1993 年联大通过决议，决定由联合国主持召开跨界鱼类和高度洄游鱼类政府间会议。[119] 与联合国粮农组织《遵守协定》不同的是，《联合国鱼类种群协定》适用于跨界鱼类种群和高度洄游鱼类种群而非所有公海渔业。此外，除了强调船旗国在养护方面的义务和责任，

---

[113] 1991 年 12 月 20 日联大第 46/215 号决议。

[114] 1993 年 11 月 24 日通过，2003 年 4 月 24 日生效。

[115] 1995 年联合国粮农组织《负责任渔业行为守则》，"序言"第 1.1、3.1 段。

[116] 第 2 条，2009 年 11 月 22 日签署，2016 年 6 月 5 日生效。

[117] 1995 年联合国粮农组织《负责任渔业行为守则》，"序言"。

[118] [美]路易斯·B. 宋恩等：《海洋法精要》（第 2 版），傅崐成等译，上海交通大学出版社 2014 年版，第 244 页。

[119] 1993 年 1 月 29 日联大决议，A/RES/47/192。

1995年协定还突出了区域渔业管理组织的作用。

除了全球性渔业协定，还有许多关于公海渔业的区域性协定和安排。此外，在公海生物资源的养护和管理方面也已经形成了一些国际习惯。虽然有以上国际努力，但目前全球范围内的渔类捕捞量已经接近海洋的生产能力，而且大约有1/4的鱼类属于过度捕捞，同时还有许多鱼类仍处于从以往的过度捕捞中恢复的过程。[120] 捕鱼对海洋生态系统的更为广泛的影响也越来越受到重视，包括捕鱼活动对非目标鱼类、海洋哺乳动物、爬行动物以及海鸟的威胁。据统计，商业捕鱼是世界上海鸟面临的最严重的海上压力，每年延绳钓渔业的误捕估计杀死至少16万只信天翁和海燕。[121]

（二）养护和管理措施的采取

1. 采取养护和管理措施的义务

养护和管理措施，是指为养护或管理一种或多种海洋生物资源而采取和适用的符合国际法有关规定的措施。《海洋法公约》和《联合国鱼类种群协定》都没有界定“养护”和“管理”的含义。1958年《捕鱼及养护公海生物资源公约》曾将“养护公海生物资源”一词界定为所有可使这些资源保持最适当的持久产量从而确保取得食物及其他海产最大供应量的措施的总称。[122]

《海洋法公约》第117条规定，所有国家均有义务为各该国国民采取，或与其他国家合作采取养护公海生物资源的必要措施。该规定照搬了1958年《捕鱼及养护公海生物资源公约》第1条的内容，具有习惯法的地位。国际法院1974年在“渔业管辖权案”（英国诉冰岛）中指出：“捕捞加剧所导致的海上国际法的一个进步是，之前对待公海内的海洋生物资源的放任主义方式已经被承认适当顾及其他国家的权利的责任以及为所有国家的利益的养护需要所取代。”该案中，法院认为双方有义务持续审查争议海域内的渔业资源，根据科学和其他可获信息共同研究养护、发展和公平利用这些资源所需的措施，并考虑到它们之间的任何有效的国际协议，为此它们有义务进行谈判。[123]

鉴于公海生物资源的共享性质，养护和管理此种资源显然必须由有关各国在国际合作的基础上协力求得解决。[124]《海洋法公约》第118条要求各国应互相合作以养护和管理公海生物资源。凡其国民开发相同生物资源，或在同一区域内开发不同生物资源的国家应进行谈判，以期采取养护有关生物资源的必要措施。为此目的，这些国家应在适当情形下进行合作以设立分区域或区域渔业组织。目前区域渔业管理组织的数量众多，如“养护大西洋金枪鱼国际委员会”（International Commission for the Conservation of Atlantic Tunas，ICCAT）、“印度洋金枪鱼

---

〔120〕 第七十届联大文件：《第一次全球海洋综合评估的摘要》，2015年7月22日，A/70/112，第73、75段。

〔121〕 第七十届联大文件：《第一次全球海洋综合评估的摘要》，2015年7月22日，A/70/112，第79段。

〔122〕 《捕鱼及养护公海生物资源公约》第2条。

〔123〕 Fisheries Jurisdiction (United Kingdom v. Iceland), Merits, Judgment, I. C. J. Reports 1974, p. 3, paras. 72 – 73.

〔124〕 《捕鱼及养护公海生物资源公约》，“前言”。

委员会”（Indian Ocean Tuna Commission, IOTC）、“中西太平洋渔业委员会”（Western and Central Pacific Fisheries Commission, WCPFC）、“美洲间热带金枪鱼委员会”（Inter – American Tropical Tuna Commission, IATTC）、“北太平洋渔业委员会”（North Pacific Fisheries Commission, NPFC）、“南太平洋区域渔业管理组织”（South Pacific Regional Fisheries Management Organization, SPRFMO）、“南印度洋渔业协定”（Southern Indian Ocean Fisheries Agreement, SIOFA）、“南极海洋生物资源养护委员会”（Commission for the Conservation of Antarctic Marine Living Resources, CCAMLR）等。

除了直接参与议定养护和管理措施，公海捕鱼的新来者也不能以行使权利为由而完全无视已有的养护措施，而是必须设法通过已有机制来行使捕捞权。[125]《联合国鱼类种群协定》为公海捕鱼的新来者规定了接受既有养护和管理措施的义务：途径是它或者成为相关区域渔业管理组织的成员或区域渔业管理安排的参与方，或者同意适用这种组织或安排所订立的养护和管理措施。另外，协定规定对有关渔业真正感兴趣的国家可以成为相关区域渔业管理组织或安排的参与方，并要求这种组织或安排所设定的参加条件不应使这些国家无法成为其成员或参加。[126] 对于未表示同意适用该组织或安排订立的养护和管理措施的国家，《联合国鱼类种群协定》第 17 条明确规定这种国家不得授权悬挂本国旗帜的船只从事捕捞受养护和管理措施管制的渔业资源，并授权这些组织的成员方或安排的参与方可采取符合国际法的措施以防阻这种船只从事破坏养护和管理措施效力的活动。

2. 采取养护和管理措施的考虑因素

《海洋法公约》第 119 条规定了各国在对公海生物资源决定可捕量和制订其他养护措施时需考虑的各种因素，它们几乎是沿海国在专属经济区内采取养护和管理措施时所应考虑的因素的翻版。这些因素包括：(1) 养护措施应基于有关国家可得到的最可靠的科学证据；(2) 养护措施的目的是在包括发展中国家的特殊要求在内的各种有关环境和经济因素的限制下，使捕捞鱼种的数量维持在或恢复到能够生产最高持续产量的水平；(3) 采取的措施应考虑捕捞方式、种群的相互依存以及任何一般建议的国际最低标准（无论是分区域、区域或全球性的）；(4) 采取的措施也应考虑与所捕捞鱼种有关联或依赖该鱼种而生存的鱼种所受的影响，以便使这种关联或依赖的鱼种的数量维持在或恢复到其繁殖不会受严重威胁的水平以上。

为确保通过的养护和管理措施是建立在最可靠的科学证据基础之上，《海洋法公约》要求所有有关国家应通过国际组织经常提供和交换可获得的科学情报、渔获量和渔捞努力量统计，以及其他有关资料。联大在近来的决议中强调区域渔业管理组织或安排的成员必须充分履行相关的数据收集和报告义务，确保及时提交完整、可靠的数据。[127]《联合国鱼类种群协定》重申了应依据最可靠的科学证据制订养护措施的原则，同时增加规定了预防性做法。协定第 6

[125] [斐济]萨切雅·南丹、[以色列]沙卜泰·罗森主编：《1982 年〈联合国海洋法公约〉评注》（第 3 卷），吕文正、毛彬中译本主编，焦永科等译，海洋出版社 2016 年版，第 287 页。

[126] 《联合国鱼类种群协定》第 8 条。

[127] 2020 年 12 月 8 日联大决议，A /RES/75/89，“序言”。

条规定，各国应广泛适用预防性做法以保护海洋生物资源和保全海洋环境。所谓"预防性做法"（the precautionary approach），是指各国在资料不确定、不可靠或不充分时应更为慎重，不得以科学资料不足为由而推迟或不采取养护和管理措施。预防性做法正在成为习惯国际法的组成部分。[128] 此外，1995 年协定还规定发展和使用有选择性的、对环境无害和成本效益高的渔具和捕鱼技术，以尽量减少污染、废弃物、遗弃渔具捞获物、非目标物种（包括鱼种和非鱼种）的捕获量及对相关或依附物种特别是濒于灭绝物种的影响。[129]

养护措施及其实施不应在形式上或事实上对任何国家有所歧视。特别是发展中国家，不应由于它们的经济地位妨碍它们发展公海渔业而使它们处于不利地位。歧视不仅包括形式上的直接歧视（如有关程序的歧视），而且包括那些虽然不是公然歧视，但却有歧视性效果或结果的措施。[130] 《联合国鱼类种群协定》规定区域渔业管理组织或安排应议定办法照顾组织的新成员或安排的新参与方的渔业利益，并规定了在决定新成员或参与方的权利的性质和范围时应考虑的一些因素。[131] 区域渔业管理组织在捕捞配额的分配方面享有广泛裁量权，分配给新成员一个较小的捕捞配额本身并不能证明存在歧视。[132] 然而，作为新成员接受养护措施的回报，它们原则上不应完全被排除配额的分配。[133]

（三）养护和管理措施的遵守和执法

1. 船旗国责任

由于船旗国管辖是公海管辖的基本原则，因此船旗国被认为在确保公海生物资源的养护和管理措施的有效遵守方面负有主要责任。而船旗国未充分履行其对本国渔船的责任是导致这些措施效力受损的一个重要因素。根据 1993 年联合国粮农组织《遵守协定》（第 3 ~ 4 条）和 1995 年《联合国鱼类种群协定》（第 18 ~ 19 条）的规定，在公海捕鱼的渔船的船旗国应采取必要措施以确保悬挂本国旗帜的船只遵守国际养护和管理措施，不从事任何破坏这些措施效力的活动。具体而言，船旗国在这方面的责任主要包括以下方面：

（1）船旗国对公海渔业应采取许可制度。船旗国不应允许未经其有关当局授权的渔船用

---

〔128〕 Responsibilities and Obligations of States Sponsoring Persons and Entities with respect to Activities in the Area, Seabed Disputes Chamber of the International Tribunal for the Law of the Sea, Advisory Opinion, 1 February 2011, para. 135.

〔129〕 《联合国鱼类种群协定》第 5 条。

〔130〕 The Review Panel established under Article 17 and Annex Ⅱ of the Convention on the Conservation and Management of High Seas Fishery Resources in the South Pacific Ocean with regard to the Objection by the Republic of Ecuador to a Decision of the Commission of the South Pacific Regional Fisheries Management Organisation (CMM 01 - 2018), Findings and Recommendations of the Review Panel, 5 June 2018, paras. 94, 99.

〔131〕 《联合国鱼类种群协定》第 10 ~ 11 条。

〔132〕 The Review Panel established under Article 17 and Annex Ⅱ of the Convention on the Conservation and Management of High Seas Fishery Resources in the South Pacific Ocean with regard to the Objection by the Republic of Ecuador to a Decision of the Commission of the South Pacific Regional Fisheries Management Organisation (CMM 01 - 2018), Findings and Recommendations of the Review Panel, 5 June 2018, paras. 92, 108.

〔133〕 ［斐济］萨切雅·南丹、［以色列］沙卜泰·罗森主编：《1982 年〈联合国海洋法公约〉评注》（第 3 卷），吕文正、毛彬中译本主编，焦永科等译，海洋出版社 2016 年版，第 287 页。

于公海捕捞,经其授权在公海上进行捕捞的渔船应按照授权规定的条件进行捕捞。除非船旗国确信它能够对有关渔船有效地履行所负的责任,否则不应授权该渔船用于公海捕捞。为了应对渔船通过改挂船旗躲避遵守养护和管理措施的情况,《遵守协定》规定船旗国不应授权曾损害国际养护和管理措施效力的改挂船旗渔船用于公海捕捞,除非满足相关条件。

(2)船旗国应对其渔船在公海上的捕鱼作业和有关活动进行监管。为此,船旗国应对获准用于公海捕捞的渔船建立档案,确保渔船有适当标志以便能够按照联合国粮农组织《渔船标志和识别标准规格》等公认标准随时加以识别,确保渔船向其提供有关作业情况的必要资料,包括捕捞作业区域、渔获量、上岸量等情况。

(3)船旗国应对违法船只进行调查和处罚。适用于违法行为的制裁应足够严厉,以收守法之效并应剥夺违法者从其非法活动所得到的利益。对于严重的违法行为,制裁应包括拒绝授予、中止或撤销公海捕捞权。适用于渔船船长和其他职务船员的制裁应包括除其他外拒发、撤销或吊销批准在这种船只上担任船长或职务船员的证书。

2. 海上渔业执法合作

一些区域渔业管理组织和安排就成员之间的海上执法合作作出规定,授权每一缔约方在海上登临和检查另一缔约方的船只,如1992年《北太平洋溯河性种群养护公约》和1994年《中白令海峡狭鳕资源养护和管理公约》[134]。这其实是一种基于条约的公海上的登临权。1995年《联合国鱼类种群协定》规定各国应进行合作以确保养护和管理措施的遵守和执法工作,并且大大扩展了海上渔业执法合作的范围。该协定第21条规定,在区域渔业管理组织或安排所涵盖的任何公海区域,作为这种组织的成员或安排的参与方的《联合国鱼类种群协定》缔约方可登临和检查悬挂《联合国鱼类种群协定》另一缔约方旗帜的渔船——无论该另一缔约方是否为该组织的成员或该安排的参与方,以确保该组织或安排所订立养护和管理的措施获得遵守。由此,无论相关的区域渔业管理组织或安排是否授权该检查国进行海上登临检查,只要检查国是《联合国鱼类种群协定》的缔约方,它就获得了这样的权力。而且检查的对象并不限于相关的区域渔业管理组织或安排的成员。只要被检查船只的船旗国同样是《联合国鱼类种群协定》的缔约方,它根据该条就承担了接受检查的义务,即使它并非有关区域组织的成员或区域安排的参与方。此种执法合法包括以下要点:

(1)登临和检查由区域渔业管理组织的成员或安排的参与方正式授权的检查员进行,用于登临和检查的船只应有清楚标志,识别其执行政府公务的地位。船旗国应确保船长接受检查并给予合作和协助。如船长拒绝接受登临和检查,船旗国应指令船长立即接受;如该船长不按指令行事,船旗国应吊销船只的捕鱼许可并命令船只立即返回港口。

(2)检查国应确保登临和检查不以可能对渔船构成骚扰的方式进行,不应歧视非组织成员或非安排的参与方。检查员应遵守有关船只和船员的安全的公认国际条例、程序和惯例,尽量减少对捕鱼活动的干预,并在切实可行的范围内避免采取不利于船上渔获质量的行动。在进

[134] 第11条,1994年6月16日缔结,1995年12月8日生效。

行登临和检查期间应避免使用武力,但为确保检查员安全和在检查员执行职务时受到阻碍而必须使用者除外,且应以必要程度为限。

(3)检查结束后,如未查获违法行为的证据,应迅速离船。如有明确理由相信船只曾从事违反养护和管理措施的行为,检查国应酌情搜集证据并将涉嫌违法行为迅速通知船旗国。

(4)船旗国收到通知后应在规定时间内作出答复,并应毫不迟延地进行调查。如有充分证据,船旗国应对船只采取执法行动。船旗国应将调查结果和执法行动迅速通知检查国。船旗国在收到通知后也可以授权检查国进行调查。

(5)如果船旗国在收到通知后没有作出答复或采取行动,而且检查员有明显理由相信船只曾犯下严重违法行为,则检查员可留在船上作进一步调查,包括在适当时将船只驶往最近的港口。检查国应将调查结果通知船旗国。检查国对违法船只采取的行动应同违法行为的严重程度相称。如果检查国的行动为非法或超过合理需要的程度,则须对行动造成的破坏或损失负赔偿责任。

(6)船旗国可随时就涉嫌违法的行为采取行动。经船旗国的请求,检查国应释放船只,并连同关于其调查进展和结果的全部资料交给船旗国。

3. 港口国措施

港口国措施是一种经济、有效的打击违法渔业活动的工具,通过阻止违法捕捞作业的渔获进入国内、国际市场,对违规人员继续作业形成压制。[135] 1993 年联合国粮农组织的《遵守协定》和 1995 年《联合国鱼类种群协定》都提到了港口国在打击违法渔业活动中的作用。《遵守协定》第 5 条规定,如一渔船自愿进入其船旗国之外的一个缔约方的港口,该缔约方如果有适当根据相信该渔船被用于从事损害国际养护和管理措施效力的活动,应立即通知船旗国。而缔约各方可作出安排,由港口国进行必要的调查以确定该渔船是否确实用于违法活动。《联合国鱼类种群协定》第 23 条规定,港口国有权利和义务根据国际法采取措施,提高养护和管理措施的效力。除其他外,港口国可登临自愿在其港口的渔船检查证件、渔具和渔获。如渔获经证实为在公海上以破坏养护和管理措施效力的方式所捕捞者,各国可授权港口国当局禁止渔获上岸和转运。

联合国粮农组织 2009 年《港口国措施协定》为利用港口国措施打击非法、不报告、不管制捕鱼设定了一系列最低标准。"非法、不报告和不管制捕鱼"涵盖了一些国际社会关注的严重渔业违法行为,它们被看作对鱼类种群和海洋生态系统的最大威胁之一,对海洋资源的养护和管理、粮食安全以及发展中国家的经济产生了严重的影响。[136] 2017 年,联大宣布 6 月 5 日为打击非法、不报告和不管制捕鱼国际日。[137] 按照联合国粮农组织"打击非法、不报告和不管制捕鱼的国际行动计划"的规定,"非法捕鱼"包括:(1)渔船未经一国许可或违反其法律规章在

[135] 联合国粮农组织出版物:《关于预防、制止和消除非法、不报告、不管制捕鱼港口国措施协议》(该表述与该协定的正式名称不完全一致,但原文如此),2016 年,第 v ~ vi 页。

[136] 2020 年 12 月 8 日联大决议,A /RES/75/89,第 79 段。

[137] 2017 年 12 月 6 日联大决议,A /RES/72/72,第 70 段。

该国管辖水域内进行的捕捞活动;(2)悬挂有关区域渔业管理组织成员国旗帜的渔船进行的但违反该组织通过的而且该国家受其约束的养护和管理措施的,或违反适用的国际法有关规定的捕捞活动;(3)违反国家法律或国际义务的捕捞活动,包括由有关区域渔业管理组织的合作国进行的捕捞活动。“不报告捕鱼”包括:(1)违反国家法规未向国家有关当局报告或误报的捕捞活动;(2)在有关区域渔业管理组织管辖水域开展的违反该组织报告程序未予报告或误报的捕捞活动。“不管制捕鱼”包括:(1)无国籍渔船或悬挂有关区域渔业管理组织非成员国旗帜的渔船或捕鱼实体,在该组织适用水域进行的不符合或违反该组织的养护和管理措施的捕捞活动;(2)在没有可适用的养护或管理措施的水域中或对于没有可适用的养护或管理措施的鱼类种群,捕捞方式不符合各国按照国际法承担的养护海洋生物资源责任的捕捞活动。

2009年《港口国措施协定》主要规定了以下几方面港口国措施。第一,拒绝违法船舶入港措施。港口国在允许船舶入港前,应要求该船舶通报相关信息,以借此判断申请入港的船舶是否从事非法、不报告和不管制捕鱼活动。如果港口国有充分证据表明该船舶从事了违法渔业活动,特别是当该船被列入区域渔业管理组织编制的从事非法、不报告和不管制捕鱼或捕鱼相关活动的船舶名单中时,港口国应禁止该船入港,并将所作决定告知该船舶的船旗国。第二,拒绝向违法船舶提供港口服务措施。对于已经进入其港口的外国船舶,如果港口国发现或者有适当理由相信该船从事非法、不报告和不管制捕鱼活动,则应拒绝该船利用其港口对鱼品进行卸货、转运、包装和加工,和使用其他港口服务,特别包括加燃料和补给、维修和进坞。第三,检验措施和后续执法行动。港口国应对在其港口的一定数量的船舶进行检验。检验应以公正、透明、无歧视,不致对任何船舶构成骚扰的方式进行。船旗国应要求悬挂其旗帜的船舶在检验中与港口国合作。检验完成后,若有明确证据相信该船舶从事了非法、不报告和不管制捕鱼活动,港口国应将调查结果及时通知船旗国以及相关的区域渔业管理组织及该船船长的国籍国,并拒绝向违法船舶提供港口服务。船旗国在收到港口国检验报告后,应立即展开调查,并在获得充足证据后按照其法律法规采取执法行动。

(四)海洋哺乳动物

1.《海洋法公约》的规定

《海洋法公约》为专属经济区和公海的海洋哺乳动物规定了相同的养护和管理规则。该公约第65条规定,专属经济区部分的任何规定“并不限制沿海国的权利或国际组织的职权,对捕捉海洋哺乳动物执行较本部分规定更为严格的禁止、限制或管制。各国应进行合作,以期养护海洋哺乳动物,在有关鲸类动物方面,尤应通过适当的国际组织,致力于这种动物的养护、管理和研究”。第65条也适用于养护和管理公海的海洋哺乳动物。[138] 首先,由于不要求最适度利用,因此沿海国或国际组织可以全面禁止捕捉海洋哺乳动物的行为。[139] 其次,在鲸类动物的养

---

〔138〕《海洋法公约》第120条。

〔139〕[英]帕特莎·波尼、埃伦·波义尔:《国际法与环境》(第2版),那力、王彦志、王小钢译,高等教育出版社2007年版,第634页。

护方面，特别强调国际组织的作用。此外，一些海洋哺乳动物也属于《海洋法公约》附件一所列的高度洄游鱼类种群，因此还可受到相关规则的保护。

2. 国际捕鲸委员会

国际捕鲸委员会(International Whaling Commission)根据1946年《国际捕鲸管制公约》[140]成立，是鲸类养护方面最重要的国际组织。《国际捕鲸管制公约》的目的是谋求适当地保护鲸类并能使捕鲸业有序地发展。委员会由各缔约政府(Contracting Government)各派一名委员组成。目前有88个成员。每一委员有一个投票权。委员会的一项重要职能是制定关于鲸类资源的保护和利用规则，包括确定：受保护的和不受保护的鲸的种类；解禁期和禁渔期；解禁水域和禁渔水域(包括保护区的指定)；各种鲸的准捕大小的限制；捕鲸的时期、方法和强度(包括一个渔期内鲸的最大产量)；所使用渔具、仪器和设备的类型和规格等。这些措施规定在作为《国际捕鲸管制公约》附件的"附表"(Schedule)中，后者是公约不可分割的组成部分。为此委员会有权不时修正附表的规定。在委员会将有关修正通知各缔约政府90日后，修正即生效。然而如果任何缔约政府对委员会的修正提出异议，则该修正对提出异议的缔约政府在其未撤销异议之前不生效。

1982年，国际捕鲸委员会决定从1985年起全面暂停沿岸商业捕鲸，从1985/1986渔期起全面暂停远洋商业捕鲸。[141] 该禁令目前仍有效。日本、挪威、秘鲁、苏联对委员会的这一修正提出异议。秘鲁1983年撤销异议。日本1986年撤销对远洋商业捕鲸禁令的异议，随后又撤销了对某些鲸的沿岸商业捕捞禁令的异议。挪威和俄罗斯尚未撤销异议，因此该禁令对两国无拘束力。冰岛2002年在参加《国际捕鲸管制公约》时对该禁令提出保留。目前挪威和冰岛仍在各自的专属经济区内进行商业捕鲸。[142]

《国际捕鲸管制公约》第8条规定了科研捕鲸例外。任何缔约政府得发给其国民特别许可证以授权该国民为科学研究的目的而对鲸进行击杀、捕获和加工处理，但须受诸如数量以及该缔约政府认为适当的其他条件的限制。按照该条规定的捕鲸不受公约附表中义务的制约。各缔约政府应将所有其已经给予的此类授权迅速通知委员会，而且应尽可能将其收到的有关鲸和捕鲸的科学资料和调查研究结果寄送委员会指定的机构。2014年，国际法院在"南极捕鲸案"(澳大利亚诉日本，新西兰参加)中裁定，日本政府在JARPA Ⅱ框架下发放的击杀、捕获和加工处理鲸的特别许可不是"为科学研究的目的"，因此不属于第8条科研捕鲸的范畴。法院指出，虽然JARPA Ⅱ项目包含了大致可以被描述为科学研究的活动，但是日本未能证明就实现其所述的目的而言，该项目的设计和实施是合理的。[143] 2019年，日本退出《国际捕鲸管制公约》。[144]

---

[140] 1946年12月2日缔结，1948年11月10日生效。

[141] Schedule, as amended by the Commission at the 67th Meeting, September 2018, para. 10(e).

[142] 参见国际捕鲸委员会网站(https://iwc.int/home)关于商业捕鲸的介绍。

[143] Whaling in the Antarctic (Australia v. Japan: New Zealand intervening), Judgment, I. C. J. Reports 2014, p. 226, para. 227.

[144] 加拿大、委内瑞拉、埃及、菲律宾、希腊、危地马拉也曾是《国际捕鲸管制公约》的缔约方。

第九章　国际海底区域

一、国际海底区域及其资源的法律地位

(一)“区域”的概念和渊源

1.“区域”相关概念

国际海底区域(international seabed area),简称“区域”(the Area),是指国家管辖范围以外的海床和洋底及其底土,亦即各国大陆架外部界限以外的海底区域。“区域”占世界海洋总面积的54%。[1]“区域”制度产生的初衷是规范“‘区域’内活动”。“‘区域’内活动”是指勘探和开发“区域”的资源的一切活动。然而,“‘区域’内活动”这一特定术语并没有包括各国可以在“区域”内从事的全部活动。例如,各国有权在“区域”内进行海洋科学研究以及铺设海底电缆和管道等活动,而这些活动不属于“‘区域’内活动”。

国际海底区域的“资源”,是指“区域”内在海床及其下原来位置的一切固体、液体或气体矿物资源。从“区域”回收的资源称为“矿物”。目前“区域”的矿物资源主要包括三类:[2](1)“多金属结核”,又称“锰结核”,包括在深海床表层上或紧贴表层下含有锰、镍、钴和铜的任何结核矿床或积层。分布于水深4000~6000米的海底,其中具有经济价值的主要分布在以下三个地区:东北太平洋克拉里昂-克利珀顿断裂区、东南太平洋秘鲁海盆和北印度洋中心。(2)“钴结壳”,是指从海水直接析出的矿物沉降到硬基岩而形成的富钴铁锰氢氧化/氧化矿床,其中含有少量但明显富集的钴、钛、镍、铂、钼、碲、铈、其他金属和稀土元素。富钴结壳多分布于水深400~4000米的海山表面,其中最具开采潜力的结壳矿址位于赤道附近的中太平洋地区。(3)“多金属硫化物”,是指热液作用形成的硫化物矿床及伴生的矿物资源,其中富含铜、铅、锌、金和银等金属。多金属硫化物分布于大洋中脊和断裂活动带,是在从海底火山山脉之下上涌的熔岩加热形成的海底热泉中沉积而成的。海底热泉不仅将金属富集起来,而且提供化学能让处在食物链底部的微生物制造食物,支持一个由寄生在金属矿物矿床的新物种构成的生态系统。该生态系统具有科学和商业价值,不仅可以帮助阐明生命的早期演进,而且可以用来生产具有工业和制药应用价值的新颖有机化合物。[3]目前已经在热液喷口区发现了500

---

〔1〕参见国际海底管理局网站(https://isa.org.jm/about-isa)介绍。

〔2〕参见中国大洋矿产资源研究开发协会官网(http://www.comra.org/)关于“深海底资源概述”“多金属结核”“富钴结壳”的介绍。

〔3〕联大第五十六届会议:《海洋和海洋法——秘书长的报告》,2001年4月9日,A/56/58,第316~317段。

种左右先前不知道的动物物种。[4] 热液喷口区的生物群落显然不是矿物资源，由此不属于《海洋法公约》界定的"区域"资源的范围。然而，也不能就此得出这些资源与"区域"完全无关的结论，因为国际海底管理局有关海洋环境保护的职责中包含着养护"区域"的自然资源，并防止对海洋环境中动植物的损害的内容。[5]

2. "区域"制度的法律渊源

国际海底区域是《海洋法公约》新创设的一个海域。在传统海洋法律秩序中，公海的海床和底土同样受公海制度的调整。1970 年联大《关于各国管辖范围以外海床洋底及其底土的原则宣言》规定了 15 条原则，其中宣告各国管辖范围以外的海床洋底及其底土以及其中的资源为人类的共同继承财产。宣言影响了之后《海洋法公约》关于"区域"制度的规定。

《海洋法公约》关于"区域"的规定主要集中在第十一部分（第 133 ~ 191 条），包括五节：一般规定、支配"区域"的原则、"区域"内资源的开发、国际海底管理局、有关"区域"争端的解决。《海洋法公约》附件三"探矿、勘探和开发的基本条件"和附件四"企业部章程"也属于"区域"制度的组成部分。《海洋法公约》中的海洋环境保护和海洋科研部分也涉及"区域"。此外，《第三次海洋法会议最后文件》中还有两个与"区域"有关的决议：决议一"关于国际海底管理局和国际海洋法法庭筹备委员会的建立"和决议二"关于对多金属结核开辟活动的预备性投资"。《海洋法公约》规定的"区域"制度的核心无疑是"区域"资源的开发制度。它规定的生产政策试图平衡深海采矿的生产者、消费者和陆上发展中国家生产者的利益：一是按照需要增加从"区域"取得的矿物的供应量，以保证这类矿物的消费者获得供应；二是促进从"区域"取得的矿物的价格合理稳定，对生产者有利，对消费者也公平；三是保护发展中国家的经济或出口收益不致因"区域"内活动造成的矿物的价格或出口量降低而遭受不良影响。[6]《海洋法公约》第 154 条规定了定期审查制度。从该公约生效时起，国际海底管理局大会每 5 年应对"区域"制度的实际实施情况进行一次全面和系统的审查，并可参照审查结果采取措施对制度的实施情况进行改进。最近的一次审查是 2015 年开始的。审查委员会在报告中提出了 19 项建议。[7] 2017 年，管理局大会批准了该报告。《海洋法公约》第 155 条进一步规定，国际海底管理局大会应在商业生产开始进行 15 年后召开会议，审查"区域"资源开发制度的各项规定，并可制定必要的修正案。

然而，工业化国家不满意《海洋法公约》规定的深海采矿制度，并由此拒绝参加《海洋法公约》。为了消除工业化国家的不满，《1994 年执行协定》对《海洋法公约》第十一部分和相关附件作了重大修改。特别是，协定修改了国际海底管理局大会的表决机制、理事会的组成和表决机制、暂停了经济规划委员会和企业部的成立和运作，并新设立了财务委员会。协定规定了新

---

[4] 参见国际海底管理局（https://isa.org.jm/publications）关于"多金属硫化物"的介绍。

[5] 《海洋法公约》第 145 条。

[6] 《海洋法公约》第 150 条。

[7] 该报告为《2017 年 2 月 3 日大会所设根据〈联合国海洋法公约〉第一五四条的规定定期审查"区域"的国际制度的委员会主席给国际海底管理局秘书长的信》的附件，ISBA/23/A/3。

的生产政策，强调“区域”资源应按照健全的商业原则进行开发；取消了承包者强制向管理局企业部转让技术的规定；降低了申请者和承包者向管理局所负财政义务；取消了《海洋法公约》有关在商业生产开始后15年就“区域”资源的勘探和开发制度举行审查会议的规定。按照《1994年执行协定》，如果《海洋法公约》第十一部分（包括附件）和该协定之间有任何不一致的情况，应以《1994年执行协定》的规定为准。由此《1994年执行协定》对于《海洋法公约》的影响是十分广泛的。然而，由于《1994年执行协定》并非按照正式的修正程序对《海洋法公约》进行的修改，因此一些修改中不乏存在生硬和粗疏之处。

除了《海洋法公约》和《1994年执行协定》，国际海底管理局制定的规则、规章和程序也是“区域”法律制度的组成部分。为了执行《海洋法公约》规定的职责，管理局有权就“区域”内的探矿、勘探和开发以及管理局的财务管理和内部行政等事项制定规则、规章和程序。这些规则、规章和程序应由理事会在考虑有关附属机构的建议后制定，并经大会核准。但是在大会核准以前，所有规则、规章和程序应暂时生效并适用。[8] 管理局已经先后制定了三个“勘探规章”：《“区域”内多金属结核探矿和勘探规章》（2000年制定，2013年和2014年修正）、《“区域”内多金属硫化物探矿和勘探规章》（2010年制定，2014年修正）和《“区域”内富钴铁锰结壳探矿和勘探规章》（2012年），目前正在制定“区域”内矿物资源的开发规章。[9] 管理局的规章不是条约，而是有拘束力的文件，《海洋法公约》缔约国在进行“区域”内活动时应加以遵守。这些规章和《海洋法公约》之间有着紧密联系，可以用它们来澄清和补充公约的相关规定；但“规章是《海洋法公约》的下级文件，如果与《海洋法公约》不符，应当加以解释从而确保符合其规定”[10]。此外，管理局的法律和技术委员会还发布了一些没有法律拘束力的“指导建议”，包括：《关于承包者评估“区域”内海洋矿物勘探活动可能对环境造成的影响的指导建议》（2013年制定，2019年修订）、《关于承包者及担保国按照勘探工作计划开展培训的指导建议》（2013年）、《关于承包者实际和直接勘探支出报告的指导建议》（2015年）、《关于承包者年度报告内容、格式、结构的指导建议》（2015年）和《关于承包者放弃多金属硫化物或富钴铁锰结壳勘探合同区域的指导建议》（2019年）。

（二）“人类的共同继承财产”原则

国际海底区域及其资源是“人类的共同继承财产”（common heritage of mankind）。该原则是《海洋法公约》的支柱之一。《海洋法公约》第311条规定，缔约国同意不对这一基本原则作任何修正，并同意它们不参加任何减损该原则的协定。然而《海洋法公约》并未界定人类共同继承财产的含义。结合《海洋法公约》的其他相关规定，特别是所规定的支配“区域”的各项原

---

〔8〕《海洋法公约》第162条第2款（n）项（2）目。

〔9〕关于该问题的进展情况，参见国际海底管理局网站（https://www.isa.org.jm/legal-instruments/ongoing-development-regulations-exploitation-mineral-resources-area）的介绍。

〔10〕Responsibilities and Obligations of States Sponsoring Persons and Entities with respect to Activities in the Area, Seabed Disputes Chamber of the International Tribunal for the Law of the Sea, Advisory Opinion, 1 February 2011, paras. 60, 93.

则，“区域”及其资源的法律地位应包括以下主要内容。

1.“区域”的法律地位

(1)任何国家不应对“区域”的任何部分主张或行使主权或主权权利；任何国家或自然人或法人也不应将“区域”的任何部分据为己有；任何这种主权和主权权利的主张或行使，或这种据为己有的行为，均应不予承认。[11] 这是人类共同继承财产概念的应有之义。

(2)“区域”应开放给所有国家专为和平目的利用。[12] 在遵守相关国际法规则的前提下，沿海国或内陆国都有权在不受歧视的基础上在“区域”内从事各种活动。关于“和平目的”的要求，1971 年《禁止在海床洋底及其底土安置核武器和其他大规模毁灭性武器条约》规定，缔约国承诺不在 12 海里外部界限以外的海床洋底及其底土埋没或安置任何核武器或任何其他类型的大规模毁灭性武器以及专为储存、试验和使用这类武器而设计的建筑物、发射装置或任何其他设备。[13] 该条约适用于“区域”。

(3)各国有关“区域”的一般行为应符合《海洋法公约》的规定、《联合国宪章》所载原则，以及其他国际法规则，以利维持和平与安全，促进国际合作和相互了解。[14] 特别是“区域”内的海洋科学研究应为谋全人类的利益进行，在“区域”内发现的考古和历史文物应为全人类的利益予以保存或处置。各国负有防止、减少和控制来自受其管辖的海底活动或与此种活动有关的对“区域”海洋环境的污染的义务。

(4)关于“区域”内活动与海洋环境中的其他活动的关系，“区域”内活动的进行应合理顾及其他海上活动。[15] 进行“区域”内活动所使用的设施不得设在对使用国际航行必经的公认海道可能有干扰的地方或设在有密集捕捞活动的区域，在这种设施的周围所设立的安全地带的形状和位置不得阻碍船舶合法出入特定海域或阻碍沿国际海道的航行。同时，其他海上活动也应合理顾及“区域”内活动。

(5)“区域”的法律地位不影响其上覆水域或水域上空的法律地位。[16]“区域”的上覆水域为公海。《海洋法公约》第 87 条规定，各国在行使公海自由时须适当顾及同“区域”内活动有关的权利。

2.“区域”资源的法律地位

(1)任何国家不应对“区域”的资源主张或行使主权或主权权利，任何国家或自然人或法人也不应将“区域”资源的任何部分据为己有，任何这种主权和主权权利的主张或行使，或这种据为己有的行为，均应不予承认。该规定与上述“区域”的法律地位相同。

(2)对“区域”内资源的一切权利属于全人类，不得让渡，由国际海底管理局代表全人类行使。一方面，管理局是“区域”资源法律制度的不可或缺的组成部分，“区域”内活动应由管理局

---

[11]《海洋法公约》第 137 条。

[12]《海洋法公约》第 141 条。

[13] 第 1～2 条，联大 1971 年 2 月 11 日通过，1972 年 5 月 18 日生效。

[14]《海洋法公约》第 138 条。

[15]《海洋法公约》第 147 条。

[16]《海洋法公约》第 135 条。

代表全人类予以安排、进行和控制;[17] 另一方面,管理局的职责与海底资源有关,而非负责整个“区域”。

(3)从“区域”内回收的矿物只可按照《海洋法公约》的规定予以让渡。矿物按照《海洋法公约》回收时,其所有权即转移。[18] 除此之外,任何国家或自然人或法人不应对“区域”矿物主张、取得或行使权利。对于任何这种权利的主张、取得或行使,应不予承认。

(4)“区域”内活动应为全人类的利益而进行。该目的的实现主要取决于适当的勘探和开发制度。此外,管理局应通过适当的机制,在无歧视的基础上公平分配从“区域”内活动取得的财政及其他经济利益。[19]

(5)应按照《海洋法公约》的具体规定促进发展中国家有效参加“区域”内活动,并适当顾及其特殊利益和需要。适当照顾发展中国家的特殊利益和需要有助于实现《海洋法公约》序言中提及的“公正公平的国际经济秩序”。同时,增进所有缔约国参加开发“区域”内资源的机会也可以防止对“区域”内活动的垄断。[20] 然而,促进发展中国家参加“区域”内活动并考虑其特殊利益和需要的总体目标应按照第十一部分的“具体规定”来实现。[21] 在这方面,《海洋法公约》第 144 条要求管理局应促进和鼓励向发展中国家转让技术和科学知识,并为发展中国家的人员提供接受海洋科学技术训练和参加“区域”内活动的机会;第 152 条规定管理局在行使其权力和履行职责应避免歧视,但《海洋法公约》具体规定的为发展中国家所作的特别考虑应予准许;第 160 条和第 162 条规定,管理局在制定公平分配从“区域”内活动取得的财政及其他经济利益的规则、规章和程序时,应特别考虑到发展中国家的利益和需要,以及附件三关于保留区的规定。

(6)“区域”内活动不应影响沿海国的权利和合法利益。具体包括以下要求:其一,“区域”内活动涉及跨越国家管辖范围的“区域”内资源矿床时,应适当顾及这种矿床跨越其管辖范围的沿海国的权利和合法利益。为此应与有关国家保持协商,以免侵犯其权利和利益。其二,如“区域”内活动可能导致对国家管辖范围内资源的开发,则需要事先征得有关沿海国的同意。其三,沿海国为防止、减轻或消除因任何“区域”内活动引起或造成的污染威胁或其他危险事故使其海岸或有关利益受到的严重迫切危险,有权采取合法的必要措施。[22]

二、“区域”采矿制度

(一)探矿、勘探和开发

1. 概念

深海采矿通常分为三个阶段:探矿、勘探和开发。探矿,是指在不享有任何专属权利的情

---

[17] 《海洋法公约》第 153 条第 1 款。

[18] 《海洋法公约》附件三第 1 条。

[19] 《海洋法公约》第 140 条。

[20] 《海洋法公约》第 150 条(g)。

[21] Responsibilities and Obligations of States Sponsoring Persons and Entities with respect to Activities in the Area, Seabed Disputes Chamber of the International Tribunal for the Law of the Sea, Advisory Opinion, 1 February 2011, para. 156.

[22] 《海洋法公约》第 142 条。

况下，在“区域”内探寻矿床，包括评估矿床的成分、大小和分布情况及其经济价值。勘探，是指以专属权利在“区域”内探寻矿床，分析这些矿床，使用和测试采集系统和设备、加工设施及运输系统，以及对开发时必须考虑的环境、技术、经济、商业和其他有关因素进行研究。开发，是指在“区域”内为商业目的回收资源和从其中选取矿物，包括建造和操作供生产和销售矿物之用的采矿、加工和运输系统。[23]

2. 探矿

“区域”内活动包括勘探和开发“区域”资源的活动，因此探矿不属于“区域”内活动。申请探矿者应将其进行探矿的意向通知管理局，其中除其他外应载有准备进行探矿的一个或多个大致区域的坐标，并就遵守保护海洋环境规则等事项作出令人满意的书面承诺。在管理局书面告知探矿者其通知已记录在案后，探矿即可开始。

探矿者可回收合理数量的矿物供试验之用，但是探矿者不享有任何专属权利。一个以上的探矿者可在同一个区域内同时进行探矿。探矿没有时限，然而探矿者应向管理局提交有关探矿情况的年度报告。一旦管理局就某一特定区域核准勘探工作计划，则探矿者应停止在该区域的探矿活动。

3. 勘探和开发

(1)申请核准工作计划。有意在“区域”内进行勘探和开发活动的实体应首先向管理局申请核准其关于“区域”内活动的工作计划。申请书应包含以下内容：①申请者资料，其中应按《海洋法公约》的规定附上担保国开具的担保书。②关于所申请区域的资料。③勘探工作计划。④财政和技术资料，使管理局能决定申请者是否有财政和技术能力执行提议的勘探工作计划和履行其对管理局的财政义务。⑤以前申请者同管理局订立的任何合同的情况，如果有的话。⑥向管理局承诺：同意因《海洋法公约》的规定，管理局的规则、规章和程序，管理局各机关的决定及申请者同管理局所订合同的条款而产生的义务是可执行的，并将予以履行；接受管理局对“区域”内活动进行控制；就善意履行合同义务向管理局提出书面保证。申请者需要为工作计划的审核缴付申请费。[24]

(2)工作计划的核准。管理局秘书长在收到请求核准工作计划的申请书后，应通知法律和技术委员会，而后者应按收件的先后次序审查申请书。如果委员会认为工作计划符合《海洋法公约》和管理局的规则、规章和程序，则应建议管理局理事会核准工作计划。接下来，理事会将审议委员会的报告和建议。一旦理事会核准了工作计划，则该工作计划应写成管理局与申请者之间的合同，而申请者也由此变为了承包者。规定工作计划采取合同的形式主要是为了使工作计划的条款具有法律执行力。[25] 管理局的勘探规章中含有合同的标准条款。

---

[23] 国际海底管理局的“探矿和勘探规章”第1条。

[24] 《1994年执行协定》附件第八节第3段规定，当工作计划只限于勘探阶段或开发阶段两者中之一时，申请核准的规费应为25万美元。而国际海底管理局的勘探规章规定，请求核准勘探工作计划的申请费为50万美元或等值可自由兑换货币的固定规费。

[25] [斐济]萨切雅·南丹主编：《1982年〈联合国海洋法公约〉评注》，毛彬中译本主编，焦永科等译，海洋出版社2009年版，第589页。

(3)承包者和管理局的权利(力)、义务和责任。承包者的权利包括:第一,承包者对工作计划所包括区域内的特定一类资源享有勘探、开发的专属权利。管理局应确保没有任何其他实体在同一区域内,以对该承包者的业务可能有所干扰的方式就另一类资源进行作业。第二,持有一项已核准的勘探工作计划的承包者,应在那些就同一区域和资源提出开发工作计划的各申请者中享有优惠和优先。但如果承包者的工作成绩不令人满意,这种优惠或优先可予撤销。勘探合同的承包者应按照法律和技术委员会建议的格式向管理局提交年度报告,说明其在勘探区域的活动方案。承包者应在提交年度报告的同时缴纳年度管理费47,000美元,用于支付管理局的合同管理和监督费用以及年度报告的审阅费用。[26]

管理局有权对"区域"内活动进行必要的控制,有权随时采取《海洋法公约》规定的任何措施以确保《海洋法公约》的规定得到遵守,有权检查与"区域"内活动有关的一切设施。在承包者违反合同的情形下,管理局可按照违反情形的严重程度对承包者课以罚款。如果承包者不顾管理局的警告,一再故意严重违反合同的基本条款或《海洋法公约》的规定,则管理局可暂停或终止承包者的合同权利。[27] 遇有紧急情况,为防止"区域"内活动对海洋环境造成严重损害,管理局理事会可以命令承包者停止或调整作业。[28]

承包者和管理局应按照《海洋法公约》承担责任。承包者进行业务时由于其不法行为造成的损害,其责任应由承包者负担,但应顾及有辅助作用的管理局的行为或不行为。同样地,管理局行使权力和职务时由于其不法行为造成的损害,其责任应由管理局负担,但应顾及有辅助作用的承包者的行为或不行为。在任何情形下,赔偿应与实际损害相等。[29]

(4)勘探合同。截至2021年,管理局已经和22个承包者签订了31份勘探合同。其中多金属结核勘探合同19份:17份位于克拉里昂-克利珀顿断裂带(Clarion - Clipperton Fracture Zone)、1份位于中印度洋海盆、1份位于西太平洋。多金属硫化物勘探合同7份,分别位于大西洋中脊(3份)、西南印度洋脊、中印度洋(2份)、印度洋中脊。富钴结壳勘探合同5份,分别位于西太平洋(3份)、太平洋的麦哲伦山脉(Magellan Mountains)以及南大西洋的里奥格兰德海隆(Rio Grande Rise)。勘探合同的期限均为15年。期满时承包者应申请开发工作计划。然而,如果由于承包者无法控制的原因而不能完成进入开发阶段的必要准备工作或者在当时的经济环境下没有理由进入开发阶段,则承包者可申请延长勘探工作计划,每次延长期限不超过5年。最初的7个多金属结核勘探合同已于2016年和2017年到期。由于管理局尚未制定开发规章,因此无法核准开发工作计划。2015年管理局理事会通过了一项关于延长已核准勘探工作计划期限的程序和标准的决定。[30] 据此这7个合同的期限已经分别延长至2021和2022年。

---

[26] 《国际海底管理局大会有关勘探合同管理和监督费用的决定》,2013年7月25日,ISBA/19/A/12,第1条。

[27] 《海洋法公约》附件三第18条。

[28] 《海洋法公约》第162条第2款(w)项。

[29] 《海洋法公约》附件三第22条。

[30] 国际海底管理局理事会有关根据《关于执行1982年12月10日联合国海洋法公约第十一部分的协定》附件第1节第9段延长已核准勘探工作计划期限的程序和标准的决定,ISBA/21/C/19,2015年7月23日。

（二）平行开发制

1. 含义

平行开发制（paralleled system），是指对"区域"资源的勘探和开发既可以由管理局的企业部进行，也可以由缔约国或者在缔约国担保下的具有缔约国国籍或由这类国家或其国民有效控制的自然人或法人或上述各方的任何组合与管理局以协作的方式进行。

企业部是管理局的一个机关，负责直接进行"区域"内活动以及从事运输、加工和销售从"区域"回收的矿物。企业部在管理局国际法律人格的范围内享有法律行为能力，具体规定在《海洋法公约》附件四《企业部章程》中。企业部在执行职务时应按照《海洋法公约》，管理局的规则、规章和程序以及大会制定的一般政策行事，并接受理事会的指示和控制。按照《海洋法公约》的设计，企业部应设董事会、总干事（1 人）和执行其任务所需的工作人员，其总办事处应设在管理局所在地。《1994 年执行协定》对企业部规定作了修改。第一，推迟企业部的成立。在其开始独立运作以前，由管理局秘书处履行企业部的职责，而管理局秘书长应任命一名临时总干事来监督秘书处履行这些职责。第二，企业部初期的采矿业务应以联合企业的方式进行。如果同企业部合办的联合企业经营符合健全的商业原则，则理事会应发出指示，允许企业部进行独立运作。第三，适用于承包者的义务也应适用于企业部。特别是，企业部工作计划的核准也应采取由管理局和企业部订立合同的形式。

除了管理局企业部，缔约国以及缔约国担保的自然人和法人也可以进行"区域"内活动。然而，平行开发制的这一侧面与"区域"内的资源属于全人类的原则并不完全相符。其实，平行开发制是鉴于当时只有少数国家拥有开发的技术和资金情况下所达成的妥协产物，目的是争取这些国家接受《海洋法公约》，同时使管理局能够获得必要的技术和经费以便实际进行开发活动。[31]

2. 合同区和保留区

保留区的安排是平行开发制的一个重要组成部分，在一定程度上满足了"区域"内活动应为全人类的利益而进行的要求。企业部以外的申请者在向管理局请求核准工作计划的申请书中应包括一个总区域，它不必是一个单一连续的区域，但应足够大，可供从事两起采矿作业。申请者应列明坐标，将该区域分为估计商业价值相等的两个部分，并且提交其所取得的关于这两个部分的所有资料。管理局在收到资料后将指定其中一个部分保留给管理局，即所谓"保留区"。而分配给申请者的区域即成为"合同区"。

关于保留区内的勘探和开发活动，首先，企业部有权决定是否有意在保留区内进行"区域"内活动。企业部可决定同有兴趣的国家或实体成立联合企业来开发这种区域，但应提供发展中国家及其国民有效参加的机会。然而，向管理局提供保留区的承包者对于与企业部订立联合企业安排有第一选择权。其次，发展中国家或者其担保的自然人或法人可通知管理局愿意

〔31〕 魏敏主编：《海洋法》，法律出版社 1987 年版，第 242 页。

就某一保留区提出工作计划。如果企业部决定无意在该区域内进行活动,则应考虑该发展中国家或其担保的实体提交的工作计划。最后,如果企业部或某一发展中国家或其担保的实体,在企业部独立于管理局秘书处开始执行其职务后的15年内或在将一个区域保留给管理局之日起的15年内(以较晚者为准),没有提交在某一保留区进行活动的工作计划申请,则提供该区域的承包者有权申请该区域的工作计划,但它须真诚地提供机会让企业部参加为联合企业的合伙人。截至2019年1月,先后有瑙鲁、汤加、基里巴斯等六个发展中国家担保的实体在克拉里昂－克利珀顿保留区内取得了多金属结核专属勘探权。在管理局的"矿区银行"(site bank)中,尚有888,218平方公里的多金属结核保留区和3000平方公里的富钴结壳保留区。[32]

关于勘探活动的"合同区",不同种类资源的面积不同。而且管理局的勘探规章还规定了不同的放弃安排,而被放弃的合同区部分将恢复为"区域"。(1)多金属结核。合同区总面积不应超过15万平方公里。承包者应按照下列时间表放弃合同区的若干部分:在合同签订之日起第三年结束前应已放弃所获分配区域的20%;在合同签订之日起第五年结束前应已再放弃所获分配区域的10%;在合同签订之日起8年后,应已再放弃所获分配区域的20%,但如果分配给承包者的区域总面积不超过75,000平方公里,则承包者无须放弃此区域的任何部分。(2)多金属硫化物。合同区总面积不得超过10,000平方公里,划分为100个小区块(block),每个小区块的面积不超过100平方公里。承包者应按照下列时间表放弃部分合同区域:在合同签订之日起第八年结束时应当已经放弃至少50%区域;在合同签订之日起第十年结束时应当已经放弃至少75%区域。如果放弃后剩余的面积不超过2500平方公里,则不得要求承包者放弃更多区域。(3)富钴铁锰结壳。合同区总面积不得超过3000平方公里,划分为150个小区块,每个小区块的面积不超过20平方公里。承包者应按照下列时间表放弃部分合同区域:在合同签订之日起第八年结束时应当已经放弃至少1/3区域;在合同签订之日起第十年结束时应当已经放弃至少2/3区域。当放弃后剩余的区域不超过1000平方公里时,不得要求承包者放弃更多区域。

3. 担保国的义务和责任

企业部和缔约国以外的自然人和法人必须满足两个条件方有资格进行"区域"内活动:(1)它们或具有缔约国国籍或者在这些国家或其国民有效控制下;(2)它们获得了缔约国的担保。自然人或法人申请者应由其国籍所属的缔约国担保。如果申请者具有一个以上的国籍,则所有涉及的缔约国都应担保申请。如果申请者是由另一个缔约国或其国民有效控制,则所涉每一国家均应出具担保书。[33] 由此所需的担保可能是多重的。"担保"的概念是平行开发制的一个关键要素,目的是通过担保国来使得作为国内法律制度主体的自然人或法人承包者

[32] Current Status of the Reserved Areas with the International Seabed Authority, https://isa.org.jm/minerals/reserved－areas.

[33] 《海洋法公约》附件三第4条。

遵守《海洋法公约》规定的义务。[34] 然而《海洋法公约》没有要求缔约国必须担保拥有其国籍或者由其或其国民有效控制的实体，因此是否出具担保取决于国籍国和有效控制国自己的意愿。[35]

一旦缔约国同意给予申请者担保，则应当履行担保国义务。担保国应负责在其法律制度范围内，确保所担保的承包者依据合同条款及其在《海洋法公约》下的义务进行"区域"内活动。由此担保国承担了"确保遵守"的义务。该义务不是一项必须取得所担保的承包者遵守《海洋法公约》义务的"结果"义务，而是一项"行为"义务，要求担保国采取适当措施、尽最大努力，尽力取得承包者遵守义务的结果。[36] 由此，如担保国已制定法律和规章并采取行政措施，而这些法律和规章及行政措施在其法律制度范围内可以合理地认为足以使在其管辖下的人遵守时，则该国对其所担保的承包者因不履行义务而造成的损害，应无赔偿责任。相反，如果担保国没有履行担保义务，则应对其所担保的承包者因不履行义务而造成的损害负有赔偿责任。在多重担保的情况下，各担保国应承担连带赔偿责任。[37]

(三)"区域"环境的保护

1.《海洋法公约》的规定

"区域"内活动可能对海洋环境造成损害，这种损害不仅包括对海洋环境的污染，还包括对海洋生态系统的损害。有鉴于此，《海洋法公约》要求应对"区域"内活动采取必要措施，以确保海洋环境免受这种活动可能产生的有害影响，并将保护"区域"环境的国际立法权授予管理局。管理局应依照《海洋法公约》和《1994 年执行协定》的规定制定并定期审查环境规则、规章和程序，以便除其他外：(1)防止、减少和控制对包括海岸在内的海洋环境的污染和其他危害，并防止干扰海洋环境的生态平衡，特别注意使其不受诸如钻探、挖泥、挖凿、废物处置等活动，以及建造和操作或维修与这种活动有关的设施、管道和其他装置所产生的有害影响；(2)保护和养护"区域"的自然资源，并防止对海洋环境中动植物的损害。[38]

另外，各国也应制定法律和规章，以防止、减少和控制由悬挂其旗帜或在其国内登记或在其权力下经营的船只、设施、结构和其他装置所进行的"区域"内活动造成对海洋环境的污染。这种国内法律和规章的效力应不低于国际规则、规章和程序。[39]

---

[34] Responsibilities and Obligations of States Sponsoring Persons and Entities with respect to Activities in the Area, Seabed Disputes Chamber of the International Tribunal for the Law of the Sea, Advisory Opinion, 1 February 2011, paras. 74 – 75.

[35] Responsibilities and Obligations of States Sponsoring Persons and Entities with respect to Activities in the Area, Seabed Disputes Chamber of the International Tribunal for the Law of the Sea, Advisory Opinion, 1 February 2011, para. 78.

[36] Responsibilities and Obligations of States Sponsoring Persons and Entities with respect to Activities in the Area, Seabed Disputes Chamber of the International Tribunal for the Law of the Sea, Advisory Opinion, 1 February 2011, para. 110.

[37] Responsibilities and Obligations of States Sponsoring Persons and Entities with respect to Activities in the Area, Seabed Disputes Chamber of the International Tribunal for the Law of the Sea, Advisory Opinion, 1 February 2011, para. 192.

[38] 《海洋法公约》第 145 条。

[39] 《海洋法公约》第 209 条。

2. 管理局的规章

在管理局制定的探矿和勘探规章中，都对海洋环境保护问题作了详细规定。主要包括以下内容。

(1)保护和保全海洋环境的一般要求

第一，为了确保海洋环境免受“区域”内活动可能造成的有害影响，管理局和担保国对这种活动应采取1992年《里约热内卢环境与发展宣言》(以下简称《里约宣言》)所提出的预防性做法和最佳环境做法。《里约宣言》原则15规定：为了保护环境，各国应根据它们的能力广泛采取预防性做法；当存在可能造成严重的或不可挽回的损害的危险时，缺乏充分的科学肯定性不应被作为推迟采取符合成本效益的措施的理由以防止环境退化。

第二，法律和技术委员会在审议工作计划时应根据现有最佳科学和技术信息确定拟议的勘探活动是否会对“区域”内脆弱的海洋生态系统造成严重的有害影响，并确保如果勘探活动会造成严重的有害影响，则对这些活动加以管理以防出现此类影响或不核准从事这些活动。此外，如果提议的勘探工作计划所涉区域的一部分或全部位于理事会因有实质证据显示存在对海洋环境造成严重损害的危险而不核准开发的区域内，则委员会不应建议核准该工作计划。

第三，承包者也应采用预防性做法和最佳环境做法，尽量在合理的可能范围内采取必要措施防止、减少和控制其“区域”内活动对海洋环境造成的污染和其他危害。申请者在请求核准勘探工作计划时所提交的资料中应包括：关于提议的勘探活动可能对海洋环境造成的影响的初步评估，以及关于为防止、减少和控制对海洋环境的污染和其他危害而提议的措施的说明。在勘探阶段结束后，承包者应继续对其在作业过程中的不当行为对海洋环境造成的损害承担责任。

第四，承包者和担保国应同管理局合作，制订并实施监测和评价深海底采矿对海洋环境的影响的方案。如理事会提出要求，此种方案应包括划出专门区域用作影响参照区和保全参照区的提议。“影响参照区”是指反映“区域”环境特性，用作评估“区域”内活动对海洋环境的影响的区域。“保全参照区”是指不应进行采矿以确保海底的生物群具有代表性和保持稳定，以便评估海洋环境生物多样性的任何变化的区域。

(2)环境基线和监测

承包者应参照法律和技术委员会的建议，收集环境基线数据并确定环境基线，供对比评估其勘探工作计划所列的活动方案可能对海洋环境造成的影响。承包者应与管理局和担保国合作制订并执行这种影响监测方案，每年以书面方式向管理局秘书长报告监测方案的执行情况和结果，并提交数据和资料。

(3)关于紧急情况的报告和处理

“区域”内活动引发的事故如已经、正在或可能对海洋环境造成严重损害，承包者应以最有效的手段，迅速向管理局秘书长书面报告。秘书长在接到承包者的通知或者从其他来源获悉此类事故后，应通知担保国、管理局有关机关及管理局所有成员，并监测事故的发展情况。在理事会采取行动之前，秘书长应立即采取一切合乎情况需要的实际而合理的临时措施，以防止、控制和减轻事故对海洋环境的严重损害。理事会在考虑科学和技术委员会的建议、秘书长的报告、承包者提交的资料及任何其他相关资料后可发布紧急命令，其中可包括暂停或调整作业的必要合理命令。如果承包者不迅速遵从紧急命令，理事会应自行采取或同他方作出安排代表它采取必要的实际措施。

（4）在探矿过程中保护和保全海洋环境

虽然探矿不属于“区域”内活动，但在探矿过程中同样需要保护海洋环境。为此管理局的规章要求：第一，探矿者应采用预防性做法和最佳环境做法，在合理的可能范围内采取必要措施，防止、减少和控制探矿活动对海洋环境的污染及其他危害。有实质证据显示可能对海洋环境造成严重损害时，不得进行探矿。第二，探矿活动引发的任何事故如已经、正在或可能对海洋环境造成严重损害，探矿者应以最有效的手段，立即以书面形式通知秘书长。

三、国际海底管理局

（一）管理局概况

1. 管理局的性质

国际海底管理局（International Sea－bed Authority）是《海洋法公约》的缔约国按照“区域”制度组织及控制“区域”内活动，特别是管理“区域”资源的组织。管理局不仅具有《海洋法公约》明示授予的权力和职务，而且应有为行使关于“区域”内活动的权力和职务所包含的、必要的且符合《海洋法公约》的一些附带权力。

管理局是一个国际组织，具有国际法律人格以及为执行其职务和实现其宗旨所必要的法律行为能力。为使其能够执行职务，管理局应在每一缔约方的领土内享有《海洋法公约》规定的特权和豁免。管理局于1994年成立，总部位于牙买加首都金斯敦。管理局可设立其认为在执行职务上必要的区域中心或办事处。1998年，管理局大会通过了《国际海底管理局特权和豁免议定书》（2003年生效）。

2. 管理局的成员

所有《海洋法公约》缔约国都是管理局的当然成员。此外，截至2021年，管理局还有94名观察员，其中包括：30个观察员国、32个政府间组织和32个非政府组织。

管理局大会在两种情况下可以暂停成员行使权利和特权。第一，如果一个成员拖欠管理局应缴的费用数额等于或超过该成员前两整年应缴费用的总额，该成员应无表决权。但大会如果确定该成员由于自身无法控制的情况而不能缴费，可准许该成员参加表决。第二，如果一个成员一再严重违反《海洋法公约》第十一部分的规定，大会可根据理事会的建议暂停该成员行使成员的权利和特权，但采取行动前应由国际海洋法法庭的海底争端分庭就此作出认定。[40]

3. 管理局的机关

《海洋法公约》规定管理局设有大会、理事会和秘书处三个主要机关，以及企业部。经济规

〔40〕《海洋法公约》第184～185条。

划委员会及法律和技术委员会是理事会的机构。此外还可设立必要的附属机构。然而,《1994年执行协定》对管理局的体制安排作了重大调整,规定管理局各机关和附属机构的设立和运作应采取渐进的方式,管理局在《海洋法公约》生效后初期的职务应由大会、理事会、秘书处、法律和技术委员会、财务委员会执行。《1994年执行协定》还修改了大会和理事会的职责和表决机制,限制了大会的作用而加强了理事会的作用。作为一般规则,管理局各机关的决策应当采取协商一致方式。"协商一致"是指没有任何正式的反对意见。[41]

(二)管理局大会

1. 组成和性质

大会由管理局的全体成员组成,每一成员应有一名代表出席大会。大会每年召开常会一次。经大会决定,或者由秘书长应理事会的要求或管理局过半数成员的要求,可召开特别会议。

大会是管理局的最高机关,其他各主要机关均应按照《海洋法公约》的具体规定向大会负责。《海洋法公约》规定大会有权就管理局权限范围内的任何问题或事项制定一般政策,但《1994年执行协定》要求大会会同理事会制定管理局的一般政策。

2. 权力和职务

大会的职权主要包括:(1)选举理事会成员、管理局秘书长、企业部董事会董事和企业部总干事、财务委员会的委员;(2)审查管理局其他机关的定期报告和特别报告;(3)审议和核准理事会提出的管理局的年度预算;(4)决定各成员对管理局的行政预算应缴的会费;(5)暂停成员权利和特权的行使;(6)审议和核准理事会暂时制定的管理局的规则、规章和程序及其修正案;(7)根据理事会的建议,审议和核准关于公平分享从"区域"内活动取得的财政及其他经济利益和沿海国对开发200海里外大陆架上的非生物资源所缴纳的费用和实物的规则、规章和程序;(8)决定公平分配从"区域"内活动取得的财政和其他经济利益;(9)审议关于"区域"内活动的一般性问题;(10)讨论管理局权限范围内的任何问题或事项,并在符合管理局各个机关权力和职务分配的情形下,决定由管理局哪一机关来处理《海洋法公约》条款未规定由其某一机关处理的问题或事项。

《1994年执行协定》限制了大会的职权。首先,大会所作具有财政或预算影响的决定应以财务委员会的建议为根据。其次,对于也属于理事会职权范围的事项,或者对于任何行政、预算或财务事项,大会应根据理事会的建议作出决定。大会若是不接受理事会关于某一事项的建议,应交回理事会进一步审议。该规定的目的是确保大会不会以不符合理事会建议的方式

[41] 《海洋法公约》第161条(8)(e)。

行事。[42] 由此，大会仅在有限的领域内可以单独作出决定。[43]

3. 表决

每个成员在大会上有一票表决权。作为一般规则，大会的决策应当采取协商一致方式。如果为了以协商一致方式作出决定已经竭尽一切努力，大会进行表决时，关于程序问题的决定应以出席并参加表决的成员过半数作出，关于实质问题的决定应以出席并参加表决的成员 2/3 多数作出。根据《大会议事规则》第 63 条，"出席并参加表决的成员"指的是出席并投赞成票或反对票的成员，而投弃权票的成员被视为未参加表决。对某一问题是否为实质问题发生争论时，该问题应作为实质问题处理，除非大会另作决定。

(三)管理局理事会

1. 组成和会议

理事会是管理局的执行机关。理事会有权依《海洋法公约》和管理局的一般政策，制定管理局对于其权限范围内的任何问题或事项所应遵循的具体政策。根据《1994 年执行协定》，理事会有权参与大会关于一般政策的制定。

《1994 年执行协定》规定，理事会由大会按照下列次序选出的 36 个管理局成员组成，它们来自五组国家：(a)4 个成员来自在有统计资料的最近 5 年中对于可从"区域"取得的各类矿物所产的商品，其消费量以价值计超过世界总消费量 2%，或者净进口量以价值计超过世界总进口量 2% 的缔约国，但此 4 个成员中应包括一个东欧区域经济实力以国内总产值计最大的国家和在《海洋法公约》生效之日经济实力以国内总产值计最大的国家；(b)4 个成员来自直接或通过其国民对"区域"内活动的准备和进行作出了最大投资的 8 个缔约国；(c)4 个成员来自缔约国中因在其管辖区域内的生产而为可从"区域"取得的各类矿物的主要净出口国，其中至少应有 2 个是出口这些矿物对其经济有重大关系的发展中国家；(d)6 个成员来自代表特别利益的发展中国家缔约国；(e)18 个成员按照确保理事会的席位作为一个整体做到公平地域分配的原则选出，但每一地理区域至少应有一名成员。

大会在选举理事会成员之前，应拟订出符合(a)至(d)各组成员标准的国家名单。一个国家如果符合不止一组的成员标准，只能由其中一组提名参加理事会选举。每一组应只提名数目与该组应占席位相等的候选人。当每一组的可能候选人数目超过该组可以占有的席位数目时，作为一般规则应适用轮换原则。每一组的成员应决定如何在本组内适用此项原则。在 2019 年的理事会组成中，(a)组国家包括：中国、意大利、日本、俄罗斯；(b)组国家包括：法国、德国、印度、韩国；(c)组国家包括：澳大利亚、智利、加拿大、南非；(d)组国家包括：孟加拉国、巴

---

〔42〕［斐济］萨切雅·南丹主编：《1982 年〈联合国海洋法公约〉评注》，毛彬中译本主编，焦永科等译，海洋出版社 2009 年版，第 352 页。

〔43〕［斐济］萨切雅·南丹主编：《1982 年〈联合国海洋法公约〉评注》，毛彬中译本主编，焦永科等译，海洋出版社 2009 年版，第 353 页。

西、斐济、莱索托、牙买加、乌干达,以及 18 个(e)组国家。[44]

理事会成员任期 4 年,可连选连任。理事会可视管理局业务需要随时召开会议,但每年不得少于 3 次。

2. 权力和职务

理事会的职权十分广泛和重要。它负责就管理局职权范围内的所有问题和事项监督及协调《海洋法公约》规定的实施,并对"区域"内的活动进行控制。理事会的许多职权是与大会相联系的。其中一些是理事会向大会提出建议供后者作出决定,如向大会提出秘书长候选人名单;向大会建议关于公平分享从"区域"内活动取得的财政和其他经济利益以及沿海国对开发 200 海里外大陆架上的非生物资源所缴的费用和实物的规则、规章和程序;就暂停成员权利和特权的行使向大会提出建议。还有一些是理事会采取行动后需要大会核准,如制定管理局的规则、规章和程序及其修正案。

然而,理事会还有一些可以单独采取行动的领域,特别是:(1)向企业部发出指示;(2)核准工作计划;(3)在发生不遵守规则的情况下,代表管理局向海底争端分庭提起司法程序;(4)遇有紧急情况,发布包括停止或调整作业的命令,以防止"区域"内活动对海洋环境造成严重损害;(5)在有重要证据证明海洋环境有受严重损害之虞的情形下,不准承包者或企业部开发某些区域。

3. 表决

每个成员在理事会上有一票表决权。作为一般规则,理事会的决策应当采取协商一致方式。如果为了以协商一致方式作出决定已经竭尽一切努力,理事会进行表决时,关于程序问题的决定应以出席并参加表决的成员过半数作出。关于实质问题的决定,除《海洋法公约》规定由理事会协商一致决定者外,[45]应以出席并参加表决的成员 2/3 多数作出,但必须理事会的任一分组没有过半数反对该项决定。为进行表决的目的,理事会(a)至(c)组的每一组国家应视为一分组,而(d)和(e)组中的发展中国家应视为单一分组。[46] 采用分组表决制的目的是使得每一组国家具有保护其利益的平等机会。[47] 在不要求协商一致决定的实质问题的表决中,(a)(b)(c)组中的任何 3 张反对票都可以阻止决定的通过。与大会一样,理事会所作具有财政或预算影响的决定应以财务委员会的建议为根据。

---

[44] *Composition of the Council of the International Seabed Authority*(*1996 – 2026*),https://isa.org.jm/index.php/authority/council/members.

[45] 《海洋法公约》第 161 条第 8 款(d)规定,关于在下列条款中产生的实质问题的决定应以协商一致方式作出:第 162 条第 2 款(m)项和(o)项;对第十一部分的修正案的通过。

[46] 《1994 年执行协定》附件第三节第 5、9 段。

[47] [斐济]萨切雅·南丹主编:《1982 年〈联合国海洋法公约〉评注》,毛彬中译本主编,焦永科等译,海洋出版社 2009 年版,第 377 页。

（四）秘书处

1. 组成和职能

管理局秘书处由秘书长一人和所需要的工作人员组成。工作人员由秘书长任命。秘书长及工作人员在执行职务时不应寻求或接受任何政府的指示或管理局以外其他来源的指示，不应与同“区域”内的勘探和开发有关的任何活动有任何财务上的利益，不应泄露任何因在管理局任职而得悉的秘密情报。秘书处有四个主要部门：秘书长行政办公室、环境管理和矿物资源办公室、法律事务办公室、行政事务办公室。秘书处的职责包括向秘书长提供支持以帮助其履行职务；提交报告和其他文件以便利管理局其他机关的讨论和决策；向管理局其他机关提供秘书服务；向公众传播管理局的活动和决策；在企业部独立运行前履行企业部的职务。[48]

2. 秘书长

秘书长由大会从理事会提出的候选人中选出，任期4年，连选可连任。秘书长是管理局的行政首长，在大会和理事会以及任何附属机构的一切会议上以这项身份执行职务并执行此种机关交给他的其他行政职务。秘书长应就管理局的工作向大会提出年度报告。管理局的第一任秘书长是斐济人南丹（Satya N. Nandan）（1996～2008年），第二任秘书长是加纳人奥敦通（Nii Allotey Odunton）（2009～2016年），现任第三任秘书长是英国人洛奇（Michael W. Lodge）。

（五）法律和技术委员会、财务委员会

1. 法律和技术委员会

法律和技术委员会是管理局理事会的附属机构，由理事会根据缔约方提名选出的委员组成。缔约方不得提名一人以上的候选人。委员应具备诸如有关矿物资源的勘探开发及加工、海洋学、海洋环境保护，或关于海洋采矿的经济或法律问题以及其他有关的专门知识方面的适当资格。在选举委员会委员时应适当顾及公平地域分配和特殊利益得到代表的需要。委员会委员任期5年，可连选连任一次。委员会委员不应在同“区域”内的勘探和开发有关的任何活动中有财务上的利益，不应泄露因其在管理局任职而得悉的任何秘密情报。[49] 目前法律和技术委员会由30名委员组成。

法律和技术委员会是一个专家机构，在多个方面就管理局职务的执行提出建议。特别是：（1）审查关于“区域”内活动的工作计划并向理事会提交建议；（2）向理事会提出关于保护海洋环境的建议；（3）就监测“区域”内活动造成的海洋环境污染危险或影响的方案向理事会提出建议；（4）向理事会建议发布紧急命令，以防止“区域”内活动对海洋环境造成严重损害；（5）在有充分证据证明海洋环境有受严重损害之虞的情形下，向理事会建议不准开发某些区域。此外，

---

〔48〕 International Seabed Authority, Delegates Handbook 2019, p. 25－26.

〔49〕《海洋法公约》第163、165条。

委员会还负责拟订管理局的规则、规章和程序,提交理事会,并随时向理事会建议其认为必要或适宜的修正,以及就"区域"内活动对环境的影响准备评价。根据《1994 年执行协定》,法律和技术委员会还暂时代行经济规划委员会的职务,直至理事会另作决定或第一项开发工作计划获得核准时为止。法律和技术委员会的决定以出席并参加表决的成员过半数作出。

2. 财务委员会

财务委员会是按照《1994 年执行协定》设立的,是大会的附属机构。[50] 委员会由大会选举的在财务方面具有适当资格的 15 名委员组成,应无任何两名委员为同一缔约国的国民。选举时应适当顾及公平地域分配和特殊利益得到代表的需要。理事会组成中的(a)、(b)、(c)和(d)每一组国家在委员会内至少应有 1 名委员作为代表。在管理局除了分摊会费以外有足够资金应付其行政开支之前,委员会的委员应包括向管理局行政预算缴付最高款额的 5 个国家的代表。其后,应根据每一组的成员所作的提名,从每一组选举一名委员,但不妨碍从每一组再选其他委员的可能性。财务委员会委员的任期为 5 年,可连选连任一次。委员不应在同财务委员会有职责作出建议的事项有关的任何活动中有财务上的利益,也不应泄露因其在管理局任职而得悉的任何秘密情报。[51]

管理局大会和理事会所作具有财政或预算影响的决定应以财务委员会的建议为根据。财务委员会关于程序问题的决定应以出席并参加表决的成员过半数作出,关于实质问题的决定应以协商一致方式作出。

---

〔50〕 International Seabed Authority, Delegates Handbook 2019, p. 23.

〔51〕《1994 年执行协定》附件第九节。

第十章 内陆国、地理不利国、闭海或半闭海沿岸国

一、内陆国和地理不利国

(一)概念

1. 内陆国的含义

内陆国(land - locked states),是指没有海岸的国家。这里的“海岸”(sea - coast)指的是濒海之地。此类国家之前曾被直白地称作“无海岸国家”(states having no sea - coast)。1958 年第一次海洋法会议后,“内陆国”这一术语的使用逐渐取代了“无海岸国家”的表述。由于领土变动的原因,内陆国的数量也会发生变化。目前在 193 个联合国会员国中,有 43 个内陆国。其中,非洲 16 个,分别为赞比亚、马里、博茨瓦纳、乌干达、津巴布韦、布基纳法索、莱索托、乍得、马拉维、尼日尔、斯威士兰、中非、南苏丹、卢旺达、埃塞俄比亚、布隆迪。欧洲 13 个,分别为北马其顿、奥地利、斯洛伐克、捷克、卢森堡、塞尔维亚、匈牙利、白俄罗斯、摩尔多瓦、瑞士、列支敦士登、安道尔、圣马力诺。亚洲 12 个,分别为蒙古国、老挝、尼泊尔、亚美尼亚、阿塞拜疆、阿富汗、土库曼斯坦、哈萨克斯坦、吉尔吉斯斯坦、乌兹别克斯坦、塔吉克斯坦、不丹。南美洲 2 个,分别为巴拉圭、玻利维亚。需要指出的是,虽然哈萨克斯坦、阿塞拜疆和土库曼斯坦濒临里海,但一般仍被纳入内陆国的范畴。哈萨克斯坦是最大的内陆国,面积约 272 万平方公里。

2. 地理不利国的含义

在《海洋法公约》的一些条文中,经常与内陆国一同提及“地理不利国”(geographically disadvantaged states)的概念。地理不利国不属于内陆国,因为这些国家有海岸。但由于海岸的长度或形状,或者所处地理位置的原因,地理不利国所能获得的海域面积十分有限。据学者统计,专属经济区面积最小的七个国家为:巴林、比利时、多哥、刚果(金)、伊拉克、约旦、新加坡,它们被称为“架锁国”。[1]

第三次海洋法会议上存在一个内陆国和地理不利国集团。对于这些国家而言,国家管辖海域范围的扩大非但没有给它们带来任何益处,反倒将它们置于一个更加不利的境地,因为它们将丧失掉一些之前至少在理论上还享有的海洋权益。[2] 不同于内陆国,“地理不利国”的界

---

〔1〕 [澳]维克托·普雷斯科特、克莱夫·斯科菲尔德:《世界海洋政治边界》(第 2 版),吴继陆、张海文译,海洋出版社 2014 年版,第 38 页。

〔2〕 Helmut Tuerk, *Landlocked and Geographically Disadvantaged States*, in Donald R. Rothwell et al. eds., The Oxford Handbook of the Law of the Sea, Oxford University Press, 2015, p. 326.

定并不明确。1975年"非正式单一协商案文"中曾有一个注释说,应当在《海洋法公约》的序言部分包含"地理不利国"的定义。[3] 但该注释在后来的谈判文件中消失了。最终《海洋法公约》的序言部分含有几个术语的定义,但其中并不包括"地理不利国"。目前只在《海洋法公约》第五部分第70条中含有一个"地理不利国"的定义,但该定义本身明确说它是"为本部分的目的"。由此该定义是否能够适用于《海洋法公约》其他条款中的"地理不利国"[4] 并不确定。[5] 第70条中的定义最早出现在1979年"非正式综合协商案文订正一"中,目的是解决地理不利国参与分享专属经济区内的生物资源问题。然而,当时第70条将此类国家称为"具有特殊地理特征的国家"(states with special geographical characteristics)而非"地理不利国"。而除专属经济区外的其他部分中使用的是"地理不利国"的概念。这两个概念在此后的《海洋法公约》谈判文件中一直并行存在,直到1981年的公约草案。同时这些文件中也一直存在一个注释,即大会应当协调(harmonize)这两个术语。[6] 最终草案第69条和第70条中"具有特殊地理特征的国家"这一术语被"地理不利国"的概念替换了。

《海洋法公约》第70条第2款规定:"为本部分的目的,'地理不利国'是指其地理条件使其依赖于开发同一分区域或区域的其他国家专属经济区内的生物资源,以供应足够的鱼类来满足其人民或部分人民的营养需要的沿海国,包括闭海或半闭海沿岸国在内,以及不能主张有自己的专属经济区的沿海国。"判断"地理不利国"的主要标准是地理条件。上述定义中包含两类地理不利国:(1)不能主张自己的专属经济区的沿海国;(2)虽然可以主张自己的专属经济区,但专属经济区面积十分有限,因此需要依赖于开发其他国家专属经济区内的生物资源的沿海国,包括闭海或半闭海沿岸国。

(二)内陆国的海洋权利

1982年《海洋法公约》关于内陆国权利的规定包括两类:一是为内陆国规定了与沿海国同样的权利;二是其专门为内陆国规定的一些权利和利益。

1. 内陆国与沿海国同样的权利

内陆国虽然没有海岸线,但是有权与沿海国一样享有和行使国际法规定的海洋权利,特别是与国家管辖范围以外海域有关的权利。《海洋法公约》的一些规定中专门提及内陆国,其典型表述为"所有国家,不论为沿海国或内陆国"。例如,关于领海内"无害通过权"的第17条,关于"其他国家在专属经济区内的权利和义务"的第58条,关于"公海自由"的第87条,关于公海"航行权"的第90条,关于"区域"内活动应为全人类的利益而进行的第140条,以及关于"区域"应开放给所有国家的第141条。还有一些《海洋法公约》条款中虽然没有明确提及内陆国,但是由于使用的是"所有国家"或"每个国家"的表述,因此其中也应包含内陆国。例如,第52

---

〔3〕 Informal Single Negotiating Text, Part Ⅲ, A/CONF. 62/WP. 8/Part Ⅲ.

〔4〕 《海洋法公约》第148、152、160、161、254、266、269、272、274条。

〔5〕 苏丹在有关《海洋法公约》的声明中认为,第70条(2)的定义适用于《海洋法公约》所有出现该术语的部分。

〔6〕 参见1980年"非正式综合协商案文订正二"、公约草案(非正式案文)以及1981年公约草案关于第254条的注释。

条关于“所有国家的船舶均享有通过群岛水域的无害通过权”的规定,以及第105条关于每个国家在公海上均可扣押海盗船舶或飞机的规定。

在上述权利中,排在首位的应是内陆国在海洋上的航行权。“一战”以前,内陆国人民所有的船舶需要悬挂一个沿海国的旗帜。[7] 1919年《协约和参战各国对德和约》(也称《凡尔赛和约》)第273条规定,缔约各国承认在无海岸的协约和参战各国领土内特定地点登记的船只所悬挂的旗帜,该地点应作为这些船只的登记港。1921年在巴塞罗那会议上发表的《承认无海岸国家悬挂船旗权利的宣言》大致重申了以上立场,承认在任何无海岸国家领土内的某一特定地点登记的船只所悬挂的旗帜。[8] 1958年《公海公约》第4条规定:“各国无论是否沿海国均有权在公海上行驶悬挂本国国旗之船舶。”第2条规定公海自由“对沿海国及非沿海国而言”均包括航行自由等项。《领海及毗连区公约》第14条规定:“无论是否沿海国之各国船舶”均享有领海无害通过权。

2. 内陆国专有的权利和利益

(1)内陆国出入海洋的权利和过境自由。这是最为重要的一项内陆国的专有权利。关于该问题以下将专门讨论。

(2)内陆国和地理不利国参与开发其他国家专属经济区的生物资源的权利。这些权利分别规定在《海洋法公约》第69条和第70条中。由于这两个条款在第三次海洋法会议上是一起谈判的,因此对应段落的表述几乎完全一致。该项权利主要包括如下内容:

第一,内陆国和地理不利国有权在公平的基础上,参与开发同一分区域或区域的沿海国专属经济区的生物资源的适当剩余部分。但有两个限制:①发达的内陆国和地理不利国只有权参与开发同一分区域或区域发达沿海国的专属经济区的生物资源,同时顾及沿海国在多大程度上已考虑到需要尽量减轻其国民惯常在该经济区捕鱼的国家的经济失调及渔民社区所受的不利影响;[9] ②该项权利不适用于经济上极为依赖于开发其专属经济区内生物资源的沿海国的情形。[10]

第二,参与开发的条款和方式应由有关国家通过双边、分区域或区域协定加以制定,除其他外,应考虑下列各项:①避免对沿海国的渔民社区或渔业造成不利影响的需要;②内陆国和地理不利国在现有的双边、分区域、区域协定下参与或有权参与开发其他沿海国专属经济区的生物资源的程度;③其他内陆国和地理不利国参与开发沿海国专属经济区的生物资源的程度,以及避免因此使任何一个沿海国或其一部分地区承受特别负担的需要;④有关各国人民的营养需要。

第三,当一个沿海国的捕捞能力接近能够捕捞其专属经济区内生物资源的可捕量的全部

---

〔7〕 周鲠生:《国际法》(下册),武汉大学出版社2007年版,第403页。

〔8〕 Declaration Recognising the Right to a Flag of States having no Sea - coast, 20 April 1921, 同日生效。League of Nations Treaty Series, Vol. 7, p. 73.

〔9〕 马耳他和西班牙在有关《海洋法公约》的声明中认为,该规定意味着发达的内陆国和地理不利国的船舶参与开发第三国专属经济区的渔业资源,取决于有关的沿海国之前已经允许其国民惯常在该经济区捕鱼的国家的国民入渔。

〔10〕《海洋法公约》第71条。

时，该沿海国对发达的内陆国和地理不利国即不担负允许它们参与开发的义务。但对于发展中内陆国和地理不利国，该沿海国仍需与有关国家在双边、分区域或区域的基础上，合作制定公平安排，在适当情形下并按照有关各方都满意的条款，容许它们参与开发该国专属经济区内的生物资源。

第四，除有关国家另有协议外，内陆国和地理不利国不应以租借或发给执照或成立联合企业，或以具有这种转让效果的任何其他方式，直接或间接将参与开发生物资源的权利转让给第三国或其国民。[11] 限制权利转让的目的是确保《海洋法公约》赋予内陆国和地理不利国的此项权利仅服务于这些国家的利益。[12] 另外，在满足该限制的前提下，《海洋法公约》不排除有关国家为了便利行使参与开发的权利，从第三国或国际组织取得技术或财政援助，如用于购买船只和渔具、加工设备和仓储设施的财政援助。[13]

(3)邻近的内陆国和地理不利国参与海洋科学研究的权利。根据《海洋法公约》第254条的规定，该项权利的主要内容如下：第一，当一国或主管国际组织向沿海国提出一项在后者的专属经济区内和大陆架上进行海洋科学研究的计划时，该国或国际组织应将提议的研究计划通知邻近该沿海国的内陆国和地理不利国；第二，在沿海国同意研究计划后，进行研究的国家和主管国际组织，经邻近的内陆国和地理不利国请求，适当时应向它们提供有关情报；第三，如内陆国和地理不利国提出请求，应获得机会按照有关的条件在实际可行时参加该计划；第四，经内陆国和地理不利国的请求，进行研究的国家和主管国际组织应向它们提供对研究所取得的资料、样品及研究成果的评价，或协助这些国家进行评价或解释。

(4)《海洋法公约》在许多规定中要求考虑发展中内陆国和地理不利国的利益和需要。主要包括三个领域：第一，第82条要求国际海底管理局在分配沿海国对200海里以外的大陆架上的开发所缴纳的费用和实物时，应"考虑到发展中国家的利益和需要，特别是其中最不发达的国家和内陆国的利益和需要"。需要指出的是，《海洋法公约》中没有包含内陆国和地理不利国参与开发沿海国大陆架上自然资源的规定。第二，关于"区域"的规定。其中，第148条要求应促进发展中国家有效参加"区域"内活动，尤其是其中的内陆国和地理不利国在克服因不利位置，包括距离"区域"遥远和出入"区域"困难而产生的障碍方面的特殊需要。第152条要求管理局在行使其权力和执行职务时，应准许"为发展中国家所作的特别考虑，包括为其中的内陆国和地理不利国所作的特别考虑"。第160条规定管理局大会应审议"区域"内活动对内陆国和地理不利国"因其地理位置而造成的那些问题"。第161条规定理事会中应有6个成员来自发展中国家缔约国，代表特别利益，其中包括内陆国或地理不利国的利益。而大会在选举理事会成员时应确保"内陆国和地理不利国有和它们在大会内的代表权成合理比例的代表"。第

---

〔11〕《海洋法公约》第72条。

〔12〕［斐济］萨切雅·南丹、［以色列］沙卜泰·罗森主编：《1982年〈联合国海洋法公约〉评注》(第2卷)，吕文正、毛彬中译本主编，海洋出版社2014年版，第702页。

〔13〕［斐济］萨切雅·南丹、［以色列］沙卜泰·罗森主编：《1982年〈联合国海洋法公约〉评注》(第2卷)，吕文正、毛彬中译本主编，海洋出版社2014年版，第708页。

三，关于海洋技术发展和转让。其中，第266条要求各国应促进发展中国家，包括内陆国和地理不利国海洋科学和技术能力的发展。第269条要求各国应尽力把一切种类的海洋技术转让给发展中内陆国和地理不利国。

截至2021年，尚有16个内陆国未参加《海洋法公约》，包括阿富汗、不丹、哈萨克斯坦、吉尔吉斯斯坦、塔吉克斯坦、土库曼斯坦、乌兹别克斯坦、布隆迪、中非共和国、埃塞俄比亚、卢旺达、南苏丹、安道尔、梵蒂冈、列支敦士登、圣马力诺。

（三）内陆国出入海洋的权利和过境自由

为了行使海洋权利，内陆国首先需要到达海岸。而这意味着内陆国必须经过位于该国和海洋之间的外国领土。由此，内陆国出入海洋的权利和过境自由是相互联系的。没有过境自由，内陆国无法行使出入海洋的权利；反之，倘无出入海洋的权利，则内陆国过境其他国家的自由就缺乏依据。[14]

由于地处偏僻，不能从本国领土出入海洋，内陆国参与国际贸易的能力严重受限。这些国家为此不得不负担的昂贵的运输成本大大降低了它们商品的出口竞争力，并同时导致进口商品的价格大幅上涨。[15] 而这直接影响内陆国家的经济社会发展。由此不难理解以下事实：绝大部分内陆国为发展中国家，[16] 而且内陆发展中国家作为一个群体属于最贫穷的发展中国家。对此，2004年联大在一项决议中指出："境内缺乏出海通道，加上远离世界市场、转运费用高得无法承受和种种风险，对内陆发展中国家的出口收益、私人资本流入和国内资源的调集造成严重限制，因此对它们总体的增长和社会经济发展造成不利影响。"[17] 联合国秘书长于2015年在一份报告中指出，内陆发展中国家到达海港的平均距离为1370公里，从内陆发展中国家出口所需时间平均为43天——比过境国多20天，是沿海发展中国家的2倍多。2011年，内陆发展中国家出口占世界总出口的1.2%，它们在全球贸易中的份额为1.17%，这显示出内陆发展中国家在世界经济中继续被边缘化。[18] 有估计指出，内陆发展中国家如果不是地处内陆的话，其发展水平要比现在高出20%。[19]

---

〔14〕［斐济］萨切雅·南丹、［以色列］沙卜泰·罗森主编：《1982年〈联合国海洋法公约〉评注》（第3卷），吕文正、毛彬中译本主编，焦永科等译，海洋出版社2016年版，第386页。

〔15〕《阿拉木图行动纲领：在内陆发展中国家和过境发展中国家过境运输合作新的全球框架内解决内陆发展中国家特殊需要》，2003年8月29日通过，第2段。

〔16〕目前有32个内陆发展中国家。参见《维也纳行动纲领》第1段。《维也纳行动纲领》载2014年12月12日联大决议附件二，A /RES/69/137。

〔17〕2004年12月22日联大决议："与内陆发展中国家特殊需要和问题有关的具体行动：内陆和过境发展中国家与捐助国及国际金融和发展机构过境运输合作问题国际部长级会议的结果"，A /RES/59/245。联大在决议中指出，有16个内陆发展中国家被联合国列为最不发达国家。

〔18〕联大第七十届会议：《海洋和海洋法——秘书长的报告》，2015年3月30日，A/70/74，第77段。

〔19〕《维也纳行动纲领》第8段。《维也纳行动纲领》载2014年12月12日联大决议附件二，A /RES/69/137。

1. 历史发展

对内陆国海洋权利的现代关注起源于“一战”后。[20] 1919 年《国际联盟盟约》第 23 条第(e)项规定,联盟会员国将采取必要办法确保和维持所有会员国的交通和过境自由以及公平的商业待遇。[21] 为实施该项规定,一些国家于 1921 年在巴塞罗那召开的交通和过境会议上通过了《过境自由公约与规约》。[22] 但其中并未专门提及内陆国的特殊需要。在第一次联合国海洋法会议召开前夕,1957 年联大通过决议,承认内陆国家需要适当过境便利以便促进其国际贸易,并呼吁所有国家依据相关国际法和惯例,对此等国家予以适当便利。[23] 第一次海洋法会议上专门讨论了“内陆国自由通达海洋的问题”。结果 1958 年《公海公约》第 3 条规定:

> 1. 为与沿海国家平等地享有海洋自由,无海岸国家应当可自由通达海洋。为此目的,凡位于海洋与无海岸国间之国家应通过与无海岸国的共同协议,并依照现行国际公约:(a)准许无海岸国在互惠基础上自由过境其领土;(b)对于悬挂该国国旗之船舶,在进入及使用海港事宜上准其与本国船舶或任何他国船舶享受平等待遇。
>
> 2. 当它们尚非现行国际公约之当事国时,位于海洋与无海岸国间之国家应通过与后者的相互协议,解决一切有关过境自由及海港内平等待遇之事项,考虑到沿海国或过境国之权利及无海岸国之特殊情况。

首先,《公海公约》没有明确规定出入海洋是内陆国的一项权利,而仅仅规定内陆国“应当可自由通达海洋”(should have free access to the sea)。其次,《公海公约》没有规定内陆国享有过境自由,而是规定位于海洋与内陆国之间的国家应通过与内陆国的“协议”,“准许”(accord to)内陆国“在互惠基础上”(on a basis of reciprocity)自由过境。上述规定使得内陆国的过境自由主要以过境国的意志为转移,因此内陆国对此规定并不满意。[24]

1965 年,联合国内陆国过境贸易会议制定了《内陆国过境贸易公约》。[25] 这是第一个专门处理内陆国过境问题的多边条约。[26] 该公约在前言中规定了八项原则,包括:(1)承认内陆国家自由通达海洋之权利是扩展国际贸易及经济发展之必要原则。(2)悬挂内陆国家国旗之船舶,在任何国家之领海及内水中应享受同样权利,并应与悬挂领土国以外任何其他沿海国家国旗之船舶,享受同样待遇。(3)为与沿海国家平等地享有海洋自由,无海岸国家应当可自由通达海洋。为此目的,凡位于海洋与无海岸国间之国家应通过与无海岸国的共同协议,并依照现

---

〔20〕 [斐济]萨切雅·南丹、[以色列]沙卜泰·罗森主编:《1982 年〈联合国海洋法公约〉评注》(第 3 卷),吕文正、毛彬中译本主编,焦永科等译,海洋出版社 2016 年版,第 346 页。

〔21〕 《国际联盟盟约》中文本参见王铁崖、田如萱编:《国际法资料选编》,法律出版社 1982 年版,第 806 ~ 817 页。

〔22〕 Convention and Statute on Freedom of Transit, League of Nations Treaty Series, Vol. 7, p. 11. 该条约于 1921 年 4 月 20 日缔结,1922 年 10 月 31 日生效。

〔23〕 1957 年 2 月 20 日联大决议:《陆锁国家与国际贸易之扩张》,A/RES/1028(XI)。

〔24〕 刘楠来等:《国际海洋法》,海洋出版社 1986 年版,第 357 ~ 358 页。

〔25〕 1965 年 7 月 8 日缔结,1967 年 6 月 9 日生效。United Nations Treaty Series, Vol. 597, p. 3.

〔26〕 [斐济]萨切雅·南丹、[以色列]沙卜泰·罗森主编:《1982 年〈联合国海洋法公约〉评注》(第 3 卷),吕文正、毛彬中译本主编,焦永科等译,海洋出版社 2016 年版,第 350 页。

行国际公约，对于悬挂该国国旗之船舶，在进入及使用海港事宜上准其与本国船舶或任何他国船舶享受平等待遇。(4)为求充分增进内陆国家之经济发展，各国应准许内陆国家在互惠基础上自由过境不加限制，务使其在一切情形下均得自由参加各种货物之区域及国际贸易。对于过境货物不得征收关税。对于过境运输工具征收特种税课或规费，不得高于对使用经过国家之运输工具所征收之税费。(5)经过国家为保持其对领土所享之充分主权，有权采取一切必要措施，以确保自由无限制过境权利之行使不损害其任何合法利益。(6)为对不同地区的内陆国家贸易及发展所特有之问题早日产生普遍之解决途径，所有国家应一致鼓励就此事缔结区域协定及其他国际协定。(7)因内陆国家特殊地理位置而给予之便利及特殊权利不属于实施最惠国条款之范围。(8)规定内陆国家自由通达海洋权利之原则决不废止两国或两国以上对于此项问题现已订有之协定，亦不妨碍将来缔结此种协定，但以后者所确立之制度不逊于亦不违反上述规定为限。《内陆国过境贸易公约》的正文包括：定义(第1条)，过境自由(第2条)，关税及特加过境税(第3条)，运输工具及使用费(第4条)，关于税关、运输及其他事项之办法及表报手续(第5条)，过境货物之储存(第6条)，过境运输之迟延或困难(第7条)，自由区及其他税关便利(第8条)，更大便利之给予(第9条)，与最惠国条款之关系(第10条)，公约基于公共卫生、安全及保护文物理由之例外(第11条)，交互原则(第15条)等。《内陆国过境贸易公约》1967年生效，截至2021年有43个缔约国，其中包括一些尚未参加1982年《海洋法公约》的内陆国。[27] 该公约的许多规定后来都被纳入《海洋法公约》。

2.《海洋法公约》的规定

《海洋法公约》在前言中提及“实现公正公平的国际经济秩序，这种秩序将照顾到全人类的利益和需要，特别是发展中国家的特殊利益和需要，不论其为沿海国或内陆国”。《海洋法公约》第十部分专门处理了内陆国出入海洋的权利和过境自由问题。这是该事项第一次作为一个整体被整合到一个关于海洋法的综合性文件中。[28]《海洋法公约》第十部分包括9个条款(第124～132条)，为有关国家间谈判商定过境模式提供了基本法律框架。[29] 其主要内容如下。

(1)内陆国出入海洋的权利和过境自由

与1958年《公海公约》不同，1982年《海洋法公约》不仅明确将出入海洋规定为内陆国的一项权利，而且明确规定内陆国享有过境自由。第125条规定：“为行使本公约所规定的各项权利，包括行使与公海自由和人类共同继承财产有关的权利的目的，内陆国应有权出入海洋。为此目的，内陆国应享有利用一切运输工具通过过境国领土的过境自由。”

过境国，是指位于内陆国与海洋之间以及通过其领土进行过境运输的国家，不论其是否具

---

〔27〕 例如：乌兹别克斯坦、塔吉克斯坦、圣马力诺、卢旺达、布隆迪、中非共和国、哈萨克斯坦。该条约缔约国的情况参见 https://treaties.un.org/Pages/ViewDetails.aspx? src = TREATY&mtdsg_no = X - 3&chapter = 10&clang = _en。

〔28〕 [斐济]萨切雅·南丹、[以色列]沙卜泰·罗森主编：《1982年〈联合国海洋法公约〉评注》(第3卷)，吕文正、毛彬中译本主编，焦永科等译，海洋出版社2016年版，第345页。

〔29〕 联大第五十九届会议：《海洋和海洋法——秘书长的报告》，2004年3月4日，A/59/62，第6段。

有海岸。[30]《海洋法公约》为过境国的确定设立两个标准：地理标准和功能标准。由此，过境国不仅需要位于内陆国与海洋之间，而且通过其领土进行过境运输。后一标准的目的是限制内陆国确定其邻国中哪些是过境国的裁量权。[31]“领土”一词意味着，过境自由包括通过沿海国的内水和领海。然而，“不论其是否具有海岸”的表述说明过境国并不限于沿海国，由此一个内陆国也可以为其他内陆国发挥过境国的功能，即“内陆过境国”。实践中，在大多数情况下，内陆发展中国家的过境邻国自己也是发展中国家，经济结构往往大体相似，也同样为资源贫乏所困，包括缺乏适当的过境运输基础设施。[32] 过境国并不限于从内陆国到达海洋距离最短的通道所经过的国家。[33]

根据第124条，“运输工具”是指：其一，铁路车辆，海洋、湖泊和河川船舶以及公路车辆；其二，在当地情况需要时，搬运工人和驮兽。此外，内陆国和过境国可通过协议将管道、煤气管和其他运输工具列为运输工具。之所以《海洋法公约》将“搬运工人和驮兽”列入运输工具，是因为在一些发展中内陆国缺乏发达的公路和铁路网络，由此相当依赖这样的运输工具。[34] 就输送石油和天然气而言，管道是一种成本效益较高的手段。[35] 第124条没有提及飞机。第三次海洋法会议上曾有国家提议将飞机列入运输工具，但未被接受。有关国家当然可以通过协议将飞机纳入运输工具，但是只有价值昂贵、体积小的商品才能支付得起空运费用。[36]

（2）过境自由的行使

虽然与1958年《公海公约》不同，《海洋法公约》没有将过境自由的存在本身规定要基于有关国家之间的协议；但是“行使过境自由的条件和方式”，应由内陆国和有关过境国通过双边、分区域或区域协定予以议定。该规定的主要目的是通过排除过境自由的任何自动执行性以保护过境国免受过境事项中的过度主张之累。[37] 第132条明确规定不排除过境国在协议中给予内陆国大于《海洋法公约》所规定的过境便利。另外，虽然《海洋法公约》没有提及互惠原则，但也没有排除在关于过境条件和方式的协定中纳入互惠原则的可能性。[38] 考虑到过境国会因为

---

〔30〕《海洋法公约》第124条(1)(b)。

〔31〕［斐济］萨切雅·南丹、［以色列］沙卜泰·罗森主编：《1982年〈联合国海洋法公约〉评注》(第3卷)，吕文正、毛彬中译本主编，焦永科等译，海洋出版社2016年版，第375页。

〔32〕2004年12月22日联大决议：《与内陆发展中国家特殊需要和问题有关的具体行动：内陆和过境发展中国家与捐助国及国际金融和发展机构过境运输合作问题国际部长级会议的结果》，A /RES/59/245，第6段。

〔33〕［斐济］萨切雅·南丹、［以色列］沙卜泰·罗森主编：《1982年〈联合国海洋法公约〉评注》(第3卷)，吕文正、毛彬中译本主编，焦永科等译，海洋出版社2016年版，第375页。

〔34〕［斐济］萨切雅·南丹、［以色列］沙卜泰·罗森主编：《1982年〈联合国海洋法公约〉评注》(第3卷)，吕文正、毛彬中译本主编，焦永科等译，海洋出版社2016年版，第375页。

〔35〕《阿拉木图行动纲领：在内陆发展中国家和过境发展中国家过境运输合作新的全球框架内解决内陆发展中国家特殊需要》，2003年8月29日通过，第26段。

〔36〕《阿拉木图行动纲领：在内陆发展中国家和过境发展中国家过境运输合作新的全球框架内解决内陆发展中国家特殊需要》，2003年8月29日通过，第28段。

〔37〕［斐济］萨切雅·南丹、［以色列］沙卜泰·罗森主编：《1982年〈联合国海洋法公约〉评注》(第3卷)，吕文正、毛彬中译本主编，焦永科等译，海洋出版社2016年版，第387页。

〔38〕［斐济］萨切雅·南丹、［以色列］沙卜泰·罗森主编：《1982年〈联合国海洋法公约〉评注》(第3卷)，吕文正、毛彬中译本主编，焦永科等译，海洋出版社2016年版，第388页。

内陆国的过境而承担一些额外负担,完全不考虑互惠原则似乎也不恰当,特别是当过境国本身也是内陆国时更是如此。而且,由于《海洋法公约》没有界定过境自由的含义,因此内陆国和过境国之间的双边、分区域或区域协定对于过境自由的内容也必然有所影响。德国在关于《海洋法公约》的声明中表示:每个案件中的过境自由的具体内容需要由有关过境国和内陆国协议确定;如果没有此类协议,则通过德国领土的过境只受国内法调整,特别是关于过境的方式和路径,以及使用的交通设施。巴基斯坦也发表了内容大致相同的声明。相反,捷克强调德国的声明不能违反《海洋法公约》规定。

(3)过境国的保护权

过境国在对其领土行使完全主权时,有权采取一切必要措施以确保内陆国所享有的各项过境权利和便利绝不侵害其合法利益。平衡内陆国的过境需要和过境国保护主权的要求早在1921年《过境自由公约与规约》中就存在了。《过境自由公约与规约》第5条规定,缔约国无须为由于公共卫生或安全,或为预防动植物疾病而被禁止入境的旅客,或者被禁止进口的货物,提供过境。1965年《内陆国过境贸易公约》将过境国的保护权列为一项原则,并在第11条规定,"任何缔约国因公众道德、公共卫生或安全理由,或为预防动植物疾病或虫害起见,对于不许入境之人,或禁止进口之货物,不因受本公约之拘束而准予过境",并明确表示"不阻止任何缔约国采取为保护其重要安全利益所必要之任何行动"。

(4)过境国的主要义务

第一,过境运输无须缴纳任何关税、税捐或其他费用,但过境国为此类运输提供特定服务而征收的费用除外。对于过境运输工具和其他为内陆国提供并由其使用的便利,不应征收高于使用过境国运输工具所缴纳的税捐或费用。该规定的目的是防止过境国对内陆国使用的运输工具征收歧视性捐税以从过境运输中获得经济利益,同时使过境国能够收回为过境运输提供特定服务和便利付出的成本。[39] "过境运输"是指人员、行李、货物和运输工具通过一个或几个过境国领土的过境,而这种通过无论是否需要转运、入仓、分卸或改变运输方式,都不过是以内陆国领土为起点或终点的旅运全程的一部分。[40]

第二,为了过境运输的便利,可由过境国和内陆国协议,在过境国的出口港和入口港内提供自由区或其他海关便利。

第三,过境国应采取一切适当措施避免过境运输发生迟延或其他技术性困难。如果发生这种迟延或困难,有关过境国和内陆国的主管当局应进行合作,迅速予以消除。

第四,悬挂内陆国旗帜的船舶在海港内应享有其他外国船舶所享有的同等待遇。该规定涵盖所有海港,而不仅仅是过境国的海港。[41] 至于"同等待遇",应当包括提供领航员、分配泊

---

〔39〕[斐济]萨切雅·南丹、[以色列]沙卜泰·罗森主编:《1982年〈联合国海洋法公约〉评注》(第3卷),吕文正、毛彬中译本主编,焦永科等译,海洋出版社2016年版,第399~400页。

〔40〕《海洋法公约》第124条(1)(c)。

〔41〕Helmut Tuerk, *Landlocked and Geographically Disadvantaged States*, in Donald R. Rothwell et al. eds., The Oxford Handbook of the Law of the Sea, Oxford University Press, 2015, p. 334.

位、清除垃圾、售卖燃料和其他商品，船员登岸许可以及其他港口服务。[42] 需要指出的是，过境国没有提供足以满足过境需要的运输工具的义务。如果过境国内无运输工具以实现过境自由，或现有运输工具包括海港设施和装备有所不足，过境国可与有关内陆国进行合作以建造或改进运输工具。[43]

(5)最惠国条款不适用

《海洋法公约》第126条规定："本公约的规定，以及关于行使出入海洋权利的并因顾及内陆国的特殊地理位置而规定其权利和便利的特别协定，不适用最惠国条款。"国际法委员会认为，一个沿海国无权根据最惠国条款获得另一个沿海国为了内陆国出入海洋的方便而给予该内陆国的权利和便利。这一点目前似乎已经获得普遍承认。该例外有利于内陆国的合法利益，同时可以免除有关沿海国根据最惠国条款对其他沿海国承担的义务。[44] 1965年《内陆国过境贸易公约》将"因内陆国家特殊地理位置而给予之便利及特殊权利不属于实施最惠国条款之范围"作为一项原则。然而，该公约第10条同时规定："非本公约当事国之内陆国必须根据该内陆国与许给此种便利及特殊权利缔约国所订条约之最惠国条款始得要求享有依本公约所给予各内陆国之便利及特殊权利。倘一缔约国许给一内陆国之便利或特殊权利大于本公约之规定，此种便利或特殊权利得仅限于该一内陆国，但对于任何其他内陆国不给予此种更大便利或特殊权利时有悖该内陆国与许给此种便利或特殊权利缔约国所订条约之最惠国条款者，不在此限。"这意味着《内陆国过境贸易公约》允许内陆第三国依据最惠国条款取得过境国根据该公约以及其他方式给予一个内陆国的特权和便利。同样，1978年国际法委员会《关于最惠国待遇条款的条文草案》[45]第26条同样在内陆国和沿海国之间加以区别。该条规定："内陆国以外的受惠国无权根据最惠国条款享受施惠国为了内陆第三国出海洋的方便而给予该国的权利和便利。内陆的受惠国只有在最惠国条款的主题是方便出入海洋的情况下，才有权依据该条款享受施惠国为了内陆的第三国出海洋的方便而给予该国的权利和便利。"然而就《海洋法公约》第126条的字面规定而言，其并未在最惠国条款的适用方面区分沿海国和内陆国。而且，被排除适用最惠国条款的不仅是《海洋法公约》第十部分，还有"本公约的规定"，以及关于内陆国行使出入海洋权利的特别协定。

3.《海洋法公约》之后的发展

在《海洋法公约》通过和生效后，内陆国行使过境自由的实际方式问题仍是联合国关注的一个重要议题。[46] 2003年在哈萨克斯坦阿拉木图举行的"内陆和过境发展中国家与捐助国及

---

[42] [斐济]萨切雅·南丹、[以色列]沙卜泰·罗森主编：《1982年〈联合国海洋法公约〉评注》(第3卷)，吕文正、毛彬中译本主编，焦永科等译，海洋出版社2016年版，第420页。

[43] 《海洋法公约》第129条。

[44] International Law Commission, *Draft Articles on Most - Favoured - Nation Clauses*, in Yearbook of the International Law Commission (1978), Vol. Ⅱ, Part Two, p. 70.

[45] 《关于最惠国待遇条款的条文草案》中文本，参见王铁崖、田如萱编：《国际法资料选编》，法律出版社1982年版，第761~767页。

[46] 联大第五十九届会议：《海洋和海洋法——秘书长的报告》，2004年3月4日，A/59/62，第55段。

国际金融和发展机构过境运输合作问题国际部长级会议”上通过了《阿拉木图行动纲领:在内陆发展中国家和过境发展中国家过境运输合作新的全球框架内解决内陆发展中国家的特殊需要》(以下简称《阿拉木图行动纲领》)和《阿拉木图宣言》。宣言确认,“贸易的交易费用高昂是内陆发展中国家在全球贸易体系中陷入边缘地位的一项主要原因。贸易和运输之间有无法解脱的紧密联系”,而“内陆和过境发展中国家负有建立有效过境系统的主要责任”。[47]《阿拉木图行动纲领》的目标是处理内陆发展中国家和过境发展中国家的特殊需要,并建立一个全球行动框架,以便在顾及内陆和过境发展中国家的利益的同时,在这些国家建立高效的过境运输系统。[48] 纲领确定了五大优先事项,包括:基本过境政策问题、基础设施建设和维护、国际贸易和贸易便利化、国际支助措施以及执行和审查。随后第五十八届联大通过决议,认可了阿拉木图纲领和宣言,并呼吁应全面、有效地执行《阿拉木图行动纲领》。[49] 2008 年,第六十三届联大在决议中认为《阿拉木图行动纲领》是内陆和过境发展中国家与其发展伙伴在各个层级“真正建立伙伴关系的基本框架”,并指出了内陆发展中国家在建立高效过境运输系统方面面临的各种挑战,包括运输基础设施匮乏、港口吞吐能力不足、口岸和海关清关延误、烦琐的海关手续、后勤部门不发达、法律和体制安排薄弱,以及银行交易费用昂贵等。[50]《阿拉木图行动纲领》的实施带来了一些积极变化。例如,内陆发展中国家进口货物所需天数从 2006 年的 57 天减至 2014 年的 47 天,而出口则从 49 天减至 42 天。[51] 然而,这一耗时仍几乎是过境国所需时间的 2 倍。除了时间,费用也是重要问题。内陆发展中国家出口一个集装箱的平均估计费用是 3204 美元,而进口一个集装箱为 3884 美元。相比之下,过境国的此项费用分别为 1268 美元和 1434 美元。[52]

2014 年在维也纳举行的第二次联合国内陆发展中国家问题会议上通过了《内陆发展中国家 2014—2024 年十年维也纳行动纲领》(以下简称《维也纳行动纲领》)。该纲领总体目标是以更协调一致的方式解决内陆发展中国家的发展需求及挑战,最终帮助内陆国家转变为陆地连通国家。纲领提出了一些具体目标,除其他外包括:(1)遵照可适用的国际法规则,在过境自由和其他相关措施的基础上,促进一切运输工具高效率、高成本效益和不受阻碍地出入海洋;(2)通过简化规则和条例并实现标准化,降低贸易的交易成本和运输费用,以便提高内陆发展中国家的出口竞争力并降低进口成本;(3)发展适足的过境运输基础设施,补足连通内陆发展中国家的缺失环节;(4)有效执行双边、区域和国际法律文书,并加强区域一体化。[53] 2019 年联大在决议中重申:“依照国际法的相关规则,让内陆发展中国家在过境自由和其他相关事项

---

〔47〕《阿拉木图宣言》,2003 年 8 月 29 日通过,第 2、7 段。

〔48〕《阿拉木图行动纲领:在内陆发展中国家和过境发展中国家过境运输合作新的全球框架内解决内陆发展中国家特殊需要》,2003 年 8 月 29 日通过,第 10 段。

〔49〕 2003 年 12 月 23 日联大决议,A /RES/58/201。

〔50〕 2008 年 10 月 3 日联大决议:《大会第六十三届会议关于〈阿拉木图行动纲领〉中期审查的高级别会议宣言》,A /RES/63/2。

〔51〕《维也纳行动纲领》第 8 段。《维也纳行动纲领》载 2014 年 12 月 12 日联大决议附件二,A /RES/69/137。

〔52〕《维也纳行动纲领》第 8 段。

〔53〕《维也纳行动纲领》第 21、22 段。

的基础上，以不受阻碍、高效率、符合成本效益的方式出入海洋是十分重要的。”[54] 2017年生效的世界贸易组织的《贸易便利化协定》虽然并非处理内陆国过境自由的专门文件，但同样与该问题有关。

4. 双边国家实践

按照《海洋法公约》，过境自由的条件和方式可以由有关国家在双边、分区域或区域三级法律框架内议定。目前双边协定仍然是主要工具。[55] 以下是一些关于内陆国过境自由的条约，包括：1976年尼泊尔和孟加拉国之间的过境协定及其议定书；1985年、1995年奥地利和意大利之间关于通过的里雅斯特港和使用港口发展奥地利贸易的条约；1991年尼泊尔和印度之间的过境条约；1993年埃塞俄比亚和吉布提之间以及埃塞俄比亚和厄立特里亚之间关于过境和港口服务的双边协定；[56] 1998年玻利维亚和阿根廷之间的若干运输和通讯协定；1999年老挝和泰国之间的公路运输协定，同年尼泊尔和印度修订了双方现有的过境条约并延长了期限。[57] 1995年北马其顿和希腊签署临时协议，同意在互惠基础上促进公路、铁路、海上和空中运输及通讯联系，并促进彼此之间的货物过境运输以及通过其领土和港口的过境运输。[58]

二、闭海或半闭海沿岸国

（一）闭海或半闭海的定义

《海洋法公约》第122条规定，“闭海或半闭海”（enclosed or semi-enclosed sea）是指“两个或两个以上国家所环绕并由一个狭窄的出口连接到另一个海或洋，或全部或主要由两个或两个以上沿海国的领海和专属经济区构成的海湾、海盆或海域”。

第一，“两个或两个以上国家”的要求将那些周边只有一个沿海国的海湾排除出《海洋法公约》意义上的闭海或半闭海的范围。

第二，由两个或两个以上国家领土所环绕并由一个狭窄的出口连接到另一个海或洋的海湾、海盆或海域属于闭海。

第三，全部或主要由两个或两个以上沿海国的领海和专属经济区构成的海湾、海盆或海域属于半闭海的特征。[59] 但这并不排除此类海域只有一个狭窄的出口与另一个海或洋相连的可能性。此时它应属于闭海。《海洋法公约》并未在法律地位方面进一步区分闭海和半闭海。

---

[54] 2019年12月5日联大决议：《关于〈内陆发展中国家2014—2024年十年维也纳行动纲领〉执行情况高级别中期审查的政治宣言》，A/RES/74/15，第5段。

[55] 联大第六十九届会议：《海洋和海洋法——秘书长的报告（增编）》，2014年9月1日，A/69/71/Add.1，第115段。

[56] 联大第五十三届会议：《海洋和海洋法——秘书长的报告》，1998年10月5日，A/53/456，第117段。

[57] 联大第五十四届会议：《海洋和海洋法——秘书长的报告》，1999年9月30日，A/54/429，第106段。

[58] 联大第五十届会议：《海洋法——秘书长的报告》，1995年11月1日，A/50/713，第227段。

[59] ［斐济］萨切雅·南丹、［以色列］沙卜泰·罗森主编：《1982年〈联合国海洋法公约〉评注》（第3卷），吕文正、毛彬中译本主编，焦永科等译，海洋出版社2016年版，第322页。

(二)闭海或半闭海沿岸国的合作义务

1. 合作义务的内容

鉴于闭海和半闭海的特殊地理条件,《海洋法公约》第123条为闭海或半闭海的沿岸国规定了合作义务,要求这些国家在行使《海洋法公约》所规定的权利和履行义务时应互相合作。具体而言,闭海或半闭海沿岸国"应尽力直接或通过适当区域组织:(a)协调海洋生物资源的管理、养护、勘探和开发;(b)协调行使和履行其在保护和保全海洋环境方面的权利和义务;(c)协调其科学研究政策,并在适当情形下在该地区进行联合的科学研究方案;(d)在适当情形下,邀请其他有关国家或国际组织与其合作以推行本条的规定"。1995年《联合国鱼类种群协定》第15条规定,各国在闭海或半闭海执行本协定时应考虑到有关闭海或半闭海的自然特征,并应以符合《海洋法公约》有关规定的方式行事。

第一,《海洋法公约》没有为闭海和半闭海沿岸国规定任何新的、不同于其他沿海国的权利和义务——所有相关的权利和义务都规定在《海洋法公约》的其他各项条款中。[60] 第123条只是要求闭海或半闭海沿岸国在"行使和履行"《海洋法公约》的权利和义务时互相合作,彼此协调。

第二,合作的领域包括海洋生物资源、海洋环境保护和海洋科学研究等三个方面。虽然这三个方面是《海洋法公约》专门规定的属于沿海国在专属经济区享有主权权利和管辖权的事项,但是合作义务并不限于专属经济区。第123条的适用范围是"闭海或半闭海沿岸国在行使和履行本公约所规定的权利和义务时",其中既包括闭海或半闭海沿岸国在行使和履行专属经济区的权利和义务时,也包括这些国家在行使和履行《海洋法公约》所规定的有关其他海域,如领海的权利和义务时。值得注意的是,第123条没有提及非生物资源的合作问题。

第三,合作的方式既包括沿岸国之间的直接合作,也包括通过适当的区域组织进行合作。此外还包括在适当情形下与区域外国家或国际组织的合作。

第四,关于合作义务的性质,它是《海洋法公约》为闭海或半闭海的沿岸国设置的一种劝导和鼓励性的要求,而非强制性义务。[61] 这一点从第123条英文版中所使用的"should cooperate with each other"的表述中可以清楚地看出来。而且,"为此目的,这些国家应尽力"的规定显示第123条为沿岸国设置的是一种行为义务,而非结果义务。换言之,《海洋法公约》要求这些国家必须尽力,但并非不惜一切代价去实现合作的目的。[62]

2. 合作义务与划界前临时安排的义务的关系

关于闭海或半闭海沿岸国的合作义务与《海洋法公约》第74/83条规定的划界争端当事国

---

〔60〕 Kriangsak Kittichaisaree, *The Law of the Sea and Maritime Boundary Delimitation in South – East Asia*, Oxford University Press, 1987, p. 173.

〔61〕 [斐济]萨切雅·南丹、[以色列]沙卜泰·罗森主编:《1982年〈联合国海洋法公约〉评注》(第3卷),吕文正、毛彬中译本主编,焦永科等译,海洋出版社2016年版,第319、339页。

〔62〕 Kriangsak Kittichaisaree, *The Law of the Sea and Maritime Boundary Delimitation in South – East Asia*, Oxford University Press, 1987, p. 175.

在划界前“尽一切努力作出实际性的临时安排”的义务的关系，一方面，这两种义务的性质相同：均属于行为义务。而且在存在海洋划界争端的情况下，有关国家在海洋环境保护和海洋科学研究等低敏感度领域内进行合作属于“建立信任措施”，而这将有助于增加成功达成并实施共同开发协定的概率。[63]

另一方面，这两种义务之间存在一些明显的区别。第一，适用的空间范围不同。第74/83条的义务适用于专属经济区和大陆架，而第123条的义务并不限于这些海域。第二，适用的时间范围不同。第74/83条的“临时安排”这一表述本身就说明这些安排是临时性质的，存在于划界争端解决之前。当然在实现划界后，如果有关各方同意，划界前确立的临时安排可以继续存在下去。但第123条项下的义务并不以争端的存在为前提。无论是否存在海洋划界争端，也无论海洋划界争端是否解决，闭海或半闭海沿岸国的合作义务都将存在。第三，适用的对象不同。第123条明确提到了三类闭海或半闭海沿岸国应努力进行协调的事项：海洋生物资源、海洋环境保护、海洋科学研究。然而，第74/83条的“临时安排”，特别是其中的共同开发安排，主要目的是开发争议海域内的生物和非生物资源。第四，合作的当事方不同。共同开发协定的当事方是相关争端的当事方，而且共同开发协定通常都是双边的。但闭海或半闭海合作的当事方并不限于其沿岸国。为了履行第123条的要求，可以邀请其他有关国家或国际组织与其合作。

（三）波罗的海、地中海、波斯湾、红海、加勒比海、黑海、里海

按照《海洋法公约》的定义，属于闭海或半闭海的情况很多，本部分仅介绍其中几个。

1. 波罗的海

目前波罗的海（Baltic Sea）沿岸有9个国家：瑞典、芬兰、俄罗斯、爱沙尼亚、拉脱维亚、立陶宛、波兰、德国、丹麦。波罗的海十分封闭，仅通过卡特加特（Kattegat）海峡和斯卡格拉克（Skagerrak）海峡与北海相通。

1974年，当时的波罗的海沿岸国缔结了《保护波罗的海区域海洋环境公约》（也称《赫尔辛基公约》），并于1980年生效。1992年，鉴于地缘政治的变化和新的环境挑战，波罗的海沿岸国对《赫尔辛基公约》进行了升级。[64] 现行的公约适用于保护波罗的海区域的海洋环境，包括各方内水在内的水体和海床，其中包括生物资源和其他形式的海洋生命。公约要求各方应单独或集体采取一切适当措施以防止和消除污染，以促进波罗的海区域的生态恢复和保全其生态平衡。各方应适用预防性原则，使用最佳环境做法和可获得的最好技术，适用污染者付费原则，并努力确保实施公约不在波罗的海以外区域造成越界污染。公约要求各方应单独或集体采取一切适当措施以养护自然栖息地和生物多样性。为此缔约方应致力于制定含有适当指南

---

〔63〕 Lian A. Mito, *The Timor Gap Treaty as a Model for Joint Development in the Spratly Islands*, 13 American University International Law Review 761 (1998).

〔64〕 Convention on the Protection of the Marine Environment of the Baltic Sea Area，1992年4月9日开放签署，2000年1月17日生效。关于该公约的介绍，参见 https://helcom.fi/about-us/convention/。

和标准的后续文件。《赫尔辛基公约》有七个附件:附件一《有害物质》;附件二《最佳环境做法和可获得的最好技术的使用标准》;附件三《关于防止陆源污染的标准和措施》;附件四《防止船舶污染》;附件五《全面禁止在波罗的海区域倾倒废物和其他物质的例外》;附件六《防止海上活动污染》;附件七《应对污染事件》。为实施公约,缔约各方设立了"波罗的海海洋环境保护委员会"(Baltic Marine Environment Protection Commission)。它的职责之一是就修改公约包括附件以及通过新的附件向缔约方提出建议。

2. 地中海

地中海(Mediterranean Sea)面积约251万平方公里,[65]可沿东经19°经线划分为东西两个部分。[66] 地中海在西部通过直布罗陀海峡与大西洋相通,在东北通过土耳其海峡与黑海相通,在东南通过苏伊士运河与红海相通。地中海沿岸有来自亚、非、欧三大洲的22个国家。[67] 其中以色列、利比亚、叙利亚和土耳其尚未参加《海洋法公约》。

1976年,部分地中海沿岸国在西班牙巴塞罗那缔结了《保护地中海免受污染公约》(也称《巴塞罗那公约》),并于1978年生效。和该公约一起通过的还有两个议定书:《防止船舶和航空器倾倒污染地中海议定书》和《关于合作减轻在紧急情况下石油和其他有害物质污染地中海议定书》。1995年《巴塞罗那公约》缔约方对公约进行了重大修订并将其重新命名为《保护地中海海洋环境和沿海地区公约》。[68] 公约适用于地中海海域,从直布罗陀海峡入口到达达尼尔海峡的南界。公约考虑了1992年联合国环境和发展会议的成果等一些新发展,要求各方应单独或集体采取一切适当措施以防止、减少和在最大范围内消除对地中海区域的污染,并保护和促进区内的海洋环境以便有助于它的可持续发展。各方承诺采取适当措施实施"地中海行动计划"(Mediterranean Action Plan),并应充分考虑"地中海可持续发展委员会"(Mediterranean Commission on Sustainable Development)的建议。各方应适用预防性原则和污染者付费原则,进行环境影响评价并促进环境影响评价中的国家间合作,以及促进海岸带综合管理。在实施公约和相关议定书过程中,各方应使用可获得的最好技术和最佳环境做法并促进环境技术的转让。公约委托联合国环境规划署履行秘书处职责,并要求缔约方合作制定议定书来实施公约。目前在《巴塞罗那公约》体系中有七个议定书,包括:(1)1994年《保护地中海免受勘探开发大陆架和海床及其底土所致污染议定书》;(2)1995年《防止和消除船舶和航空器倾倒或海上焚烧污染地中海议定书》,它是对1976年倾倒议定书的修订;(3)1995年《关于地中海特别保护区和生物多样性议定书》,它替代了1982年《关于地中海特别保护区议定书》;(4)1996

---

[65] Irini Papanicolopulu, *The Mediterranean Sea*, in Donald R. Rothwell et al. eds., The Oxford Handbook of the Law of the Sea, Oxford University Press, 2015, p. 604.

[66] [澳]维克托·普雷斯科特、克莱夫·斯科菲尔德:《世界海洋政治边界》(第2版),吴继陆、张海文译,海洋出版社2014年版,第256页。

[67] 阿尔巴尼亚、阿尔及利亚、波斯尼亚和黑塞哥维那、克罗地亚、塞浦路斯、埃及、法国、希腊、以色列、意大利、黎巴嫩、利比亚、马耳他、摩纳哥、黑山、摩洛哥、西班牙、斯洛文尼亚、土耳其、叙利亚、突尼斯、巴勒斯坦。英国和西班牙关于直布罗陀的归属存在争议。

[68] Convention for the Protection of the Marine Environment and the Coastal Region of the Mediterranean,1995年6月10日修订,2004年7月9日生效。

年《保护地中海免受陆地来源和活动污染议定书》,它是对 1980 年《保护地中海免受陆源污染议定书》的修订;(5)1996 年《防止危险废物越境转移及其处置污染地中海议定书》;(6)2002 年《关于合作防止船舶污染,以及在紧急情况下减轻地中海污染议定书》,它替代了 1976 年紧急情况议定书;(7)2008 年《地中海海岸带综合管理议定书》。[69]

3. 波斯湾

波斯湾又称为"阿拉伯湾",面积约 24.1 万平方公里,最大宽度约 180 海里。[70] 东部通过霍尔木兹海峡与阿曼湾相连。沿岸八个国家包括:伊朗、伊拉克、科威特、沙特阿拉伯、巴林、卡塔尔、阿拉伯联合酋长国和阿曼。其中伊朗和阿联酋尚未参加《海洋法公约》。

1978 年,波斯湾沿岸国缔结了《关于合作保护海洋环境免受污染的科威特区域公约》。[71] 公约要求缔约方应建立有效履行义务所需要的国家标准、法律和规章,并努力协调它们在这方面的国家政策。缔约方应与主管国际、区域和分区域组织合作以建立区域标准。公约对防止各类污染作了原则性规定,并要求缔约方合作以制定实施公约的议定书。公约建立了"保护海洋环境区域组织"(Regional Organization for the Protection of the Marine Environment)。与公约一起制定了《关于紧急情况下减轻油类和其他有害物质污染的区域合作议定书》。

4. 红海

红海(Red Sea)是位于非洲东北部与阿拉伯半岛之间的一片狭长水域,最宽处仅为 165 海里,面积约 43.8 万平方公里。[72] 北面通过苏伊士运河与地中海相通,南面通过曼德海峡与亚丁湾相通。红海周边国家包括:埃及、苏丹、厄立特里亚、吉布提、索马里、也门、沙特阿拉伯、约旦、以色列。

1982 年,部分国家在沙特的吉达(Jeddah)缔结了《养护红海和亚丁湾环境的区域公约》。[73] 公约要求缔约方应单独或集体采取一切适当措施来养护海洋环境,包括防止、减少和减轻海洋污染。公约要求缔约方应建立有效履行义务所需要的国家标准、法律和规章,并努力协调它们在这方面的国家政策。缔约方应与主管国际、区域和分区域组织合作以建立区域标准。公约对防止各类污染作了原则性规定,并要求缔约方合作以制定实施公约的议定书。缔约方建立了"养护红海和亚丁湾环境区域组织"(the Regional Organization for the Conservation of the Red Sea and Gulf of Aden Environment)。与公约一起制定了《关于紧急情况下减轻油类和其他有害物质污染的区域合作议定书》。此后又制定了三个议定书:《关于养护生物多样性

[69] 关于这些议定书的情况,参见联合国环境规划署网站(https://www.unenvironment.org/unepmap/who-we-are/barcelona-convention-and-protocols)的介绍。

[70] [澳]维克托·普雷斯科特、克莱夫·斯科菲尔德:《世界海洋政治边界》(第 2 版),吴继陆、张海文译,海洋出版社 2014 年版,第 340 页。

[71] Kuwait Regional Convention for Co-operation on the Protection of the Marine Environment from Pollution, 1978 年 4 月 24 日缔结,1979 年 7 月 1 日生效。

[72] [澳]维克托·普雷斯科特、克莱夫·斯科菲尔德:《世界海洋政治边界》(第 2 版),吴继陆、张海文译,海洋出版社 2014 年版,第 327 页。

[73] The Regional Convention for the Conservation of the Red Sea and Gulf of Aden Environment, 1985 年 8 月 20 日生效。目前的缔约方包括:约旦、沙特阿拉伯、苏丹、索马里、也门、吉布提和埃及。

和在红海和亚丁湾建立保护区网络议定书》(2005年);《关于保护红海和亚丁湾海洋环境免受陆源活动污染议定书》(2005年);《关于在紧急情况下借用和转让专家、技术人员、设备和材料的技术合作议定书》(2009年)。[74]

5. 加勒比海

加勒比海(Caribbean Sea)位于南美和北美陆块之间,是大西洋的一个海盆,面积约275.4万平方公里。加勒比海的南面和西面是南美和中美洲,北面和东面以西印度群岛(West Indies)为界。[75] 加勒比海有24个沿岸国,以及一些非自治领土。[76] 其中哥伦比亚和委内瑞拉尚未参加《海洋法公约》。

1983年《保护和开发大加勒比区域海洋环境公约》(也称《卡塔赫纳公约》)[77]适用于墨西哥湾、加勒比海和邻近的位于缔约方200海里范围内的大西洋区域的海洋环境。公约要求缔约方应单独或集体采取一切符合国际法的适当措施以防止、减少和控制对加勒比海的污染以及确保适当的环境管理。缔约方应与主管国际、区域和分区域组织合作以便有效实施公约。公约对防止各类污染作了原则性规定,并要求缔约方合作以制定实施公约的议定书。公约还要求缔约方采取一切适当措施保护和保全稀有或脆弱的生态系统,以及衰竭、受威胁或有灭绝危险的物种和其他形式的海洋生物的生存环境。公约指定联合国环境规划署履行秘书处职责。与公约一起通过了《关于合作减轻大加勒比区域的原油泄漏议定书》。此后在《卡塔赫纳公约》框架内还制定了两个议定书,包括:1990年《关于大加勒比区域特别保护的区域和野生动物议定书》[78]和1999年《关于陆地来源和活动的污染议定书》。[79]

6. 黑海

黑海(Black Sea)是一个闭海,面积约为43.2万平方公里,由沿岸国的领海和专属经济区构成。[80] 黑海在西南方向通过土耳其海峡与地中海相通,在东北方向通过刻赤海峡与亚速海相连。黑海沿岸有六个国家,包括:乌克兰、俄罗斯、格鲁吉亚、土耳其、保加利亚和罗马尼亚。

为了保护黑海海洋环境和养护其生物资源,1992年,六国在罗马尼亚布加勒斯特签署了《保护黑海免受污染公约》(也称《布加勒斯特公约》)。[81] 公约适用于各方在黑海的领海和专属经济区。各方应确保在其行使主权、主权权利和管辖权的黑海区域适用本公约。各方应单

---

[74] 具体情况,参见 http://www.persga.org/convention/Introduction - of - Jeddah - Convention。

[75] Territorial and Maritime Dispute between Nicaragua and Honduras in the Caribbean Sea (Nicaragua v. Honduras), Judgment, I.C.J. Reports 2007, p.659, paras. 20 - 21.

[76] David Freestone, Clive Schofield, *The Caribbean Sea and Gulf of Mexico*, in Donald R. Rothwell et al. eds., The Oxford Handbook of the Law of the Sea, Oxford University Press, 2015, p.675 - 679.

[77] Convention for the Protection and Development of the Marine Environment of the Wider Caribbean Region, 1983年3月24日缔结,1986年10月11日生效。

[78] The Protocol Concerning Specially Protected Areas and Wildlife (SPAW) in the Wider Caribbean Region, 1990年1月18日制定,2000年6月18日生效。

[79] The Protocol Concerning Pollution from Land - Based Sources and Activities, 1999年10月6日制定,2010年8月13日生效。

[80] Maritime Delimitation in the Black Sea (Romania v. Ukraine), Judgment, I.C.J. Reports 2009, p.61, para. 15.

[81] Convention on the Protection of the Black Sea against Pollution, 1992年4月21日缔结,1994年1月15日生效。

独或集体采取一切适当措施以防止、减少和控制对海洋环境的污染。公约对防止各类污染作了原则性规定,并要求缔约方合作以制定实施公约所需的议定书。各方应在主管国际组织内进行合作以细化有助于保护黑海海洋环境的措施。为实现公约目的,缔约方建立了"保护黑海免受污染委员会"(Commission on the Protection of the Black Sea against Pollution),由缔约各方代表组成。与公约一起签署的还有三个议定书:《保护黑海海洋环境免受陆地来源污染议定书》《紧急情况下合作减轻油类和其他有害物质对黑海海洋环境的污染议定书》《保护黑海海洋环境免受倾倒污染议定书》。

7. 里海

里海(Caspian Sea)是世界上最大的为陆地所包围的水域,面积 39.26 万平方公里,与波罗的海大体相当。里海的油气和生物资源丰富,是世界上最大的鲟鱼产卵场。[82] 里海沿岸有五个国家,包括哈萨克斯坦、俄罗斯、阿塞拜疆、伊朗和土库曼斯坦。关于里海的法律地位,理论和实践中一直存在争议。有观点认为里海是"湖"而非"海"。联合国秘书长在其关于海洋法的报告中有时会提及里海。[83] 而且里海目前也是联合国环境规划署(United States Environment Programme,UNEP)管理的"区域海洋计划"(Regional Seas Programmes)中的一个区域。[84]

2003 年,里海沿岸五国缔结了《保护里海海洋环境框架公约》[85]。公约的目的是保护里海环境免受各种污染,以及保护保全、恢复和可持续利用里海的生物资源。公约第 4 条为缔约方设置的总体义务包括:缔约方应单独或集体采取一切适当措施以防止、减少和控制对里海的污染以及保护和恢复里海的环境,对里海资源的使用不得损害里海的海洋环境,彼此之间以及与有关国际组织进行合作以便实现公约的目的。第 5 条规定了预防性原则、污染者付费原则和污染信息可及性原则。由于它是一个框架公约,因此要求各方进行合作以便就规定其他措施以及实施公约的程序和标准制定议定书。

经过谈判,[86]2018 年里海沿岸五国缔结了《里海法律地位公约》[87]。这些国家强调,解

〔82〕 参见联合国环境规划署网站(https://www.unep.org/explore-topics/oceans-seas/what-we-do/working-regional-seas/regional-seas-programmes/caspian-sea)的介绍。

〔83〕 例如,A/55/61,第 157 段;A/61/63,第 205、224 段。

〔84〕 联合国环境规划署管理的区域海洋方案包含下列区域:加勒比区域(Caribbean Region)、东亚海洋(East Asian Seas)、东非区域(Eastern Africa Region)、地中海区域(Mediterranean Region)、西北太平洋区域(North-West Pacific Region)、西非区域(Western Africa Region)、里海(Caspian Sea)。非联合国环境规划署管理的区域海洋计划包括:黑海(Black Sea Region)、东北太平洋区域(North-East Pacific Region)、红海和亚丁湾(Red Sea and Gulf of Aden)、保护海洋环境区域组织海域(ROPME Sea Area)、南亚海洋(South Asian Seas)、东南太平洋(South-East Pacific Region)、太平洋(Pacific Region)。独立区域海洋计划包括:北极(Arctic Region)、南极(Antarctic Region)、波罗的海(Baltic Sea)和东北大西洋(North-East Atlantic Region)。参见 https://www.unep.org/explore-topics/oceans-seas/what-we-do/working-regional-seas/why-does-working-regional-seas-matter。

〔85〕 Framework Convention for the Protection of the Marine Environment of the Caspian Sea,2003 年 11 月 4 日签署,2006 年 8 月 12 日生效。

〔86〕 关于该问题的一些背景,参见[俄]瓦·伊·萨雷金、阿·瓦·萨法良:《环里海区域经济关系和石油开发合作》,岳文博等译,世界知识出版社 2009 年版,第 153~178 页。

〔87〕 Convention on the Legal Status of the Caspian Sea, in 58 International Legal Materials 403-413(2019). 2018 年 8 月 12 日缔结。

决有关里海的问题属于它们的专属范围。里海的水域被划分为四类:内水、领水、渔区和“共同海洋空间”(common maritime space)。其中,内水是基线朝向陆地一侧的海域。各方可以主张从基线量起不超过15海里宽的“领水”,沿海国在其中享有主权,包括底土和上空。各方可以在领水以外建立10海里宽的渔区,沿海国在其中对捕捞水生生物资源享有排他性权利。相邻国家间的渔区划界应由这些国家间协议完成,并适当顾及国际法的原则和规则。渔区以外的水域属于“共同海洋空间”,供各方使用。关于里海的海床和底土,公约没有使用“大陆架”的概念,而是使用了“地段”(Sector)的表述。“地段”指的是各方间为底土开发和其他有关开发海床和底土资源的合法经济活动而划分的海床和底土部分。沿海国在“地段”上享有主权权利。地段的划界应由有关国家间协议完成,并适当顾及一般承认的国际法的原则和规则。

《里海法律地位公约》第3条规定了各方在里海进行活动时应当遵守的一些原则,其中包括:为和平目的使用里海;非里海国家的武装力量不在里海存在;里海国家不将其领土提供给其他国家来从事针对其他里海国家的侵略和其他军事行动;在里海内和进出里海的航行专属于悬挂里海国家旗帜的船舶;对里海生态系统造成损害的污染国承担责任;保护里海环境和养护、恢复以及合理使用其生物资源等。具体而言,悬挂里海国家旗帜的船舶在沿海国领水以外的海域享有航行自由,在领水内也有类似无害通过的权利。鉴于里海的特殊地理情况,公约专门规定,各方应有权利自由往返于里海和其他海洋。为此目的,各方应享有通过过境国领土的过境自由。各方应集体确定里海的“共享水生生物资源”(shared aquatic biological resources)的总可捕量以及国别配额。如果一方不能捕捞其全部配额,它可以将其配额的剩余部分授予其他方。各方可以在里海海底铺设电缆和管道,路线应由该方和管道所经方之间协议确定。各方对里海内悬挂其旗帜的船舶行使管辖权,对在其海床和底土上的人工岛屿设施和结构,以及它的海底电缆和管道行使管辖权。《里海法律地位公约》没有提及《海洋法公约》,但它的一些规定明显带有《海洋法公约》的印记。

第十一章　海洋环境的保护和保全

一、概述

（一）保护海洋环境国际规则的产生和发展

1.《海洋法公约》之前

海洋环境包括影响和决定海洋生态系统、海洋水域及这些水域的上空以及海床、底土的生产力、状态、状况和素质的物理、化学、地质和生物的组成部分、条件和因素。[1] 人类在利用海洋的同时会对海洋环境产生一些不利甚至有害的影响。出于各种原因，这些影响长期并未受到关注。随着人类对海洋利用的广度和深度的不断增加，以及人类活动对海洋造成影响的累积效应日益显现，需要对影响海洋的人类活动加以管理以保护海洋环境如今已经成为国际社会的普遍共识。而且随着认识的加深，海洋环境保护这一领域所覆盖的范围也不断扩大。

保护海洋环境的国际规则主要是在"二战"后以条约法的形式产生和发展起来的。这些规则最初针对的是对海洋环境的污染，特别是船舶造成的油污污染。这方面的第一个全球性公约是1954年《国际防止海上油污公约》[2]。该公约为油轮和油轮以外的其他船舶排出油或油性混合物规定了条件，其中要求船舶应正在航行途中；油量排出的瞬间速度不应超过60公升/海里；油轮排出时应距最近陆地50海里以上，而其他船舶排出时应尽可能地远离陆地。1958年《公海公约》中就防止海洋污染作了简单规定，但同时将防止海洋污染的范围扩展至船舶排放油料以外领域。其中，第24条要求各国应制定规章以防止因船舶或管线排放油料或因开发与探测海床及其底土而污染海洋；第25条要求各国应采取办法以防止倾倒放射性废料而污染海洋。1967年的"托里·坎荣号事件"直接导致了两年后的《国际干预公海油污事故公约》（以下简称《干预公约》）的出台。"托里·坎荣号"（Torrey Canyon）是一艘悬挂利比里亚旗帜的大型油轮。1967年，该船在英国领海外搁浅，溢出的大量石油严重威胁英国海岸。在各种救援办法失败后，英国政府决定轰炸该船以便燃尽剩余的石油。英国的这一做法没有引发国际抗议。[3] 1969年《干预公约》授权缔约方在类似情况下可以在公海上采取措施以免于遭受海上事故引起的油污危险的严重后果。[4] 1972年《防止倾倒废物及其他物质污染海洋的公约》（也

---

[1] 国际海底管理局的"探矿和勘探规章"第1条。

[2] 1954年5月12日缔结，1958年7月26日生效。

[3] 《2001年国际法委员会年鉴》第2卷（第二部分），第93～94页。

[4] 《干预公约》"前言"。其于1969年11月29日缔结，1975年5月6日生效。

称《伦敦倾倒公约》)要求缔约各方采取行动防止因倾倒废物及其他物质污染海洋,因为这些物质可能危害人类健康,损害海洋生物,破坏娱乐设施或妨碍对海洋的其他合法利用。该公约适用于各成员内水以外的所有海城。[5] 为了"彻底消除有意排放油类和其他有害物质而污染海洋环境并将这些物质的意外排放减至最低限度",1973年《国际防止船舶污染公约》意图全面控制船舶造成的海洋污染。与1954年《国际防止海上油污公约》相比,1973年公约不仅针对船舶排放油类导致的海洋污染,而且针对船舶排放其他有害物质造成的污染;不仅涵盖船舶在正常操作过程中产生的污染,而且包括船舶在意外事故中造成的污染。在《国际防止船舶污染公约》缔约方之间,1973年公约将替代1954年公约。[6] 然而1973年公约一直未能生效,直到1978年议定书对该公约及其附则作出某些修改后,《经1978年议定书修订的〈1973年国际防止船舶污染公约〉》(也称MARPOL73/78公约)才于1983年生效。

除了全球性公约,也存在一些保护海洋环境的区域性条约。此外还需提及标志国际环境法产生的1972年联合国人类环境会议及其宣言。《联合国人类环境会议宣言》原则7规定各国应该采取一切可能的步骤来防止海洋受到污染。原则21规定:按照《联合国宪章》和国际法原则,各国有按自己的环境政策开发自己资源的主权;并且有责任保证在它们管辖或控制之内活动,不致损害其他国家的或在国家管辖范围以外地区的环境。

2.《海洋法公约》及其之后

《海洋法公约》在前言中明确将保护和保全海洋环境作为它的一个目标,并在第十二部分对该问题作了颇为详细的规定。《海洋法公约》第十二部分包括11节,共46条。第一,《海洋法公约》是第一个明确规定了保护海洋环境的一般义务的全球性条约。[7] 《海洋法公约》第192条规定,各国有保护和保全海洋环境的义务。第二,与之前的条约往往专注于治理海洋环境的某一污染源不同,《海洋法公约》为防止各种海洋环境污染作了全面规定。第三,《海洋法公约》通过"参照"机制,即要求各国在保护海洋环境时应参照相关国际规则,从而将其他海洋环境保护条约中的实质性规定纳入《海洋法公约》规定的保护海洋环境的整体框架内。由此《海洋法公约》十二部分有时被称为伞架结构。[8] 1982年之后关于海洋环境保护的全球性条约包括:1990年《国际油污防备、反应和合作公约》[9]、2001年《控制船舶有害防污底系统国际公约》以及2004年《控制和管理船舶压载水和沉积物国际公约》等,它们都是由国际海事组织主持制定的。

值得一提的是,包括海洋保护区在内的划区管理工具被视为一种保护海洋环境和海洋生物的有效工具而日益受到重视。"保护区"是指一个划定地理界限、为达到特定保护目标而指

---

[5] 《伦敦倾倒公约》第1、3条。其于1972年12月29日缔结,1975年8月30日生效。

[6] 《国际防止船舶污染公约》第9条。

[7] [美]迈伦·H.诺德奎斯特主编:《1982年〈联合国海洋法公约〉评注》(第4卷),吕文正、毛彬中译本主编,焦永科等译,海洋出版社2018年版,第33页。

[8] [美]迈伦·H.诺德奎斯特主编:《1982年〈联合国海洋法公约〉评注》(第4卷),吕文正、毛彬中译本主编,焦永科等译,海洋出版社2018年版,第17页。

[9] 1990年11月30日签订,1995年5月13日生效。

定或实行管制和管理的地区。[10] 此类区域通常会受到比其周围地区更高程度的保护。海洋保护区可以位于国家管辖海域以内或者以外。《2030 年可持续发展议程》要求,到 2020 年,全世界至少 10% 的海洋区域根据国内法和国际法受到保护。[11] 然而截至 2019 年 12 月,世界上只有大约 7.4% 的海洋为保护区所涵盖,其中 17% 的国家管辖海域受到保护。[12] 国家管辖范围以外海域受到保护的比例低得多,大约只有 1%。[13] 虽然目前已经有为数不多的公海保护区实践,但这些保护区都是由部分国家设立的,因此面临如何使其他非参与方遵守有关保护措施的法律困境。

(二)保护海洋环境的一般义务

1. 一般义务的含义

《海洋法公约》第 192 条为各国规定了保护和保全海洋环境的一般义务。该义务存在于包括内水在内的所有海域,无论是国家管辖海域还是国家管辖范围以外海域。由此各国有责任履行其关于保护和保全海洋环境的国际义务,并应按照国际法承担不履行义务的责任。各国对于在其管辖下的自然人或法人污染海洋环境所造成的损害,应确保按照其法律制度可以提起申诉以获得迅速和适当的补偿或其他救济。[14] 然而第 192 条的表述更多是宣示性质的,受到《海洋法公约》规定的具体权利和义务的限制。[15] 换言之,第 192 条并没有为各国规定保护海洋环境的具体义务。各国在海洋环境保护方面所承担的具体义务源于《海洋法公约》和其他国际法规则的直接规定。另外,《海洋法公约》没有规定"海洋环境"的法律含义,因此保护海洋环境义务的范围也并不完全清楚。防止海洋污染无疑是保护海洋环境问题的核心组成部分,这也是《海洋法公约》第十二部分规定的主要内容。然而防止海洋污染并非保护海洋环境的全部要求。

2. 防止海洋环境污染

海洋环境污染,是指人类直接或间接把物质或能量引入海洋环境(包括河口湾),以致造成或可能造成损害生物资源和海洋生物、危害人类健康、妨碍包括捕鱼和海洋的其他正当用途在内的各种海洋活动、损坏海水使用质量和减损环境优美等有害影响。[16] 《海洋法公约》要求各国应个别或联合地采取一切符合《海洋法公约》的必要措施以防止、减少和控制任何来源的海洋环境污染,并应为此目的按照其能力使用其所掌握的最切实可行的方法。特别是,各国应采取一切必要措施,确保在其管辖或控制下的活动的进行不致使其他国家及其环境遭受污染的

---

〔10〕《生物多样性公约》第 2 条。该公约于 1992 年 6 月 5 日通过,1993 年 12 月 29 日生效。

〔11〕《变革我们的世界:2030 年可持续发展议程》,目标 14.5。2015 年 9 月 25 日联大决议,A /RES/70/1。

〔12〕联大第七十五届会议:《海洋和海洋法——秘书长的报告》,2020 年 9 月 9 日,A /75/340,第 84 段。

〔13〕联大第七十四届会议:《海洋和海洋法——秘书长的报告》,2019 年 9 月 11 日,A /74/350,第 87 段。

〔14〕《海洋法公约》第 235 条。

〔15〕[美]迈伦·H. 诺德奎斯特主编:《1982 年〈联合国海洋法公约〉评注》(第 4 卷),吕文正、毛彬中译本主编,焦永科等译,海洋出版社 2018 年版,第 39 页。

〔16〕《海洋法公约》第 1 条。

损害，并确保在其管辖或控制范围内的事件或活动所造成的污染不致扩大到其管辖范围之外。《海洋法公约》在这方面为各国规定了若干一般性要求：

（1）进行环境影响评价的义务。各国如有合理根据认为在其管辖或控制下的计划中的活动可能对海洋环境造成重大污染或重大和有害的变化，应在实际可行范围内就这种活动对海洋环境的可能影响作出评价，并应发表这些评价结果的报告。[17] 进行环境影响评价也是习惯国际法中的一项一般义务。[18] 国际法院在"乌拉圭河沿岸的纸浆厂案"中指出："一种做法在近年来广为各国所接受，现在可以被视为一般国际法下的一个要求，即在拟议的工业活动可能造成严重的跨境，特别是对共享资源，不利影响的情况下，需要开展环境影响评价。"但一般国际法中没有具体规定环境影响评价的范围和内容。[19]

（2）对污染危险或影响进行监测的义务。各国应不断监测其所准许或从事的任何活动的影响，以便确定这些活动是否可能污染海洋环境。[20]

（3）合作应对污染事故的义务。当一国获知海洋环境有即将遭受污染损害的迫切危险或已经遭受污染损害的情况时，应立即通知其认为可能受这种损害影响的其他国家以及主管国际组织。受影响区域的各国应按照其能力与主管国际组织合作，以消除污染的影响并防止或尽量减少损害。为此目的，各国应共同发展和促进各种应急计划。[21] 1990 年，油污防备和响应国际合作会议通过《国际油污防备、反应和合作公约》，要求缔约国建立对油污采取迅速和有效的反应行动的国家系统，要求缔约国的船舶应备有符合规定的油污应急计划，并就油污反应的国际合作作出规定。2000 年，各国又进一步缔结了《有毒有害物质污染事故防备、反应与合作议定书》[22]。

（4）合作制定国际规则的义务。各国应在全球性或在区域性的基础上合作制定保护和保全海洋环境的国际规则、标准和建议。为此各国应合作促进研究、实施科学研究方案、鼓励情报和资料的交换，并合作订立适当的科学准则。

（5）援助发展中国家的义务。各国应直接或通过主管国际组织对发展中国家提供科学和技术援助。

（6）不得将损害或危险转移或将一种污染转变成另一种污染的义务。各国在采取措施防止、减少和控制海洋环境的污染时采取的行动不应直接或间接将损害或危险从一个地理区域转移到另一个地理区域，或将一种污染转变成另一种污染。[23]

（7）不得不当干扰其他国家活动的义务。各国采取措施防止、减少或控制海洋环境的污染

[17] 《海洋法公约》第 206 条。

[18] Responsibilities and Obligations of States Sponsoring Persons and Entities with respect to Activities in the Area, Seabed Disputes Chamber of the International Tribunal for the Law of the Sea, Advisory Opinion, 1 February 2011, para. 145.

[19] Pulp Mills on the River Uruguay (Argentina v. Uruguay), Judgment, I. C. J. Reports 2010, p. 14, paras. 204 – 205.

[20] 《海洋法公约》第 204 条。

[21] 《海洋法公约》第 198 ~ 199 条。

[22] 2000 年 3 月 15 日缔结，2007 年 6 月 14 日生效。

[23] 《海洋法公约》第 195 条。

时，不应对其他国家依照《海洋法公约》行使其权利或履行其义务所进行的活动有不当的干扰。[24]

3. 防止污染以外的部分

《海洋法公约》第194条第5款要求各国采取防止海洋污染的措施应包括为“保护和保全稀有或脆弱的生态系统，以及衰竭、受威胁或有灭绝危险的物种和其他形式的海洋生物的生存环境”而有必要的措施。该规定由此将海洋环境保护的概念扩大到保护“生态系统”和“生境”。

根据1992年《生物多样性公约》第2条，“生态系统”是指植物、动物和微生物群落和它们的无生命环境作为一个生态单位交互作用形成的一个动态复合体，而“生境”(habitat)是指生物体或生物群体自然分布的地方或地点。该公约适用于缔约方管辖范围内地区以及在缔约方管辖或控制下开展的活动，包括在缔约方管辖范围以外的活动。[25] 海洋中的生物多样性的总体水平很高，世界上近一半的动物门只有海洋中拥有，而陆地仅有的动物门只有一个。[26]《海洋法公约》并未就保护生态系统和生境作出具体规定。各国在这方面应当遵守其他可适用的国际条约的规定。《海洋法公约》第237条规定，第十二部分的规定不影响各国根据先前缔结的关于保护和保全海洋环境的特别协定所承担的特定义务，也不影响为了推行《海洋法公约》所载的一般原则而可能缔结的协定，但条件是这些特定义务应依符合《海洋法公约》一般原则和目标的方式履行。

二、防止海洋环境污染的国际规则和国内立法

(一)概述

各国履行保护海洋环境的义务需要制定国内法律和规章。各国在国内立法过程中需要履行它们在相关环境保护条约中的义务。然而国家没有义务实施对其无法律拘束力的环境规则或标准。《海洋法公约》本身没有为各国规定一套完整的环境保护技术标准，而是将制定此种国际规则的任务交给主管国际组织或各国外交会议。《海洋法公约》试图通过调整国内法规和国际规则之间的关系，最大限度地协调各国在海洋环境保护方面的国内立法。《海洋法公约》没有为国内法规和国际标准规定一成不变的关系，也没有要求各国国内立法必须与国际规则保持一致。相反，根据不同污染事项所涉各国及国际社会的不同利益，《海洋法公约》为国际规则和国内立法规定了不同的关系模式。

按照污染物的来源，海洋环境污染可分为陆地源污染、大气源污染、船舶源污染、倾倒源污染和海底活动源污染五种。其中海底活动造成海洋环境污染既包括国家管辖范围内的海底活动造成的污染，又包括来自“区域”内活动造成的污染。由于之前已经就“区域”内活动的相关

〔24〕《海洋法公约》第194条(4)。

〔25〕《生物多样性公约》第4条。

〔26〕第七十届联大文件:《第一次全球海洋综合评估的摘要》,2015年7月22日,A/70/112,第15段。

环境保护问题作了介绍，因此本节在该问题上将限于国家管辖范围内的海底活动造成的污染问题。

（二）防止船舶污染

1. 来自船只的污染

航运可能对海洋环境产生各种不利影响。其中排在首位的是船只排放油、油类混合物、船舶生活污水、船舶垃圾、压舱水等造成的海洋污染。来自船只的污染既包括船只在常规作业中向海洋排放油类或其他有害物质造成的长期污染，也包括船舶在海上发生事故（如碰撞、搁浅）或故意造成的污染。防止船只造成海洋环境污染一直是国际社会关注的重点，目前已经取得了不错的成绩。据统计，总吨位超过 1000 吨的船舶损失数目在 2002 ~ 2013 年减少了 45%，超过 7 吨的原油泄漏次数从 1974 年的 100 多次下降至 2012 年的不足 5 次。[27] 近来航运噪声对海洋生物资源的影响问题开始受到关注。

2.《海洋法公约》的规定

防止来自船舶的污染问题事关保护海洋环境，但同时也涉及各国享有的航行权利和自由，因此《海洋法公约》第 211 条在该问题上作了颇为详细的规定，以图平衡船旗国和沿海国的利益。

（1）国际规则和标准的制定。各国应通过主管国际组织或一般外交会议采取行动，制定国际规则和标准，以防止、减少和控制船只对海洋环境的污染，并应根据需要随时以同样方式重新审查。在这种规则和标准中应包括遇有引起排放或排放可能的海难等事故时，立即通知可能受到影响的沿海国的义务。这方面的主管国际组织是国际海事组织，而"一般"外交会议指的是各国可以普遍参加的国际会议。[28]

（2）船旗国的国内法规。船旗国制定的国内法律和规章至少应具有与上述一般接受的国际规则和标准相同的效力。由此船旗国可以为其船舶制定比一般接受的国际规则和标准更为严格的防污标准。需要指出的是，《海洋法公约》关于保护和保全海洋环境的规定不适用于军舰、海军辅助船、为国家所拥有或经营并在当时只供政府非商业性服务之用的其他船只或飞机。但船旗国应采取不妨害这种船只或飞机的操作或操作能力的适当措施，以确保在合理可行范围内这种船只或飞机的活动方式符合《海洋法公约》。[29]

（3）沿海国的国内法规。《海洋法公约》规定了三种情况，分别涉及内水、领海和专属经济区。第一，沿海国可以制定防止海洋环境污染的特别规定作为外国船只进入其港口或内水或者在其岸外设施停靠的条件，但应将这种规定妥为公布，并通知主管国际组织。第二，沿海国有权在其领海内制定防止船只污染的法律和规章，但这种法律和规章不应阻碍外国船只的无

---

〔27〕 第七十届联大文件：《第一次全球海洋综合评估的摘要》，2015 年 7 月 22 日，A /70/112，第 138 ~ 139 段。

〔28〕 [美]迈伦 · H. 诺德奎斯特主编：《1982 年〈联合国海洋法公约〉评注》（第 4 卷），吕文正、毛彬中译本主编，焦永科等译，海洋出版社 2018 年版，第 191 页。

〔29〕 《海洋法公约》第 236 条。

害通过。第三,沿海国在专属经济区内制定防止船只污染的法律和规章应符合一般接受的国际规则和标准,并使其有效。由此沿海国原则上不能制定比一般接受的国际规则和标准更为严格的防污标准。这是因为沿海国在专属经济区内只享有保护海洋环境的管辖权,而非像在内水和领海内那样享有主权。

(4)"特别区域"制度。在特殊情况下,沿海国经主管国际组织同意,可以在其专属经济区某一明确划定的特定区域内采取较一般接受的国际规则和标准更为严格的措施来防止船只的污染。此为"特别区域"制度。特别区域的设立需要满足一定的实质和程序要求。就实质要求而言,首先,沿海国有合理根据认为在该特别区域内,出于其海洋学和生态学的情况,以及该区域的利用或其资源的保护及其在航运上的特殊性质等方面公认的技术原因,需要采取防止来自船只污染的特别强制性措施。其次,一般接受的国际规则和标准不足以适应这些特殊情况。就程序要求而言,该沿海国在通过主管国际组织与其他有关国家进行适当协商后,可就特别区域的设立向主管国际组织发送通知,并提出所依据的科学和技术证据。主管国际组织在收到通知后,应在12个月内决定是否同意。如果同意,则该沿海国即可对该特别区域制定防止、减少和控制来自船只的污染的法律和规章,以实施通过主管国际组织使其适用于该区域的国际规则和标准或航行办法。沿海国也可以制定其他防止船只污染的法律和规章。这种增订的法律和规章可涉及排放和航行办法,但不应要求外国船只遵守一般接受的国际规则和标准以外的设计、建造、人员配备或装备标准。沿海国应公布明确划定的特别区域的界限。

3.《国际防止船舶污染公约》(73/78)

《国际防止船舶污染公约》(73/78)是当前世界上防止船舶污染海洋环境的主要国际公约。截至2021年1月,该公约共有158个缔约方,它们所拥有的商船队的吨位之和超过世界商船总吨位的99%。[30]《国际防止船舶污染公约》[31]原本有5个附则,它们具体规定了详细的防污规则和标准,包括:附则Ⅰ——防止油污规则;附则Ⅱ——控制散装有毒液体物质污染规则;附则Ⅲ——防止海运包装有害物质污染规则;附则Ⅳ——防止船舶生活污水污染规则;附则Ⅴ——防止船舶垃圾污染规则。其中附则Ⅲ、Ⅳ和Ⅴ是任选附则,缔约方可以声明不接受它们。1997年的议定书增加了附则Ⅵ:防止船舶造成空气污染规则。国际海事组织的海洋环境保护委员会经常对这些附则进行修正以使它们不断更新。

《国际防止船舶污染公约》(73/78)的大部分附则中规定有"特殊区域"制度。在这些海域中,出于其海洋学和生态学的情况以及其海上交通的特殊性质等方面公认的技术原因,需要采取防止海洋污染的特别强制性方法。附则Ⅰ项下的特殊区域包括:地中海、波罗的海、黑海、红海、"海湾"区域、亚丁湾、南极区域、西北欧水域(North West European Waters)、阿拉伯海的阿曼区域、南部南非水域(Southern South African Waters)。附则Ⅱ项下的特殊区域有南极区域。附则Ⅳ项下的特殊区域有波罗的海。附则Ⅴ项下的特殊区域包括地中海、波罗的海、黑海、红

---

〔30〕 参见国际海事组织官方网站。

〔31〕 1997年9月26日通过,2005年5月19日生效。

海、"海湾"区域、北海、南极区域、大加勒比地区。附则Ⅵ规定了大气污染物(硫氧化物、氮氧化物以及颗粒物质)的"排放控制区"(Emission Control Area),包括波罗的海、北海、北美(North American ECA)、美国加勒比海排放控制区(United States Caribbean Sea ECA)。[32]《海洋法公约》项下的"特别区域"显然受到《国际防止船舶污染公约》(73/78)中的"特殊区域"制度的影响。这两种区域中的海域都受到一些比其他海域更加严格的保护。

4. 国际海事组织的"特别敏感海域"

"特别敏感海域"(Particularly Sensitive Sea Area)是指这样的海域——它出于公认的生态、社会经济或科学属性而具有重要性,但这些属性可能易于受到国际航运活动的损害,因此需要国际海事组织采取行动给予特别保护。特别敏感海域不属于《国际防止船舶污染公约》(73/78)项下制度,但它与特殊区域制度并不相互排斥。可以在特殊区域内指定特别敏感海域,反之亦然。[33]

按照国际海事组织2005年《识别和指定特别敏感海域的订正准则》,特别敏感海域制度包括三个要素:有关海域的特别属性、该海域易受国际航运活动的损害,以及防止、减少和消除来自航运活动威胁的"相关保护措施"(associated protective measures)。[34] 特别敏感海域的设立由海事组织成员的政府提议,由海洋环境保护委员会指定。经指定后,可以采取的保护措施包括划定船舶航线(如将特别敏感海域规定为避航区域),对在该海域内活动的船舶适用特别的排放限制等。所适用的保护措施应当在海图上标明,提议的成员应确保按照反映在《海洋法公约》中的国际法来实施这些措施,而各成员应采取步骤确保各自船舶遵守相关保护措施。

目前国际海事组织已经指定了十几个特别敏感海域。[35] 第一个指定的特别敏感海域是澳大利亚的大堡礁,于1990年指定。2005年,应澳大利亚和巴布亚新几内亚的提议,大堡礁特别敏感海域被扩大以包括托雷斯海峡。2015年,该特别敏感海域被再次扩大以包括珊瑚海的西南部分。其他的特别敏感海域包括:古巴的萨巴纳-卡马圭群岛(Sabana - Camagüey Archipelago);哥伦比亚的马尔佩洛岛(Malpelo Island);秘鲁的帕拉卡斯国家保护区(Paracas National Reserve);西欧水域;波罗的海;美国的帕帕哈瑙莫夸基亚(Papahānaumokuākea)国家海洋保护区;法国和意大利的博尼法西奥海峡(Strait of Bonifacio)等。

5. 船舶防污底系统和船舶压载水问题

(1)船舶防污底系统

防污底系统,是指用于船舶控制或防止有害生物附着的涂层、油漆、表层处理、表面或装置。为了防止船舶表面生物积聚,需要在船底涂刷防污涂料,这对于有效的贸易、航运和阻止

〔32〕 参见国际海事组织网站(https://www.imo.org/en/OurWork/Environment/Pages/Special - Areas - Marpol.aspx)的介绍。

〔33〕 Revised Guidelines for the Identification and Designation of Particularly Sensitive Sea Areas, 1 December 2005, Resolution A.982(24), para.4.5.

〔34〕 Revised Guidelines for the Identification and Designation of Particularly Sensitive Sea Areas, 1 December 2005, Resolution A.982(24), para.1.5.

〔35〕 参见国际海事组织网站(https://www.imo.org/en/OurWork/Environment/Pages/PSSAs.aspx)的介绍。

有害水生物和病原体扩散极为重要。然而船舶使用的某些防污底系统对海洋生物造成重大毒性危害,并间接损害人体健康。其中特别突出的是在防污底系统中使用的起生物杀灭剂作用的有机锡混合物。1992年联合国环境和发展会议通过的《21世纪议程》呼吁各成员减少防污油漆里的有机化合物对水造成的污染。[36] 2001年《控制船舶有害防污底系统国际公约》要求缔约方应禁止或限制在船舶的防污底系统中使用有机锡混合物,包括:有权悬挂其旗帜的船舶;虽然无权悬挂其旗帜,但经该缔约方授权运作的船舶;以及其他进入该缔约方港口、船厂或近海码头的船舶。[37]

(2)船舶压载水

《海洋法公约》第196条规定,各国应采取必要措施以防止由于故意或偶然在海洋环境某一特定部分引进外来的或新的物种致使海洋环境可能发生重大和有害的变化。外来入侵物种可能对海洋生态系统构成重大威胁,而船舶压载水在这方面所带来的风险显而易见。"压载水"系指为控制船舶纵倾、横倾、吃水、稳性或应力而在船上摄入的水及其悬浮物。为通过控制和管理船舶压载水及其沉淀物质来防止、尽量减少和最终消除有害水生物和病原体的转移,《控制和管理船舶压载水和沉积物国际公约》于2004年缔结。[38] 公约要求所有船舶应携带压载水管理计划及压载水记录簿,规定了控制和管理船舶压载水的技术标准和要求。缔约方应采取有效措施确保有权悬挂其旗帜或在其管辖下营运的船舶遵守公约要求,并确保在其指定的进行压载水舱清洁或修理的港口和码头提供足够的沉积物接收设备。

(三)防止倾倒污染

1. 倾倒的含义

1972年《伦敦倾倒公约》从正反两方面界定了"倾倒"的含义,而这为1982年《海洋法公约》所采纳。一方面,倾倒包括任何从船只、飞机、平台或其他海上人造结构故意处置废物或其他物质的行为,以及任何故意处置船只、飞机、平台或其他海上人造结构的行为。另一方面,倾倒不包括处置船只、飞机、平台或其他海上人造结构及其装备的正常操作所附带发生或产生的废物或其他物质的行为,以及并非为了单纯处置而放置物质的行为,只要这种放置不违反《海洋法公约》的目的。[39] "废物或其他物质"系指任何种类、任何形状或任何式样的材料和物质。根据1992年里约环境和发展会议通过的《21世纪议程》,污染海洋环境的物质大约10%来自倾倒。[40]

2.《海洋法公约》的规定

《海洋法公约》第210条对防止、减少和控制倾倒对海洋环境的污染作了原则性规定。第

---

[36] 《21世纪议程》,联合国环境与发展会议1992年6月14日通过,第17.32段。

[37] 第3~4条。该公约于2001年10月5日缔结,2008年9月17日生效。

[38] 2004年2月13日缔结,2017年9月8日生效。

[39] 《海洋法公约》第1条。

[40] 《21世纪议程》,联合国环境与发展会议1992年6月14日通过,第17.18段。

一，非经沿海国事前明示核准，不应在领海和专属经济区内或在大陆架上进行倾倒。第二，各国应尽力通过主管国际组织或外交会议制定全球性和区域性规则、标准和建议的办法及程序以防控这种污染，并根据需要随时重新审查。第三，各国应制定法律和规章并采取必要措施，以防止、减少和控制倾倒对海洋环境的污染。国内法律、规章和措施的效力应不低于全球性的规则和标准，而且应确保非经各国主管当局准许，不进行倾倒。

3.《伦敦倾倒公约》及其议定书

1972 年《伦敦倾倒公约》及其 1996 年议定书是这方面主要的国际公约。联合国文件认为，如果有效和一贯地执行该公约及其议定书，则倾倒源的有害物质就将得到令人满意的管控。[41]《伦敦倾倒公约》规定，除非按照该公约规定，缔约方应禁止在海上倾倒任何废物或其他物质。公约将废物分为三类，其中附件一所列为禁止倾倒的物质。附件二所列为需要事先获得特别许可证才能倾倒的物质；至于倾倒一切其他废物或物质，需要事先获得一般许可证。附件三列举了发放任何许可证之前应当考虑的因素，包括物质的特性和成分、倾倒地点及堆积方法的特点、一般的考虑与条件。《伦敦倾倒公约》适用于各国内水以外的全部海域。根据第 7 条，缔约方应将为实施公约所必要的措施适用于：(1) 在其领土上登记或悬挂其旗帜的船舶和飞机；(2) 在其领土或领海上装载行将倾倒的物质的船舶和飞机；(3) 在其管辖下被认为从事倾倒活动的船舶、飞机和平台。

《〈防止倾倒废物及其他物质污染海洋的公约〉1996 年议定书》[42]对《伦敦倾倒公约》作了重大修订。根据第 23 条，在亦属《伦敦倾倒公约》缔约方的议定书缔约方之间，1996 年议定书将取代《伦敦倾倒公约》：(1) 议定书修改了倾倒的定义，增加了两种行为，同时排除了一种行为。议定书将以下行为明确包括在倾倒的定义中：其一，从船舶、航空器、平台或其他海上人工构造物将废物或其他物质贮藏在海床及其底土中；其二，仅为故意处置目的在现场弃置或倾覆平台或其他海上人工构造物。同时议定书将在海洋中弃置并非为单纯处置目的而放置的物质（如电缆、管道和海洋调查装置）的行为排除出倾倒的定义。(2) 议定书对于允许倾倒的物质作了更严格的管理。与《伦敦倾倒公约》强调哪些物质应予禁止或限制倾倒的做法不同，议定书采取反向清单做法：其附件Ⅰ仅列出了"可考虑倾倒的废物或其他物质"，除此之外缔约方应禁止任何倾倒。而且倾倒附件Ⅰ中所列废物或其他物质也需有许可证，而缔约方在颁发许可证时应遵守附件Ⅱ所规定的条件。这些条件的目的在于尽量减少倾倒。(3) 议定书将海上焚烧纳入调整范围。"海上焚烧"系指在船舶、平台或其他海上人工构造物上焚烧废物或其他物质，以便通过热销毁方式对其加以故意处置。议定书规定缔约方应禁止海上焚烧废物或其他物质。(4) 议定书扩大了地理适用范围。与对倾倒定义的修改相适应，议定书将"海洋"界定为系指除各国内水之外的所有其他海洋水域以及海床及其底土。更重要的是，议定书要求缔约方对其内水中的倾倒或海上焚烧废物或其他物质的行为加以控制，为此缔约方可自主决定应用

---

〔41〕 第七十届联大文件：《第一次全球海洋综合评估的摘要》，2015 年 7 月 22 日，A /70/112，第 134 段。

〔42〕 1996 年 11 月 7 日缔结，2006 年 3 月 24 日生效。

议定书的规定或是采取其他有效的许可和管理措施。(5)议定书要求缔约方使用预防性方法。由此,缔约方在有理由认为进入海洋环境中的废物或其他物质可能造成损害时应采取适当预防措施,即使在没有确凿证据证明在输入物与其影响间有因果关系时亦然。(6)议定书要求缔约方不应允许将废物或其他物质出口到其他国家供倾倒或海上焚烧。

(四)防止其他来源的污染

1. 陆地来源的污染

人类在陆地上生产、生活所产生的污水、垃圾、工业废物以及其中所含的有害物质通过河流、河口湾、管道和排水口进入海洋从而对海洋环境造成污染。陆上活动构成80%的海洋污染源。[43] 近来海洋垃圾,特别是其中约占总量60%～80%的塑料垃圾问题受到国际的广泛关注。而大多数海洋垃圾被认为来自陆地。[44]

关于防止、减少和控制陆地来源对海洋环境的污染,《海洋法公约》规定:(1)各国应通过主管国际组织或外交会议采取行动,尽力制定全球性和区域性规则、标准和建议的办法及程序;(2)各国应制定法律和规章,同时考虑到国际上议定的规则、标准和建议的办法及程序;(3)国内法律规章和国际规则应包括旨在在最大可能范围内尽量减少有毒、有害或有碍健康的物质,特别是持久不变的物质排放到海洋环境的规定。与对待其他污染源不同的是,《海洋法公约》在关于应对陆地来源污染的国际规则制定方面要求考虑区域的特点和发展中国家的经济能力及其经济发展的需要。此外,《海洋法公约》也没有要求国内规章的效力应不低于国际规则。

目前尚无规制陆地来源污染的全球性公约,只有1995年《保护海洋环境免受陆上活动污染全球行动方案》这一没有法律拘束力的文件。[45] 这方面存在一些区域性公约,如1974年在巴黎缔结的《防止陆源物质污染海洋公约》、1980年《保护地中海不受陆地来源污染议定书》、1983年《保护东南太平洋不受陆地来源污染议定书》等。

2. 来自大气层或通过大气层的污染

人类在空气空间的活动可能会对海洋环境造成污染,如航空器在海上失事后的油料泄漏。而人类在陆地上的生产、生活活动所产生的有害气体也会通过大气层最终对海洋产生污染,如海洋酸化。人类排入大气中的二氧化碳每年约有26%为海洋所吸收,这些二氧化碳与海水反应形成碳酸,使海水变得更酸。[46]

关于防止、减少和控制来自大气层或通过大气层的海洋环境污染,《海洋法公约》规定:(1)各国应通过主管国际组织或外交会议采取行动,尽力制定全球性和区域性规则、标准和建议的办法及程序;(2)各国应制定法律和规章,同时考虑到国际上议定的规则、标准和建议的办

---

〔43〕 联大第七十五届会议:《海洋和海洋法——秘书长的报告》,2020年9月9日,A/75/340,第75段。

〔44〕 第七十届联大文件:《第一次全球海洋综合评估的摘要》,2015年7月22日,A/70/112,第136段。

〔45〕 1995年10月23日至11月3日在美国举行的政府间会议上通过,载A/51/116,1996年4月16日,附件二,第100页。

〔46〕 第七十届联大文件:《第一次全球海洋综合评估的摘要》,2015年7月22日,A/70/112,第12段。

法及程序。这些国内规章应适用于在其主权下的上空和悬挂其旗帜的船只或在其国内登记的船只或飞机。

目前尚无这方面的全球性公约。《国际防止船舶污染公约》(73/78)的1997年议定书规定了防止船舶造成空气污染规则,其中禁止消耗臭氧物质的任何故意排放,并对船舶排放氮氧化物、硫氧化物以及船上焚烧等问题作出规定。

3. 国家管辖的海底活动造成的污染

国家管辖范围内的海底活动主要是近海石油和天然气工业。与船舶类似,此类活动对海洋环境的污染包括作业污染和事故污染。油气作业过程中产生的泥浆、污水、废弃物,以及在勘探和开采过程中使用和排入海洋的各种化学品都会对海洋环境产生负面影响。而一旦发生事故,则或将对海洋环境造成严重的生态灾难。例如,2010年的"深水地平线"爆炸事故造成大约60万吨石油流入墨西哥湾。[47]

关于防止、减少和控制国家管辖的海底活动造成的污染,《海洋法公约》规定:(1)各国应通过主管国际组织或外交会议采取行动,制定全球性和区域性规则、标准和建议的办法及程序,并应根据需要随时重新审查。(2)沿海国应制定法律和规章和采取其他可能必要的措施。国内规章的效力应不低于国际规则、标准和建议的办法及程序,而且还应包括在其专属经济区和大陆架上的人工岛屿、设施和结构对海洋环境的污染问题。目前尚无这方面的全球性公约。

三、海洋环境污染的执行

(一)概述

为实现海洋环境的有效保护,各国有义务执行其关于环境保护的国内法律和规章,以及采取必要措施实施可适用的国际规则和标准。《海洋法公约》按照污染物的不同来源,对海洋环境污染的执行问题作出规定。《海洋法公约》的规定并不排斥其他相关条约中有关执行的安排,但应依符合《海洋法公约》一般原则和目标的方式履行这些条约中的特定规定。对于陆源、大气源和国家管辖的海底活动造成的污染的执行,《海洋法公约》只是简单地规定由各国予以执行。具体而言,陆源污染由领土国执行,国家管辖范围内的海底活动造成的污染由沿海国执行,而大气源的污染涉及地面国的执行以及船只的船旗国和飞机的登记国的执行。关于倾倒造成污染的执行,《海洋法公约》规定了三种情况:(1)对于在沿海国领海、专属经济区内或在其大陆架上的倾倒,由该沿海国执行;(2)对于悬挂其旗帜的船只或在其国内登记的船只和飞机进行的倾倒,由船只的船旗国或飞机的登记国执行;(3)对于在任何国家领土内或在其岸外设施装载废料或其他物质的行为,由该领土国执行。关于船舶源污染的执行,《海洋法公约》作了详细规定,涉及船旗国、港口国和沿海国三种执行权。

国家在执行过程中可能采取登临、检查、扣船以及提起司法程序等措施。《海洋法公约》要求各国在司法程序中应采取措施便利:(1)听询证人;(2)接受另一国或主管国际组织提交的证

---

〔47〕 第七十届联大文件:《第一次全球海洋综合评估的摘要》,2015年7月22日,A/70/112,第144段。

据;(3)船旗国或任何受污染影响的国家的代表参与程序。这是因为对海洋环境污染的执行可能涉及不同国家。然而,如果执行国政府采取的措施属非法或根据可得到的情报超出合理的要求,则该国应对这种执行措施所引起的损害或损失负赔偿责任。以下主要介绍对船舶源污染的执行。

(二)对来自船舶污染的执行

1.船旗国执行

在《海洋法公约》有关对来自船舶污染的执行体制中,虽然船旗国对其船舶造成的污染不享有专属管辖,但与沿海国和港口国执行相比,船旗国执行显然占有优势地位。而且与沿海国和港口国执行存在地理范围限制不同,船旗国对于悬挂其旗帜的船舶的任何违法行为都应进行有效执行,而无论该行为在何处发生,也无论这种违法行为所造成的污染在何处发生或发现。

船旗国执行的核心是船旗国应确保其船只遵守有关海洋环境保护的国内法律和规章以及可适用的国际规则和标准,并应为此采取必要措施以实施这种规则、标准、法律和规章。船旗国应特别满足以下要求。第一,船旗国应确保其船只在能遵守有关防止船只污染海洋环境的国际规则和标准的规定,包括关于船只的设计、建造、装备和人员配备的规定以前,禁止其出海航行。第二,船旗国应确保其船只在船上持有有关防止船只污染海洋环境的国际规则和标准所要求的各种证书,并应确保船只受到定期检查以证实这些证书与船只的实际情况相符。第三,对于船只违反国际规则和标准的行为,船旗国应立即进行调查,并应在适当情形下对违反行为提起司法程序。船旗国在调查时可向有关国家请求协助以澄清案件情况,各国应尽力满足船旗国的请求。第四,船旗国经任何国家的书面请求,应对其船只被指控所犯的任何违反行为进行调查。船旗国应将所采取行动及其结果迅速通知请求国和主管国际组织。第五,船旗国的法律和规章对悬挂其旗帜的船只所规定的处罚应足够严厉,以防阻违反行为的发生。[48]

2.沿海国执行

沿海国不仅有权对外国船舶在其管辖海域内违反海洋环境保护的国内法律规章或可适用的国际规则、标准的行为进行执行,而且可以对船只在其领海范围以外因海难发生的污染事故采取措施。

(1)外国船舶的违反行为

鉴于沿海国在不同海域享有的权利不同以及外国船舶在沿海国管辖海域内享有不同的航行权,《海洋法公约》第220条按照违法行为发生的地点以及被执行船舶所在位置,将沿海国的执行区分为以下不同的情况。

第一,当外国船只自愿位于其港口或岸外设施时,沿海国可对该船舶在其领海或专属经济区内发生的违反防止船只造成污染的法律规章或可适用的国际规则、标准的行为提起司法程

〔48〕《海洋法公约》第217条。

序。“自愿”的规定既排除了无害通过领海的外国船只被强迫进入它原本未计划进入的港口的风险,[49]也排除了船只由于不可抗力、危难等原因而进入港口的情况。[50]

第二,对于在其领海内航行的外国船只,如果沿海国有明显根据认为该船在通过领海时有海洋环境违法行为,可就违反行为对该船进行实际检查,并可在有充分证据时提起司法程序,包括对该船的拘留在内。根据《海洋法公约》,外国船舶在领海内违反《海洋法公约》规定的故意和严重的污染行为将被视为非无害通过。

第三,对于在其领海或专属经济区内航行的外国船只在专属经济区内的海洋环境违法行为,《海洋法公约》按照外国船只违法的严重程度为沿海国规定了一种“分级反应制度”。[51]①如果沿海国有明显根据认为外国船只在专属经济区内违反可适用的国际规则、标准或符合这种国际规则、标准的该国的法律和规章,可以要求该船提供有关情报以确定是否发生违章行为,包括该船的识别标志、登记港、上次停泊和下次停泊的港口等。②如果沿海国有明显根据认为外国船只在专属经济区内的违章行为导致大量排放,对海洋环境造成重大污染或有造成重大污染的威胁,沿海国可在以下条件满足时就有关违反行为对该船进行实际检查:该船拒不提供情报或所提供的情报与实际情况显然不符;依案件情况确有必要进行检查。③如果沿海国有明确的客观证据证明外国船只在专属经济区内的违反行为导致排放,对沿海国的海岸或有关利益,或对其领海或专属经济区内的任何资源造成重大损害或有造成重大损害的威胁,沿海国在有充分证据时可按照该国法律提起司法程序,并扣留船只。

(2)避免海难引起污染的措施

海难,是指船只碰撞、搁浅或其他航行事故,或船上或船外所发生对船只或船货造成重大损害或重大损害的迫切威胁的其他事故。1967 年“托里·坎荣号事件”充分表明,即使发生在沿海国管辖范围以外海域的海难事故也可能对沿海国的利益造成重大损害。如今沿海国对此类海难事故采取主动干预措施的权利已经在习惯法和条约法中获得承认。《海洋法公约》第221 条规定,各国为保护其海岸线或有关利益(包括捕鱼)免受海难或与海难有关的行动所引起,并能合理预期造成重大有害后果的污染或污染威胁,有权在其领海范围以外采取措施。按照 1969 年《国际干预公海油污事故公约》(以下简称《干预公约》),“有关利益”包括:①在海岸、港口或河口处的活动,包括渔业活动;②有关地区的旅游景点;③沿岸居民的健康与有关地区的福利,包括保护海洋生物资源和野生生物。

另外,考虑到船旗国和涉事船只的利益,沿海国的行动应满足国际法规定的条件。这方面主要的国际公约是 1969 年《干预公约》。该公约承认沿海国有权在公海上采取必要措施以防止、减轻或消除海难事故对其海岸产生的严重和紧急的油污威胁,但同时从程序和实体方面对

---

〔49〕 [英]詹宁斯、瓦茨修订:《奥本海国际法》(第一卷第二分册)(第 9 版),王铁崖等译,中国大百科全书出版社 1998 年版,第 231 页。

〔50〕 [美]迈伦·H. 诺德奎斯特主编:《1982 年〈联合国海洋法公约〉评注》(第 4 卷),吕文正、毛彬中译本主编,焦永科等译,海洋出版社 2018 年版,第 257 页。

〔51〕 [美]迈伦·H. 诺德奎斯特主编:《1982 年〈联合国海洋法公约〉评注》(第 4 卷),吕文正、毛彬中译本主编,焦永科等译,海洋出版社 2018 年版,第 268 页。

沿海国的干预权利进行限制。首先,沿海国在采取干预措施之前应与其他受影响的国家,特别是船旗国进行协商,并应将拟采取的措施通知它所知道的所有利益将受到影响的自然人或法人。这些程序性要求受到情况极为紧急例外的限制。其次,沿海国在执行干预措施的过程中应竭力避免使人命受到威胁,并对遇险人员提供所需的帮助。最后,沿海国所采取的措施应与实际的或可能发生的损害相称。这些措施不应超出为达到排除污染威胁目的所需的必要限度,并应在达到此目的后立即停止行动;这些措施不应不必要地干涉船旗国、第三国以及有关自然人或法人的权利和利益。沿海国应对其采取的超出必要限度的措施所引起的损失负赔偿责任。《海洋法公约》也强调沿海国的措施应与损害相称。1973 年《干预公海非油类物质污染议定书》[52]将沿海国干预公海污染的范围扩展至海难引发的非油类物质的污染威胁,但沿海国在采取措施时也应遵守《干预公约》的相关规定。

3. 港口国执行

在应对来自船舶污染的国际执行体系中给予港口国一席之地是国际社会对船旗国不能在该领域内有效履行对其船舶实施管辖和控制责任的回应。《海洋法公约》为港口国规定了两种管辖权,分别针对外国船只违法排放和违反关于船只适航条件的情况。

(1)外国船只的违法排放

当外国船只自愿位于其港口或岸外设施时,港口国可以对发生在其管辖海域外的任何违反可适用的国际规则和标准的排放进行调查,并可在有充分证据的情况下提起司法程序。这就是有关船舶污染的港口国管辖。港口国执行和沿海国执行的区别在于:沿海国执行是为了保护自己的利益,针对的是发生在其管辖海域内的船舶违法排放,适用的是自己的国内法以及可适用的国际规则;而港口国执行是为了确保一般接受的防止船舶污染的国际规则的有效实施,针对的是外国船只在港口国管辖海域外对国际规则和标准而非港口国自己的国内法规的违反。[53]

外国船只在港口国管辖海域外的违法排放可能发生在公海,也可能发生在另一国内水、领海或专属经济区内。对于发生在公海上的违法排放,港口国管辖与船旗国管辖并存。对于发生在另一国管辖海域内的排放,则还存在该沿海国的管辖。此外还涉及受污染损害或威胁的国家的利益。港口国进行调查和提起司法程序的权利受到船旗国和沿海国管辖权的限制,特别是对于发生在另一国管辖海域内的违章排放行为。第一,调查的启动。虽然港口国可以自主决定是否行使管辖,但是当船旗国、沿海国或受污染损害或威胁的国家提出调查请求时,港口国应在实际可行范围内满足该请求。第二,调查记录的处理。如经请求,港口国应将调查记录转交船旗国或沿海国。第三,司法程序的提起。对于在另一国管辖海域内发生的违章排放行为,除非经该国、船旗国或受违章排放行为损害或威胁的国家请求,或者违反行为已对或可能对港口国的管辖海域造成污染,港口国不应提起司法程序。第四,司法程序的暂停和终结。

---

[52] 1973 年 11 月 2 日签订,1983 年 3 月 30 日生效。

[53] [美]迈伦 · H. 诺德奎斯特主编:《1982 年〈联合国海洋法公约〉评注》(第 4 卷),吕文正、毛彬中译本主编,焦永科等译,海洋出版社 2018 年版,第 247 页。

对于在另一国管辖海域内发生的违章排放行为,港口国经该沿海国请求可以暂停进行任何司法程序。暂停后应将案件的证据和记录转交给该沿海国。转交后港口国即不应继续进行司法程序。[54]

(2)关于船只适航条件的避免污染措施

《海洋法公约》第219条规定,如果港口国查明在其港口或岸外设施的外国船只违反关于船只适航条件的可适用的国际规则和标准从而有损害海洋环境的威胁,则应在实际可行范围内采取措施以阻止该船航行。这既是港口国的权利,也是港口国承担的一项法律义务。之后,港口国可准许该船仅驶往最近的适当修船厂。一旦违反行为的原因消除,港口国应立即准许该船继续航行。

(三)对外国船只执行的保障

为了防止沿海国和港口国滥用执行权,《海洋法公约》针对各国对外国船只采取措施的权利规定了一些要求和限制,以便保障船旗国和外国船只的权利。[55]

1. 对船旗国权利的保障

(1)船旗国获得通知的权利

各国应将对外国船只所采取的任何措施迅速通知船旗国,并将有关这种措施的一切正式报告提交船旗国。

(2)船旗国提起司法程序的权利

首先,无论其他国家是否先行针对船舶的污染行为提起司法程序,船旗国都有权按照本国法律采取任何措施,包括提起加以处罚的司法程序。其次,如果其他国家提起的司法程序针对的是外国船只在该国领海以外的违章行为,那么当船旗国在这种程序最初提起之日起6个月内就同样控告提出加以处罚的司法程序时,该在先的程序应即暂停进行,除非这种程序涉及沿海国遭受重大损害的案件或有关船旗国一再不顾其对本国船只的违反行为有效地执行可适用的国际规则和标准的义务。一旦船旗国提起的司法程序结束,暂停的司法程序应予终止。最后,从违反行为发生之日起满3年后,对外国船只不应再提起加以处罚的司法程序。但这不影响因要求赔偿海洋环境污染造成的损失或损害而对外国船只提起民事诉讼程序。[56]

2. 对外国船只权利的保障

(1)执行权行使的一般要求

各国在对外国船只行使执行权力时应遵守以下一般要求。第一,对外国船只的执行权力只能由官员、军舰、军用飞机或其他有清楚标志可以识别为政府服务并经授权的船舶或飞机才能行使。第二,对外国船只行使执行权力时不应在形式上或事实上有所歧视。第三,各国对外

---

〔54〕《海洋法公约》第218条。

〔55〕[美]迈伦·H.诺德奎斯特主编:《1982年〈联合国海洋法公约〉评注》(第4卷),吕文正、毛彬中译本主编,焦永科等译,海洋出版社2018年版,第302页。

〔56〕《海洋法公约》第228条。

国船只行使执行权力时不应危害航行的安全或造成对船只的任何危险，或将船只带至不安全的港口或停泊地，或使海洋环境面临不合理的危险。

(2)调查和扣留外国船只的限制

第一，各国应避免在海上对船只作不必要的实际检查。第二，对外国船只的实际检查应只限于查阅该船按照一般接受的国际规则和标准所须持有的证书、记录或任何类似文件。只有当该船未持有有效的证件和记录，或者该船的情况与这些文件所载各节明显有重大不符，或者文件的内容不足以证明涉嫌的违反行为时，才可以对船只采取进一步的实际检查。第三，各国羁留外国船只不得超过调查所必需的时间。如果调查显示外国船只有违反关于保护和保全海洋环境的可适用的法律和规章或国际规则和标准的行为，则应于完成提供保证书或其他适当财政担保等合理程序后迅速予以释放。

(3)对外国船只所施处罚的限制

对外国船只在领海内和领海以外海域所犯违反关于防止、减少和控制海洋环境污染的国内法律和规章或可适用的国际规则和标准的行为，仅可处以罚款，但在领海内故意和严重地造成污染的行为除外。此时沿海国可以判处更重的处罚。在此类司法程序中应尊重被告的公认权利。[57]

---

〔57〕《海洋法公约》第230条。

第十二章　海洋科学研究、技术转让、水下文化遗产保护

一、海洋科学研究

（一）概述

海洋科学包括与海洋研究有关的一系列学科，如物理、生物、化学、地质、水文、卫生、社会科学、人文科学、工程学和多学科研究。[1] 海洋科学对于国际社会有效治理海洋、保护海洋环境和养护海洋生物资源至关重要，因为科学知识无疑是作出知情决策的基础。然而目前人类有关海洋的知识仍然存在许多空白领域。[2] 2021～2030 年被联大宣布为“联合国海洋科学促进可持续发展十年”。[3]

海洋科学研究被纳入国际法领域是国家海洋管辖权扩张的直接后果。在领海和公海并立的传统海洋法律秩序时期，领海内的科研活动受制于沿海国的主权，而公海上的活动则适用公海自由原则。但是当国家管辖权扩展到领海以外，就需要对这些非主权性的国家管辖海域内的科研活动加以专门调整以便在沿海国和国际社会的利益之间保持某种平衡。[4] 一方面，有关专属经济区和大陆架海洋环境及其资源的信息对沿海国很有价值；[5]另一方面，在这些海域中获取科学知识对于国际社会整体也有普遍意义。1958 年《大陆架公约》专门对大陆架上的海洋科学研究进行了规制。其第 5 条规定，在大陆架上从事的任何有关大陆架的研究必须征得沿海国之同意；然而倘有适当机构提出请求而目的系在对大陆架之物理或生物特征作“纯科学研究”（purely scientific research）者，沿海国通常不得拒予同意；但条件是倘若沿海国有意，它有权加入或参与研究，而且研究结果不论在何种情形下均应发表。这种将科学研究划分为“纯科学研究”和其他科学研究的做法本身就是不科学的，[6]因为此种区别十分困难，甚至多半是不可能的。

---

〔1〕 联大第七十四届会议：《海洋和海洋法——秘书长的报告》，2019 年 3 月 25 日，A/74/70，第 6 段。

〔2〕 联大第七十四届会议：《海洋和海洋法——秘书长的报告》，2019 年 3 月 25 日，A/74/70，第 20 段。

〔3〕 2017 年 12 月 6 日联大决议，A /RES/72/73，第 292 段。

〔4〕 [英]詹宁斯、瓦茨修订：《奥本海国际法》（第一卷第二分册）（第 9 版），王铁崖等译，中国大百科全书出版社 1998 年版，第 220 页。

〔5〕 联大第四十五届会议：《秘书长关于海洋科学研究的报告》，1990 年 10 月 11 日，A/45/563，第 17 段。

〔6〕 [英]詹宁斯、瓦茨修订：《奥本海国际法》（第一卷第二分册）（第 9 版），王铁崖等译，中国大百科全书出版社 1998 年版，第 220 页。

1982年《海洋法公约》为各国进行海洋科学研究应当遵守的行为规范规定了一套全面制度。[7]《海洋法公约》第十三部分就海洋科学研究问题作了专门规定。除此之外，《海洋法公约》的其他部分中也含有相关规定。《海洋法公约》第十三部分共有28个条款（第238～265条），分为六节：一般规定、国际合作、海洋科学研究的进行和促进、海洋环境中科学研究设施或装备、责任、争端的解决和临时措施。然而，《海洋法公约》中并未含有“海洋科学研究”的定义。1976年“订正的单一协商案文”曾含有一个宽泛的定义，规定：“为本公约的目的，‘海洋科学研究’意指旨在增进人类关于海洋环境知识的任何研究或相关实验工作。”[8]但由于不能达成妥协，该定义后来被删除了。缺乏定义可能导致各国在适用《海洋法公约》的过程中就特定活动是否属于海洋科学研究产生分歧。

（二）进行海洋科学研究的一般原则

根据《海洋法公约》的有关规定，各国和各主管国际组织在进行海洋科学研究时应遵守以下原则。

1. 海洋科学研究应专为和平目的而进行。这里“和平目的”的含义与公海和“区域”应只用于和平目的的规定没有区别，都应按照《海洋法公约》第301条“海洋的和平使用”加以解释。由此，该规定并不排除为军事目的进行海洋科学研究的情况。反之，为军事目的进行的海洋科学研究也应受《海洋法公约》的调整。

2. 海洋科学研究应以符合国际法的适当科学方法和工具进行。进行海洋科学研究经常需要在海洋环境中部署和使用科学研究设施和装备。这些设施和装备的部署和使用应遵守《海洋法公约》为在相应海域内进行海洋科学研究所规定的同样条件。这些设施或装备不具有岛屿的地位，没有自己的领海，其存在也不影响领海、专属经济区或大陆架的界限的划定。设施或装备应具有表明其登记的国家或所属的国际组织的识别标志，并应具有国际上议定的适当警告信号，以确保海上安全和空中航行安全。在科学研究设施的周围可设立不超过500米的合理宽度的安全地带，所有国家应确保其本国船只尊重这些安全地带。

3. 海洋科学研究不应对海洋其他合法用途有不当干扰，而其他合法用途也应适当尊重科学研究。该规定调整了海洋科学研究和其他海洋合法用途之间的关系。《海洋法公约》第246条要求专属经济区和大陆架上的海洋科学研究活动不应对沿海国行使主权权利和管辖权所进行的活动有不当的干扰。第261条要求任何海洋科学研究设施或装备的部署和使用不应对已确定的国际航路构成障碍。另外，国际海底管理局制定的三个“区域”内“探矿和勘探规章”都要求探矿者应尽量减少或消除对正在进行或计划进行的海洋科学研究活动造成实际或潜在的冲突或干扰。[9]

4. 海洋科学研究的进行应遵守《海洋法公约》和依照该公约制定的一切有关国内规章，包

---

〔7〕 联大第四十五届会议：《秘书长关于海洋科学研究的报告》，1990年10月11日，A/45/563，第9段。

〔8〕 Revised Single Negotiating Text (Part Ⅲ), A/CONF. 62/WP. 8/Rev. 1/PartIII, art. 48.

〔9〕 国际海底管理局“探矿和勘探规章”第5条。

括关于保护和保全海洋环境的规章。第263条规定,各国和各主管国际组织应负责确保其自己从事或为其从事的海洋科学研究均按照《海洋法公约》进行,并应对其海洋科学研究产生海洋环境污染所造成的损害承担责任。另外,各国对其他国家或主管国际组织进行的海洋科学研究所采取的措施如果违反《海洋法公约》也应承担责任。

5. 海洋科学研究活动不应构成对海洋环境任何部分或其资源的任何权利主张的法律根据。[10] 就国家管辖海域内的科学研究而言,该规定可以保护沿海国的权利;而就国家管辖范围以外海域内的科学研究而言,该规定与不得将公海和"区域"据为己有的规定一脉相承。[11]

(三)海洋科学研究的促进和国际合作

《海洋法公约》规定各国和各主管国际组织应促进和便利海洋科学研究的发展和进行。为此目的,《海洋法公约》有时要求各国单独采取行动。例如,第246条要求沿海国应制定规则和程序以确保不致不合理地推迟或拒绝给予在其专属经济区和大陆架上的海洋科学研究以同意。第255条要求各国应尽力制定合理的规则、规章和程序,促进和便利在其领海以外进行的海洋科学研究,并于适当时便利海洋科学研究船进入其港口,并促进对这些船只的协助。根据2005年的一项统计,在联合国教科文组织下属的政府间海洋学委员会(Intergovernmental Oceanographic Commission)的72个成员中,有39个就海洋科学研究制定了国内立法。[12]

《海洋法公约》反复强调各国和各主管国际组织应通过国际合作来促进海洋科学研究的发展。此种合作既包括国家间的,也包括国家和国际组织间以及国际组织相互间的合作。国际组织在海洋科学研究领域内发挥着十分重要的作用。与《海洋法公约》其他部分在行文上的一个显著不同之处是,《海洋法公约》有关海洋科学研究的部分经常将各国和各主管国际组织相提并论。《海洋法公约》附件八规定由政府间海洋学委员会编制并保持为特别仲裁法庭准备的海洋科学研究方面的专家名单。政府间海洋学委员会并非海洋科学研究领域内的唯一主管国际组织。这方面的主管国际组织是指那些由其组织章程或其他规则授权进行、协调或促进和便利海洋科学研究的政府间组织。[13] 除了政府间海洋学委员会,还可包括联合国粮农组织、国际原子能机构、国际水文组织、国际海事组织、国际海底管理局、联合国环境署、联合国教科文组织、世界气象组织等。[14]

关于国际合作的具体要求,第一,各国和各主管国际组织应进行合作,通过缔结双边和多边协定,为海洋科学研究的进行创造有利条件并将科学家们的研究工作结合起来。第二,各国

〔10〕《海洋法公约》第241条。

〔11〕UN Division for Ocean Affairs and the Law of the Sea, *Marine Scientific Research: A Revised Guide to the Implementation of the Relevant Provisions of the United Nations Convention on the Law of the Sea*, United Nations, 2010, para. 16.

〔12〕UN Division for Ocean Affairs and the Law of the Sea, *Marine Scientific Research: A Revised Guide to the Implementation of the Relevant Provisions of the United Nations Convention on the Law of the Sea*, United Nations, 2010, para. 96.

〔13〕UN Division for Ocean Affairs and the Law of the Sea, *Marine Scientific Research: A Revised Guide to the Implementation of the Relevant Provisions of the United Nations Convention on the Law of the Sea*, United Nations, 2010, para. 18.

〔14〕Law of the Sea Bulletin, No. 31(1996), p. 89 - 93.

和各主管国际组织应按照《海洋法公约》,通过适当途径公布和传播拟议的重大方案及其目标的情报以及海洋科学研究所得的知识。第三,各国应个别地并与其他国家和各主管国际组织合作,积极促进科学资料和情报向发展中国家的流通以及海洋科学研究所得知识的转让,并通过除其他外对发展中国家技术和科学人员提供适当教育和训练方案,提升发展中国家自主进行海洋科学研究的能力。第四,一国在适当情形下应向其他国家提供合理的机会,使其从该国取得或在与该国合作下取得为防止和控制对人身健康和安全以及对海洋环境的损害所必要的情报。

(四)各海域内海洋科学研究的进行

所有国家和各主管国际组织均有权进行海洋科学研究,但海洋科学研究需要在《海洋法公约》所规定的其他国家的权利和义务的限制下进行。就国家管辖海域内的海洋科学研究而言,它们原则上受制于沿海国的同意。如果进行海洋科学研究计划的国家或主管国际组织和沿海国之间就《海洋法公约》关于海洋科学研究的规定发生争端,在该项争端得以解决前,未经沿海国的明示同意,不应开始或继续进行研究活动。[15]

1. 领海和群岛水域内的海洋科学研究

《海洋法公约》第245条规定,沿海国在行使其主权时,有规定、准许和进行其领海内的海洋科学研究的专属权利。只有经沿海国明示同意并在沿海国规定的条件下,外国国家和国际组织才可在沿海国领海内进行海洋科学研究。沿海国可就海洋科学研究事项制定关于外国船舶无害通过其领海的法律和规章。而如果外国船舶在领海内未经沿海国同意进行研究活动,其通过即应视为损害沿海国的和平、良好秩序或安全。

《海洋法公约》第十三部分未对群岛水域内的海洋科学研究作出专门规定。根据第54条,外国船舶,包括海洋科学研究的船舶在内,在群岛海道通过时,非经群岛国事前准许,不得进行任何研究活动。鉴于群岛水域和领海同为国家主权管辖水域,因此《海洋法公约》关于领海内科研的规定也应适用于群岛水域。由此,只有经群岛国明示同意并在群岛国规定的条件下,方可在群岛国的群岛水域内进行海洋科学研究。

2. 专属经济区内和大陆架上的海洋科学研究

《海洋法公约》对专属经济区内和大陆架上的海洋科学研究的进行作了详细规定,主要包括三部分内容:沿海国的同意、进行研究的国家和国际组织应当遵守的条件,以及海洋科学研究活动的暂停和停止。

(1)沿海国的同意

《海洋法公约》第246条规定,沿海国在行使其管辖权时有权按照该公约规定、准许和进行在其专属经济区内或大陆架上的海洋科学研究。在专属经济区内和大陆架上进行海洋科学研究,应经沿海国同意。然而,与领海内的研究活动不同,《海洋法公约》没有要求在专属经济区

---

[15] 《海洋法公约》第265条。

内和大陆架上的海洋科学研究必须获得沿海国的“明示同意”。其实沿海国对在其专属经济区和大陆架上的海洋科研请求既可予以明示同意，又可予以默示同意。更为重要的是，此时沿海国是否给予同意的裁量权是受到限制的。在正常情形下，沿海国应对其他国家或各主管国际组织专为和平目的和为了增进关于海洋环境的科学知识以谋全人类利益，而在其专属经济区内或大陆架上进行的海洋科学研究计划给予同意。而且即使沿海国和研究国之间没有外交关系，它们之间仍可存在正常情况。《海洋法公约》规定了一些沿海国可以斟酌决定拒不同意的情况。然而，《海洋法公约》既没有界定“正常情形”的含义，也没有表明沿海国只有在《海洋法公约》明文规定的情况下才可拒绝同意。因此，沿海国对其专属经济区内或大陆架上的海洋科学研究计划是否同意仍具有相当大的裁量权。

《海洋法公约》第246条第5款规定了五种沿海国可以拒不同意在其专属经济区内或大陆架上进行的海洋科学研究计划的情况：①该计划与生物或非生物自然资源的勘探和开发有直接关系。如果某项研究的结果能够被用来定位资源或评估其商业开采性，那么就可能属于此类研究计划。[16] 但是就200海里以外的大陆架而言，如果沿海国已公开指定某些特定区域为已在进行或将在合理期间内进行开发或详探作业的重点区域，则沿海国对于在这些特定区域之外的大陆架上的海洋科学研究计划不得行使斟酌决定权而拒不同意。②该计划涉及大陆架的钻探、炸药的使用或将有害物质引入海洋环境。③该计划涉及人工岛屿、设施和结构的建造、操作或使用。④进行研究的国家或主管国际组织所提交的关于该计划的性质和目标的情报不准确。⑤进行研究的国家或主管国际组织由于先前进行研究计划而对沿海国负有尚未履行的义务。《海洋法公约》要求各国应通过主管国际组织设法促进一般准则和方针的制定，以协助各国确定海洋科学研究的性质和影响。

为使沿海国能够就是否给予同意作出知情的决定，[17] 第248条要求有意在一国的专属经济区内或大陆架上进行海洋科学研究的国家或主管国际组织应在海洋科学研究计划预定开始日期至少6个月前，通过适当的官方途径向该国提供关于研究计划情况的详细说明，包括：计划的性质和目标；使用的方法、工具和科学装备；进行计划的精确地理区域；研究船最初到达和最后离开的预定日期，或装备的部署和拆除的预定日期；主持机构和主持人的姓名；沿海国能够参与计划的程度。其中，关于研究计划的性质和目标的信息如果不准确，可能直接导致沿海国拒绝同意。

沿海国在收到含有上述情报的海洋科学研究计划的通知后4个月内可通知进行研究的国家或组织它拒绝同意或者要求提供补充信息。沿海国也可告知请求方其所提出的关于计划的性质和目标的情报与明显事实不符或由于先前进行研究计划而对沿海国负有尚未履行的义务。相反，如果沿海国在收到海洋科学研究计划的通知后4个月内没有作出上述一种反应，则

---

〔16〕 UN Division for Ocean Affairs and the Law of the Sea, *Marine Scientific Research: A Revised Guide to the Implementation of the Relevant Provisions of the United Nations Convention on the Law of the Sea*, United Nations, 2010, para. 30.

〔17〕 [美]迈伦·H. 诺德奎斯特主编：《1982年〈联合国海洋法公约〉评注》（第4卷），吕文正、毛彬中译本主编，焦永科等译，海洋出版社2018年版，第506页。

将被视为默示同意,由此请求方可于向沿海国提供必要的情报之日起6个月后开始进行海洋科学研究计划。[18]

除了明示同意和默示同意,《海洋法公约》还为国际组织进行或主持的海洋科学研究计划规定了一种视为同意的情况。根据第247条,当满足以下条件时,一沿海国应视为已准许有关国际组织在该国专属经济区内或大陆架上直接或在其主持下进行一项海洋科学研究计划:①该沿海国是该国际组织的成员或同该组织订有双边协定;②该沿海国在该组织决定进行计划时核准了详细计划或目前愿意参加该计划;③该沿海国在该组织将计划通知其后4个月内没有表示反对意见。有观点认为当科研项目需要进入几个沿海国的管辖海域时,第247条特别相关。[19] 2005年政府间海洋学委员会就其按照第247条开展研究活动通过了专门程序,其中规定将为此成立一个咨询机构(Advisory Body)。[20]

(2)进行研究的国家和国际组织应当遵守的条件

各国和各主管国际组织在沿海国的专属经济区内或大陆架上进行海洋科学研究时应遵守一些条件。它们可大致分为三类。

第一类是强制性的,不依赖于沿海国的要求。进行研究的国家和国际组织应:一是将研究方案的任何重大改变立即通知沿海国;二是除非另有协议,研究完成后立即拆除科学研究设施或装备。

第二类依赖于沿海国的要求。如沿海国愿意或经其要求,进行研究的国家和国际组织应:①确保沿海国有权参加或有代表参与海洋科学研究计划,但沿海国无须分担研究费用。②在实际可行范围内尽快向沿海国提供初步报告,并于研究完成后提供所得的最后成果和结论。③使沿海国能够利用从研究计划所取得的一切资料和样品,并向沿海国提供可以复制的资料和可以分开而不致有损其科学价值的样品。④向沿海国提供对此种资料、样品及研究成果的评价,或协助沿海国加以评价或解释。

第三类是关于研究成果的国际发表问题。《海洋法公约》第249条要求研究者应确保于实际可行的情况下尽快通过适当途径使研究成果在国际上可以取得。但该项义务受到沿海国依据第246条第5款行使斟酌决定权给予同意或拒不同意而规定的条件的限制。由此,如果沿海国决定给予它原本可以拒绝的同意,那么它可以为该研究的进行要求它认为必要的条件以保护其利益,[21]其中可以包括要求研究者对是否在国际上发表计划中对勘探和开发沿海国自然资源有直接关系的研究成果的条件予以事先同意。

---

〔18〕《海洋法公约》第252条。

〔19〕UN Division for Ocean Affairs and the Law of the Sea, *Marine Scientific Research: A Revised Guide to the Implementation of the Relevant Provisions of the United Nations Convention on the Law of the Sea*, United Nations, 2010, para. 45.

〔20〕Procedure for the Application of Article 247 of the United Nations Convention on the Law of the Sea by the Intergovernmental Oceanographic Commission of UNESCO, Annex to Resolution XXIII - 8, http://www.ioc-unesco.org/images/stories/LawoftheSea/Documents/Resolutions/iocres23-8-9.pdf.

〔21〕UN Division for Ocean Affairs and the Law of the Sea, *Marine Scientific Research: A Revised Guide to the Implementation of the Relevant Provisions of the United Nations Convention on the Law of the Sea*, United Nations, 2010, para. 46.

(3)海洋科学研究活动的暂停和停止

在沿海国专属经济区内或大陆架上正在进行的海洋科学研究活动如果存在以下两种情况,沿海国有权要求暂停:①研究活动没有按照之前向沿海国提交的且经沿海国作为同意的基础的情报进行;②进行研究活动的国家或主管国际组织未保证沿海国对该项研究计划的权利。如果进行研究的国家或主管国际组织纠正了上述情况,则沿海国应即撤销暂停命令,海洋科学研究活动也应获准继续进行。如果上述违规情况未能在合理期间内得到纠正,沿海国可进一步命令停止研究活动。然而,如果①中的违规情形等于将研究计划或研究活动作重大改动,那么沿海国有权径直要求停止研究活动。在沿海国命令暂停或停止海洋科学研究活动后,获准进行这种活动的国家或主管国际组织应即终止有关活动。

3. 公海和"区域"内的海洋科学研究

各国在公海上有科学研究的自由,但受《海洋法公约》第六部分(大陆架)和第十三部分(海洋科学研究)的限制。第257条规定,所有国家和各主管国际组织均有权依《海洋法公约》在专属经济区范围以外的水体内进行海洋科学研究。

所有国家和各主管国际组织均有权在"区域"内进行海洋科学研究,但应依《海洋法公约》第十一部分的规定进行。第143条专门就"区域"内的海洋科学研究作出规定,要求应按照《海洋法公约》第十三部分专为和平目的并为谋全人类的利益进行。国际海底管理局应促进和鼓励在"区域"内进行海洋科学研究,特别是有关"区域"内活动的环境影响的研究,[22]并应协调和传播所得到的这种研究和分析的结果。管理局也可进行有关"区域"及其资源的海洋科学研究。缔约国应通过各种方式促进"区域"内海洋科学研究方面的国际合作,包括参加国际研究计划,以及切实传播所得到的研究和分析结果。

二、海洋技术的发展和转让

(一)概述

发展海洋经济,养护和利用海洋资源,进行海洋科学研究和保护海洋环境都离不开适当的技术。而发展中国家在技术方面面临着诸多挑战。《第三次联合国海洋法会议最后文件》附件六《关于发展各国海洋科学、技术和海洋服务基层结构的决议》指出,除非采取积极措施,发达国家和发展中国家在海洋科学和技术上的差距将进一步扩大,从而危及《海洋法公约》所建立的新海洋制度的根本基础。为了使发展中国家能够有效履行义务和行使权利,加强这些国家的海洋科学能力建设无疑是必要之举。其中除了自身积极发展外,接受外来技术援助和技术转让也是重要途径。《海洋法公约》第十四部分专门就海洋技术的发展和转让问题作出规定。此外,《海洋法公约》第十一部分还涉及有关"区域"内活动技术的转让。

向发展中国家的技术援助和转让问题并不限于国际海洋法领域。1974年联大《建立新的国际经济秩序宣言》规定应"使发展中国家具有获得现代科学和技术成就的途径,促进有利于

[22]《1994年执行协定》附件第一节第5段(h)。

发展中国家的技术转让和建立本国技术,并按照适合于它们经济的方式和程序进行"[23]。同日通过的《建立新的国际经济秩序的行动纲领》呼吁尽一切努力制定一项符合发展中国家需要和条件的关于技术转让的国际行动准则。1974年《各国经济权利和义务宪章》第13条规定所有国家应促进国际科学和技术合作与技术转让,特别是应促进发展中国家取得转让技术,同时"要适当地照顾到一切的合法利益,包括技术持有者、提供者和接受者的权利和义务"。这些规定对《海洋法公约》的制定产生了影响。

《海洋法公约》没有界定"海洋技术"和"海洋技术转让"。2019年《国家管辖范围以外区域海洋生物多样性协定案文草案修改稿》第1条中含有对这两个术语的定义。其中,"海洋技术"指以方便用户的格式提供的关于海洋科学及有关海上业务和服务的信息和数据;手册、准则、衡量标准、水准、参考材料;取样和方法设备;观测设施和设备(如遥感设备、浮标、验潮仪、船上和其他手段的海洋观测);原地和实验室观测、分析和实验设备;计算机和计算机软件,包括模型和建模技术;与海洋科学研究和观测有关的专长、知识、技能、技术、科学和法律专门技能和分析方法。而"海洋技术转让"指转让创造和使用知识所需的仪器、设备、船只、程序和方法,以便更好地研究和了解自然和海洋资源。[24]

(二)海洋技术发展和转让的促进

各国应直接或通过主管国际组织进行合作,积极促进在公平合理的条款和条件上发展和转让海洋科学和海洋技术,特别是要满足发展中国家在海洋科学和技术能力方面的可能需要,以加速这些国家的社会和经济发展。促进的基本目标包括:①海洋技术知识的取得、评价和传播,并便利这种情报和资料的取得;②适当的海洋技术的发展;③必要的技术方面基本建设的发展,以便利海洋技术的转让;④通过训练和教育发展中国家国民,以发展人力资源。另外,各国在促进合作时应适当顾及一切合法利益,除其他外,包括海洋技术的持有者、供应者和接受者的权利和义务。[25] 国际技术转让不仅仅是国家之间的问题,还可能涉及私人的权利和义务。[26]

促进海洋技术发展和转让的重要途径是国际合作,特别是区域、分区域和双边的合作。《海洋法公约》在这方面特别提及以下几点。第一,国际合作的一个目的是为海洋研究和发展在国际上筹供适当的资金。第二,各国应促进制定海洋技术转让方面的一般接受的方针、准则和标准,并应特别考虑到发展中国家的利益和需要。第三,各主管国际组织应协调它们在海洋技术转让方面的活动,包括任何区域性和全球性方案。第四,各国应与国际海底管理局积极合作以鼓励并便利向发展中国家转让关于"区域"内活动的技能和海洋技术。

---

〔23〕 1974年5月1日联大第3201(S-VI)号决议。

〔24〕《根据〈联合国海洋法公约〉的规定就国家管辖范围以外区域海洋生物多样性的养护和可持续利用问题拟订的协定案文草案修改稿》,2019年11月18日,A/CONF.232/2020/3。

〔25〕《海洋法公约》第266~268条。

〔26〕[美]迈伦·H.诺德奎斯特主编:《1982年〈联合国海洋法公约〉评注》(第4卷),吕文正、毛彬中译本主编,焦永科等译,海洋出版社2018年版,第657页。

与海洋科学研究一样,国际组织在促进海洋技术发展和转让领域也发挥着重要作用。《海洋法公约》要求主管国际组织应采取一切适当措施以便确保它们的职责得到有效履行。该领域内的主管国际组织的范围同样十分广泛,包括任何有能力提供援助的政府间国际组织。[27]《第三次联合国海洋法会议最后文件》附件六《关于发展各国海洋科学、技术和海洋服务基层结构的决议》建议世界银行、各区域银行、联合国开发计划署和联合国科学和技术筹资系统以及其他多边筹资机构扩大和协调其业务活动,为发展中国家提供资金;主管国际组织被认为在设立国家和区域海洋科学及技术中心方面也可发挥特殊作用,而这些中心是发展中国家借以促进和进行海洋科学研究以及取得和传播海洋技术的主要机构。

《海洋法公约》有关海洋技术发展和转让的规定多是政策声明性质的,[28]有赖于制定进一步详细的实施规则。目前这方面的一个重要成就是政府间海洋学委员会2003年通过的《海洋技术转让标准和准则》。该文件不具有法律约束力,所确立的指导原则是海洋技术转让必须在公平合理的条款和条件下进行,应当使所有相关各方都能够在公平的基础上从与海洋技术相关活动的开展中获益。[29] 2019年《国家管辖范围以外区域海洋生物多样性协定案文草案修改稿》也专门规定了技术转让问题,要求转让的海洋技术应当适当、可靠、负担得起、最新、环境友好、以发展中缔约国可获取的形式提供,并强调加强各级别和各种形式的合作,包括酌情与民间社会和传统知识拥有者等各相关利益攸关方建立伙伴关系,以促进海洋技术转让。[30] 实践中,合伙企业和合资企业是转让海洋技术的重要方式。

(三)关于"区域"内活动技术的转让

向国际海底管理局企业部和发展中国家转让技术是《海洋法公约》规定的"区域"制度的重要组成部分,并作为一项关于"区域"内活动的政策。《海洋法公约》第144条规定,管理局应采取措施,以取得有关"区域"内活动的技术和科学知识,促进和鼓励向发展中国家转让这种技术和科学知识。为此目的,管理局和各缔约国应互相合作,以便利企业部和发展中国家根据公平合理的条款和条件取得有关的技术。第274条规定,管理局应在一切合法利益,包括技术持有者、供应者和接受者的权利和义务的限制下,确保使所有国家,特别是发展中国家能得到有关的装备、机械、装置和作业程序的技术文件。《海洋法公约》附件三第5条规定了强制性技术转让,要求承包者在合同中承诺一旦管理局提出要求,即以公平合理的商业条款和条件向企业部提供其根据合同进行"区域"内活动时所使用而且该承包者在法律上有权转让的技术。这是

---

〔27〕[美]迈伦·H.诺德奎斯特主编:《1982年〈联合国海洋法公约〉评注》(第4卷),吕文正、毛彬中译本主编,焦永科等译,海洋出版社2018年版,第652页。See *Law of the Sea Bulletin*, No. 31(1996), p. 93 – 95.

〔28〕[美]迈伦·H.诺德奎斯特主编:《1982年〈联合国海洋法公约〉评注》(第4卷),吕文正、毛彬中译本主编,焦永科等译,海洋出版社2018年版,第642页。

〔29〕IOC, Criteria and Guidelines on the Transfer of Marine Technology. See UN Division for Ocean Affairs and the Law of the Sea, *Marine Scientific Research: A Revised Guide to the Implementation of the Relevant Provisions of the United Nations Convention on the Law of the Sea*, United Nations, 2010, para. 125.

〔30〕2019年《国家管辖范围以外区域海洋生物多样性协定案文草案修改稿》第43、45条。

《海洋法公约》第十一部分不被工业化国家接受的一个主要原因。[31]

《1994年执行协定》废除了《海洋法公约》附件三第5条的规定，为有关"区域"活动的技术转让规定了新的原则。[32] 第一，企业部和希望获得深海底采矿技术的发展中国家应设法按公平合理的商业条件，从公开市场或通过联合企业安排获取这种技术。第二，如果无法获得技术，管理局可以请任何承包者及其一个或多个担保国提供合作，以便利企业部或发展中国家按公平合理的商业条件，在与知识产权的有效保护相符的情况下取得这种技术。缔约国承诺为此目的与管理局充分而有效地合作，并确保它们所担保的承包者也与管理局充分合作。

三、水下文化遗产保护

（一）概述

1. 概念

水下文化遗产（underwater cultural heritage），是指至少100年来，周期性地或连续地，部分或全部位于水下的具有文化、历史或考古价值的所有人类生存的遗迹。[33] 根据该定义，水下文化遗产需要满足两个条件：（1）"文化遗产"的含义是具有文化、历史或考古价值的人类生存遗迹。例如：①遗址、建筑、房屋、工艺品和人的遗骸，及其有考古价值的环境和自然环境；②船只、航空器、其他运输工具或上述三类的任何部分，所载货物或其他物品，及其有考古价值的环境和自然环境；③具有史前意义的物品。同时，海床上铺设的管道和电缆，以及其他安置在海床上的仍在使用的设施不属于水下文化遗产。[34] （2）"水下"的含义是周期性地或连续地，部分或全部地位于水下，而且此种状态至少已经存在了100年。

2.《海洋法公约》

1982年《海洋法公约》关于水下文物保护的问题仅作了简要规定。据此，各国有义务保护在海洋发现的考古和历史文物，并应为此目的进行合作。《海洋法公约》专门提及了"区域"和毗连区内的考古和历史文物的保护问题。其中，第149条规定在"区域"内发现的考古和历史文物，应为全人类的利益予以保存或处置，但应特别顾及来源国，或文化上的发源国，或历史和考古上的来源国的优先权利。第303条规定，为了控制水下文物的贩运，沿海国可推定：未经沿海国许可将这些文物移出毗连区的海床将造成对其法律和规章的违反。结合《海洋法公约》的其他相关规定，可以说《海洋法公约》大致解决了对从基线量起24海里以内以及"区域"内的水下文物的管辖权问题。至于从24海里界限至沿海国大陆架外部界限之间范围内的水下文物的管辖权，则属于"剩余权利"问题。

另外，《海洋法公约》在这方面的规定存在一些明显不足。首先，《海洋法公约》没有界定

---

〔31〕［斐济］萨切雅·南丹主编：《1982年〈联合国海洋法公约〉评注》，毛彬中译本主编，焦永科等译，海洋出版社2009年版，第153～154页。

〔32〕《1994年执行协定》附件第五节。

〔33〕《保护水下文化遗产公约》第1条。

〔34〕《保护水下文化遗产公约》第1条。

“考古和历史文物”的含义。其次,《海洋法公约》的规定缺乏可操作性。例如,应当如何为全人类的利益保存或处置“区域”内发现的文物,各国应当如何为保护水下文物进行合作等。《海洋法公约》表示它的规定不影响可辨认的物主的权利、救助法或其他海事法规则,或关于文化交流的法律和惯例。[35] 关于水下文物的所有权问题,由各国国内法解决,其中一些国家法律规定一律归国家所有,而有的国家则承认私人的所有权。[36]《海洋法公约》的规定也不妨害其他有关的国际协定和国际法规则。而《海洋法公约》之后的发展主要体现在国际海底管理局制定的“区域”规章以及联合国教科文组织制定的《保护水下文化遗产公约》。

3.《保护水下文化遗产公约》

该公约是目前保护水下文化遗产方面最重要的国际公约,于2001年通过,2009年生效,截至2020年11月共有66个缔约方。《保护水下文化遗产公约》共35条,以及一个附件《有关开发水下文化遗产之活动的规章》。公约规定了水下文化遗产的定义和保护的一般原则,详细规定了各个海域内水下文化遗产的保护制度,具体规定了对违反公约的非法打捞水下文化遗产活动的打击和惩罚措施。

《保护水下文化遗产公约》规定的保护的一般原则包括:(1)缔约方应合作保护水下文化遗产;(2)缔约方应为人类之利益保护水下文化遗产;(3)缔约方应根据各自的能力,运用能用的最佳的可行手段保护水下文化遗产;(4)对水下文化遗产的就地保护应作为首选,对打捞出水的应确保长期保存;(5)不得对水下文化遗产进行商业开发;(6)缔约方应确保对海域中发现的人类遗骸给予适当尊重;(7)为提高公众对水下文化遗产的保护意识,负责任的非侵入访问以考察或记录水下文化遗产应受到鼓励,只要不妨碍对水下文化遗产的保护和管理。

《保护水下文化遗产公约》规定应结合《海洋法公约》对其加以解释和执行,而不得与之相悖。《保护水下文化遗产公约》细化了《海洋法公约》关于各国合作保护水下文物的规定,[37] 但两者之间也存在一些明显不同。第一,《海洋法公约》第303条规定它不影响救助法或其他海事法规则,但《保护水下文化遗产公约》则明确排除了救助法(law of salvage)和发现物法(law of finds)的适用。该公约第4条规定,救助法和发现物法不适用于水下文化遗产的相关活动,除非该活动同时满足以下三个条件:(1)得到主管当局的批准;(2)完全符合公约的规定;(3)确保任何打捞出水的文化遗产都能得到最大限度的保护。关于救助法是否应当适用于打捞水下文物一直存在不同观点和国家实践。“救助作业”系指在可航水域或其他任何水域中援救处于危险中的船舶或任何其他财产的行为或活动。[38] 然而认为沉没很久而且与海洋环境达成某种平衡的水下文化遗产仍旧“处于危险中”似乎是不恰当的。[39] 更为重要的是,由于救助法的宗旨是保证成功的救助者根据其所捞救物品的价值而获得合理报酬,因此将救助法适

[35] 《海洋法公约》第303条。
[36] 赵亚娟:《联合国教科文组织〈保护水下文化遗产公约〉研究》,厦门大学出版社2007年版,第140页。
[37] 赵亚娟:《联合国教科文组织〈保护水下文化遗产公约〉研究》,厦门大学出版社2007年版,第153~156页。
[38] 1989年《国际救助公约》第1条。
[39] 航海考古学会:《水下考古:原理与实践之NAS指南》(第2版),国家文物局水下文化遗产保护中心译,文物出版社2018年版,第76页。

用于打捞水下文物将不利于保护水下文物。同样，发现物法将占有财物的发现者视为所发现之物的新所有权者，由此也与保护水下文物的宗旨不相容。[40] 1989 年《国际救助公约》允许缔约方通过保留将“位于海床上的具有史前的、考古的或历史价值的海上文化财产”排除出该公约的适用范围。[41] 第二，《海洋法公约》仅就“区域”内发现的考古和历史文物规定应为全人类的利益予以保存或处置；而《保护水下文化遗产公约》要求应“为人类之利益”(for the benefit of humanity)保护所有海域中的水下文化遗产。

（二）保护水下文化遗产的管辖权

1. 内水、领海、群岛水域中的水下文化遗产

沿海国和群岛国在内水、领海和群岛水域中享有主权，因此拥有管理和批准开发这些水域中的水下文化遗产的活动的专属权利。《保护水下文化遗产公约》规定缔约方应要求这些水域中的开发水下文化遗产的活动遵守该公约附件《规章》中的规定。开发水下文化遗产的活动，是指以水下文化遗产为其主要对象，并可能直接或间接对其造成损伤或破坏的活动。[42]

2. 毗连区的水下文化遗产

沿海国在毗连区内享有对特定事项的管制权。《海洋法公约》第 303 条第 2 款规定，沿海国可推定：未经其许可将水下文物移出毗连区的海床将构成对其法律和规章的违反。由此沿海国对毗连区内的水下文化遗产享有管辖权。《保护水下文化遗产公约》要求沿海国在毗连区内还须遵守有关专属经济区和大陆架上的水下文物的保护规定。

3. 专属经济区内和大陆架上的水下文化遗产

《海洋法公约》没有就专属经济区和大陆架上的水下文物的保护作出规定。[43]《保护水下文化遗产公约》在这方面作了详细规定。

(1)报告和通知制度

缔约方应要求其国民或悬挂其国旗的船只报告他们在该国或他国专属经济区内或大陆架上发现的水下文化遗产或意图进行的开发活动。缔约方应在收到报告后通知联合国教科文组织总干事，而后者应及时向所有缔约方通报相关信息。如果其他缔约方与有关的水下文化遗产之间存在文化、历史或考古等方面的联系，则可以向水下文化遗产所在的专属经济区或大陆架的沿海国表示有兴趣就有效保护这些水下文化遗产参与协商。

(2)保护制度

《保护水下文化遗产公约》为专属经济区和大陆架上的水下文物设计了两套保护模式：沿海国保护和协调国协商保护，[44] 并规定除此以外不得授权开发这些水域中的水下文化遗产。

---

〔40〕 赵亚娟：《联合国教科文组织〈保护水下文化遗产公约〉研究》，厦门大学出版社 2007 年版，第 95 页。

〔41〕 1989 年《国际救助公约》第 30 条(1)(d)。

〔42〕 《保护水下文化遗产公约》第 1 条。

〔43〕 荷兰在有关《海洋法公约》的声明中认为，对于文物的管辖权限于第 149 和 303 条。另外，孟加拉国、佛得角和葡萄牙在声明中主张，在它们行使主权或管辖权的海域内发现的文物，未经其事先同意，不得移动。

〔44〕 赵亚娟：《联合国教科文组织〈保护水下文化遗产公约〉研究》，厦门大学出版社 2007 年版，第 107 页。

第一，缔约方有权依据包括《海洋法公约》在内的国际法，为保护其主权权利和管辖权不受干涉而禁止或授权开发己方专属经济区内或大陆架上的文化遗产。由此，沿海国为保护其专属经济区内或大陆架上主权权利和管辖权不受干涉，可以直接禁止或授权开发上述海域内的水下文化遗产，而无须与其他国家协商。虽然水下文化遗产不属于自然资源，但是对它的开发活动也不属于《海洋法公约》第58条规定的其他国家在专属经济区内的自由范畴。

第二，如果有关水下文物并不妨害沿海国行使其专属经济区内或大陆架上的主权权利和管辖权，而沿海国有意进行开发，则应采取协调保护模式。为此该国应与所有上述表示愿意参与协商的国家共同商讨如何最有效地保护这些水下文化遗产，并作为“协调国”（coordinating state）对这类商讨进行协调。如果该沿海国不愿做协调国，则由愿意参与协商的国家另行指定一个协调国。协调国应实施协商国议定的保护措施，并可对水下文化遗产进行必要的初步研究。此外，如为防止人类活动或其他原因（包括抢劫）对水下文化遗产造成的紧急危险而有必要，协调国可在协商之前就采取一切可行的措施。需要指出的是，协调国在行动时应代表所有缔约方的整体利益，而不应只代表己方的利益。而且上述行动本身不应构成声称《海洋法公约》没有规定的优先权或管辖权的依据。

4. “区域”内的水下文化遗产

（1）《保护水下文化遗产公约》

《保护水下文化遗产公约》为“区域”内的水下文化遗产规定了与专属经济区和大陆架类似的保护机制。

第一，报告和通知制度。缔约方应要求其国民或悬挂其国旗的船只报告他们在“区域”内发现的水下文化遗产或意图进行的开发活动。缔约方应在收到报告后通知教科文组织总干事和国际海底管理局秘书长，而教科文组织总干事应及时向所有缔约方通报相关信息。如果其他缔约方与有关的水下文化遗产之间确有联系，则可以向教科文组织总干事表示有兴趣就如何有效保护该水下文化遗产参与协商。

第二，协调国协商保护制度。教科文组织总干事应邀请愿意参加协商的国家及地区商讨如何最有效地保护有关的水下文化遗产，并指定其中一个为协调国，协调商讨工作。国际海底管理局也应被邀请参加此类协商。协调国应实施协商国议定的保护措施，并可对水下文化遗产进行必要的初步研究。协调国应以全人类的利益为重，代表所有缔约方，并应特别考虑有关水下文化遗产的文化、历史和考古上的起源国的优先权利。如为防止人类活动或其他原因（包括抢劫）对水下文化遗产造成的紧急危险而有必要，任何缔约方可在协商之前就采取一切可行的措施。

（2）国际海底管理局的探矿和勘探规章

国际海底管理局在其通过的“区域”探矿和勘探规章中也涉及考古或历史文物，但所规定的保护制度有所不同。在探矿阶段，探矿者如在“区域”内发现任何实际或可能的考古或历史文物，应立即将此事及发现的地点以书面方式通知管理局秘书长，而秘书长应将这些资料转交联合国教科文组织总干事。在勘探阶段，承包者如在勘探区内发现任何具有考古或历史意义的遗骸或任何类似性质的文物或遗址，应立即将此事及发现的地点以书面方式通知管理局秘书长，包括报告已采取的保护措施。秘书长应立即将这些资料转交联合国教科文组织总干事以及任何其他主管国际组织。为了避免扰动此类遗骸、文物或遗址，探矿者和承包者在发现遗骸、文物或遗址后不得在其周围的合理范围内继续进行探矿或勘探，直至管理局理事会在考虑教科文组织总干事或任何其他主管国际组织的意见后另有决定。通过这些规定可以看出，管理局并未采用《保护水下文化遗产公约》中的做法，而是赋予了自己更为积极的作用。

（三）作为水下文化遗产的国家船只和航空器

作为水下文化遗产的国家船只和航空器（state vessels and aircraft），是指军舰和其他由一国所有或经营且在沉没时专用于政府非商业性服务的，并经确定属实且符合水下文化遗产定义的船只或航空器。[45] 根据一般国际法，国家船只和航空器在他国领域内享有管辖豁免。然而，此类船只和航空器在沉没后是否仍享有管辖豁免呢？国际法学会认为除非船旗国清楚地表明它放弃了对该残骸的所有权，沉没的国家船舶仍属于船旗国的财产，并且豁免于船旗国以外任何其他国家的管辖。[46]

《保护水下文化遗产公约》就作为水下文化遗产的国家船只和航空器的保护问题作了专门规定，但是表示这些规定既不应被理解为对有关主权豁免的国际法规则和国家实践的修正，也不改变任何国家对其国家船只和航空器的权利。具体而言：第一，在国家主权水域内，公约为主权者规定了通知的要求。缔约方在其群岛水域和领海内行使主权时，为了在保护国家船只和航空器的最佳办法方面进行合作，应当向船旗国通知发现可识别的国家船只和航空器的情况。如果情况许可，也应当通知其他与该水下文化遗产确有联系的国家。第二，在专属经济区或大陆架上，公约规定未经船旗国的同意和协调国的协作，不得对国家船只和航空器采取任何行动。但是当沿海国为保护其主权权利和管辖权不受干涉而对本国专属经济区内或大陆架上的文化遗产采取行动，或协调国为排除水下文化遗产所面临的紧急危险而采取必要措施时，不受上述规定的限制。第三，在“区域”内，未经船旗国的许可，任何缔约方不得对国家船只或航空器采取行动。

---

〔45〕《保护水下文化遗产公约》第1条。

〔46〕Institut De Droit International, *The Legal Regime of Wrecks of Warships and Other State - owned Ships in International Law*, 2015.

第十三章　海洋争端解决

一、《海洋法公约》的争端解决机制

（一）概述

1. 和平解决国际争端原则

和平解决国际争端是一项国际法基本原则。1899 年和 1907 年，在荷兰海牙和平会议上缔结了两个《和平解决国际争端公约》，其第 1 条都规定："为了在各国关系中尽可能防止诉诸武力，各缔约国同意竭尽全力以保证和平解决国际争端。"目前共有 122 个缔约方参加了两个或一个海牙公约。《和平解决国际争端公约》在荷兰海牙建立了常设仲裁法院。它是一个国际组织，设有国际事务局和常设行政理事会两个机构，并保有一份仲裁员名单。每个缔约国可选定至多 4 名公认"精通国际法问题，享有最高道德声誉"的人士作为仲裁员列入名单。遇有争端发生时，当事国可在名单中选派仲裁员组成仲裁法庭具体审理案件。这种编制仲裁员名单的做法一直延续至今。1928 年《关于废弃战争作为国家政策工具的一般条约》（也称《巴黎非战公约》）规定：各国之间若发生争端，无论争端的性质或起因如何，只能用和平方法加以解决。1945 年《联合国宪章》规定：各会员国应以和平方法解决其国际争端，避免危及国际和平、安全及正义。争端当事各国应以谈判、调查、调停、和解、仲裁、司法解决、区域机关或区域办法，或者它们自行选择的其他和平方法，寻求争端解决。1970 年联大通过的《关于各国依联合国宪章建立友好关系及合作之国际法原则之宣言》（以下简称《国际法原则宣言》）对和平解决争端原则进行了权威解释。根据该文件，和平解决争端的义务包括以下具体要求：第一，争端各方应以和平方法寻求国际争端的解决；第二，争端各方如果未能以一种和平方法解决争端，有义务继续以其商定的其他和平方法寻求争端的解决；第三，争端当事国应避免从事使争端恶化的行动。然而，争端当事方有选择争端解决方法的自由。根据国家平等原则，适用于某一争端的具体解决方法应由争端当事各国协议确定。

解决国际争端的和平方法主要包括两大类：政治方法和法律方法。这两类方法的根本区别在于，解决结果是否对争端当事国有法律约束力。政治方法主要包括谈判、协商、斡旋、调停、调查、和解。政治方法并不产生对争端当事国有法律约束力的解决结果，当事方可以选择是否接受解决结果。法律方法包括仲裁和司法解决两种。与政治方法不同，仲裁裁决和司法判决对当事方有法律拘束力。然而根据国家主权原则，国际法庭对国家间争端并无强制管辖权。国际法庭对争端的管辖权来自争端各方的同意。国家同意原则是国际争端法律解决的一项根本原则。

和平解决国际争端原则适用于各国间海洋争端的解决。多数海洋争端是由当事方自己解决的,例如数量众多的海洋划界协定就充分说明了这一点。就第三方解决程序而言,“北大西洋沿岸渔业案”和“孤独号案”是著名的仲裁案例,而“红十字军号事件案”则是一起通过调查委员会的工作获得解决的争端。国际联盟时期的常设国际法院和现今的联合国国际法院在海洋法领域的工作也成就了许多经典案例,如“荷花号案”和“科孚海峡案”。1958 年,第一次联合国海洋法会议上制定了《关于强制解决争端的任择签字议定书》,规定议定书当事国可以将关于“日内瓦海洋法公约”的争端提交国际法院。该议定书 1962 年生效,截至 2021 年仅有 37 个缔约国,而且也从未有争端被诉诸议定书中的程序。

2.《海洋法公约》争端解决机制的特点

1982 年《海洋法公约》规定的争端解决机制无疑是海洋法领域内争端解决规定集大成者。这一解决机制有两个突出特点。

第一,复杂性。《海洋法公约》的争端解决机制主要规定在其第十五部分,包括三节。此外第十一部分第五节规定了有关“区域”争端的解决问题,而附件五、附件六、附件七和附件八分别规定了调解、国际海洋法法庭、仲裁和特别仲裁。众多条款造就了一个极其复杂的争端解决机制,其中一些问题时至今日仍旧存在不同看法。

第二,强制性。这体现在以下两点。其一,为了维护《海洋法公约》一揽子规定的完整性,《海洋法公约》将争端解决机制作为其整体的一个组成部分,而且不允许缔约国进行保留,由此一国在参加《海洋法公约》的同时即接受了《海洋法公约》的整套争端解决机制。其二,《海洋法公约》规定了导致有拘束力裁判的强制程序。在满足一定条件的前提下,大多数有关《海洋法公约》的解释或适用的争端经争端任何一方请求,就可提交《海洋法公约》规定的某种导致有拘束力裁判的强制程序。《海洋法公约》第 286 条规定:“在第三节限制下,有关本公约的解释或适用的任何争端,如已诉诸第一节而仍未得到解决,经争端任何一方请求,应提交根据本节具有管辖权的法院或法庭。”该条是《海洋法公约》争端解决机制运行的关键条款。并非任何有关《海洋法公约》的争端都可以单方面提交导致有拘束力裁判的强制程序。第十五部分第三节就适用导致有拘束力裁判的强制程序规定了一些例外和限制,从而将一些重要的海洋争端排除出去。然而,鉴于《海洋法公约》所涉事项的范围十分广泛,《海洋法公约》的争端解决机制对于各国间争端的解决必将产生十分重要的影响。

3.《海洋法公约》的争端解决程序与当事方选择的其他解决方法的关系

《海洋法公约》的争端解决机制并没有否定当事方选择争端解决方法的自由。缔约国可在任何时候协议用自行选择的和平方法解决它们之间有关《海洋法公约》的争端,而不诉诸《海洋法公约》的争端解决程序。只有在争端当事方未就其他方法达成协议或所协议的其他方法未能解决争端的情况下,《海洋法公约》的争端解决程序才是可适用的。

(1)交换意见的义务

《海洋法公约》第 283 条规定:“如果缔约国之间对本公约的解释或适用发生争端,争端各方应迅速就以谈判或其他和平方法解决争端一事交换意见。”该义务要求争端各方就争端的解决方法问题交换意见，而不是要求它们就争端的具体解决进行谈判。该义务的目的是促使各方就解决方法达成协议。一旦各方就此达成协议，则应按照协议的方法寻求争端的解决。如果在合理期间内未能就争端的解决方法达成协议，则可诉诸《海洋法公约》规定的程序。在《海洋法公约》争端解决机制的实践中，当事各方经常会就第 283 条的义务是否满足发生分歧。截至目前从未有《海洋法公约》项下的法庭裁定当事一方在诉诸《海洋法公约》规定的程序之前未满足交换意见的义务。此一事实只能说明目前国际法庭对第 283 条的适用方式是相当宽松的。而这种处理可能是不正确的，因为其实际效果导致该条的规定形同虚设。

(2)优先使用各方自行选择的方法解决争端的义务

第 281 条规定，如果争端各方已协议用自行选择的方法来谋求解决有关《海洋法公约》的争端，则只有同时满足以下条件才可适用《海洋法公约》规定的程序：①诉诸争端各方自行选择的方法未能解决争端；②争端各方间的协议并不排除任何其他进一步程序；③如果争端各方就解决时限达成协议，则该时限也已届满。条件①给予了当事方选择的其他解决方法比《海洋法公约》规定的方法更优先的地位。在《海洋法公约》争端解决机制的实践中，当事各方有时会就它们是否已就其他解决方法达成“协议”发生分歧。条件②肯定了当事各方处理争端的自主性，由此间接承认了以下情况的可能性：虽然当事各方自己选择的方法不能解决争端，但是它们也不打算继续利用包括《海洋法公约》所规定的程序在内的其他方法来解决争端。虽然各国有义务和平解决争端，但是它们没有迅速解决争端的义务。当事各方有权选择搁置争端。由此那种认为第 281 条中的协议不包括各方搁置争端的安排的观点是不正确的，因为这等于限制了当事各方处理争端的自主性。争端各方间“排除”其他进一步程序的协议既可以是明示的，也可以是默示的。“麦氏金枪鱼案”法庭指出：“众多在公约制定后制定的涉海国际协定以不同的清晰度排除了单方面将争端提交强制司法或仲裁程序。这些协定许多通过明确要求使用相互同意的程序来解决争端——谈判、协商或争端各方接受的其他方法，或是经争端各方的共同同意提交仲裁或国际法院，从而实现这种排除。”近来的一个例子是 2009 年的《港口国措施协定》。该协定第 22 条规定各方应首先通过磋商解决争端。如果未能通过磋商解决，“经涉及该争端的所有缔约方同意，应将有关争端提交国际法院、国际海洋法法庭或仲裁解决。假如未能就提交国际法院、国际海洋法法庭或仲裁解决事项达成一致，各方应继续进行磋商合作”，以便解决争端。这样的规定无疑排除了包括《海洋法公约》在内的其他解决程序。

第 282 条进一步规定，如果争端各方已通过一般性、区域性或双边协定或以其他方式协议了某种导致有拘束力裁判的程序，那么各方议定的程序将代替《海洋法公约》规定的程序，除非争端各方另有协议。第 282 条的适用需要满足两个条件：其一，各方间已经就某种导致有拘束力裁判的强制程序达成协议。显然，如果各方已经达成此类协议，则无必要将同一争端再提交《海洋法公约》的程序。“以其他方式协议”指的是各方根据《国际法院规约》第 36 条第 2 款接受法院任择性强制管辖的情况。其二，所议定的程序可以用来解决有关《海洋法公约》的争端。

(二)导致有拘束力裁判的强制程序

导致有拘束力裁判的强制程序,是指同时具备以下特征的程序:其一,这些程序能够产生有拘束力的裁判。换言之,它们是解决争端的法律程序。其二,这些程序可以由争端一方单方面提起,由此是“强制性的”。这一点并不与争端解决中的国家同意原则相冲突。因为一国参加《海洋法公约》的同意中就已经包含了对这些程序的接受。

1. 导致有拘束力裁判的强制程序的内容及缔约国的选择

为了满足不同国家对于第三方解决程序的不同偏好,《海洋法公约》第十五部分在确保缔约国接受第三方解决的前提下,规定了四种导致有拘束力裁判的强制程序以供缔约国选择。[1]其中两个是常设法庭,两个是临时仲裁法庭。(1)国际法院。它是联合国的主要司法机关,由15名法官组成。国际法院对国际争端具有一般性管辖权,其中包括海洋争端。国际法院曾审理了大量海洋争端并由此对海洋法的发展作出了重要贡献。然而截至目前尚未有争端根据《海洋法公约》的争端解决机制提交给国际法院。(2)国际海洋法法庭。它是《海洋法公约》设立的一个常设国际法庭,对此本章第二部分将专门介绍。(3)按照《海洋法公约》附件七组成的仲裁法庭。(4)按照附件八组成的特别仲裁法庭。它们是《海洋法公约》规定的两类临时法庭,对此本章第三部分将专门介绍。

《海洋法公约》第287条就程序的选择问题作出规定,包括以下主要内容。

第一,缔约国有选择解决程序的自由。可以在签署、批准或加入《海洋法公约》时,或在其后任何时间选择上述一个或一个以上方法以解决有关《海洋法公约》的争端。选择应用书面声明的方式作出,并交存于联合国秘书长。缔约国有权修改或撤销声明,但对于进行中的程序并无任何影响。对于缔约国选择自由的一个重要限制是,选择不影响缔约国就“区域”争端接受国际海洋法法庭海底争端分庭管辖的义务,因为《海洋法公约》第十一部分第五节就此类争端为海底争端分庭规定了强制管辖权。

截至2021年,有50多个国家发表了关于第287条的声明。这些声明的内容多种多样。有的选择了一种方法,而有的选择了全部四种方法(如葡萄牙和东帝汶)。所选择的方法有的是用来解决有关《海洋法公约》的各种争端,有的是针对特定种类的争端,而有的则是针对特定争端。[2] 多数《海洋法公约》缔约国尚未就争端的解决方法作出选择。

第二,不选择的后果。不主动进行选择并不能摆脱强制程序。《海洋法公约》将仲裁设置为默认选择程序,由此未作出声明的缔约国如果成为争端当事方,将被视为已接受附件七的仲裁。

第三,选择的后果。即使一个缔约国作出了选择,争端也未必会按照该缔约国选择的方法解决,因为还涉及争端他方的选择问题。如果争端各方已接受同一程序,则除各方另有协议

---

〔1〕 高健军:《〈联合国海洋法公约〉争端解决机制研究》(修订版),中国政法大学出版社2014年版,第6~7页。

〔2〕 参见联合国网站:https://treaties.un.org/Pages/ViewDetailsIII.aspx?src=TREATY&mtdsg_no=XXI-6&chapter=21&Temp=mtdsg3&clang=_en#EndDec。

外，争端仅可提交该程序。相反，如果争端各方未接受同一程序，除各方另有协议外，争端仅可提交《海洋法公约》附件七的仲裁法庭。由此，附件七仲裁被设置为解决有关《海洋法公约》争端的保底程序。按照《海洋法公约》的设计，除非争端各方事先或临时同意用其他方法解决争端，否则仲裁就是强制性的。实践中，一些按照该规定被提交给附件七仲裁的案件后经争端各方的协议转交给了国际海洋法法庭。促使当事方这样做的一个重要原因是高昂的仲裁费用。

2.《海洋法公约》项下法庭的管辖权

《海洋法公约》为其项下法庭规定了对两类争端的管辖权：(1)有关《海洋法公约》争端的管辖权；(2)有关其他国际协定争端的管辖权。第一类管辖权是主要的。关于第二类管辖权，即"对于按照与本公约的目的有关的国际协定向其提出的有关该协定的解释或适用的任何争端"的管辖权的建立，需要满足两个条件：其一，发生争端的国际协定与《海洋法公约》的目的有关；其二，发生争端的国际协定本身含有可以将争端提交《海洋法公约》项下法庭解决的规定。

关于《海洋法公约》项下法庭对有关《海洋法公约》争端的管辖权，第288条第1款规定："第二百八十七条所指的法院或法庭，对于按照本部分向其提出的有关本公约的解释或适用的任何争端，应具有管辖权。"该规定应与第286条一起解读。由此需要同时满足以下条件，《海洋法公约》项下法庭才能确立对有关《海洋法公约》争端的管辖权。

(1)争端向其提交的法庭是适用第287条规定的程序选择的结果。对此上节已做讨论。

(2)提交给法庭的争端有关《海洋法公约》的解释或适用。该条件包括三个要素：[3]第一，当事国之间存在一个争端。所谓"争端"，是指两个国家之间"有关法律或事实点的争执，法律观点或利益的冲突"，"它必须显示出一方断然地反对另一方的主张"。[4]法庭有时会裁判提交给它的问题并不构成当事方之间的一个争端。第二，该争端有关《海洋法公约》的解释或适用。《海洋法公约》争端解决机制的实践显示，当事方之间经常就该条件发生分歧，而受理案件的法庭关于该分歧的认定也经常被批评为不适当地扩大了法庭的管辖权。由于《海洋法公约》规定了一套颇具强制性的争端解决机制，据此大部分《海洋法公约》争端都可以被当事一方提交导致有拘束力裁判的强制程序。因此难免出现争端一方试图将不属于有关《海洋法公约》的争端，或有关其他涉海国际协定或习惯法的争端，甚至是海洋法以外的争端提交《海洋法公约》强制程序的情况。在判断一个争端是否属于有关《海洋法公约》的争端时，"原告主张而被告否认，以及该争端涉及公约的解释和适用本身"都不足够。适当的判断标准是，各方之间的"真实争端"是否与原告声称遭到违反的《海洋法公约》义务合理地相关，由此能够按照《海洋法公约》规定的法律标准作出评判。[5]在判断一个争端是否有关《海洋法公约》的解释或适用时，应首先识别出当事方之间的真实争端，即它们之间分歧的核心究竟是什么；然后再看《海洋法

---

〔3〕高健军：《〈联合国海洋法公约〉争端解决机制研究》(修订版)，中国政法大学出版社2014年版，第16～20页。

〔4〕Mavrommatis Palestine Concessions, Judgment of 30 August 1924 (Objection to the Jurisdiction of the Court), PCIJ Series A, No. 2, p.11; South West Africa Cases (Ethiopia v. South Africa; Liberia v. South Africa), Preliminary Objections, Judgment, ICJ Reports 1962, p.319, at 328.

〔5〕Southern Bluefin Tuna Case (Australia and New Zealand v. Japan), Arbitral Tribunal Constituted under Annex Ⅶ of the United Nations Convention on the Law of the Sea, Award on Jurisdiction and Admissibility, 4 August 2000, para.48.

公约》是否对该问题作出了规定。第三,该争端在请求书提交之日即存在。

(3)争端的提出满足了《海洋法公约》第十五部分规定的其他要求。该条件主要包含两个要素:一是争端已诉诸当事方协议选择的其他程序而仍未得到解决,而且当事方已经满足了交换意见的义务;二是争端不属于导致有拘束力裁判的强制程序的适用限制或例外范畴。

3. 导致有拘束力裁判的强制程序的适用限制和例外

《海洋法公约》的强制争端解决机制在适用范围上具有不完整性,一些有关《海洋法公约》的争端被排除了。它们包括两类:自动限制和任择性例外。

(1)自动限制

《海洋法公约》第297条为导致有拘束力裁判的强制程序的适用规定了两类自动限制。所谓自动限制,是指《海洋法公约》本身已经将这两类争端排除出去,由此不需要缔约国再专门采取行动加以排除。此类争端只有经争端各方协议,才可提交《海洋法公约》导致有拘束力裁判的强制程序。

这两类争端都与沿海国在专属经济区内行使主权权利有关。第一类争端有关专属经济区和大陆架上的海洋科学研究,包括:①沿海国按照第246条行使斟酌决定权,拒不同意另一国家在该沿海国专属经济区内或大陆架上进行海洋科学研究所引发的争端;②沿海国按照第253条决定命令暂停或停止一项研究计划所引发的争端。第二类争端有关专属经济区的渔业争端,即任何有关沿海国对专属经济区内生物资源的主权权利或此项权利的行使的争端,包括关于沿海国决定可捕量、其捕捞能力、分配剩余量给其他国家、其关于养护和管理这种资源的法律和规章中所制定的条款和条件的裁量权的争端。对于以上两类争端,其中一些可以适用强制调解程序。

(2)任择性例外

《海洋法公约》第298条为导致有拘束力裁判的强制程序的适用规定了五类任择性例外。与自动限制不同,这些任择性例外需要缔约国采取专门行动才能被排除出导致有拘束力裁判的强制程序。一国在签署、批准或加入《海洋法公约》时,或在其后任何时间,可以书面声明对于第298条所规定的各类争端的一类或一类以上,不接受一种或一种以上的导致有拘束力裁判的强制程序。排除声明应交存于联合国秘书长。作出排除声明的缔约国可随时撤回声明。出于公平的考虑,作出声明的缔约国无权对另一缔约国,将属于被除外的一类争端的任何争端,未经该另一缔约国同意,提交《海洋法公约》导致有拘束力裁判的强制程序。如果各方同意,被排除的争端当然可以提交《海洋法公约》的程序。

第298条允许缔约国任择性排除的争端包括:①关于国家间海洋划界的争端;②涉及历史性海湾或所有权的争端;③关于军事活动,包括从事非商业服务的政府船只和飞机的军事活动的争端;④根据第297条被排除出法庭管辖的关于行使主权权利或管辖权的执法活动的争端;⑤正由联合国安理会执行《联合国宪章》所赋予的职务的争端。关于这些可以被排除的争端的具体范围,也并非没有争议。缔约国可以选择排除某一类或几类争端,也可以选择排除以上全部争端。但根据第298条所排除的争端范围不能超出该条允许的范围,由此缔约国只可以在

第 298 条允许排除的争端种类中选择排除。此外,缔约国可以选择将上述争端排除出一种《海洋法公约》导致有拘束力裁判的强制程序,也可以选择排除所有导致有拘束力裁判的强制程序。截至 2019 年 8 月,共有 40 多个国家发表了排除声明。[6]

(三)临时措施和迅速释放程序

1. 临时措施程序

临时措施是国际司法和仲裁解决中的一种附带程序,其目的不在于解决争端,而是为了确保最终的裁判可以有效地解决争端。[7]《海洋法公约》第 290 条规定:如果争端已经正式提交法院或法庭,而该法院或法庭依据初步证明认为其具有管辖权,该法院或法庭可在最后裁判前规定其根据情况认为适当的任何临时措施,以保全争端各方的各自权利或防止对海洋环境的严重损害。

(1)规定临时措施的条件

根据第 290 条的规定以及国际司法实践,只有同时满足以下条件,受案法庭才可规定临时措施。第一,法庭对该争端具有管辖权或初步管辖权(*prima facie* jurisdiction)。法庭规定临时措施的权力来自其对争端的管辖权。然而,如果法庭在处理临时措施请求时尚未确立它对案件实体问题的管辖权,那么法庭需要确定它对案件具有“初步管辖权”,即法庭依据初步证明可以认为它具有管辖权。由于确立初步管辖权的门槛较低,因此不排除法庭后来经过全面审查后认定它对案件没有管辖权的情况。第二,情况紧急有必要规定临时措施。临时措施是法庭为保全争端各方的各自权利或防止对海洋环境的严重损害而不得不在就案件作出最终裁判前规定的临时性保全措施。这一条件的满足基于以下两方面的考虑。其一,需要临时措施保护的那些当事方的权利看似存在。由于尚未对案件的是非曲直加以审理,因此法庭在处理临时措施请求时通常无法确定当事方声称需要临时措施保护的那些权利是否真的存在。此时法庭只需确定当事方关于其权利存在的说辞能够自圆其说就够了。其二,当事方的权利或海洋环境正在遭受严重损害或面临遭受严重损害的真实和迫在眉睫的危险,而且此种损害将是在最终裁判中难以弥补的。

(2)临时措施的内容和效力

一旦认定满足了规定临时措施的条件,法庭可以规定其根据案件情况认为适当的任何临时措施,而不受当事方所请求的临时措施的限制。但临时措施仅在争端一方提出请求并使争端各方有陈述意见的机会后才可予以规定。临时措施命令对争端各方有法律拘束力,各方应迅速遵从法庭规定的任何临时措施。

---

〔6〕 参见联合国网站:https://www.un.org/Depts/los/settlement_of_disputes/choice_procedure.htm。

〔7〕 Rüdiger Wolfrum, *Provisional Measures of the International Tribunal for the Law of the Sea*, in p. Chandrasekhara Rao & Rahmatullah Khan eds., The International Tribunal for the Law of the Sea: Law and Practice, Kluwer Law International, 2001, p. 177.

(3)为仲裁法庭规定临时措施的问题

临时措施通常是受案法庭在处理争端过程中发布的,即规定临时措施和审理案件实体问题的是同一个法庭。然而,《海洋法公约》增加了由其他法庭为仲裁法庭规定临时措施的安排。这是因为《海洋法公约》项下的仲裁法庭是临时性的,由此从当事方将案件提交仲裁到仲裁法庭的组成需要花费相当长的时间。而附件七仲裁又被赋予了《海洋法公约》导致有拘束力裁判的强制程序中的保底程序的重任。

第290条第5款规定,在争端正向其提交的仲裁法庭组成以前,经争端各方协议的法庭,如在请求规定临时措施之日起两周内不能达成这种协议,则为国际海洋法法庭,如果认为将予组成的仲裁法庭具有初步管辖权,而且情况紧急有此必要,可以代替仲裁法庭规定临时措施。受理争端的仲裁法庭组成后,可以对这种临时措施予以修改,撤销或确认。

2. 船只和船员的迅速释放程序

(1)含义和目的

迅速释放程序是《海洋法公约》创设的一种新程序。其第292条规定,如果缔约国当局扣留了一艘悬挂另一缔约国旗帜的船只,而且扣留国在合理的保证书或其他财政担保经提供后没有遵从《海洋法公约》的规定将该船只或其船员迅速释放,那么释放问题可以向有关法庭提出。受理释放申请的法庭应不迟延地处理该申请。如果指控成立,则法庭应裁定合理的保证书或其他财政担保,并命令释放船只或其船员。在法庭裁定的保证书经提供后,扣留国当局应迅速遵从法庭的释放裁定。与临时措施程序不同,迅速释放程序是一项独立程序,而且法庭所作的释放判决是终局性的。但法庭在迅速释放程序中应仅处理释放问题,而不处理扣船所引发的争端的实体问题。

迅速释放程序的目的在于释放由于扣留国当局强加不合理的担保或其国内法中没有关于提供合理担保后释放被扣外国船只的规定而被长期扣押的船只及其船员,这种扣押会给船东或其他受影响的人员造成原本可以避免的损失。[8] 同时,该程序也保证了沿海国的利益,因为它规定只有在法庭所裁定的保证书或其他财政担保经提供后,扣留国当局才有义务释放被扣船只;而且法庭对释放问题的处理不应影响扣留国法庭对外国船只违法案件的审理。

(2)迅速释放程序的适用条件

沿海国在海上执法过程中经常会扣留外国违法船只,但并非所有的被扣船只和船员都可以利用迅速释放程序来寻求获释。只有满足以下条件,《海洋法公约》的迅速释放程序才是可适用的。第一,作为被扣船只船旗国的原告和作为扣留国的被告都是《海洋法公约》的缔约国。第二,释放申请是由船旗国或以该国名义提出的。由此,被扣船只应具有原告的国籍。由于国籍的缺陷,"大王子号案"(伯利兹诉法国)中的释放申请被驳回了。第三,释放申请是向争端各方协议的法庭提出的,或者在没有这种协议的情况下,申请是向扣留国根据第287条所选择的法庭或是向国际海洋法法庭提出的。但在后一种情况下,需要满足从扣留时起已届满10日的

[8] "Camouco" (Panama v. France), ITLOS, Prompt Release, Judgment of 7 February 2000, para. 57.

要求。截至目前,所有释放申请都提交给了国际海洋法法庭。第四,扣留国被指控违反的《海洋法公约》实体条款中明确规定了扣留国在合理的保证书或其他财政担保经提供后应迅速释放被扣船只。有三个《海洋法公约》条款规定了迅速释放的义务,包括:第 73 条(渔业)、第 220 条(海洋污染),以及第 226 条(调查外国船只)。第五,有关船只仍处于被扣留状态。由于迅速释放的判决不应影响扣留国国内法院关于被扣船只非法案件的审理,因此一旦被扣船只被沿海国法院判决没收,则将导致迅速释放该船的程序丧失标的,如"富丸案"(日本诉俄罗斯)中的情况。该案中,由于"富丸"在国际海洋法法庭作出判决前已被俄罗斯国内法院判决没收,因此法庭没有支持原告的释放申请。法庭强调,只有船旗国在合理时间内及时采取行动,迅速释放的目的才能够得以实现。

二、国际海洋法法庭

(一)法庭的组织

国际海洋法法庭(International Tribunal for the Law of the Sea)是《海洋法公约》创设的一个常设性国际司法机构,位于德国汉堡自由汉萨城。《国际海洋法法庭规约》(以下简称《法庭规约》)规定在《海洋法公约》附件六中。

1. 法官

法庭由独立法官 21 人组成,不得有 2 人为同一国家的国民。法官应享有公平和正直的最高声誉,并且在海洋法领域内具有公认资格。法庭作为一个整体应确保其能代表世界各主要法系。法庭的组成还应考虑公平地域分配,联大所确定的每一地理区域集团应至少有 3 名法官。目前法庭的组成如下:非洲国家集团 5 席;亚洲国家集团 5 席;东欧国家集团 3 席;拉丁美洲和加勒比国家集团 4 席;西欧和其他国家集团 3 席;法庭尚余的 1 名成员从非洲国家集团、亚洲国家集团、西欧和其他国家集团中选出。[9] 每一缔约国可提名不超过 2 名候选人。法庭法官的选举由《海洋法公约》缔约国会议以无记名投票进行,得票最多并获得出席并参加表决的缔约国 2/3 多数票的候选人当选为法庭法官,但这项多数票应包括缔约国的过半数。

法官任期 9 年,可连选连任。法官当选接替任期未满的法官者,应任职至其前任法官任期届满时为止。法官可以主动辞职。而如果法庭的其他法官一致认为某一法官已不再适合必需的条件,法庭庭长应宣布该席位出缺。法官不得执行任何政治或行政职务,或对任何与勘探和开发海洋或海底资源或与海洋或海底的其他商业用途有关的任何企业的任何业务有积极联系或有财务利益。法官不得充任任何案件的代理人、律师或辩护人。审理案件时,选任法官 11 人构成法庭的法定人数。属于争端一方国籍的法官应保有其作为法官参与的权利。然而,任何过去曾作为某一案件当事一方的代理人、律师或辩护人,或曾作为国内或国际法院或法庭的法官,或以任何其他资格参加该案件的法庭法官,不得参与该案件的裁判。除了选任法官,案件当事方有权在以下情况选派"专案法官"(*judge ad hoc*)参与审理:(1)如果法庭上有属于当

---

[9] 《国际海洋法法庭和大陆架界限委员会席位分配安排》,2009 年 6 月 26 日,SPLOS/201,第 1 款。

事一方国籍的法官,则当事他方可选派一名专案法官;(2)如果法庭上没有属于当事各方国籍的法官,则每一当事方均可选派一名专案法官。专案法官应在与选任法官完全平等的条件下参与裁判。

法庭应选举庭长和副庭长,并应任命书记官长。法庭的开支由《海洋法公约》缔约国和国际海底管理局负担。

2. 分庭

(1)海底争端分庭(Seabed Disputes Chamber)。该分庭由国际海洋法法庭法官以过半数从法庭选任法官中选派法官 11 人组成,7 人为组成分庭所需的法定人数。分庭法官任期 3 年,连选可连任一次。海底争端分庭对有关"区域"内活动的争端有管辖权,而且此种管辖权原则上是强制性的。海底争端分庭的裁判应以需要在其境内执行的缔约国最高级法院判决或命令的同样方式,在该缔约国领土内执行。除了诉讼管辖权,海底争端分庭还有咨询管辖权。经国际海底管理局大会或理事会请求,海底争端分庭应对它们活动范围内发生的法律问题提供咨询意见。2011 年,海底争端分庭应管理局理事会请求就"为个人和实体在'区域'活动进行担保的国家的责任和义务"问题发表了咨询意见,其中对一些重要的"区域"法律问题作了澄清。

(2)特种争端分庭。《法庭规约》第 15 条第 1 款规定,法庭可设立其认为必要的分庭,由其选任法官 3 人或 3 人以上组成,以处理特定种类的争端。法庭目前设有渔业争端分庭(Chamber for Fisheries Disputes)、海洋环境争端分庭(Chamber for Marine Environment Disputes)和海洋划界争端分庭(Chamber for Maritime Delimitation Disputes),分别由 9 名法官组成。尚无争端提交给上述特种争端分庭。

(3)专案分庭。《法庭规约》第 15 条第 2 款规定,法庭如经当事各方请求,应设立分庭以处理某一特定争端。专案分庭的组成应由法庭在征得当事各方同意后决定。专案分庭制度被认为是常设司法机构和临时仲裁法庭相竞争的产物。[10] 目前法庭曾在三个案件中组建了专案分庭:"关于在东南太平洋养护和可持续捕捞箭鱼种群案"(智利/欧共体)、"加纳和科特迪瓦在大西洋的海洋划界案"以及"毛里求斯和马尔代夫在印度洋的海洋划界案"。

(4)简易程序分庭。《法庭规约》第 15 条第 3 款规定,为了迅速处理事务,法庭每年应设立由 5 名法官组成的分庭,适用简易程序审理和裁判争端。如经当事各方请求,争端应由简易程序分庭审理和裁判。目前尚无此类实践。另外,如果法庭不开庭或没有足够数目的法官构成法定人数,应由简易程序分庭规定临时措施,但后续应由法庭加以审查。

《法庭规约》第 15 条第 5 款规定,法庭分庭作出的判决应视为法庭作出的判决。

---

〔10〕 Rüdiger Wolfrum, *Ad Hoc Chambers*, in Jon M. Van Dyke et al. eds., Governing Ocean Resources: New Challenges and Emerging Regimes: A Tribute to Judge Choon - Ho Park, Martinus Nijhoff Publishers, 2013, p. 275.

(二)法庭的管辖权

1. 诉讼管辖权

(1)属人管辖

与国际法院不同,国际海洋法法庭的诉讼当事方并不限于国家。首先,法庭对《海洋法公约》各缔约国开放。“缔约国”这一用语并不限于国家。欧共体就曾在“关于在东南太平洋养护和可持续捕捞箭鱼种群案”中作为当事一方。其次,对于《海洋法公约》第十一部分明文规定的案件或按照案件当事所有各方接受的将管辖权授予法庭的任何其他协定提交的案件,法庭也对“缔约国以外的实体”(Entities other than State Parties)开放。就“区域”争端而言,这一术语包括国际海底管理局以及缔约国担保的自然人和法人。《海洋法公约》第 190 条专门就自然人/法人与缔约国间的诉讼作了特殊安排。据此,如果一个缔约国担保的自然人或法人对另一缔约国提出诉讼,被告国可请担保该人的国家代表该人出庭;如果担保国不出庭,则被告国可安排属其国籍的法人代表该国出庭。

(2)属事管辖

《法庭规约》第 21 条规定:“法庭的管辖权包括按照本公约向其提交的一切争端和申请,和将管辖权授予法庭的任何其他国际协定中具体规定的一切申请。”具体而言,法庭的诉讼管辖权大致包括以下方面:①有关《海洋法公约》的解释或适用的争端;②有关与《海洋法公约》的目的有关的国际协定的解释或适用的争端;③根据《海洋法公约》第 290 条向其提出的规定临时措施的请求;④根据《海洋法公约》第 292 条向其提出的迅速释放被扣船只和船员的申请;⑤将管辖权授予法庭的其他国际协定中具体规定的一切申请。最后一项使得国际海洋法法庭对所有有关海洋法的争端享有了一般性管辖权,其中包括有关习惯法的争端。[11]

2. 法庭全庭的咨询管辖问题

与海底争端分庭不同,《海洋法公约》和《法庭规约》均未明确规定法庭的咨询职能。关于该问题存在不同看法。法庭认为自身有咨询管辖权。《国际海洋法法庭规则》第 138 条规定,如果与《海洋法公约》目的有关的国际协定专门规定了向法庭提交发表咨询意见的请求,那么法庭可以就某一法律问题发表咨询意见。2015 年法庭应“分区域渔业委员会”的请求首次发表了咨询意见。但法庭在该案中关于其咨询管辖权依据的说明颇令人费解。法庭指出,其规约第 21 条和将管辖权授予法庭的其他协定相互联系,构成法庭咨询管辖权的实质法律基础。当其他协定授予法庭咨询管辖权时,法庭就有能力就该协定中具体规定的事项行使这样的管辖权。[12] 然而,国际海洋法法庭是否具有咨询管辖权应取决于《海洋法公约》和《法庭规约》。该问题既不取决于法庭自己制定的《法庭规则》,也不取决于其他协定。如果《海洋法公约》和《法庭规约》赋予了法庭咨询职能,那么一旦有符合《法庭规则》条件的请求,法庭就可以行使其

---

〔11〕 高健军:《〈联合国海洋法公约〉争端解决机制研究》(修订版),中国政法大学出版社 2014 年版,第 88 页。

〔12〕 Request for An Advisory Opinion Submitted by the Sub – Regional Fisheries Commission (SRFC), ITLOS, Advisory Opinion of 2 April 2015, para. 58.

咨询管辖权。然而，如果《海洋法公约》和《法庭规约》没有赋予法庭咨询职能，那么即使其他协定中含有向法庭提出咨询请求的内容，法庭也无权发表咨询意见。鉴于《海洋法公约》和《法庭规约》在明确规定海底争端分庭咨询职能的同时，对于法庭的咨询职能完全没有提及，目前认为法庭具有咨询管辖权是有很大疑问的。

（三）法庭的审理和裁判

1. 程序

争端当事方可以根据情况以向法庭书记官长提交特别协定或请求书的方式将争端提交法庭。案件的审理包括书面程序和口述程序两个阶段。一切问题应由出庭的法官的过半数决定。如果票数相等，庭长应投决定票。法庭应适用《海洋法公约》和其他与《海洋法公约》不相抵触的国际法规则裁判争端。如经当事各方同意，法庭有权按照公允和善良原则对案件作出裁判。法庭的裁判有确定性，争端所有各方均应遵行。裁判除在当事各方之间及对该特定争端外，应无拘束力。如对裁判的意义或范围发生争端，经当事任何一方的请求，法庭应予解释。除了上述一般程序外，还有临时措施、初步程序、初步反对主张、反诉、第三方参加、诉讼停止等附带程序。

2. 法庭的实践

截至2021年，国际海洋法法庭共受理了29个案件。其中，9个是根据《海洋法公约》第292条提出的迅速释放申请；9个是根据《海洋法公约》第290条第5款提出的为正在组建的附件七仲裁法庭规定临时措施的请求；9个是关于争端实体问题的；2个是请求法庭或其海底争端分庭发表咨询意见。值得注意的是，法庭早期受理的案件大多集中在《海洋法公约》使其处于天然优势地位的规定临时措施和迅速释放被扣船只的申请方面，而近来就争端的实体问题提交法庭的案件数量明显增加。[13] 提交给法庭审理的实体案件主要涉及国家间海洋划界和海上执法争端。

三、仲裁和调解

（一）仲裁

1. 概述

仲裁又称“公断”，是由当事各方自己选择的法官在尊重法律的基础上解决各国间争端的方法。[14] 仲裁是解决海洋争端的一种重要方法。在《海洋法公约》规定的四种导致有拘束力裁判的强制程序中，就包含了两种仲裁程序。此外，《海洋法公约》亦不排斥当事方自行选择的其他仲裁程序。近年来《海洋法公约》以外的一些海洋法领域内的仲裁案件包括：“《帝汶海条约》仲裁案”（东帝汶诉澳大利亚）、“克罗地亚/斯洛文尼亚仲裁案”、“《大西洋环境公约》仲裁

---

〔13〕 高健军：《〈联合国海洋法公约〉争端解决机制研究》（修订版），中国政法大学出版社2014年版，第72页。
〔14〕 1907年《和平解决国际争端公约》第37条。

案”(爱尔兰诉英国)、“厄立特里亚/也门仲裁案”等。

就仲裁的进行而言,由于仲裁法庭是临时性的,因此需要有场地以及有人员为仲裁法庭提供书记处服务。如今越来越多的仲裁案件交给常设仲裁法院管理,而无论它们是《海洋法公约》项下的仲裁,还是《海洋法公约》以外的仲裁。但需要明确的是,这些仲裁案件多数并非由常设仲裁法院裁判的,后者只是在案件中提供书记处服务。

2.《海洋法公约》附件七的仲裁

附件七仲裁是《海洋法公约》规定的导致有拘束力裁判的强制程序中的保底程序。之所以选择仲裁作为确保《海洋法公约》争端解决机制强制性的保底程序,主要是因为仲裁不仅导致有法律拘束力的裁决,而且能保证当事各方最大限度地参与。仲裁比司法更为灵活,在仲裁法庭的组成、仲裁法庭的程序,以及仲裁裁决的确定性方面给予当事各方相当大的选择余地,而且仲裁审理还可以秘密进行,从而能够避免当事方在公众面前丢脸。另外,在第三次海洋法会议期间,国际法院还不为发展中国家所信任,而国际海洋法法庭是新成立的,由此当时仲裁也是最适宜作为保底程序的。[15]

为了确保《海洋法公约》的争端解决机制得以运行,附件七规定了一个有效的仲裁法庭的组建方法。仲裁法庭通常由 5 名成员组成:当事双方各指派 1 名仲裁员,另 3 名仲裁员由当事双方协议指派。如果被告方未在规定的期限内未作出指派或者双方未能在期限内就应以协议指派的 1 名或 1 名以上仲裁员的指派达成协议,则争端一方可请求第三方作出指派。除非争端各方就该第三方的人选达成协议,则应由国际海洋法法庭庭长作出必要的指派。为了便于仲裁员的指派,联合国秘书长编制有一份仲裁员名单,而每一缔约国有权提名 4 名仲裁员列入其中。实践中经常发生争端各方不能就非当事方仲裁员的指派达成协议的情况,有时还出现被告方不指派仲裁员的情况。越来越少的仲裁法庭是当事方自己组建的。这导致近来国际海洋法法庭庭长越来越频繁地参与到附件七仲裁法庭的组建中。[16]

附件七仲裁程序可由争端一方向他方发出书面通知提起。仲裁通知应附有一份关于原告权利主张及该权利主张所依据的理由的说明。仲裁法庭组成后应确定自己的程序,以保证争端每一方有陈述意见和提出其主张的充分机会。虽然各个附件七仲裁法庭制定的程序规则各不相同,但这些程序规则之间无论在结构还是在具体内容方面都存在着某种程度的相似甚至一致性。[17] 仲裁案件的审理包括书面程序和口述程序两个阶段。争端一方不出庭或对案件不进行辩护,不妨碍程序的进行。他方可请求仲裁法庭继续进行程序并作出裁决。然而仲裁法庭在作出裁决前,必须不但查明对争端确有管辖权,而且查明所提要求在事实上和法律上均确有根据。仲裁法庭的裁决应以仲裁员的过半数票作出。如果票数相等,庭长应投决定票。仲裁法庭的裁决书应以争端的主题事项为限,并应叙明其所根据的理由。除争端各方事前议定某种上诉程序外,裁决应有确定性,不得上诉,争端各方均应遵守裁决。然而,虽然仲裁裁决原

---

〔15〕 高健军:《〈联合国海洋法公约〉争端解决机制研究》(修订版),中国政法大学出版社 2014 年版,第 158 ~ 159 页。

〔16〕 高健军:《〈联合国海洋法公约〉项下仲裁程序规则研究》,知识产权出版社 2020 年版,第 33 ~ 38 页。

〔17〕 高健军:《〈联合国海洋法公约〉项下仲裁程序规则研究》,知识产权出版社 2020 年版,第 237 页。

则上有拘束力,但是国际法上承认存在一些导致裁决无效的理由。[18] 根据1958年国际法委员会提出的《仲裁程序示范规则》,导致裁决无效的情况至少包括:(1)法庭超越其权力;(2)法庭成员有受贿的情况;(3)对裁决未叙明理由或严重偏离基本的程序规则;(4)仲裁承诺或仲裁协定无效。

第一个提交附件七仲裁的是"麦氏金枪鱼案"(新西兰和澳大利亚诉日本),截至2021年已经有15个这样的案件。在早期的多个案件中,由于各种原因,法庭最终没有就实体问题作出裁决,包括:"麦氏金枪鱼案"、"新加坡在柔佛海峡内及其周围围海造地案"(马来西亚诉新加坡)、"莫克斯工厂案"(爱尔兰诉英国)、"自由号仲裁案"(阿根廷诉加纳)、"大西洋鲱鱼仲裁案"[丹麦(法罗群岛)诉欧盟]。仲裁法庭最初作出裁判的都是海洋划界案件,如2006年"巴巴多斯诉特立尼达和多巴哥案"、2007年"圭亚那诉苏里南案"和2014年"孟加拉湾海洋边界仲裁案"(孟加拉国诉印度)。目前附件七仲裁法庭正在审理中的是乌克兰诉俄罗斯的"黑海、亚速海和刻赤海峡的沿海国权利争端案"和"扣留乌克兰海军船只及军人争端案"。

3.《海洋法公约》附件八的特别仲裁

《海洋法公约》附件八中的仲裁之所以被称为"特别仲裁",是因为附件八的仲裁法庭只受理四类"特别"的有关《海洋法公约》的争端:(1)渔业争端;(2)保护和保全海洋环境争端;(3)海洋科学研究争端;(4)航行,包括来自船只和倾倒造成的污染争端。对于这些争端,有关国家并无义务必须接受特别仲裁,而完全可以诉诸其他程序。由此特别仲裁程序的适用必须建立在两个基础之上:一是当事各方都按照《海洋法公约》第287条选择了这一程序;二是所提交的争端属于上述四类争端的范围。[19] 目前尚无特别仲裁法庭的实践。

特别仲裁法庭通常由5名成员组成:当事双方各指派两名仲裁员,并协议指派第五名仲裁员,并由其担任法庭庭长。如果被告方未在规定的期限内作出指派或者双方未能在期限内就法庭庭长的指派达成协议,则争端一方可请求第三方作出指派。除非争端各方就该第三方的人选达成协议,则应由联合国秘书长作出必要的指派。为了便于仲裁员的指派,分别由联合国粮食及农业组织(渔业方面)、联合国环境规划署(保护和保全海洋环境方面)、政府间海洋学委员会(海洋科学研究方面)、国际海事组织(航行方面),或其授权的适当附属机构编制专家名单。每个缔约国有权在每一方面提名2名专家。

附件七仲裁的程序比照适用于特别仲裁程序。此外特别仲裁法庭还有事实认定的特殊职责。如果争端各方达成协议,可请求特别仲裁法庭进行调查,以确定引起争端的事实。除非争端各方另有协议,特别仲裁法庭对事实的认定在争端各方之间应有确定性。而且如经争端所有各方请求,特别仲裁法庭还可进一步拟具建议,以作为有关各方对引起争端的问题进行审查的基础。这种建议并无裁决的效力。

---

〔18〕 Shabtai Rosenne, Louis B. Sohn eds., *United Nations Convention on the Law of the Sea* 1982: *A Commentary*, Volume V, Martinus Nijhoff Publishers, 1989, p. 435.

〔19〕 高健军:《〈联合国海洋法公约〉争端解决机制研究》(修订版),中国政法大学出版社2014年版,第142页。

（二）调解

1. 调解的含义

调解，又称和解，是一种解决国际争端的政治方法。1949 年《和平解决国际争端修订总议定书》第 15 条规定："调解委员会的任务是阐明争议问题，为此目的通过调查和其他方法收集一切必要信息，并努力使各方达成协议。委员会可以在审查案件后，将它认为适合的解决条件通知争端各方，并规定它们作出决定的期限。"调解委员会兼具调查和调停的职能，特别适合争端各方间还能继续进行谈判的情况。[20] 是否将争端提交调解应取决于争端各方的选择。然而倘若争端各方之前曾就将今后可能的争端诉诸调解承担了条约义务，则在争端发生后接受调解就应是强制的。此为强制调解。但调解并非一种导致有拘束力裁判的程序。无论是自愿调解还是强制调解，调解委员会的报告，包括其结论和建议对争端各方都没有法律拘束力。[21] 通过调解解决当事方海洋争端的一个典型案例是 1981 年冰岛和挪威（扬马延）之间的大陆架划界案。[22]

《海洋法公约》规定了两种调解。其中第十五部分第一节规定了自愿调解。如果争端双方就将有关《海洋法公约》的争端提交调解达成共识而且就适用的调解程序达成协议，争端一方可将争端提交调解程序。[23] 第十五部分第三节规定了强制调解。对于属于《海洋法公约》规定的可诉诸强制调解的争端，任何一方可向争端他方发出书面通知提起程序，而争端他方有义务接受调解程序。即使争端他方不接受调解，也不能阻碍程序的进行。[24]

2.《海洋法公约》中的强制调解

有三类争端可以诉诸《海洋法公约》的强制调解程序，涉及专属经济区和大陆架上的海洋科学研究争端、专属经济区内的渔业争端，以及海洋划界争端。然而，并非所有此类争端都可以提交强制调解。就专属经济区和大陆架上的海洋科学研究争端而言，可提交强制调解是那些被第 297 条第 2 款排除出适用导致有拘束力裁判的强制程序的争端。然而，并非所有被第 297 条第 3 款排除出适用导致有拘束力裁判的强制程序的专属经济区内的渔业争端都可以被提交强制调解。可提交强制调解的渔业争端只限于《海洋法公约》明确规定的三种类型：（1）沿海国明显地没有履行义务，通过适当的养护和管理措施，以确保专属经济区内生物资源的维持不致受到严重危害；（2）沿海国经另一国请求，对该另一国有意捕捞的种群，专断地拒绝决定可捕量及沿海国捕捞生物资源的能力；（3）沿海国专断地拒绝将其已宣布存在的剩余量的全部或一部分分配给任何国家。《海洋法公约》第 298 条为将海洋划界争端提交强制调解规定了如下条件：争端发生于《海洋法公约》生效之后；经争端各方谈判仍未能在合理期间内达成协议；以

---

〔20〕［英］马尔科姆·N. 肖：《国际法》（下）（第 6 版），白桂梅等译，北京大学出版社 2011 年版，第 805 ~ 806 页。

〔21〕《海洋法公约》附件五第 7、14 条。

〔22〕Conciliation Commission on the Continental Shelf Area between Iceland and Jan Mayen: Report and Recommendations to the Governments of Iceland and Norway, June 1981, RIAA, Vol. XXVII, p. 1 – 34.

〔23〕《海洋法公约》第 284 条。

〔24〕《海洋法公约》附件五第 11 ~ 12 条。

及争端不必然涉及同时审议与大陆或岛屿陆地领土的主权或其他权利有关的任何尚未解决的争端。

强制调解委员会通常由5名调解员组成:争端双方各指派2名调解员,并由所指派的4名调解员指派第五名调解员,同时也是委员会主席。如果争端他方或4名当事方调解员未能按期作出指派,则争端一方可请联合国秘书长作出必要的指派。委员会应听取争端各方的陈述,审查其权利主张和反对意见,并向争端各方提出建议,以便达成和睦解决。委员会应于12个月内提出报告,其中应载明所达成的任何协议。如不能达成协议,报告则应载明委员会对有关争端事项的一切事实或法律问题的结论及其可能认为适当的和睦解决建议。委员会关于程序问题、报告和建议的决定应以调解员的过半数票作出。

"帝汶海调解案"(东帝汶诉澳大利亚)是第一个《海洋法公约》项下的强制调解案例。该案涉及两国在帝汶海的划界争端。东帝汶单方将争端提交强制调解程序,而澳大利亚对调解委员会的管辖权提出反对主张。2016年委员会就其管辖权作出决定,一致认定其有管辖权。[25] 此后委员会定期与当事方会面。在委员会的努力下,2018年,东帝汶和澳大利亚签署了划界条约。随后调解委员会提交了报告,并对双方间的剩余问题提出建议。[26]

---

〔25〕 The Timor Sea Conciliation between Timor – Leste and Australia (Timor – Leste v. Australia) , a Conciliation Commission constituted under Annex V to the 1982 United Nations Convention on the Law of the Sea , Decision on Australia's Objections to Competence, 19 September 2016.

〔26〕 Report and Recommendations of the Compulsory Conciliation Commission between Timor – Leste and Australia on the Timor Sea, 9 May 2018.

第十四章　极地水域

一、南极地区

（一）南极水域的法律地位

1. 南大洋

南极大陆周围的水域经常被称为南大洋（the Southern Ocean），约占世界海洋面积的15%。该水域其实由大西洋、印度洋和太平洋的南部水域构成，从南极大陆向北扩展到“南极辐合带”（the Antarctic Convergence）。从南极扩散出来的冷冻表层水同较暖的表层海水在此相遇。[1] 南极辐合带的位置在不同的海域有所不同：在大西洋和印度洋大致靠近南纬50°线，在太平洋则大致在南纬60°。[2] 1959年《南极条约》第6条规定的条约适用范围是南纬60°以南的地区。由此南极条约区域并未涵盖全部南大洋。1980年《南极海洋生物资源养护公约》将适用范围向北扩展至南极幅合带。该公约用9个点的连接线划定了南极幅合带的位置，位于南纬45°至南纬60°。[3] 根据“陆地统治海洋原则”，南大洋水域的法律地位主要由南极大陆的法律地位决定。而这一问题目前尚有争议。

2. 南极洲的法律地位

（1）对南极的领土主张

南极大陆距离南美洲南端990公里，距离新西兰2000公里，面积约139万平方公里，为地球陆地面积的1/10。[4] 关于南极洲的法律地位，目前有7个国家在南极提出领土要求，约占南极大陆面积的83%，[5] 包括英国、法国、澳大利亚、新西兰、挪威、阿根廷、智利。所有的主张都呈楔形，即利用从南极点画出的两条经线确定各自的主张范围。而这些国家的主张依据各异，包括发现、先占、邻近、扇形原则等。其中英国、法国、澳大利亚、新西兰、挪威相互承认彼此主张。这5个国家的领土主张依次相邻但不重叠，而且除了英国和挪威，均以南纬60°线为界。

---

〔1〕 联大第四十九届会议：《南极洲问题——秘书长的报告》，1994年9月13日，A/49/370，第9段。

〔2〕 参见南极海洋生物资源养护委员会网站（www. ccamlr. org）的介绍。

〔3〕 Convention on the Conservation of Antarctic Marine Living Resources，1980年5月20日缔结，1982年4月7日生效，第1条。中译本载《国务院公报》2006年第32号。

〔4〕 Question of Antarctica：Study requested under General Assembly resolution 38/77，Report of the Secretary - General，31 October 1984，A/39/583（Part I），para. 3.

〔5〕 《南极条约解读》，载国家海洋局极地考察办公室2021年7月26日，http://chinare. mnr. gov. cn/catalog/detail? id = 17a6157669c2496fb4d93415eaa11f64&from = zcfggjfg&currentIndex = 3。

具体而言，新西兰的主张从西经150°至东经160°。澳大利亚的主张范围最大，约占南极大陆面积的2/5，包括两部分：东经142°～160°和东经45°～136°。位于澳大利亚两部分主张之间的是法国的主张区域：东经136°～142°。挪威的主张位于东经45°和西经20°之间，但没有使用南纬60°线作为外部界限。与挪威主张相邻的英国主张包括：南纬50°以南、西经20°～50°，以及南纬58°以南、西经50°～80°的大陆和所有岛屿。阿根廷和智利正式提出南极领土要求的时间晚于其他五国。其中，阿根廷的主张位于西经25°～74°，而智利的主张位于西经53°～90°。[6]位于西经90°～150°的南极大陆未被主张。英国、阿根廷和智利的主张在南极半岛互相重叠，并曾由此引发过有关国家间的激烈冲突。1955年，英国向国际法院起诉阿根廷和智利，请求法院裁决南极的陆地主权争端。此为"南极案"。由于两被告没有接受法院的管辖权，法院最终将案件从案件清单中删除。[7] 美国和苏联虽然没有正式提出对南极的领土主张，但表示各自保留基于它们的科学家和探险家的发现和探险而提出主张的权利。[8] 然而，这些国家对南极洲的领土主权要求受到国际社会大多数国家的反对，因此难以说已经确立了在南极的领土主权。

(2)《南极条约》

目前关于南极洲法律地位最重要的国际条约是1959年《南极条约》。该条约最初由12个国家缔结。除了7个对南极提出领土要求的国家，还包括美国、苏联、日本、南非和比利时。条约于1961年生效，截至2021年，有54个缔约方。《南极条约》第4条处理对南极的领土要求问题，包括2款。第1款处理条约生效之前的情况，包括三项规定："本条约的任何规定不得解释为：(甲)缔约任何一方放弃在南极原来所主张的领土主权权利或领土的要求。(乙)缔约任何一方全部或部分放弃由于它在南极的活动或由于它的国民在南极的活动或其它原因而构成的对南极领土主权的要求的任何根据。(丙)损害缔约任何一方关于它承认或否认任何其他国家在南极的领土主权的要求或要求的根据的立场。"第2款处理条约生效之后的情况，包括两项内容：其一，在条约有效期间所发生的一切行为或活动，不得构成主张、支持或否定对南极的领土主权的要求的基础，也不得创立在南极的任何主权权利。其二，在条约有效期间，对在南极的领土主权不得提出新的要求或扩大现有的要求。《南极条约》的这些规定也被引入"南极条约体系"的其他文件中。1972年《南极海豹养护公约》第1条确认了《南极条约》第4条的规定。[9] 1980年《南极海洋生物资源养护公约》第4条规定：各缔约方无论是否为《南极条约》缔约方，它们在《南极条约》地区的相互关系受《南极条约》第4条的约束。

关于《南极条约》第4条规定的一般看法是，它们"冻结"而没有解决南极洲的领土地位，由

[6] Question of Antarctica: Study requested under General Assembly resolution 38/77, Report of the Secretary - General, 31 October 1984, A/39/583 (Part I), paras. 13 - 21.

[7] Antarctica case (United Kingdom v. Argentina), Order of 16 March 1956, I. C. J. Reports 1956, p. 12; Antarctica case (United Kingdom v. Chile), Order of 16 March 1956, I. C. J. Reports 1956, p. 15.

[8] Question of Antarctica: Study requested under General Assembly resolution 38/77, Report of the Secretary - General, 31 October 1984, A/39/583 (Part I), para. 26.

[9] Convention for the Conservation of Antarctic Seals, 1972年6月1日缔结，1978年3月11日生效。

此条约的签署并未消除各国在该问题上的分歧。[10] 其结果是,南极洲的领土地位目前是不确定的。虽然条约没有否定一些国家对南极的领土主权要求,但也没有承认这些国家的领土主权要求。而且条约也不影响任何国家对南极领土地位的立场。由此无论一缔约方是否认为南极为无主地,此立场都不受《南极条约》的影响。换言之,南极洲是否属于可以被国家据为己有的无主地并不确定。

而且《南极条约》缔约方的数量颇为有限。该问题或许与《南极条约》缔约方之间的权利义务不平等有关。《南极条约》建立的"南极协商会议"在南极治理中发挥着主导作用。然而并非所有《南极条约》缔约方都有资格与会。除了最初的12个缔约方有当然资格外,其他后来加入条约的缔约方只有当其在南极进行了实质性的科学研究活动(如建立科学站或派遣科学考察队)而证明了其在南极的利益时,方才有权委派代表参加协商会议。该要求被视为某种高额的入会费。[11] 在目前的54个缔约方中,只有29个具有协商国地位,而其他25个属于非协商国。[12] 虽然后来没有协商地位的缔约方也被邀请作为观察员参会,但并无表决权。

20世纪80年代,部分发展中国家致力推动南极的国际化运动,反对《南极条约》协商国对南极事务的垄断,而主张应由联合国管理南极地区。[13] 一些国家主张对南极适用人类共同继承财产原则,而少数国家表示反对。[14] 目前认为南极属于人类共同继承财产为时尚早。《南极条约》并未禁止国家对南极提出领土要求,它只是禁止缔约方在《南极条约》有效期内不得对南极提出新的领土主权要求或者扩大现有的要求。就那些对南极提出了领土要求的国家而言,它们显然认为南极是可以成为国家领土的。而且与《月球协定》和《海洋法公约》不同,目前尚无将南极规定为人类共同继承财产的条约。

综上,目前南极洲的领土地位并不确定。而且鉴于《南极条约》没有规定有效期限,因此该不确定性可能还将长期存在。

3.《海洋法公约》在南大洋的适用

毫无疑问,《海洋法公约》应适用于南大洋。对此联合国秘书长曾在一份关于南极问题的报告中明确指出,《海洋法公约》是一项全球性的公约,适用于所有海域,没有一块海域被排除在外。因此《海洋法公约》的各项规定也适用于南大洋。[15] 但是,南极洲领土地位的不确定性

---

〔10〕 Question of Antarctica: Study requested under General Assembly resolution 38/77, Report of the Secretary – General, 31 October 1984, A/39/583 (Part I), paras. 57, 87.

〔11〕 Question of Antarctica: Study requested under General Assembly resolution 38/77, Report of the Secretary – General, 31 October 1984, A/39/583 (Part I), para. 107.

〔12〕 除了最初的12个国家,其他的17个协商国包括:巴西、保加利亚、中国、捷克、厄瓜多尔、芬兰、德国、印度、意大利、韩国、荷兰、秘鲁、波兰、西班牙、瑞典、乌克兰、乌拉圭。25个非协商国包括:奥地利、白俄罗斯、加拿大、哥伦比亚、古巴、丹麦、爱沙尼亚、希腊、危地马拉、匈牙利、冰岛、哈萨克斯坦、朝鲜、马来西亚、摩纳哥、蒙古、巴基斯坦、巴布亚新几内亚、葡萄牙、罗马尼亚、斯洛伐克、斯洛文尼亚、瑞士、土耳其、委内瑞拉。参见 https://www.ats.aq/devAS/Parties? lang = e(2020/11)。

〔13〕 潘敏:《国际政治中的南极:大国南极政策研究》,上海交通大学出版社2015年版,第53页。

〔14〕 Question of Antarctica: Study requested under General Assembly resolution 38/77, Report of the Secretary – General, 31 October 1984, A/39/583 (Part I), paras. 157 – 158.

〔15〕 联大第四十一届会议:《南极洲问题——秘书长的报告》,1986年11月7日,A/41/722,第115段。

给《海洋法公约》在南大洋的适用提出了挑战。

第一,《海洋法公约》有关国家主权和管辖权的条款是否适用于南大洋并不确定,因为这取决于南大洋中是否存在国家管辖海域,而后者又往往与南极洲的法律地位直接相关。[16]《南极条约》第6条只提到公海,明确其规定"不应损害或在任何方面影响任何一个国家在该地区内根据国际法所享有的对公海的权利或行使这些权利。"对此可以有不同的解释。非声索国可以主张邻近南极大陆的水域完全为公海,而没有领海、专属经济区或大陆架;相反,声索国则可以认为《南极条约》没有就国家管辖海域问题作出规定,由此这些国家有权在它们主张的南极领土外主张国家管辖海域。[17] 实践中,澳大利亚(2004年)、挪威(2009年)和阿根廷(2009年)以各自在南极主张的领土为依据提出对南极周围大陆架的权利要求,并正式向大陆架界限委员会提交200海里外大陆架定界案。新西兰虽然尚未提出南极的外大陆架划界案,但表示以后将提出。另外,这些国家在南极的大陆架主张受到其他国家的反对。一些国家明确表示不承认这些国家在南极的领土主张,因此也不承认它们对南极大陆外的海床和底土的权利主张。1980年《南极海洋生物资源养护公约》处理领土问题的第4条与《南极条约》第4条相比有一个关键差别:该条第2款(b)项提及"沿海国",即该公约的任何条款都不得解释为"任何缔约方在本公约适用区内放弃、削弱或损害根据国际法行使沿海国管辖权的任何权利、主张或这种主张的依据"。但是该规定并不意味着《南极海洋生物资源养护公约》承认了在南极大陆外存在国家管辖海域。因为在公约区域内存在一些无争议的岛屿,如法国的克洛泽岛,因此可以对该规定作不同解释:声索国可以将该款解释为同时指向南纬60度以北的无争议岛屿和以南的有争议的领土主张,而其他国家则可以将该款解读为仅指南纬60度以北无争议岛屿所产生的沿海国权利。[18] 值得注意的是,在"南极捕鲸案",日本主张其捕鲸活动发生在公海,而澳大利亚主张发生在所谓的澳大利亚南极领土的专属经济区或其邻接区内。但是澳大利亚声称日本捕鲸活动违法的理由是认为这些活动违反了《国际捕鲸管制公约》,而不是因为这些活动发生在澳大利亚声称其享有主权权利的海域或其邻接区内。[19] 由于在南极不存在普遍承认的沿海国,[20]因此在南大洋适用《海洋法公约》关于国家管辖海域的规定是存在困难的。

当然,由于南大洋内存在一些主权无争议的岛屿,因此南大洋内也存在国家管辖海域。此外还存在由南大洋以外的陆地领土所产生的国家管辖海域延伸进入南大洋,甚至进入南纬60度以南海域的情况。

第二,南大洋中肯定存在国家管辖范围以外海域,对此《海洋法公约》应适用。然而由于国

---

〔16〕 联大第四十一届会议:《南极洲问题——秘书长的报告》,1986年11月7日,A/41/722,第139、145段。

〔17〕 Question of Antarctica: Study requested under General Assembly resolution 38/77, Report of the Secretary - General, 31 October 1984, A/39/583 (Part Ⅰ), paras. 94 - 95.

〔18〕 Question of Antarctica: Study requested under General Assembly resolution 38/77, Report of the Secretary - General, 31 October 1984, A/39/583 (Part Ⅰ), paras. 260 - 262.

〔19〕 Whaling in the Antarctic (Australia v. Japan: New Zealand intervening), Judgment, I. C. J. Reports 2014, p. 226, paras. 33 - 40.

〔20〕 Karen N. Scott & David L. Vanderzwaag, *Polar Oceans and Law of the Sea*, in Donald R. Rothwell et al. eds., The Oxford Handbook of the Law of the Sea, Oxford University Press, 2015, p. 725.

家管辖海域的不确定性，因此国家管辖外海域的范围也难以确定。更为重要的是南极条约体系与《海洋法公约》的关系。就公海而言，两者间的协调并不困难，因为《海洋法公约》第 87 条规定，“公海自由是在本公约和其他国际法规则所规定的条件下行使的”。由此就南极条约体系的缔约方而言，它们在南大洋行使公海自由还需受到南极条约体系规定的限制。例如，关于海洋的和平使用，《南极条约》为缔约方规定了较《海洋法公约》更为严格的限制，明令禁止进行军事演习以及任何类型武器的试验等一切具有军事性质的活动。然而，就“区域”而言则困难得多。《海洋法公约》规定“区域”内活动应受《海洋法公约》第十一部分的支配而且要求缔约方不应参加任何减损“区域”及其资源是人类共同继承财产这一基本原则的协定。可是，1991 年《南极条约环境保护议定书》第 7 条禁止南极地区的任何有关矿产资源的活动。这样的规定是否与《海洋法公约》相符是值得考虑的。《海洋法公约》没有为这样的规定提供依据，而且全面禁止南极地区的矿产资源活动并非国际海底管理局的决定，而仅仅是一部分国家的决定。认为国际社会愿意为了 7 个主张国的利益而放弃在南极的矿产资源是不合理的。[21]

（二）南极的海洋资源

1. 海洋生物资源

关于南极地区海洋生物资源的养护，目前主要有 1972 年《南极海豹养护公约》和 1980 年《南极海洋生物资源养护公约》。《南极海豹养护公约》1978 年生效，其缔约方同意除非按照公约规定，缔约方的国民不在南纬 60 度以南地区猎捕南方象海豹、豹海豹、威德尔氏海豹、食蟹海豹、罗斯海豹和南方海狗。由于南极地区没有猎捕海豹的商业活动，因此该公约主要是预防性的。[22]

目前在南极地区海洋生物资源养护方面起主导作用的是《南极海洋生物资源养护公约》。该公约规定，“南极海洋生物资源”包括南极幅合带以南水域的鱼类、软体动物、甲壳动物和包括鸟类在内的所有其他生物种类。与其他养护和管理生物资源的区域协定相比，《南极海洋生物资源养护公约》的一个突出特点是它采用了生态系统方法，而没有采用《海洋法公约》中“最高持续产量”的概念。“南极海洋生态系统”指的是南极海洋生物资源相互间以及其与自然环境之间的复合关系。《南极海洋生物资源养护公约》在序言中强调了保护南极海域生态系统完整性的重要意义，并在第 2 条中将“防止在近二三十年内南极海洋生态系统发生不可逆转的变化或减少这种变化的风险”规定为一项重要的养护原则。“最高持续产量”是一种基于不同物种的方法，在制定管理标准时主要基于某一单一物种。而基于生态系统的方法则是根据南极生态系统的独特构架及不同物种间的复杂互动关系而作出的选择。[23]

---

〔21〕 Karen N. Scott & David L. Vanderzwaag, *Polar Oceans and Law of the Sea*, in Donald R. Rothwell et al. eds., The Oxford Handbook of the Law of the Sea, Oxford University Press, 2015, p. 740 – 741.

〔22〕 联大第四十一届会议：《南极洲问题——秘书长的报告》，1986 年 11 月 7 日，A/41/722，第 136 段。

〔23〕 Question of Antarctica: Study requested under General Assembly resolution 38/77, Report of the Secretary – General, 31 October 1984, A/39/583 (Part I), paras. 243 – 245.

《南极海洋生物资源养护公约》设立了"南极海洋生物资源养护委员会"("海生委")和"南极海洋生物资源养护科学委员会",后者为前者的咨询机构。与《南极条约》一样,并非所有公约的缔约方都具有参加"海生委"的资格。《南极海洋生物资源养护公约》在这方面同样采用了实力原则。除了最初的缔约方,其他后来加入公约的缔约方只有从事了公约适用的海洋生物资源的研究或捕捞活动,才有资格成为委员会成员。《南极海洋生物资源养护公约》于1982年生效,截至2021年,有36个缔约方,其中26个为"海生委"成员(25个国家和欧盟)。10个没有"海生委"资格的"加入国"(Acceding States)不能参加委员会的决策,但同时也不负担委员会的财政。[24]

《南极海洋生物资源养护公约》为"海生委"规定了广泛的职责。其中,委员会有权依据现有的最佳科学证据,制订、通过和修订养护(合理利用)措施,以及执行公约确立的观察和检查制度。公约第9条规定,委员会可以制订的养护措施包括"为科学研究或养护目的确定捕捞和禁捕地区、区域或分区域,包括用于保护和科学研究的特别区域"。根据该规定,委员会于2011年制定了《建立CCAMLR海洋保护区的一般框架》。[25] 该文件规定了建立海洋保护区的目的,规定建立单个保护区措施中应包括如下内容:该保护区的具体目的、空间界限、在该保护区内受到限制、禁止或管理的活动、管理计划、指定期限等。同时委员会将为该保护区制订研究和监控计划,而所有成员国可以根据该计划进行研究和监控活动。文件规定,每10年应对指定海洋保护区的养护措施加以审查,以便评估保护区的具体目的是否仍然相关或正在实现。委员会打算在《南极海洋生物资源养护公约》区域内建立一个海洋保护区网络。2009年,委员会建立了"南奥克尼群岛南部大陆架海洋保护区"(South Orkney Islands Southern Shelf Marine Protected Area),面积9.4万平方公里。它被认为是世界上第一个公海保护区。[26] 保护区内除委员会同意的科研捕鱼活动外,禁止一切捕鱼活动,也不得进行涉及渔船的过驳活动。渔船不得在保护区内排放和倾倒任何废物。[27] 2016年,委员会又建立了"罗斯海区域海洋保护区"(Ross Sea Region Marine Protected Area),面积209万平方公里,是目前世界上最大的海洋保护区。该区域被划分为三个部分:"一般保护区""特殊研究区""磷虾研究区"。其中72%的面积为禁捕区,其他部分则允许为科学研究进行捕捞。该项养护措施的总体期限为35年。届时如果委员会不能就重新确认或修改该保护区达成一致意见,则养护措施将在2052年到期。[28] 然而,委员会建立海洋保护区的做法也遭到一些批评。有观点认为,一些国家积极建立南极海洋保护区是为了借此加强对相关海域的控制,从科研、渔业和旅游等方面逐步限制其他国家的

---

〔24〕 南极海洋生物资源养护委员会成员包括:阿根廷、澳大利亚、比利时、巴西、智利、中国、欧盟、法国、德国、印度、意大利、日本、韩国、纳米比亚、荷兰、新西兰、挪威、波兰、俄罗斯、南非、西班牙、瑞典、乌克兰、英国、美国、乌拉圭。加入国包括:保加利亚、加拿大、库克群岛、芬兰、希腊、毛里求斯、巴基斯坦、巴拿马、秘鲁、瓦努阿图。

〔25〕 General Framework for the Establishment of CCAMLR Marine Protected Areas, Conservation Measure 91 - 04 (2011).

〔26〕 参见南极海洋生物资源养护委员会网站(https://www.ccamlr.org)的介绍。

〔27〕 Protection of the South Orkney Islands Southern Shelf, Conservation Measure 91 - 03 (2009).

〔28〕 Ross Sea Region Marine Protected Area, Conservation Measure 91 - 05(2016). 参见南极海洋生物资源养护委员会网站(https://www.ccamlr.org)的介绍。

活动。[29]

关于《南极海洋生物资源养护公约》和《南极条约》的关系，虽然两者被认为都属于“南极条约体系”，但它们是彼此独立的。目前《南极条约》的协商国捷克和厄瓜多尔尚没有参加《南极海洋生物资源养护公约》。《南极海洋生物资源养护公约》直接或间接地纳入了一些《南极条约》中规定的义务，并要求在属于《南极条约》协商国职权范围内的事项上，海生委及其科学委员会应与之合作。海生委目前以观察员身份参加南极条约协商会议。

2. 海底矿产资源

《南极条约》中没有关于矿产资源的规定。1982 年《南极条约》协商国开始磋商南极矿产资源制度，并于 1988 年制定了《南极矿产资源活动管理公约》。然而，该公约的谈判和出台受到联合国的反对。联大在 1986 年决议中认为，应由国际社会管理和公平分配南极矿产资源的开发收益，并呼吁《南极条约》协商国暂停相关谈判，以待国际社会所有成员均能充分参与此种谈判。[30]《南极矿产资源活动管理公约》出台后，联大在 1989 年决议中表示，在南极勘探和开采矿物会对南极和全球环境和生态系统造成环境退化，由此敦促所有国家支持禁止在南极及其周边地区的矿物活动。大会认为应由国际社会全体成员充分参与进行谈判将南极建立一个自然保护区以便确保南极环境得到养护，造福全人类。[31] 一些《南极条约》协商国也拒绝批准该公约。而随着 1991 年《关于环境保护的南极条约议定书》的制定和生效，《南极矿产资源活动管理公约》实际上已经被废弃了。该议定书禁止南极地区的任何矿产资源的活动。

（三）南极海洋环境的保护

《关于环境保护的南极条约议定书》（也称《马德里议定书》）1991 年订于西班牙马德里，1998 年生效。议定书第 2 条将南极指定为“自然保护区，仅用于和平与科学”。第 3 条规定了环境原则，其中要求在《南极条约》区域进行活动应限制对南极环境及依附于它的和与其相关的生态系统的不利影响。第 8 条规定应对拟议进行的南极活动进行环境影响评价。议定书设立了“环境保护委员会”，以便就议定书的执行向各缔约国提供咨询和建议，以供《南极条约》协商会议审议。与《南极条约》协商会议不同，议定书的所有缔约国都有权成为委员会的成员。目前所有《南极条约》协商国都参加了该议定书，而非协商国中只有 12 个选择参加。

与《马德里议定书》同时通过和生效的还有四个附件，包括：《环境影响评价》（附件一）、《保护南极动植物》（附件二）、《废物处置和废物管理》（附件三）、《防止海洋污染》（附件四）。此外，《南极条约》协商会议 1991 年单独通过了附件五《区域保护和管理》（2002 年生效），2005 年通过了附件六《环境紧急情况产生的责任》。其中，附件四构成南大洋污染防治规定的基础。[32] 该附件针对船舶源污染，适用于在《南极条约》地区活动的有权悬挂缔约国国旗的船舶

---

〔29〕 贾宇主编：《极地法律问题》，社会科学文献出版社 2014 年版，第 112 ~ 113 页。

〔30〕 1986 年 12 月 4 日联大决议：《南极洲问题》，A/RES/41/88。

〔31〕 1989 年 12 月 15 日联大决议：《南极洲问题》，A/RES/44/124。

〔32〕 联大第四十九届会议：《南极洲问题——秘书长的报告》，1994 年 9 月 13 日，A/49/370，第 31 段。

以及任何其他参与或支援缔约国南极活动的船舶。附件就船舶在《南极条约》地区运行时的油类、有毒液体、垃圾和污水的排放作出禁止或限制性规定。在《南极条约》协商会议的提议下,1990年,国际海事组织将南极水域指定为《防止船舶污染国际公约》(73/78)下的"特殊区域"。2006年,《南极条约》协商会议制定了《南极条约区域更换压舱水实践指南》,并随后为国际海事组织采纳。[33]《议定书》附件五针对的是划区管理,其第2条规定,任何区域,包括任何海域,可以被指定为"南极特别保护区"(Antarctic Specially Protected Area)或"南极特别管理区"(Antarctic Specially Managed Area),这些区域内的活动应按照所通过的管理计划予以禁止、限制或管理。其中,"南极特别保护区"是为了保护重要的环境、科学、历史、美学或荒野价值或正在进行或计划中的科学研究(第3.1条),而"南极特别管理区"是为了帮助计划和协调在区域内正在从事或今后可能从事的各种活动,以避免可能的冲突,增进合作或减少环境影响(第4.1条)。指定的提议可以通过向协商会议提交管理计划的方式提出,而后者将作为一项措施通过。然而,没有"海生委"的事先同意,任何海域不应被指定为此类区域。

二、北极地区

(一)概述

关于北极地区的范围并无统一定义。地理上的北极通常指北极圈(北纬66°34′)以北的区域,总面积约2100万平方公里,其中大陆和岛屿面积约800万平方公里,而北冰洋海域的面积超过1200万平方公里。[34] 北冰洋周边有许多边缘海,如巴伦支海、波弗特海、格陵兰海、喀拉海、楚科奇海等。北冰洋沿岸有五个国家,包括:加拿大、丹麦、挪威、俄罗斯、美国。此外,芬兰、冰岛、瑞典虽非北冰洋沿岸国,但也被认为属于北极国家。

北极和南极虽然存在许多相似之处,但也明显不同。首先,地理上南极地区以"陆"为核心,而北极地区以"水"为核心。截至2016年,有大约8万平方公里的北极水域受到各种保护。[35] 与南极相比,北极的问题显得更为传统。其次,与南极洲领土地位不确定性不同,北极地区国家间的领土争端并不多见。[36] 依据"陆地统治海洋"原则,陆地领土地位的确定使得海洋法在北冰洋的适用不会面临海洋法在南大洋适用的不确定性困难。需要特别提及的是1920年《斯匹次卑尔根群岛条约》。[37] 斯匹次卑尔根群岛也被称为"斯瓦尔巴群岛",位于北极圈内,面积约6万平方公里。1920年,美国、英国、丹麦、法国、意大利、日本、挪威、荷兰、瑞典签订条约,承认挪威对该群岛的主权。条约同时对挪威的领土主权进行了限制,规定各缔约方的船只和国民有权平等地在该群岛及其领海内狩猎、捕鱼,以及从事各种海洋、工业、采矿和商业活动。此种对领土主权的处理方式被称为"斯瓦尔巴模式"。随着大陆架和专属经济区制度的建

---

〔33〕 Guidelines for Ballast Water Exchange in the Antarctic Treaty Area, 13 July 2007, Resolution MEPC. 163(56).

〔34〕 国务院新闻办公室:《中国的北极政策》白皮书,2018年1月26日。

〔35〕 CAFF & PAME, *Arctic Protected Areas: Indicator Report*, 2017, p. 11.

〔36〕 2022年,加拿大和丹麦就解决它们之间关于汉斯岛(Hans Island)的主权争端达成协议。

〔37〕 Treaty Concerning the Archipelago of Spitsbergen, 9 February 1920.

立，关于《斯匹次卑尔根群岛条约》是否适用于这些在1920年缔约后产生的海域存在不同看法。挪威认为该条约不适用于领海以外海域，由此其大陆架和专属经济区权利不受《斯匹次卑尔根群岛条约》限制，但其他国家则持相反立场。[38] 最后，北极地区不存在一个类似南极条约体系那样的“北极条约体系”。2008年，5个北冰洋沿岸国在《伊鲁利萨特宣言》中表示：北冰洋存在一个广泛的国际法律框架，特别是海洋法在划定大陆架外部界限、保护海洋环境、航行自由、海洋科学研究和海洋其他用途方面规定了重要的权利和义务，因此认为没有必要发展一个新的全面法律制度来治理北冰洋。[39]

（二）北极地区的法律制度

没有一个专门的国际条约对北极地区作出制度性安排。北极事务由《联合国宪章》《海洋法公约》等国际条约和习惯国际法予以规范。[40]

1.《海洋法公约》

目前除美国以外的北极国家都是1982年《海洋法公约》的缔约国。它们之间的海洋法问题，以及它们与其他《海洋法公约》缔约国之间的海洋法问题首先应当按照《海洋法公约》的规定处理。美国是目前唯一没有参加《海洋法公约》的北极国家。理论上讲，美国与其他北极国家之间，以及与其他《海洋法公约》的缔约国之间并不适用《海洋法公约》。然而，《海洋法公约》的许多规定具有习惯法的性质。在北极国家间所缔结的一些条约中明确提及《海洋法公约》。按照《海洋法公约》的规定，北冰洋沿岸国拥有领海、毗连区、专属经济区和大陆架等国家管辖海域，而北冰洋中还有国家管辖范围以外海域。

《海洋法公约》第234条被称为“北极条款”。[41] 该条适用于所谓“冰封区域”，即“这种区域内的特别严寒气候和一年中大部分时候冰封的情形对航行造成障碍或特别危险，而且海洋环境污染可能对生态平衡造成重大的损害或无可挽救的扰乱。”北冰洋沿岸国有权制定和执行较国际规则和标准更为严格的法律和规章以防止、减少和控制船只在专属经济区范围内冰封区域对海洋的污染。[42] 但是沿岸国的此种法律和规章应满足一些条件，包括：它们应是非歧视性的，应以现有最可靠的科学证据为基础，以及应适当顾及国际航行利益。

2. 其他多边和区域条约

近来在北极理事会的框架内，8个北极国家先后缔结了三个有拘束力的区域协定：(1)为了加强北极地区的海空搜救的合作和协调，2011年北极国家缔结了《北极海空搜救合作协

---

〔38〕 Karen N. Scott & David L. Vanderzwaag, *Polar Oceans and Law of the Sea*, in Donald R. Rothwell et al. eds., The Oxford Handbook of the Law of the Sea, Oxford University Press, 2015, p. 732.

〔39〕 The Ilulissat Declaration, Arctic Ocean Conference, 28 May 2008.

〔40〕 国务院新闻办公室：《中国的北极政策》白皮书，2018年1月26日。

〔41〕 [美]迈伦·H. 诺德奎斯特主编：《1982年〈联合国海洋法公约〉评注》（第4卷），吕文正、毛彬中译本主编，焦永科等译，海洋出版社2018年版，第374页。

〔42〕 [美]迈伦·H. 诺德奎斯特主编：《1982年〈联合国海洋法公约〉评注》（第4卷），吕文正、毛彬中译本主编，焦永科等译，海洋出版社2018年版，第377页。

定》。[43] 协定将北极地区划分为八个搜救区,规定了各个搜救区之间的界线,但强调搜救区的划分与各国的主权、主权权利和管辖权,以及国家间的划界无关。各方应在各自的区域内建立和维持充分有效的搜救能力。搜救活动应按照1979年《国际海上搜救公约》和1944年《国际民用航空公约》进行。为搜救目的请求进入他方领土的缔约方应将其请求提交有关缔约方当局,后者应尽快告知是否允许进入以及有关条件。(2)2013年《北极海洋油污预防与反应合作协定》[44]是为了加强各缔约方间在防范和应对北极油污方面的合作、协调和互助,以便保护海洋环境免受油污损害。协定要求每个缔约方建立迅速和有效应对油污事件的国家机制。各方应努力展开监控活动以查明在其管辖海域内的油污事件。各方应将其收到的油污信息告知所有利益受到影响的国家。(3)2017年《加强北极国际科学合作协定》[45]的适用区域除了各方管辖范围外,还包括北纬62度以北的国家管辖范围外的公海。上述这些协定中虽然都含有非缔约方的专门条款,规定缔约方可以在有关事项上寻求与非缔约方的合作,但是它们都没有允许非北极国家加入的条款,因此是封闭性的区域协定。

2018年《预防中北冰洋不管制公海渔业协定》[46]是由北冰洋沿岸五国和其他国家及欧盟达成的多边条约。协定规定在其生效后,缔约方可以邀请其他真正感兴趣的国家加入。协定适用于由北冰洋沿岸五国行使渔业管辖权的水域所包围的中北冰洋的单一公海部分。由于该部分区域直到近来仍常年为冰层所覆盖,因此尚不存在商业捕鱼活动。本协定是鉴于近年来该区域冰层覆盖减少的情况,为了预防在中北冰洋区域出现不管制的公海渔业的情况,未雨绸缪地规定了一些临时性养护和管理措施。缔约方应确保遵守这些养护措施。缔约方应每两年或是更频繁地举行会议来审查协定的执行情况。协定的规定不影响缔约各方关于在北冰洋行使权利和管辖权的任何立场。同时协定规定了强制争端解决程序,规定1995年《联合国鱼类种群协定》的争端解决规定比照适用于本协定争端的解决,而无论当事方是否为1995年协定的缔约方。

3. 北极理事会

北极理事会(Arctic Council)是关于北极环境与可持续发展等问题的主要政府间论坛。[47]它根据1996年《渥太华宣言》成立,[48]在挪威设有秘书处。成员包括三类:(1)成员国。即8个北极国家。理事会的决议由成员国协商一致作出。(2)永久参与方。该地位给予北极圈内的原住民组织。但永久参与方的数量应永远少于理事会成员国的数量。截至2021年,有6个原住民组织被赋予永久参与方地位,包括:因纽特人环极地理事会(Inuit Circumpolar Council)、萨米理事会(Saami Council)、俄罗斯北方原住民协会(Russian Association of Indigenous Peoples of the North)、阿留申人国际协会(Aleut International Association)、北极阿萨巴斯卡理事会

---

〔43〕 Agreement on Cooperation on Aeronautical and Maritime Search and Rescue in the Arctic, 12 May 2011.

〔44〕 Agreement on Cooperation on Marine Oil Pollution Preparedness and Response in the Arctic, 15 May 2013.

〔45〕 Agreement on Enhancing International Arctic Scientific Cooperation, 11 May 2017.

〔46〕 2018年10月3日缔结,2021年6月25日生效。

〔47〕 国务院新闻办公室:《中国的北极政策》白皮书,2018年1月26日。

〔48〕 Declaration on the Establishment of the Arctic Council, 19 September 1996.

(Arctic Athabaskan Council),以及哥威迅人国际理事会(Gwich'in Council International)。(3)观察员。目前北极理事会有38个观察员,分为三类:非北极国家、政府间和议会间组织,以及非政府组织。其中有13个非北极国家观察员。[49]

(三)北冰洋的外大陆架和航行问题

1. 外大陆架

北冰洋沿岸国家都主张200海里外的大陆架,而且除美国外的4个《海洋法公约》缔约国都已向大陆架界限委员会提交了200海里外大陆架界限定界案。目前只有挪威的定界案取得成功。挪威2006年的定界案包括三个区域:巴伦之海中的"圈洞"、北冰洋中的西南森海盆,以及挪威海和格陵兰海中的"香蕉洞"。委员会在2009年的建议中认可了挪威在这些区域中的外大陆架主张。至于其他国家,俄罗斯2001年的定界案中包含了中北冰洋部分。委员会于2002年建议俄罗斯就中北冰洋区域提交订正定界案,后者于2015年提交了订正定界案。丹麦于2012年提交了格陵兰南部大陆架定界案,于2013年提交了格陵兰东北部大陆架定界案,于2014年提交了格陵兰北部大陆架定界案。加拿大于2019年就北冰洋提交了定界案。这些定界案目前都有待委员会审议。

2. 航行

从北太平洋穿过北冰洋到达大西洋的航线比绕行印度洋的航线无疑更为经济。随着气候变暖,穿行北冰洋的航线日益受到全球关注。而这引发两个问题:一是北极航道的法律地位问题,即应当适用何种航行制度的问题;二是船舶污染的防治问题。

(1)北极航道的法律地位

北极航道包括东北航道、西北航道和中央航道。[50] 目前关于东北航道和西北航道的法律地位存在争议。其中,东北航道主要经由俄罗斯的北冰洋沿岸,从白令海峡经东西伯利亚海、拉普捷夫海、喀拉海和巴伦支海进入大西洋。西北航道(Northwest Passage)从白令海峡经波弗特海,穿过加拿大北极群岛,经巴芬湾和戴维斯海峡进入大西洋。加拿大和俄罗斯依据历史性水域、直线基线等主张这些航道的内水地位,认为外国船只享有无害通过权;而其他一些国家则主张这些航道为国际海峡,应适用过境通行制度。[51]

各国在北极航道中的航行和飞越的权利应按照《海洋法公约》确定。首先需要指出的是,并非北极航道的所有部分都位于海峡内;其次,是否为用于国际航行的海峡与构成海峡水域的法律地位无关。倘若有朝一日北冰洋航道真的成为国际贸易的重要运输干线,那么航道所穿越的海峡就应属于国际海峡。当然,这并不意味着海峡内就应适用过境通行,因为国际海峡内的通过制度是多样的。

---

〔49〕 参见北极理事会网站(https://arctic-council.org/)的介绍。

〔50〕 国务院新闻办公室:《中国的北极政策》白皮书,2018年1月26日。

〔51〕 刘惠荣、董跃:《海洋法视角下的北极法律问题研究》,中国政法大学出版社2012年版,第17~18页。

(2)船舶污染的防治

为了降低极地水域中的航行风险,为船舶提供安全保障并保护极地环境,2014 年,国际海事组织海上安全委员会(Martime Safety Committee,MSC)制定了强制性的《极地水域船舶操作国际准则》(以下简称《极地准则》)。[52] 该文件适用于南极和北极水域,但考虑到两者的差异,规定了不同的适用范围。南极水域的适用范围是南纬 60°以南,而北极水域的适用范围采取了不同的界定方法。在太平洋方向,界限沿着北纬 60°线;在大西洋方面,界限是一条与 60°纬线相交的折线,大部分位于北纬 60°~70°。《极地准则》对在极地水域作业的船舶的设计、构造、人员配备或装备以及应当遵守的防止污染措施作了详细规定。其中除其他外要求每艘船舶须在船上配备有效的极地船舶证书,在北极水域内禁止排放油或油性混合物,以及有毒液体物质或含有这些物质的混合物入海。

---

〔52〕 International Code for Ships Operating in Polar Waters (Polar Code), Resolution MSC. 385(94), 2014 年11 月21 日通过,2017 年1 月1 日生效。